■2025年度中学受験用

実践学園中学校

3年間スーパー過去問

●収録内容一覧

入試問題と解説・解答の収録内容

2024年度　1回	算数・社会・理科・国語
2024年度 1回特待生選抜	算数・国語 (解答のみ)
2024年度 適性検査	適性検査Ⅰ・適性検査Ⅱ (解答のみ)
2023年度　1回	算数・社会・理科・国語
2023年度 1回特待生選抜	算数・国語 (解答のみ)
2023年度 適性検査	適性検査Ⅰ・適性検査Ⅱ (解答のみ)
2022年度　1回	算数・社会・理科・国語
2022年度 1回特待生選抜	算数・国語 (解答のみ)
2022年度 適性検査	適性検査Ⅰ・適性検査Ⅱ (解答のみ)

～本書ご利用上の注意～　以下の点について，あらかじめご了承ください。

★別冊解答用紙は巻末にございます。本書に収録している試験の実物解答用紙は，弊社サイトの各校商品情報ページより，一部または全部をダウンロードできます。
★編集の都合上，学校実施のすべての試験を掲載していない場合がございます。
★当問題集のバックナンバーは，弊社には在庫がございません（ネット書店などに一部在庫あり）。

合格を勝ち取るための

『スーパー過去問』の使い方

本書に掲載されている過去問をご覧になって,「難しそう」と感じたかもしれません。でも,多くの受験生が同じように感じているはずです。なぜなら,中学入試で出題される問題は,小学校で習う内容よりも高度なものが多く,たくさんの知識や解き方のコツを身につけることも必要だからです。ですから,初めて本書に取り組むさいには,点数を気にしすぎないようにしましょう。本番でしっかり点数を取れることが大事なのです。

過去問で重要なのは「まちがえること」です。自分の弱点を知るために,過去問に取り組むのです。当然,まちがえた問題をそのままにしておいては意味がありません。

本書には,長年にわたって中学入試にたずさわっているスタッフによるていねいな解説がついています。まちがえた問題はしっかりと解説を読み,できるようになるまで何度も解き直しをしてください。理解できていないと感じた分野については,参考書や資料集などを活用し,改めて整理しておきましょう。

このページも参考にしてみましょう！

◆どの年度から解こうかな　「入試問題と解説・解答の収録内容一覧」

本書のはじめには収録内容が掲載されていますので,収録年度や収録されている入試回などを確認できます。

※著作権上の都合によって掲載できない問題が収録されている場合は,最新年度の問題の前に,ピンク色の紙を差しこんでご案内しています。

◆学校の情報を知ろう!!「学校紹介ページ」

このページのあとに,各学校の基本情報などを掲載しています。問題を解くのに疲れたら息ぬきに読んで,志望校合格への気持ちを新たにし,再び過去問に挑戦してみるのもよいでしょう。なお,最新の情報につきましては,学校のホームページなどでご確認ください。

◆入試に向けてどんな対策をしよう？「出題傾向＆対策」

「学校紹介ページ」に続いて,「出題傾向＆対策」ページがあります。過去にどのような分野の問題が出題され,どのように対策すればよいかをアドバイスしていますので,参考にしてください。

◇別冊「入試問題解答用紙編」

本書の巻末には,ぬき取って使える別冊の解答用紙が収録してあります。解答用紙が非公表の場合などを除き,(注)が記載されたページの指定倍率にしたがって拡大コピーをとれば,実際の入試問題とほぼ同じ解答欄の大きさで,何度でも過去問に取り組むことができます。このように,入試本番に近い条件で練習できるのも,本書の強みです。また,データが公表されている学校は別冊の１ページ目に過去の「入試結果表」を掲載しています。合格に必要な得点の目安として活用してください。

本書がみなさんの志望校合格の助けとなることを,心より願っています。

株式会社　声の教育社　編集部

実践学園中学校

所在地	〒164-0011 東京都中野区中央2-34-2
電　話	03-3371-5268
ホームページ	https://www.jissengakuen-h.ed.jp/
交通案内	地下鉄丸ノ内線・大江戸線「中野坂上駅」3番出口・A2出口より徒歩5分 JR総武線・中央線「東中野駅」西口より徒歩10分

くわしい情報は
ホームページへ

トピックス

★自己PR型，LA&S①②では，保護者面談を実施（参考：昨年度）。
★入学検定料24,000円でⅡ期入試を除き複数回出願可（参考：昨年度）。

創立年
平成8年

男女共学

高校募集
あり

応募状況

年度	募集数		応募数	受験数	合格数	倍率
2024	①	30名	105名	93名	62名	1.5倍
	②	10名	137名	79名	46名	1.7倍
	特待①	10名	67名	52名	5名	10.4倍
	特待②	5名	82名	33名	2名	16.5倍
	適性	5名	31名	23名	11名	2.1倍
	自己	5名	43名	12名	7名	1.7倍
	特別	5名	77名	16名	5名	3.2倍
	LA①	5名	7名	7名	5名	1.4倍
	LA②	5名	10名	9名	5名	1.8倍
	Ⅱ期	若干名	22名	19名	14名	1.4倍

※適性で１名の特待合格を含む。

入試情報（参考：昨年度）

・教科第１回：２月１日午前　国算か国算社理
・教科第２回：２月２日午後　国算か国算社理
・特待生選抜第１回：２月１日午後　国算
・特待生選抜第２回：２月３日午後　国算
・適性検査型：
　２月２日午前　Ⅰ型（作文）＋Ⅱ型（合教科型）
・自己PR型：
　２月３日午前　基礎学力＋プレゼンテーション
・特別：２月５日午前　算
・LA＆Ｓ第１回：２月１日午前　作文・面接
・LA＆Ｓ第２回：２月２日午後　作文・面接
・Ⅱ期：２月10日午前　国算・面接

2024年度学校説明会・公開行事等日程（※予定）

＜学校説明会＞　要予約
６月15日　14：30～
７月15日　10：00～
９月14日　10：30～
10月12日　14：30～
11月16日　14：00～
12月22日　14：00～
１月11日　14：00～
＜体験授業＞　要予約
７月27日　10：00～16：00
＜実践祭（学園祭）＞　要予約
９月21日・22日　９：30～
＜学校見学＞　要予約
７月以降は，平日でも学校見学ができます。
※上履きをご持参ください。
※車での来校はご遠慮ください。
※詳細は学校HPをご確認ください。

2024年春の主な大学合格実績

＜国公立大学＞
岩手大，電気通信大，横浜市立大

＜私立大学＞
慶應義塾大，早稲田大，上智大，東京理科大，明治大，青山学院大，立教大，中央大，法政大，学習院大，成蹊大，成城大，明治学院大，獨協大，國學院大，武蔵大，津田塾大，東京女子大，日本女子大

編集部注―本書の内容は2024年5月現在のものであり，変更されている場合があります。正式な情報は，学校のホームページ等で必ずご確認ください。

算数 出題傾向＆対策

◆基本データ（2024年度１回）

試験時間／満点	45分／100点
問題構成	・大問数…５題 計算・応用小問１題(10問)／応用小問１題(６問)／応用問題３題 ・小問数…24問
解答形式	すべて答えのみを記入する形式。必要な単位などはあらかじめ印刷されている。
実際の問題用紙	Ｂ５サイズ，小冊子形式
実際の解答用紙	Ａ４サイズ

◆出題傾向と内容

▶過去３年の出題率トップ３
１位：四則計算・逆算24％　２位：割合と比12％　３位：角度・面積・長さ７％
▶今年の出題率トップ３
１位：四則計算・逆算28％　２位：角度・面積・長さ８％　３位：計算のくふうなど６％

全体的に見ると，受験算数の基本をかたよりなくおさえた問題構成といえます。

計算問題と応用小問で全体の半分以上をしめており，計算問題は四則計算，逆算，単位の計算など，応用小問は倍数と約数，場合の数，割合，角度・面積・長さ，体積などとなっています。

後半の応用問題は，数の性質(公約数・公倍数の利用)，数列，規則性，平面図形と立体図形，長さの求め方，速さなどの分野から出題されています。

◆対策～合格点を取るには？～

まず正確で速い計算力を養うことが第一です。計算力は短期間で身につくものではなく，練習を続けることにより，しだいに力がついてくるものですので，毎日，自分で量を決めて，それを確実にこなしていきましょう。

次に，条件を整理し，解答への手順を見通す力を養うようにしましょう。基本例題を中心として，はば広い分野の問題に数多くあたることが好結果を生みます。数列や規則性，速さの問題などは，ある程度数をこなして解き方のパターンをつかむことと，ものごとを筋道立てて考えることが大切です。

分野＼年度		2024		2023		2022	
		1回	1特	1回	1特	1回	1特
計算	四則計算・逆算	●	●	●	●	●	●
	計算のくふう		◎	○	◎	○	○
	単位の計算	○		◎		○	○
和と差	和差算・分配算						
	消去算						
	つるかめ算			○		○	
	平均とのべ						
	過不足算・差集め算						
	集まり						
	年齢算						
割合と比	割合と比	○		●		●	◎
	正比例と反比例						○
	還元算・相当算						
	比の性質	◎				○	
	倍数算				○		
	売買損益	○					
	濃度		○		○		
	仕事算				○		
	ニュートン算						○
速さ	速さ	○		○		○	◎
	旅人算						
	通過算		○				
	流水算				○		
	時計算						
	速さと比		○				
図形	角度・面積・長さ	◎	○	○	◎	○	◎
	辺の比と面積の比・相似		○		◎		
	体積・表面積	○	○	○	○	○	
	水の深さと体積		○				
	展開図						
	構成・分割			◎			
	図形・点の移動				○		○
表とグラフ			○		○		
数の性質	約数と倍数	○	○	○		○	○
	N進数	○					
	約束記号・文字式						
	整数・小数・分数の性質						
規則性	植木算						
	周期算						
	数列	○		○		○	○
	方陣算						
	図形と規則		○		○		
場合の数		○	○	○	○	○	◎
調べ・推理・条件の整理							○
その他							

※　○印はその分野の問題が１題，◎印は２題，●印は３題以上出題されたことをしめします。

社会　出題傾向＆対策

◆基本データ（2024年度１回）

試験時間／満点	理科と合わせて50分／50点
問題構成	・大問数…３題 ・小問数…25問
解答形式	記号選択と適語の記入がほとんどだが，２～３行程度の記述問題も見られる。
実際の問題用紙	Ｂ５サイズ，小冊子形式
実際の解答用紙	Ｂ４サイズ

分野		年度	2024	2023	2022
日本の地理		地図の見方	○	○	○
日本の地理		国土・自然・気候	○	○	○
日本の地理		資源			
日本の地理		農林水産業	○	○	○
日本の地理		工業	○	○	○
日本の地理		交通・通信・貿易			
日本の地理		人口・生活・文化	○	○	
日本の地理		各地方の特色			
日本の地理		地理総合	★	★	★
世界の地理				○	
日本の歴史	時代	原始～古代	○	○	○
日本の歴史	時代	中世～近世	○	○	○
日本の歴史	時代	近代～現代	○	○	○
日本の歴史	テーマ	政治・法律史			
日本の歴史	テーマ	産業・経済史			
日本の歴史	テーマ	文化・宗教史			
日本の歴史	テーマ	外交・戦争史			
日本の歴史		歴史総合	★	★	★
世界の歴史					
政治		憲法	○	○	○
政治		国会・内閣・裁判所		○	○
政治		地方自治			
政治		経済			
政治		生活と福祉			
政治		国際関係・国際政治			
政治		政治総合	★	★	★
環境問題					
時事問題					
世界遺産			○		○
複数分野総合					

※　原始～古代…平安時代以前，中世～近世…鎌倉時代～江戸時代，近代～現代…明治時代以降

※　★印は大問の中心となる分野をしめします。

◆出題傾向と内容

本校では，毎年大問が３題あり，地理，歴史，政治の３分野からほぼ均等に出題されています。それぞれが各分野のはば広いことがらを問う総合問題形式になっていて，問題の難易度は標準的であり，細かいことがらを問うものはほとんどありません。

●地理…地形図の読み取り，農林水産業，工業などが出題されています。また，毎年，統計資料が出されています。地理全体を見わたした総合的な問題が出る傾向にあるようです。

●歴史…会話文形式の文章や年表などから，はば広い時代をあつかった問題が出されています。歴史上の重要な人物やできごとはもちろん，史料や写真についての知識も欠かせません。

●政治…選挙制度や日本の政治の問題などについてよく出題されています。憲法については，三大原則などが問われています。ほかに，国会や内閣，裁判所のしくみなどについても出題されています。また，時事問題や自分の考えを書く問題も出されているので注意が必要です。

◆対策～合格点を取るには？～

本校の社会は，教科書レベルを大きくこえない基本的な内容が中心ですから，まず基礎を固めることを心がけてください。また，設問事項が広範囲にわたっているので，不得意分野をつくらないことも大切です。

地理分野では，地図とグラフを参照しながら，白地図作業帳を利用して地形と気候，産業のようすなどをまとめてください。なお，世界地理は小学校で取り上げられることが少ないため，日本とかかわりの深い国については，自分で参考書などを使ってまとめておきましょう。

歴史分野では，教科書や参考書を読むだけでなく，自分で年表をつくって覚えると学習効果が上がります。また，資料集などで，史料や歴史地図にも親しんでおくとよいでしょう。

政治分野では，日本国憲法の基本的な内容，特に政治のしくみが憲法でどのように定められているかを中心に勉強してください。さらに，時事問題や環境問題にも対応できるよう，最近話題になったできごとにも注意を向ける必要があります。テレビ番組や新聞などでニュースを確認し，今年の重大ニュースをまとめた時事問題集を活用すると効果的です。

理科 出題傾向＆対策

◆基本データ(2024年度１回)

試験時間／満点	社会と合わせて50分／50点
問題構成	・大問数…４題 ・小問数…21問
解答形式	記号選択，語句や数値の記入，記述問題など，さまざまな形式で出題されている。
実際の問題用紙	Ｂ５サイズ，小冊子形式
実際の解答用紙	Ｂ４サイズ

◆出題傾向と内容

中学入試全体の流れとして，各分野をバランスよく取り上げる傾向にありますが，本校の理科もその傾向をふまえ，各分野から出題されています。また，環境問題や時事問題が出されることもあります。

●**生命**…過去には，オニグルミの種子の発芽，こん虫のからだのつくりとはたらき，血液のじゅんかん，光合成や蒸散，動物の進化などについての問題が出題されています。

●**物質**…水溶液の性質・中和，気体の性質，ものの溶け方や燃え方，二酸化炭素と環境問題などについて出されています。

●**エネルギー**…過去には，豆電球と電池のつなぎ方，電磁石，おもりの重さとばねののびなどについて取り上げられています。

●**地球**…流水のはたらき，星の見え方，わく星と地球の位置関係を問うもの，太陽の１日の動き，地層のたい積のしかた，地震に関する問題，地層と岩石や化石についての問題などが見られます。

分野＼年度		2024	2023	2022
生命	植物	★		
	動物		★	
	人体			★
	生物と環境			
	季節と生物			
	生命総合			
物質	物質のすがた			
	気体の性質			
	水溶液の性質	★		★
	ものの溶け方		★	
	金属の性質			
	ものの燃え方			
	物質総合			
エネルギー	てこ・滑車・輪軸			
	ばねののび方			★
	ふりこ・物体の運動			
	浮力と密度・圧力			
	光の進み方			
	ものの温まり方			
	音の伝わり方			
	電気回路	★		
	磁石・電磁石		★	
	エネルギー総合			
地球	地球・月・太陽系	★		
	星と星座			
	風・雲と天候			
	気温・地温・湿度			
	流水のはたらき・地層と岩石		★	
	火山・地震			★
	地球総合			
実験器具				
観察				
環境問題				
時事問題				
複数分野総合				

※　★印は大問の中心となる分野をしめします。

◆対策～合格点を取るには？～

本校の理科は，実験・観察・観測をもとにした問題が中心となっています。したがって，まず基礎的な知識を早いうちに身につけ，そのうえで，問題集で演習をくり返すのがよいでしょう。

「生命」は，身につけなければならない基本知識の多い分野です。ヒトのからだのしくみ，動物や植物のつくりと成長などを中心に，ノートにまとめながら知識を深めましょう。

「物質」は，気体や水溶液，金属などの性質に重点をおいて学習するとよいでしょう。また，中和反応や濃度，気体の発生など，表やグラフをもとに計算させる問題にも積極的に取り組むように心がけてください。

「エネルギー」では，計算問題としてよく出される力のつり合いに注目しましょう。ばねののび方，てこ，輪軸，ふりこの運動などについて，それぞれの基本的な考え方をしっかりマスターし，さまざまなパターンの計算問題にチャレンジしてください。

「地球」では，太陽・月・地球の動き，季節と星座の動きがもっとも重要なポイントです。また，天気と気温・湿度の変化，地層のでき方などもきちんとおさえておきましょう。

国語 出題傾向＆対策

◆基本データ(2024年度１回)

試験時間／満点	45分／100点
問題構成	・大問数…２題 　文章読解題２題 ・小問数…21問
解答形式	記号選択，文章中のことばの書きぬき，語句の記入，文章中のことばを使ってまとめる記述など，バラエティーに富んでいる。
実際の問題用紙	Ｂ５サイズ，小冊子形式
実際の解答用紙	Ｂ４サイズ

◆出題傾向と内容

▶近年の出典情報(著者名)
説明文：橋本　治　伊藤亜紗　西岡常一
小　説：乗代雄介　浅田次郎　谷　瑞恵

問題量や難易度が標準的なので，時間内にひと通り解き終えることができるでしょう。

●読解問題…１題は小説・物語文，もう１題は説明文・論説文を題材にしたもので，文学作品を理解する力と論理的にものごとを考える力が問われます。さらに，指示語の内容や語句の意味を問うものなどもあります。

●知識問題…基本的なものが，読解問題の小問として取り上げられます。漢字の読みと書き取りのほか，慣用句・ことわざ，熟語，品詞・用法，表現技法などが出題されています。

◆対策～合格点を取るには？～

入試で正しい答えを出せるようにするためには，なるべく多くの読解問題にあたり，出題内容や出題形式に慣れることが大切です。問題集に取り組むさいは，指示語の内容や接続語に注意しながら，文章がどのように展開しているかを読み取るように気をつけましょう。また，答え合わせをした後は，漢字やことばの意味を辞書で調べてまとめるのはもちろんのこと，正解した設問でも解説をしっかり読んで解答の道すじを明らかにし，本番で自信をもって答えられるようにしておきましょう。

知識問題については，分野ごとに，短期間に集中して覚えるのが効果的です。ただし，漢字は毎日決まった量を少しずつ学習するとよいでしょう。

分野 ＼ 年度			2024		2023		2022	
			1回	1特	1回	1特	1回	1特
読	文章の種類	説明文・論説文	★	★	★	★	★	★
		小説・物語・伝記	★	★	★	★	★	★
		随筆・紀行・日記						
		会話・戯曲						
		詩						
		短歌・俳句						
解	内容の分類	主題・要旨	○	○	○	○	○	○
		内容理解	○	○	○	○	○	○
		文脈・段落構成				○	○	
		指示語・接続語	○	○	○	○	○	○
		その他	○	○	○	○	○	○
知	漢字	漢字の読み	○	○	○	○	○	○
		漢字の書き取り	○	○	○	○	○	○
		部首・画数・筆順						
	語句	語句の意味	○	○	○	○	○	○
		かなづかい						
		熟語		○	○	○		○
		慣用句・ことわざ	○				○	
	文法	文の組み立て					○	
		品詞・用法						
識		敬語						
	形式・技法		○					
	文学作品の知識				○			
	その他							
	知識総合							
表現	作文							
	短文記述							
	その他							
放送問題								

※　★印は大問の中心となる分野をしめします。

2025年度 中学受験用

実践学園中学校

3年間スーパー過去問

をご購入の皆様へ

お詫び

本書、実践学園中学校の入試問題につきまして、誠に申し訳ございませんが、以下の問題は著作権上の都合により掲載することができません。設問と解答は掲載してございますので、ご必要とされる方は原典をご参照くださいますよう、お願い申し上げます。

記

2022年度〈適性検査型試験〉適性検査Iの〔文章〕

以上

株式会社　声の教育社　編集部

2024年度　実践学園中学校

【算　数】〈第１回試験〉（45分）〈満点：100点〉

1　次の□に適当な数字を入れなさい。

(1)　$13456-5925=\square$

(2)　$3\frac{1}{3}+2\frac{1}{2}-4\frac{1}{4}=\square$

(3)　$6.67\div2.3=\square$

(4)　$\left(\frac{3}{8}-\frac{1}{4}\times\frac{1}{3}\right)\div\frac{7}{8}=\square$

(5)　$22\times1.7+19\times1.1-33\times0.1=\square$

(6)　$84\div(22-\square\times2)=6$

(7)　$\frac{5}{6}:\frac{2}{3}=5:\square$

(8)　$0.13\,m^2=\square\,mm^2$

(9)　6Lは、800mLの□倍です。

(10)　定価920円の商品を定価の25％引きで売ると、売値は□円です。

2 次の問いに答えなさい。

(1) ８と12と32の最小公倍数はいくつですか。

(2) 同じ値段のハンカチを４枚買って、150円の箱に入れてもらったら、代金が950円になりました。ハンカチ１枚の値段はいくらですか。ただし、消費税は含めないものとします。

(3) 赤、白、青、黄、緑の５色の旗を、横一列に並べます。赤の旗をいちばん左に、白の旗をいちばん右に並べるとき、並べ方は何通りありますか。

(4) 132 m のロープを使って長方形を作ります。縦の長さと横の長さの比を８：３にするとき、作った長方形の面積は何 m^2 ですか。

(5) 家から学校まで行くのに、分速 80 m で歩くと、12分かかります。家から学校まで、分速 400 m の自動車で行くと何分何秒かかりますか。

(6) 右の図の四角形 ABCD は、１辺が 10 cm の正方形を２個並べた長方形です。
このとき、斜線《しゃせん》部分の面積は何 cm^2 ですか。
ただし、円周率は3.14とします。

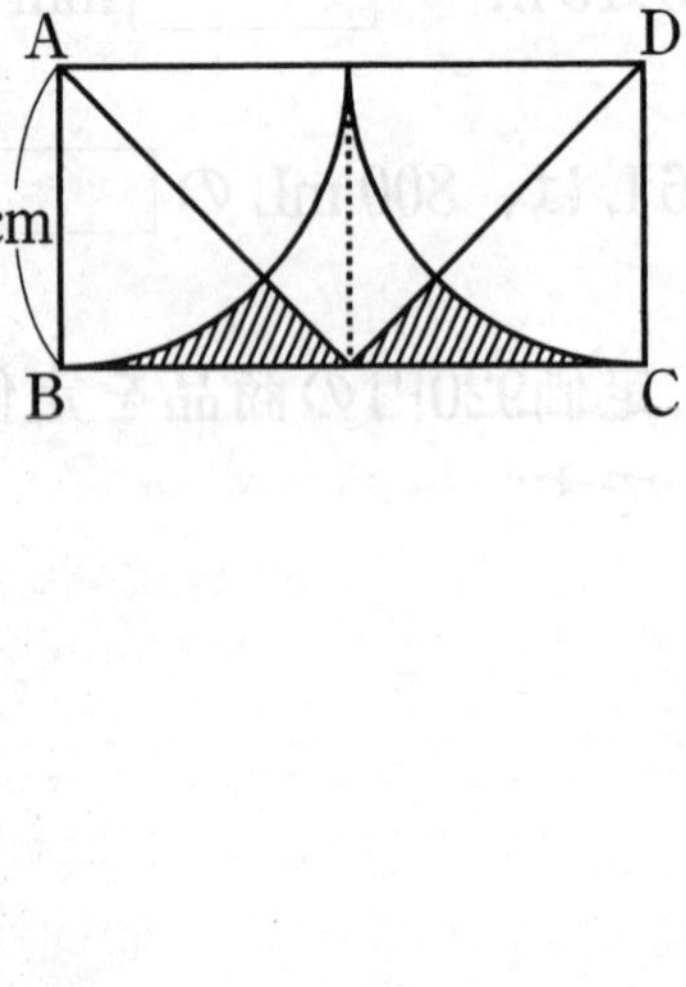

3 下の図のような、Ａ、Ｂ、Ｃ、Ｄの４つのメーターがあります。始めはどのメーターの針も０を指しており、針は０→１→２→０→…の順に進みます。ボタンを１回おすと、Ａのメーターの針が１目もり進みます。Ａのメーターの針が１回転するとＢのメーターの針が１目もり進み、Ｂのメーターの針が１回転するとＣのメーターの針が１目もり進み、Ｃのメーターの針が１回転するとＤのメーターの針が１目もり進みます。

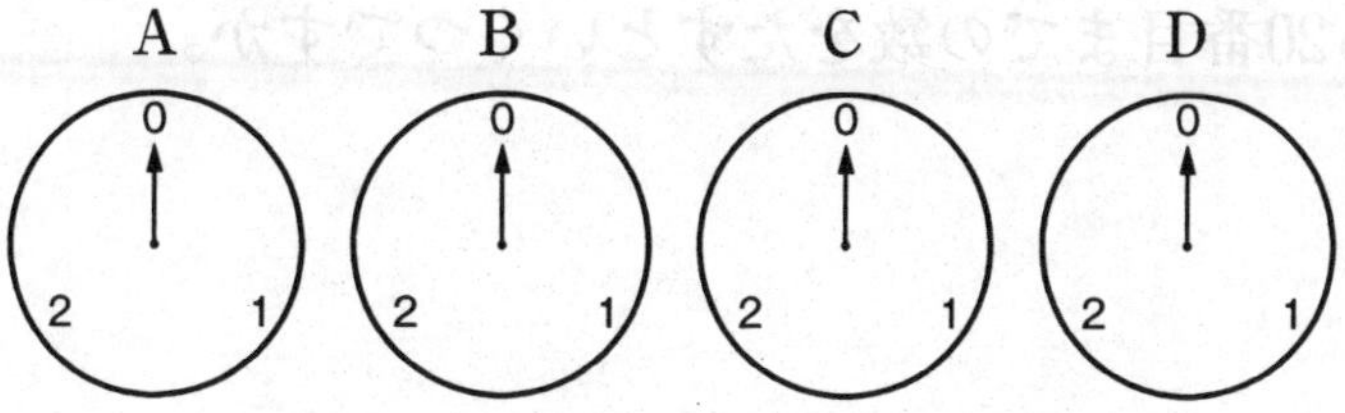

例えば、ボタンを７回おすとＡのメーターの針は７目もり進むので、２回転した後１を指し、Ｂのメーターの針は２目もり進むので２を指します。このときのＡ、Ｂ、Ｃ、Ｄが指している数字を左から順番に並べて《１２００》と表示します。

これについて、次の［ア］から［カ］に当てはまる数字を答えなさい。

(1) Ａ、Ｂ、Ｃ、Ｄの各メーターの針が１目もり進むのにボタンをおす回数は、

Ａ…… １ 回

Ｂ…… ［ア］ 回

Ｃ…… ［イ］ 回

Ｄ…… ［ウ］ 回となります。

(2) ボタンを［エ］回おしたとき、初めて表示が《１２１２》になりました。

(3) ボタンを50回おしたとき、表示は《［オ］》となりました。

(4) 表示が《０１０１》となるようにボタンをおした回数と、表示が《１２２０》となるようにボタンをおした回数をたした数だけボタンをおすと、表示は《［カ］》となりました。

4 下のように、ある規則にしたがって数が並んでいます。次の問いに答えなさい。

3, 10, 17, 24, 31, ……

(1) 左から20番目の数はいくつですか。

(2) １番目から20番目までの数をたすといくつですか。

5 右の図の直方体において、辺 AB 上の点 P は、AP : PB ＝１：２とします。３点 P、F、C を通る平面で直方体を２つに分けたとき、次の問いに答えなさい。

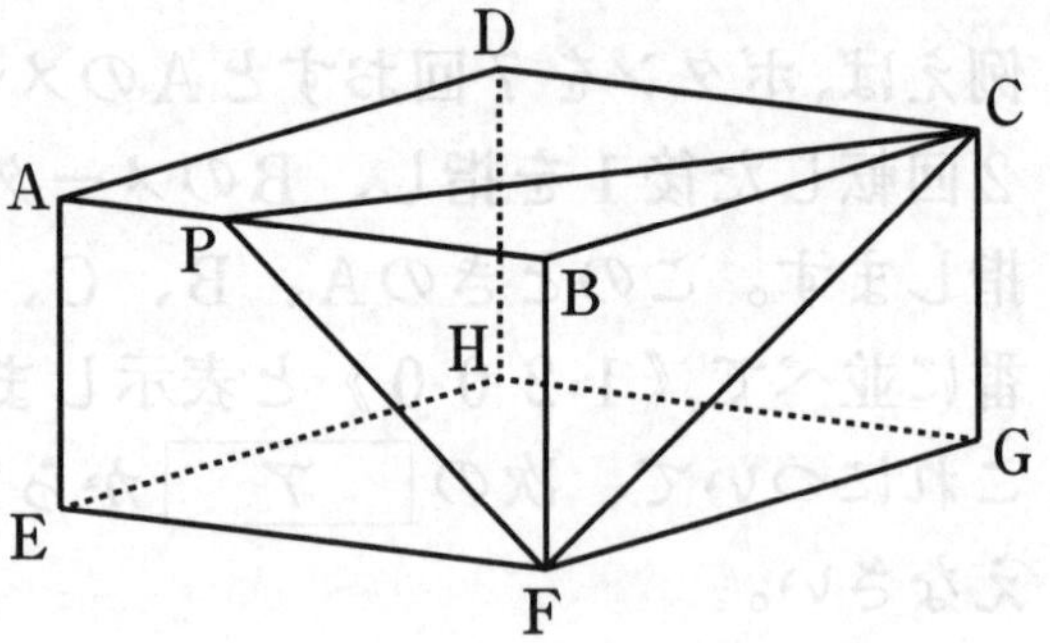

(1) 大きい方の立体と小さい方の立体の体積比を最も簡単な整数の比で答えなさい。

(2) 大きい方の立体の体積が 160 cm^3 のとき、もとの直方体の体積は何 cm^3 ですか。

【社　会】〈第１回試験〉（理科と合わせて50分）〈満点：50点〉

1 次は東京に暮《く》らしている実《みのる》さんとお父さんの夏休みの旅行先についての会話です。会話文を読んで、あとの問題に答えなさい。

お父さん　「夏休みの旅行の行き先、どこにしようかな？」

実さん　「うーん、色々考えるよね。毎年恒例《こうれい》の海に行くのはいいけど、今年はどこか違《ちが》う場所に行きたい気もする！」

お父さん　「そうだね。今年の夏は①行動制限《せいげん》もないから新しい体験《たいけん》を楽しみたいね。」

実さん　「じゃあ、新しい体験ができる場所ってどこかな？」

お父さん　「②沖縄はどうかな？　海が綺麗《きれい》で、美しい景色《けしき》も楽しめるし、グルメもおいしいって聞くよ！」

実さん　「それいいね！　でも、もう少し都会的な場所もいいかな。例えば、③千葉に行ってみるのはどうかな？」

お父さん　「千葉もいいね！　ディズニーランドなど、たくさんの④観光スポットがあるし、ショッピングも楽しめそうだよね。」

実さん　「でも、歴史に触《ふ》れられる場所もいいかも。例えば、⑤京都に行ってみるのはどうかな？」

お父さん　「京都もいいね！　歴史的な建造物《けんぞうぶつ》や美しい庭園《ていえん》がたくさんあるし、お寺や神社も訪れられるよね。それに抹茶《まっちゃ》や和菓子《わがし》などの伝統的《でんとうてき》な食べ物も楽しめるし、着物《きもの》を着て街を散策《さんさく》するのも楽しそうだよね。」

実さん　「そうだね、北の方に行ってみるのもいいかもしれないね。⑥北海道に行ってみるのはどうかな？」

お父さん　「北海道もいいね！　⑦自然《しぜん》が豊かで、美味《おい》しい食べ物もたくさんあるし、夏なら涼《すず》しくて過《す》ごしやすそうだよね。」

実さん　「まだまだ他にも行きたい場所はあるけど、どこにしようかな？」

お父さん　「本当に迷《まよ》うよね。でも、どこに行っても楽しい思い出が作れると思うから、一緒《いっしょ》に決めよう！」

問１　下線①について、新型コロナウイルスが原因で私たちの生活は大きな影《えい》響《きょう》を受けました。世界的な感染症《かんせんしょう》の流行《りゅうこう》をあらわす言葉をカタカナ６文字で答えなさい。

問２　下線②について、次のグラフは沖縄県那覇《なは》市の雨温《うおん》図です。このグラフから読み取れる雨量の特徴《とくちょう》について、「台風」という語句を必ず使用して、説明しなさい。

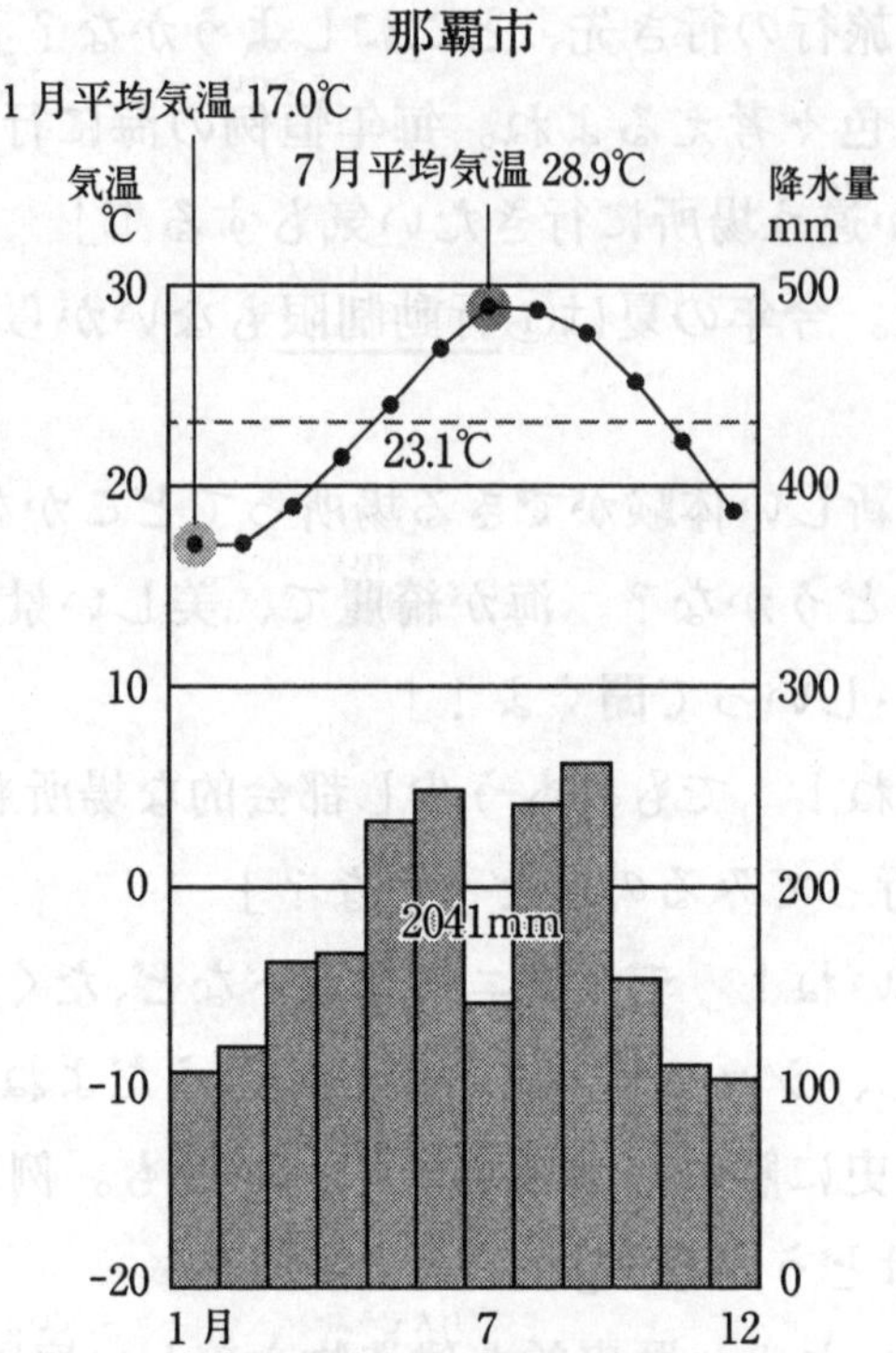

＊東京書籍ホームページより作成

問３　下線③について、千葉県の農業《のうぎょう》の説明として正しいものを、次の(ア)～(エ)より１つ選んで、記号で答えなさい。

(ア)　いちご・かんぴょうの生産量が全国１位である。
(イ)　比較的温暖な気候をいかした野菜・花き栽培がさかんで、落花《らっか》生《せい》・しょうゆの製造も有名。
(ウ)　野菜・果実・牛乳といった生鮮食品の生産がさかんで、三浦だいこんは特産である。
(エ)　涼しい気候をいかした高原キャベツや、こんにゃくが有名。

問４　下線④について、観光業を営む旅行会社ではさまざまな情報《じょうほう》が活用されています。できるだけ多くの人が旅行を手軽に楽しむことができるように、旅行会社はどのような工夫をしていますか、「ホームページ」という語句を必ず使用して、説明しなさい。

問５　下線⑤について、京都府のある近畿《きんき》地方には阪神工業地帯があります。以下のグラフは阪神工業地帯のおもな工業出荷額の内訳《うちわけ》をあらわしたものです。グラフ中の空らん（　Ａ　）～（　Ｄ　）には、次の(ア)～(エ)のいずれかの語句があてはまります。（　Ｄ　）にあてはまる適切な語句を、次の(ア)～(エ)より１つ選んで、記号で答えなさい。

阪神工業地帯（大阪、兵庫）

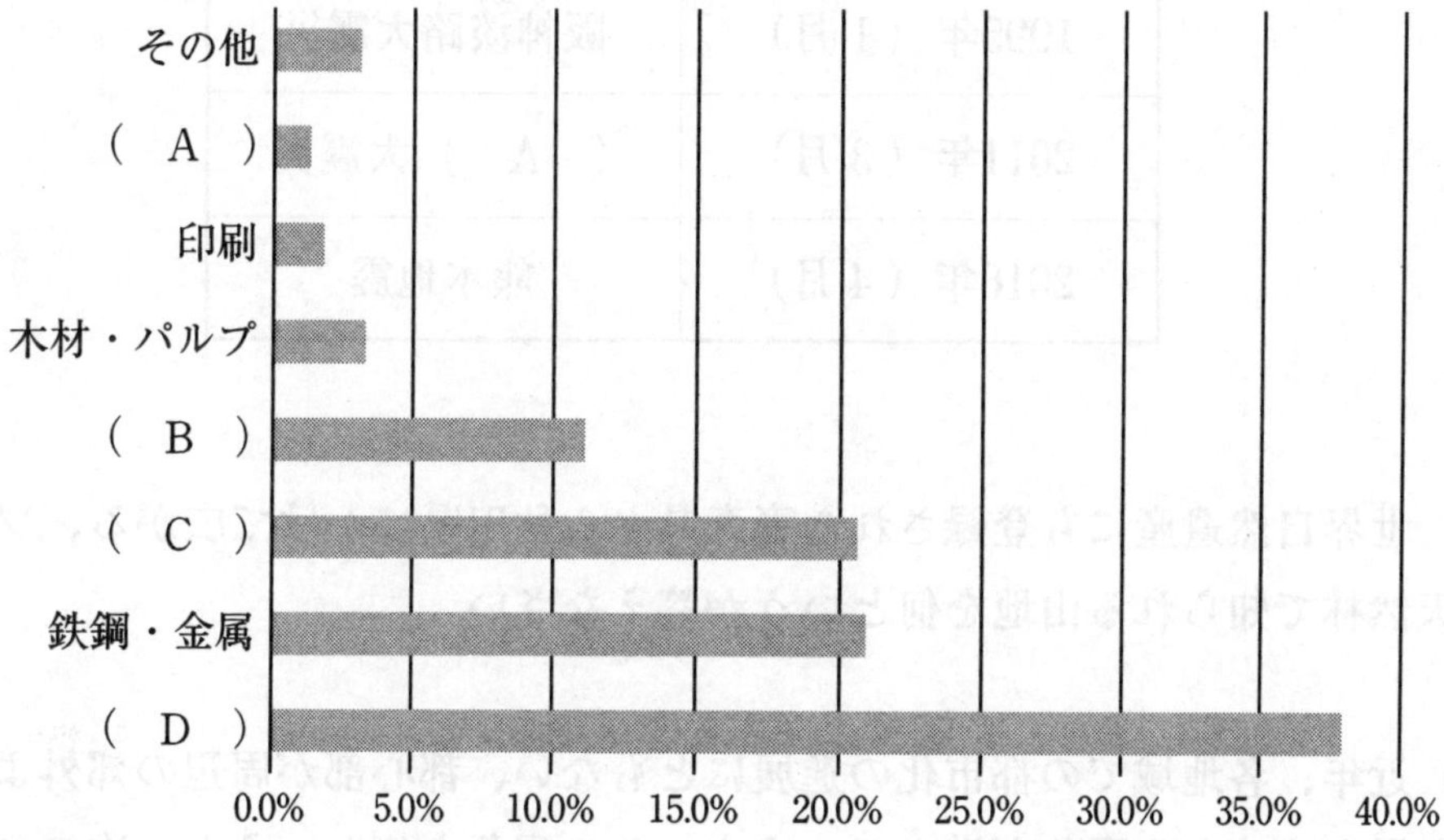

＊2020年 工業統計表から作成

（ア）機械工業　　（イ）食品工業
（ウ）繊維工業　　（エ）化学工業

問６　下線⑥について、北海道の東部には、ある国に不法占拠《ふほうせんきょ》されている島々があります。これらは大きい順に択捉島《えとろふとう》、国後島《くなしりとう》、色丹島《しこたんとう》、歯舞群島《はぼまいぐんとう》です。「ある国」とはどの国か、その国名をカタカナ３文字で答えなさい。

問７ 下線⑥について、日高《ひだか》山脈の東に広がる十勝《とかち》平野では農業がさかんです。十勝平野で生産されている農作物の中で生産量が全国１位ではないものを、次の(ア)～(エ)より１つ選んで、記号で答えなさい。

（ア）小麦　　（イ）大豆　　（ウ）米　　（エ）じゃがいも

問８ 下線⑦に関連して、下の(１)～(３)の設問に答えなさい。

（１）日本では過去《かこ》に多くの自然災害《さいがい》が発生しています。日本で発生した自然災害についてまとめた次の表中の（　Ａ　）にあてはまる適切な語句を答えなさい。

1995年（１月）	阪神淡路《あわじ》大震災
2011年（３月）	（　Ａ　）大震災
2016年（４月）	熊本地震

（２）世界自然遺産にも登録された青森県から秋田県にかけて広がる、ブナの天然林で知られる山地を何というか答えなさい。

（３）近年、各地域での都市化の進展《しんてん》にともない、都心部が周辺の郊外《こうがい》よりも気温が高くなる現象が進んでいます。この現象を何というか、次の(ア)～(ウ)より１つ選んで、記号で答えなさい。

（ア）ドーナツ化現象
（イ）液状《えきじょう》化《か》現象
（ウ）ヒートアイランド現象

問９　地形図を活用することで、さまざまな地理情報を手に入れることができます。次の地形図は岡山県津山《つやま》市の一部です。地形図から読み取れることの説明として誤っているものを、次の(ア)～(エ)より１つ選んで、記号で答えなさい。

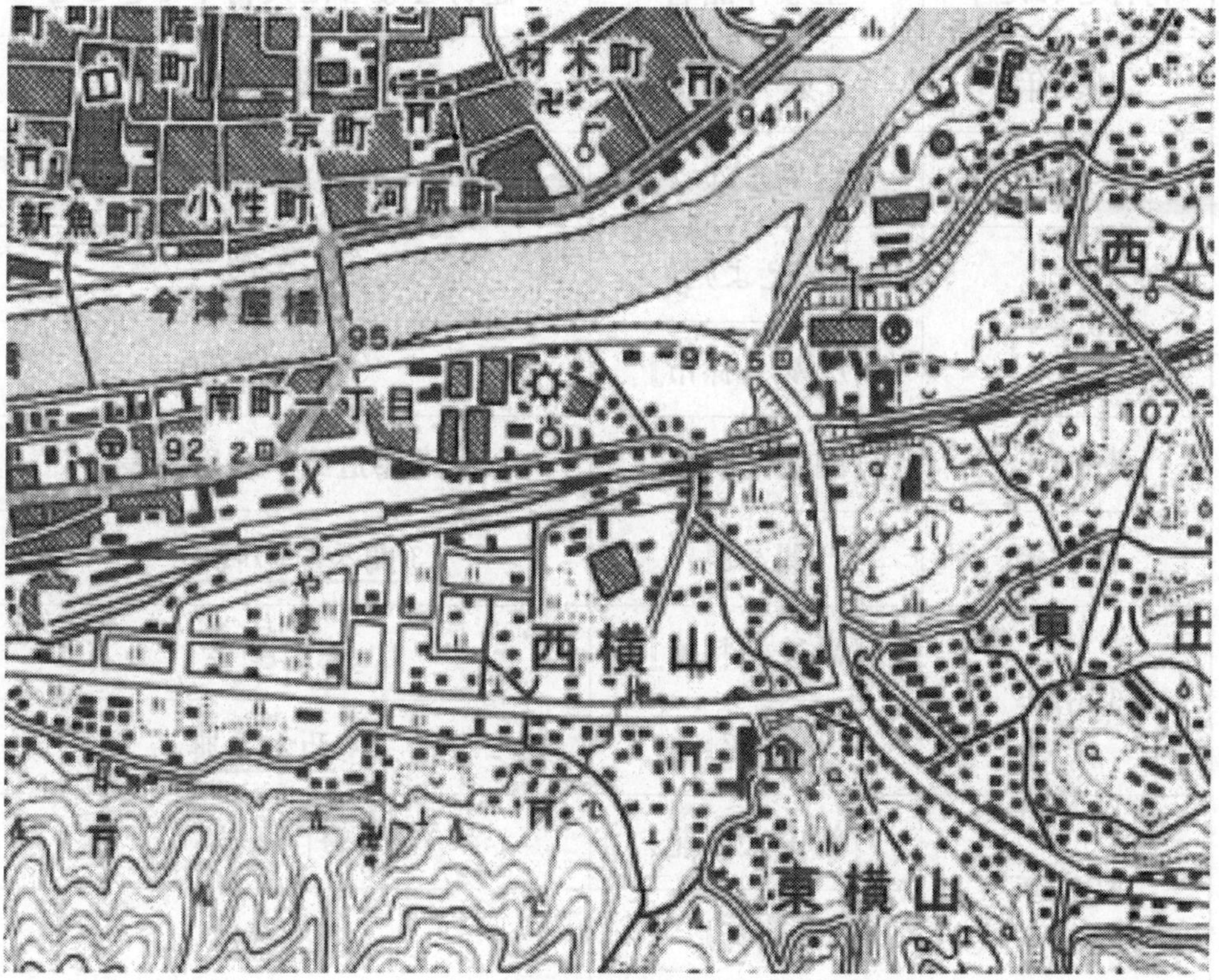

＊国土地理院発行　２万5000分の１地形図「津山東部」より全体を拡大

（ア）「つやま」駅の北側には、交番がある。
（イ）今津屋橋を北側に進んだ、京町には神社がある。
（ウ）「つやま」駅のすぐそばには、市役所がある。
（エ）西横山と東横山の間には、老人ホームがある。

2 2023年は国民的作家の司馬遼太郎《しばりょうたろう》さんの生誕《せいたん》100年でした。実さんはお父さんと一緒に司馬遼太郎さんの主《おも》な作品を調べ、以下のように表にまとめました。表を見て、あとの問題に答えなさい。

刊行《かんこう》された年	主な作品名	題材となった人物やできごと
1959年	『梟《ふくろう》の城』	伊賀忍者《いがにんじゃ》
1963年	『竜馬《りょうま》がゆく』	坂本龍馬
1964年	『燃えよ剣』	①土方歳三《ひじかたとしぞう》
	『尻啖《しりくら》え孫市《まごいち》』	②雑賀《さいか》孫市
1965年	『国盗《くにと》り物語』	斎藤道三・織田信長
1966年	『関ヶ原』	③関ヶ原の戦い
1967年	『最後の将軍』	徳川慶喜《よしのぶ》
	『殉死《じゅんし》』	④乃木希典《のぎまれすけ》
1968年	『新史太閤記《しんしたいこうき》』	豊臣秀吉
	『義経《よしつね》』	⑤源義経
1969年	『坂の上の雲』	秋山好古《よしふる》・秋山真之《さねゆき》・⑥正岡子規《まさおかしき》
1975年	『空海の風景』	⑦空海
1980年	『項羽《こうう》と劉邦《りゅうほう》』	⑧項羽・劉邦
1982年	『菜の花の沖』	⑨髙田屋嘉兵衛《たかたやかへえ》

問１ 下のマンガは、先の表の中にいる人物の活躍《かつやく》を描《えが》いたものです。この人物の名前と歴史的できごとの組み合わせとして正しいものを、次の(ア)～(エ)より１つ選んで、記号で答えなさい。

（ア）坂本龍馬―薩長同盟　　（イ）織田信長―室町幕府を滅ぼす

（ウ）豊臣秀吉―太閤検地　　（エ）徳川慶喜―大政奉還

＊木戸《きど》…桂小五郎《かつらこごろう》のこと。

＊勅許：天皇からの許可。

＊小学館版　学習まんが「少年少女　日本の歴史　第16巻」小学館より

問２　下線①について、この人物が副長をつとめた集団の名を、次の(ア)～(エ)より１つ選んで、記号で答えなさい。

(ア) 奇兵隊《きへいたい》　(イ) 白虎隊《びゃっこたい》　(ウ) 新選組《しんせんぐみ》　(エ) 白襷隊《しろだすきたい》

問３　下線②について、この人物は戦国時代に鉄砲集団を率《ひき》いて活躍しました。日本に鉄砲が最初に伝来した場所を、次の(ア)～(エ)より１つ選んで、記号で答えなさい。

(ア) 佐渡島　(イ) 沖之島　(ウ) 伊豆大島　(エ) 種子島《たねがしま》

問４　下線③について、この戦いはだれとだれが戦いましたか。組み合わせとして正しいものを、次の(ア)～(エ)より１つ選んで、記号で答えなさい。

(ア) 北条時宗《ほうじょうときむね》とフビライ・ハン　(イ) 徳川家康と石田三成
(ウ) 中大兄皇子《なかのおおえのおうじ》と蘇我入鹿《そがのいるか》　(エ) 平清盛《たいらのきよもり》と源義朝《みなもとのよしとも》

問５　下線④について、この人物は日露戦争《にちろせんそう》で活躍した人物です。この人物が活躍した時代の文として誤っているものを、次の(ア)～(エ)より１つ選んで、記号で答えなさい。

(ア) 市川房枝《いちかわふさえ》の活躍もあり、女性に選挙権が保障された。
(イ) 北里柴三郎《きたざとしばさぶろう》が伝染病の研究所を設立し、若い医師を育てた。
(ウ) 津田梅子《つだうめこ》が、身分の差がない女子教育を志向して一般女子の教育を始めた。
(エ) 渋沢栄一《しぶさわえいいち》が、多くの会社や経済団体の設立・経営に関わった。

問6　下線⑤について、この人物が活躍した時代の文として正しいものを、次の(ア)～(エ)より1つ選んで、記号で答えなさい。

(ア) 新しい国づくりのために遣唐使《けんとうし》を送った。
(イ) 書院造《しょいんづくり》の部屋で有名な銀閣《ぎんかく》が建てられた。
(ウ) 御家人《ごけにん》を地方の守護《しゅご》や地頭《じとう》に任命した。
(エ) 奈良に新しい都である平城京《へいじょうきょう》がつくられた。

問7　下線⑥について、この人物の友人に夏目《なつめ》漱石《そうせき》がいます。夏目漱石の作品を1つ答えなさい。

問8　下線⑦について、この人物が活躍したのは平安時代です。平安時代を代表する人物で「この世をば　わが世とぞ思ふもち月の　かけたることもなしと思へば」という歌をよんだ人物の氏名を答えなさい。

問9　下線⑧について、この2人が中国で争っていた時代、日本は弥生《やよい》時代でした。弥生時代をあらわす文として誤っているものを、次の(ア)～(エ)より1つ選んで、記号で答えなさい。

(ア) 米づくりが広がっていき、人々の生活も大きく変化した。
(イ) 大陸から伝わったと思われる鉄器や青銅器が使われていた。
(ウ) 邪馬台国《やまたいこく》の女王卑弥呼《ひみこ》が中国に使いを送った。
(エ) くにをつくりあげた王や豪族の墓である古墳がつくられた。

問10　下線⑨について、この人物は江戸時代に活躍した人物です。江戸時代の人物とその内容の組み合わせとして正しいものを、次の(ア)～(エ)より1つ選んで、記号で答えなさい。

(ア) 葛飾北斎《かつしかほくさい》―浮世絵《うきよえ》を描く
(イ) 本居宣長《もとおりのりなが》―解体新書《かいたいしんしょ》を出版
(ウ) 杉田玄白《すぎたげんぱく》―日本地図をつくる
(エ) 伊能忠敬《いのうただたか》―歌舞伎《かぶき》の脚本《きゃくほん》を書く

3 次の文章を読んで、あとの問題に答えなさい。

1945年3月以降、(A)はアメリカ軍によって海から空から激《はげ》しく攻撃されるようになり、4月になると、約20万人ものアメリカ軍が上陸《じょうりく》を始め、(A)戦が起こりました。この戦いでは12万人以上もの県民が亡くなったと言われ、6月23日まで続きました。

1945年8月、アメリカ軍は広島、長崎に原子爆弾《げんしばくだん》を投下《とうか》し、その後日本はポツダム宣言《せんげん》を受け入れて降伏《こうふく》しました。そして、連合国軍総司令部《れんごうこくぐんそうしれいぶ》の最高司令官(B)から憲法改正《けんぽうかいせい》を指示されて、①日本国憲法が成立しました。

日本国憲法第1条で、天皇は日本国および日本国統合《にほんこくとうごう》の(C)とされ、その地位は「主権《しゅけん》の存する日本国民の総意《そうい》に基《もとづ》く」と定められており、②天皇は国政に関する機能《きのう》を一切もたず、内閣の助言《じょげん》と承認《しょうにん》のもと、③憲法で定められた国事行為《こくじこうい》のみを行います。

日本国憲法の基本原理は大日本帝国憲法とは大きく異《こと》なります。その第一は、国民主権です。日本国憲法は、前文で「主権が国民に存する」と宣言し、第1条でも国民主権を明記しています。第二は④基本的人権の尊重《そんちょう》です。大日本帝国憲法とは異なり、生存権《せいぞんけん》などの社会権も新たに加えられました。第三は、平和主義です。憲法前文に、戦争を二度と起こさないとする国際平和実現への強い意志《いし》が示されており、その内容は第(D)条で具体化《ぐたいか》されています。また、日本は国を防衛《ぼうえい》するために自衛隊《じえいたい》を持っています。⑤この自衛隊が第(D)条に反しないのかという点について、政府は「主権国家には自衛権があり、憲法は自衛のための必要最小限度の実力を持つことは禁止していない」と説明しています。

問1 空らん(A)～(D)にあてはまる適切な語句や数字を、次の【選択肢】より1つずつ選んで、記号で答えなさい。

【選択肢】

(ア) 7　(イ) 9　(ウ) 14　(エ) ウィルソン
(オ) 沖縄　(カ) 鹿児島　(キ) 象徴　(ク) 総攬者《そうらんしゃ》
(ケ) 東京　(コ) マッカーサー

問２　下線①について、日本国憲法の内容を改める場合に必要なものとして誤っているものを、次の(ア)～(エ)より１つ選んで、記号で答えなさい。

（ア）衆議院での議決　　（イ）参議院での議決
（ウ）国民による投票　　（エ）内閣総理大臣の承認

問３　下線②について、天皇が国政に関する機能を一切もたないのはなぜですか。以下の語句を必ず使用して説明しなさい。

【使用する語句】　「大日本帝国憲法」

問４　下線③について、天皇が行う国事行為として正しいものを、次の(ア)～(エ)より１つ選んで、記号で答えなさい。

（ア）外国の大使をもてなすこと。
（イ）法律をつくること。
（ウ）大臣を選び、内閣をつくること。
（エ）裁判所で判決を決定すること。

問５　下線④について、基本的人権は「侵すことのできない永久の権利」とされていますが、唯一制限されることがあります。人権の限界や制限を表現する言葉を何というか、５文字で答えなさい。

問６　下線⑤について、自衛隊が憲法の内容に反していると言われるのはなぜですか。以下の語句を必ず使用して説明しなさい。

【使用する語句】　「不保持」

【理　科】〈第１回試験〉（社会と合わせて50分）〈満点：50点〉

1 次の文を読んで、以下の問いに答えなさい。

オニグルミはクルミ科の植物で、日本全国の森の中で見ることができます。その実は縄文時代から食用として利用され、リス（本州ではニホンリス）にとっても大切な食べ物です。

オニグルミの花は５～６月に咲き、雄花《おばな》と雌花《めばな》があります。$_1$どちらも花弁（花びら）が目立たない花で、雄花にはおしべが、雌花にはめしべがあります。花が終わると実ができて、９～10月頃に食べごろとなります。

ニホンリスはシマリスと異なり冬眠《みん》しないので、秋には食べ物の少ない冬に向けて食料を貯めこむ「貯食」を行います。オニグルミの実はかたい殻《から》に包まれていて、くさりにくく、中身を食べられる動物が限られていて盗《ぬす》まれる心配も少ないので、「貯食」に最適です。$_2$ニホンリスはオニグルミの実を１つずつ遠くに運び、木の枝の間もしくは地上にかくして、冬になるとこれを探し出して食べています。

オニグルミの実は非常にかたく、中身を割って食べるのには技術が必要です。ニホンリスはするどい歯を上手に使って、うまくいけば５分ほどで殻を割ることができます。森の中を歩くと、リスが食べた後のオニグルミの殻が落ちているのが見られます。しかし、$_3$この技術は生まれつきもっているものではなく、親や仲間のリスがオニグルミの実を食べている様子を見ることで身に付けていくと考えられています。

(1) 下線部１について、花が終わった後に実になるのは、次のア、イのうちどちらですか。記号で答えなさい。

ア．雌花　　　イ．雄花

(2) 下線部１について、オニグルミの実ができるためには、花が咲いたときにあることが起こる必要があります。あることとは何ですか。次のア～エから１つ選び、記号で答えなさい。

ア．雌花でつくられた花粉が、昆《こん》虫によって雄花に運ばれる。
イ．雌花でつくられた花粉が、風によって雄花に運ばれる。
ウ．雄花でつくられた花粉が、昆虫によって雌花に運ばれる。
エ．雄花でつくられた花粉が、風によって雌花に運ばれる。

(3) 下線部２について、リスは貯食したすべての実を食べきれるわけではありません。このことがオニグルミにもたらす良い点について説明した次の文の、空らん〔　①　〕～〔　③　〕に当てはまる適切な語句を答えなさい。

食べ残されたオニグルミの実は、春になると〔　①　〕することがある。これは、〔　①　〕の条件のうち、〔　②　〕がオニグルミにとって適切な範《はん》囲に入るからである。

リスの貯食により、オニグルミの実は風に飛ばされたり地面を転がったりするだけではたどり着かない場所にも届く。これにより、実の多数が食べられたとしても生息地域を〔　③　〕のに役立っていると考えられる。

(4) 下線部３と同じように、仲間の行動を見聞きすることでできるようになる動物の行動の例を、次のア～エから１つ選び、記号で答えなさい。

ア．モンシロチョウの幼虫が、自分が生まれた卵の殻を食べる。
イ．生まれたばかりのシマウマの赤ちゃんが、30分以内に立ち上がる。
ウ．ウグイスの若い雄《おす》が、年上の雄のさえずりを真似して、上手にさえずれるようになる。
エ．ヒトは、気温が低いときには無意識に筋肉が動き、からだがふるえることがある。

2 中和の実験について、以下の問いに答えなさい。

実験１：ある濃《こ》さの塩酸Ａと水酸化ナトリウム水溶《よう》液を混ぜて中和を行い、そのときに加えた体積をグラフにまとめました。

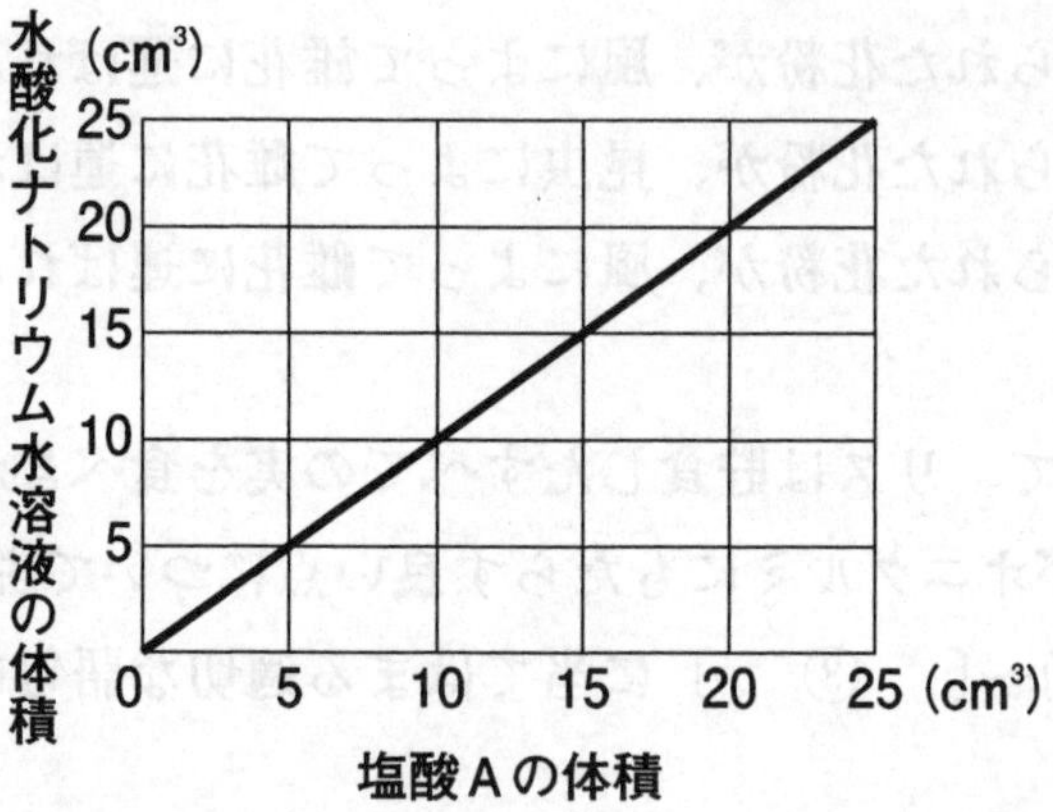

実験２：塩酸Ａの２倍の濃さである塩酸Ｂと、実験１で使用した水酸化ナトリウム水溶液を混ぜて中和を行いました。

実験３：10 cm^3の塩酸Ａを、実験１で使用した水酸化ナトリウム水溶液を加えてちょうど中和させたあと、蒸発させたら、１ｇの白い固体が残りました。

(1) 塩酸の性質として、当てはまるものを、次のア～オから２つ選び、記号で答えなさい。

ア．赤色リトマス紙を青色にする。
イ．青色リトマス紙を赤色にする。
ウ．石灰水を白くにごらせる。
エ．スチールウールを溶《と》かす。
オ．蒸発させると茶色い粒《つぶ》が残る。

(2) 実験１のグラフから、50 cm^3の塩酸Ａをちょうど中和させるのに必要な水酸化ナトリウム水溶液の体積を求めなさい。

(3) 実験２で、50 cm^3の塩酸Ｂをちょうど中和させるのに必要な水酸化ナトリウム水溶液の体積を求めなさい。

(4) 実験２を行った場合、グラフはどのようになりますか。実験１のグラフを参考にして予想される結果を、解答用紙のグラフに書きなさい。
　ただし、グラフは定規を使わず手書きで書くこと。

(5) 実験３で、25 cm^3の塩酸Ａを実験１で使用した水酸化ナトリウム水溶液を加えて、ちょうど中和させたあと、蒸発させたら、何ｇの白い固体が残りますか。

(6) 10 cm^3の塩酸Ｂを、実験１で使用した水酸化ナトリウム水溶液を加えてちょうど中和させたあと、蒸発させたら、何ｇの白い固体が残りますか。

3 ちがいのない豆電球と電池を用いてさまざまな回路を組み、豆電球の明るさを比べました。以下の問いに答えなさい。ただし、豆電球と電池をそれぞれ右の図１で示す記号を用いて表すものとします。

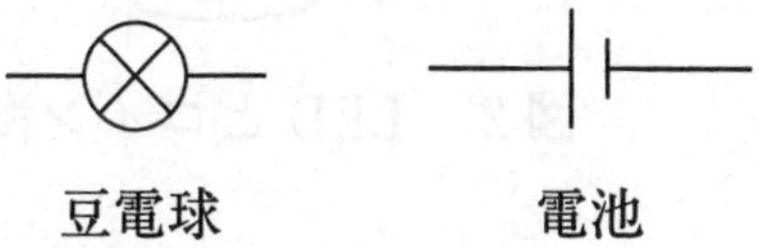

図１　豆電球と電池を表す回路図記号

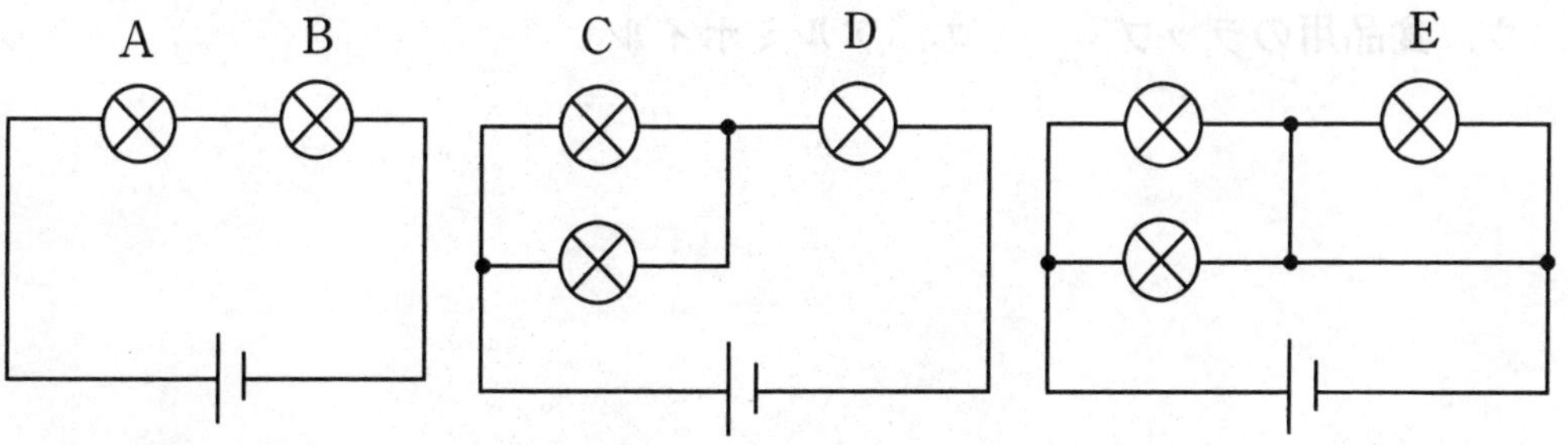

(1) ＡとＢのようなつなぎ方を何といいますか。

(2) ＣとＤの豆電球の明るさを比べたとき、明るい方はどちらですか。記号で答えなさい。

(3) ＤとＥの豆電球の明るさを比べたとき、明るい方はどちらですか。記号で答えなさい。

図２のように、LEDとコイン型電池を用いて電気回路の実験を行いました。図の実験装置は、左右のコイン型電池の間に電気を通すものをつなぐとLEDが光り、電流の大きさによってLEDの明るさが変化します。以下の問いに答えなさい。

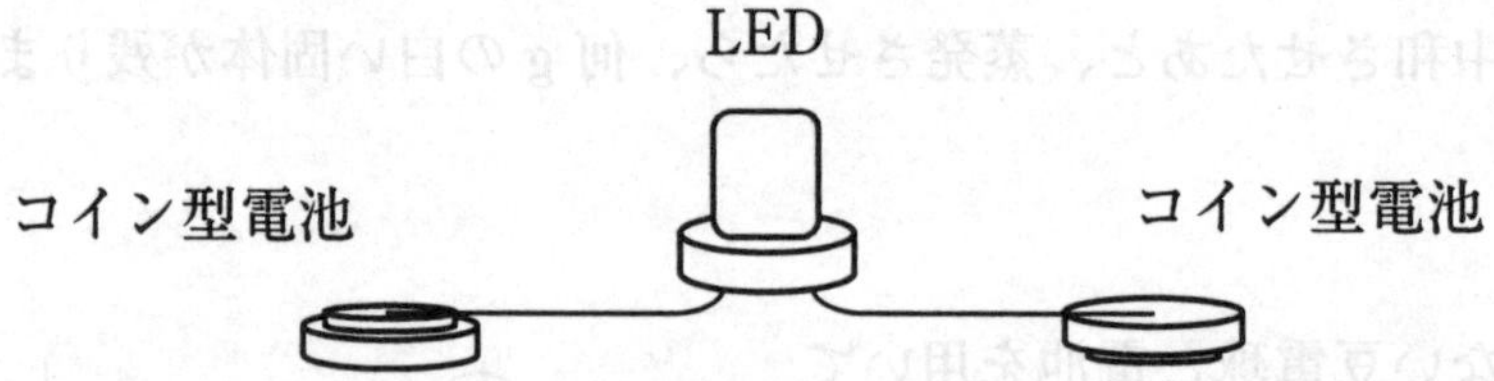

図２　LEDとコイン型電池を用いた電気回路実験装置

(4) 実験装置につないだとき、電気が通りLEDが光るものを、次のア～エの中からすべて選び、記号で答えなさい。

ア．スプーン（鉄）　　イ．ビニールテープ
ウ．食品用のラップ　　エ．アルミホイル

(5) 図3のように、えん筆を用いて紙の上に線を濃《こ》く描《えが》き、線の上に実験装置を置くとLEDが光りました。その後、図4のようにえん筆でよこ線を描き加えたところLEDの明るさが変化しました。その様子について正しく述べているものを、次のア～エから1つ選び、記号で答えなさい。

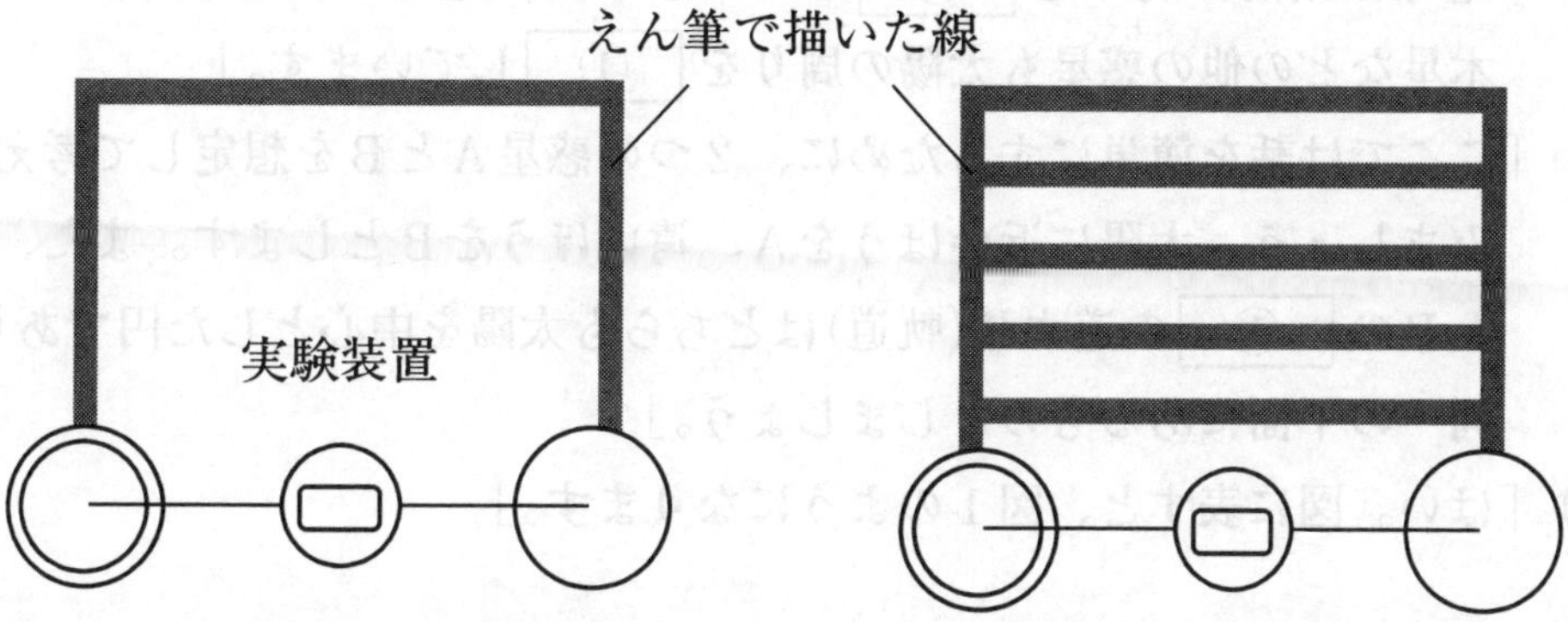

図3　えん筆の線と実験装置の接続　　図4　えん筆の線を描き加えた様子

ア. よこ線を増やすほど暗くなる。

イ. よこ線を増やすほど明るくなる。

ウ. よこ線が多くなるにつれ、はじめは明るくなるが、ある本数以上になると暗くなりはじめる。

エ. よこ線が多くなるにつれ、はじめは暗くなるが、ある本数以上になると明るくなりはじめる。

(6) (5)の実験について、なぜそのようになったと考えられますか。その理由を述べた次の文章について、【　】の中の正しい方を選び、文章を完成させなさい。

よこ線を描き加えると、 回路に流れる電流の【 距離《きょり》が長くなり ・ 道すじが増え 】、 電流が【 大きくなる ・ 小さくなる 】ため(5)のような結果になった。

4 次の会話文を読んで、以下の問いに答えなさい。

はるか「私たちの住む地球は太陽の周りを回っています。この運動を、[①]と呼んでいます。」

ま　ゆ「地球は太陽の周りを[①]していますね。地球と同じように火星、木星などの他の惑《わく》星も太陽の周りを[①]しています。」

はるか「ここでは話を簡単にするために、2つの惑星AとBを想定して考えてみましょう。太陽に近いほうをA、遠いほうをBとします。また、AとBの[①]の道すじ(軌《き》道《どう》)はどちらも太陽を中心とした円であり、同一の平面にあるものとしましょう。」

ま　ゆ「はい。図に表すと、図1のようになります。」

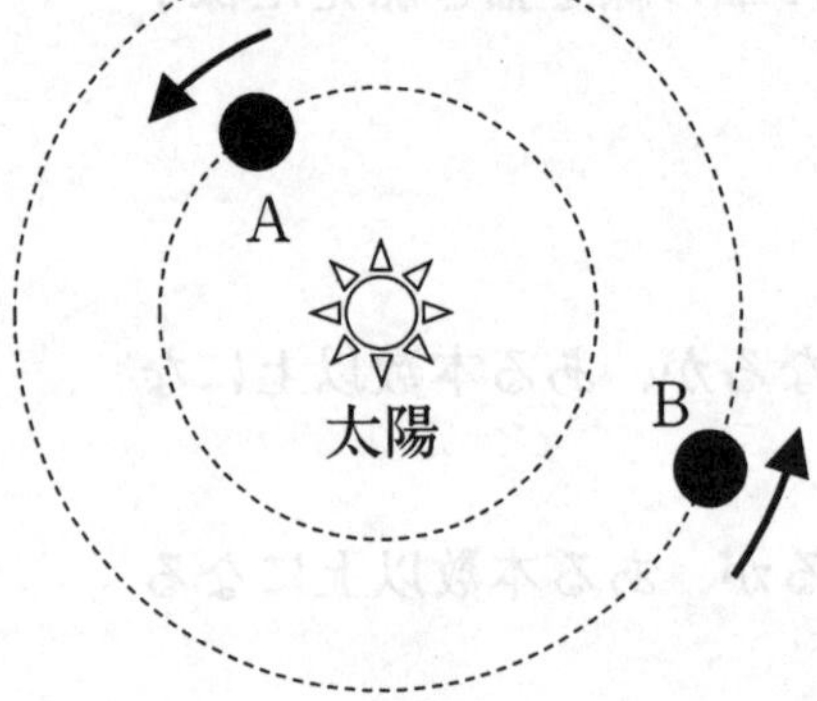

点線は[①]の道すじ（軌道）を、矢印は[①]の向きを表している。
AとBの[①]の向きは同じである。

図1

はるか「さて、AとBはそれぞれが一定の速さで[①]しているものとしましょう。ここで、太陽から近いAのほうが速く、太陽から遠いBのほうが遅《おそ》いことがわかっています。つまり、太陽とA、Bの位置関係は常に変化します。したがって、例えばある瞬《しゅん》間に太陽－A－Bの順に一直線に並ぶことがあります。これを衡《しょう》と呼びます。」

ま　ゆ「②衡のときを図に表してみると、図2のようになります。」

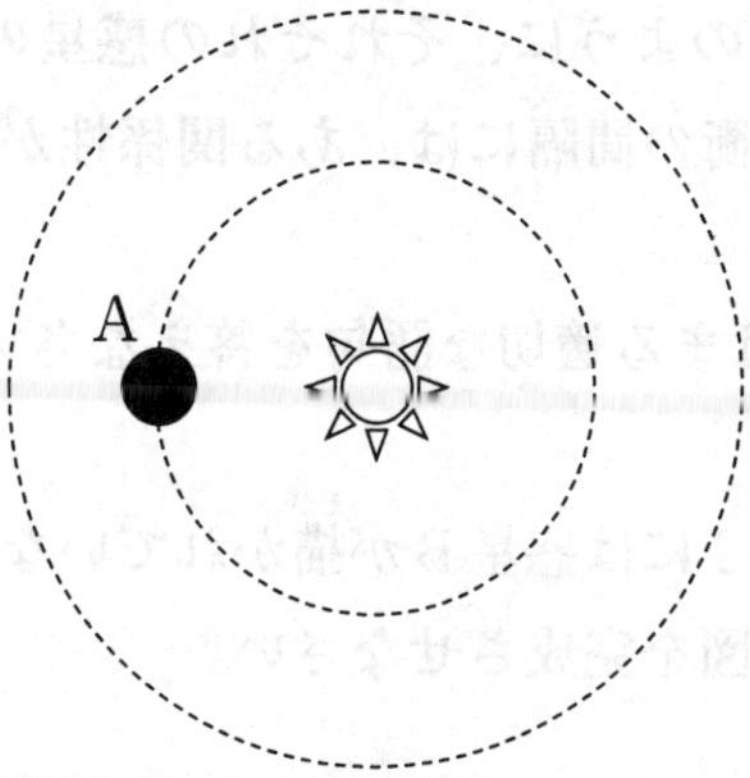

図2

はるか「ここで、Aが太陽の周りを1周するのに1年かかるとします。このとき、もしBが太陽の周りを1周するのに2年かかるとすると、はじめに衝が起きてから次の衝が起きるまで、何年かかるでしょうか。」

ま　ゆ「Bが太陽の周りを1周する間に、Aは2周するから…。［③］年でしょうか。」

はるか「そうですね、正解です。」

ま　ゆ「要するに、AとBがはじめに衝となった位置に再びAとBの両方があるという状況《きょう》になるまでにかかる時間を考えればよいということですね。」

はるか「なるほど。それでは、もしBが太陽の周りを1周するのに3年かかるときはどうでしょうか。」

ま　ゆ「もちろんはじめに起きた衝の位置に［④］。」

はるか「ところがそうではないのです。」

ま　ゆ「え、どうしてですか。」

はるか「Bが太陽の周りを1周する間に、Aは3周しますね。AとBがはじめに衝となってから、同じ位置で再びAとBが衝となるまでに、太陽－A－Bの順に一直線に並ぶことはまったくないのでしょうか。」

ま　ゆ「えっと、それはどういうことでしょうか。」

はるか「つまり、AとBがはじめに衝となった位置とは異なる位置で衝となることは考えられませんでしょうか。」

ま　ゆ「ああ！　確かに、はじめに衝が起きてから［⑤］後に、太陽－A－Bの順に一直線に並ぶことがあります！」

はるか「その通りです。このように、それぞれの惑星の ① にかかる時間と、惑星どうしの衝の間隔《かく》には、ある関係性があります。……」

(1) 空らん ① に当てはまる適切な語句を答えなさい。

(2) 下線部②について、図２には惑星Ｂが描《えが》かれていない。解答用紙の図に惑星Ｂを描《か》き入れて正しい図を完成させなさい。

(3) 空らん ③ に当てはまる適切な数字を答えなさい。

(4) 空らん ④ に当てはまる適切な文章を、次のア～エから１つ選び、記号で答えなさい。

ア．Ａが戻るまで１年かかるので１年になります
イ．Ｂが戻るまで３年かかるので３年になります
ウ．Ａ、Ｂともに戻るというのは１年後になるので１年になります
エ．Ａ、Ｂともに戻るというのは３年後になるので３年になります

(5) 空らん ⑤ に当てはまる適切な語句を、次のア～エから１つ選び、記号で答えなさい。

ア．半年
イ．１年半
ウ．２年
エ．２年半

問八　――線部⑤「ピザを顎でしゃくった」とありますが、これは「誰が」「どのような意図で」おこなったことですか。三十字以内で説明しなさい。

問九　――線部⑥「なんで部屋が別なんだ？」とありますが、松がみんなと「部屋が別」な理由を四十字以内で説明しなさい。

問十　本文の内容について、説明した次の文の内容が正しければ○、間違っていれば×を解答欄に書きなさい。

ア　「僕」の警官に対する行動を班の全員が批判していたが、ピザをきっかけにして仲直りをした様子が見られる。

イ　「蔵並」は「特待生」として真面目な行動を求められているため、「僕」の取る反抗的な行動をうらやましく思っている。

ウ　「松」は周りよりも行動や思考がゆっくりではあるが、「僕」も「蔵並」もそのことを理解し、松のために行動をしている。

エ　「松」は素直な性格でしっかりと感謝を伝えることができるが、その性格ゆえ人の話をまともに受け取ってしまう面もある。

オ　「大日向」はピザを用いて仲直りをうながしており、班の中でも中立的な立場をとるなど争いごとが心底嫌《きら》いな人物である。

B「茶化して」

ア　うそをつくこと。

イ　反抗《はんこう》すること。

ウ　失笑すること。

エ　からかうこと。

問三　本文中の［Ⅰ］～［Ⅲ］に入る語として最も適切なものを次の中から一つずつ選び、それぞれ記号で答えなさい。（選択肢《せんたくし》は一度しか使えません。）

ア　ぴくぴく　　イ　へらへら　　ウ　ガサガサ　　エ　しくしく

問四　――線部①「こいつ」とありますが、誰のことを指しますか。その人物を本文中の語句を用いて答えなさい。

問五　――線部②「見つからないところ」とありますが、「僕ら」はどこに隠れましたか。本文中から九字でぬき出して答えなさい。

問六　――線部③「驚きのあまり」とありますが、なぜ「大日向」は驚いたのですか。その理由を三十字以内で説明しなさい。

問七　――線部④「まるで寮母さんみたい」とありますが、ここで使われている表現技法として最も適切なものを次の中から一つ選び、記号で答えなさい。

ア　体言止め　　イ　比喩法《ひゆほう》　　ウ　倒置法《とうちほう》　　エ　擬人法《ぎじんほう》

「そ、そそそんなに、何もない。ただ、く、くくくく薬、を、ののの飲む、時間が、あ、あるから。朝と、夜に」

「そんなの、同じ部屋だって飲めるだろ」

「と、ととと友達といて、ま、万が一忘れたら、こ、ここ困るからって、せ、先生が。ぼ、ぼぼくと、お、お、お母さんは平気だって言ったのに」

うちの学校が※標榜《ひょうぼう》する自主性って、結局はそういう一線を越《こ》えないところにあるんだよ。その薬は飲み続けて数ヶ月で効果が出てくるものらしくて、今が大事なところらしい。どうりでここ最近、修学旅行に来てからも、松の調子がいいなとは思ってたんだ。それは僕だけじゃなかったみたいで、大日向も蔵並も深くうなずいていた。

（乗代雄介《のりしろゆうすけ》『それは誠《まこと》』より）

注※　仮初め……一時的、その場限り。
勝ち鬨……勝った時に一斉《いっせい》にあげる喜びの声。
標榜……主義や主張を掲《かか》げ表わすこと。

問一　～～線部a～eのカタカナは漢字に直し、漢字は読み方をひらがなで書きなさい。

問二　══線部A「ぼろが出る」、B「茶化して」の本文中での意味として最も適切なものを次の中から一つずつ選び、それぞれ記号で答えなさい。

A「ぼろが出る」
ア　隠していた性格が現れる。
イ　隠していた欠点が現れる。
ウ　予想通りの結末をむかえる。
エ　意図していない結果となる。

「ありがとう」

「佐田も、蔵並に感謝しろよ」

そう言って大日向は僕に目を流した。後ろに手をついて足まで組んで、もう食べる気はないらしい。見てたところじゃ、松と同じくらいしか食べていなかったはずだ。また腹を下すのが怖《こわ》いんだろう。

「はっきり言って、マジで危なかったからな」

突き放すような低い声と、見開くようにe強張った目。ひるんだ自分に気付いて、この物腰柔《ものごしやわ》らかな気の良い男があまり意識させなかった立場の違いみたいなものを思い出した。僕の視線は逃げるようにピザへ下りた。一切れだけ残ってる。僕は蔵並を見た。

「あの時は助かった」とすまなそうに言ってから⑤ピザを顎《あご》でしゃくった。「食べてくれ」

蔵並は眉《まゆ》を持ち上げて反応すると松を見て、ピザを指さした。松は断った。蔵並は黙って、指さす形を解きながらピザに手を伸《の》ばした。

「それでいいのかよ」大日向は力なく笑いながら言った。「なんなんだよ」

蔵並は下に落ちたというかくっついてるわずかな具をせっせとはがし集めながら、面倒くさそうに「何が?」と言った。

「なんでもない。いいから食え」と僕は言った。このくだりといやしい行為《こうい》をさっさと終わらせたかった。

「そのかわり、カラスが来たらちゃんと分けろよ」

冗談《じょうだん》が通じたらしく、蔵並は僕を見つめてにやにやしながら最後の一切れを食べた。気味は悪いが、ひとまず機嫌《きげん》は直ったらしい。単純な奴だ。隣《となり》で松も「お、おも、おもしろい」と言った。冗談を言う甲斐《かい》のない奴らだ。

「松は」ちょっとむかついて僕は言った。「⑥なんで部屋が別なんだ?」

弱い緊張《きんちょう》が走ったけど、大日向も蔵並も松を見た。

「べつに問題なさそうだけど、何かあるのか?」

「仲直りだぞ、食べたら」繰《く》り返す大日向の顔は悔《くや》しそうに歪《ゆが》んでいた。「わかってるな」まあ、僕としてはどっちだろうと構わないから「子供みたいなことを言うな」と B茶化して手をのばした。

ピザは冷めていたけど、この世のものとは思えないほど美味かった。一枚で四つの味が楽しめるんだけど、それぞれ焼き dカゲンも違《ちが》うだろうにどうやって焼いてるんだろう。それとも、別々に焼かれたのをくっつけたのかな。とにかく祖母の田舎料理で育った僕の味覚じゃとても処理しきれない代物で、ずっと頬《ほほ》が Ⅱ 引きつっていた。でも僕の感動は、さっきの「小川も言ってたけど」って聞き捨てならない発言のせいで濁《にご》っていた。一方の蔵並は、やっぱり本気だったのかも知れないと思うくらいにがっついていた。

その食べっぷりで安心したのか、大日向は④まるで寮母《りょうぼ》さんみたいに満足そうに見ていた。

「これで仲直りだな」

「無理だ」蔵並はまた別の一切れを自分の近くに寄せたあと、ミネラルウォーターを一口飲んで「こいつは」と僕を指さした。「犯罪者だ。公務執行妨害《こうむしっこうぼうがい》」

「未遂《みすい》だよ、未遂」

「ぼ、ぼくは、お、お、おもしろかった」

どもった拍子《ひょうし》に、松の持っているピザから具とチーズの冷え固まった切れっ端《ぱし》が落ちた。落ち葉が小さな音を立てて、別の葉がかぶさるように動いて食べこぼしを隠す。松は気付いていないから、僕らもただ次の言葉を待った。

「く、くくく蔵並くん」松は改まるように、 Ⅲ と音を立てながら向き直った。「あ、ありがとう」

「何が？」

「佐田くんを、ま、守ってくれて」

「礼を言うなら佐田にだろ」蔵並はてかった指をなめながら言った。「佐田は、松のために投げたんだ」

そんなこと、いちいち言うもんじゃない。で、松はそう言われたら素直に応じるに決まってる。落ち葉を膝《ひざ》で何度も踏《ふ》みながら、まっすぐ僕に体を向けた。

だった。さっきからふとした時に、いい匂《にお》いがしてたんだ。

「お前のピザじゃないだろ」

「まだオレしか金を出してない」

真剣《しんけん》な顔をするもんだから、よっぽどもらしそうだったのを言ってやろうかと思った。そしたら僕はふと、大日向がしょっちゅうトイレに行ってることに気がついた。班の話し合いとか、ホテルとか。

「一つだけ言っておくと、べつに仲直りじゃない」これから食事だし、腹のことは不問にして僕は言った。

「こっちは悪かったって認めてる。もし仲直りっていうんなら、問題は、蔵並に許す気があるのかどうかだけだ。僕にできることはもう何もない。だから僕はピザを食べる。蔵並は許す気になったら食べ始めればいい」

「なんだよ、それ」と大日向は面倒《めんどう》くさそうに言った。「さっきから色々開き直りすぎだろ」

「手をどけろって」と僕は言った。「松が食えないじゃないか」

松はやりとりの意味がわかってるのかわかってないのか、［ I ］笑っていた。色々あったから頭が追いついてないのかも知れない。

「オレがここ最近で一番驚《おどろ》いたのってさ」大日向は急にしみじみ言った。「お前がそんなに口の減らない奴だったってことだよ。井上も小川も言ってたけど、ここに来てさらにだな」

「手をどけろ」と蔵並が大日向に言った。「聞こえないのか」

③驚きのあまり口ごもった大日向は、気を取り直してから「お前ら」と言った。でも、少し考えてから蓋に置いていた手を離し、蔵並の顔を指さした。「わかった。その代わり、食べたら仲直りと見なすからな。オレだって付き合ってられるか」

蔵並は黙《だま》ったまま大日向から目を離さない。僕はそれをかなり興味深く見物していた。蔵並の奴、あんなことした僕の味方をしてまでピザが食いたいのか？ 本気なのか、今後のために丸く収めようと思い直したのか。

「警察が不審がって話しかけてくることはわかった。いつかＡぼろが出る」それから急に、口ん中でジャムでも煮詰《につ》めてるような声になった。「気狂いがいるからな」

「差別語だ」と僕は言った。「どこで覚えた？」

「おい」前を歩く大日向が雑木の間を見下ろして言った。「ここ、下りれるぜ」

ガードレールが途切《とぎ》れたところ、藪《やぶ》の間に斜面を下りる道ができている。大日向はピザを両手に抱《かか》えたまま、厚く積もった落ち葉をすべるように下りていった。下で※勝ち鬨《どき》みたいな声が上がったから、松を先にして続いた。

そこだけ木が一本もなく開かれた、とんでもなく日当たりの良い斜面だった。看板が立っていて、横書きで〈谷《や》ノ《の》上《うえ》横《よこ》穴《あな》墓《ぼ》群《ぐん》〉とある。

目の前には高架《こうか》道路《どうろ》の側面が見えていて、斜面はそれをくぐるようにまだ下に続いていた。台地に向かって上がっていく高架道路の中間地点って感じだ。斜面はコナラの多い林なんだけど、遺跡《いせき》が見つかって、その十メートル四方ぐらいだけｃセイビがされているらしい。

さっきまでいた上の道からの視線は、藪と木々が隠《かく》してくれている。問題があるとすれば、高架道路の歩道から見えることだけど、下の方にいれば、高く茂ったり立ち枯《が》れたりしてる雑草が隠してくれそうだった。

「とりあえず、ここにいようぜ」

大日向は乾《かわ》ききった大きく硬《かた》い落ち葉の海に足首まで浸《つ》かりながら、さらに下がっていった。蔵並もそこまで行って、高架を見上げて納得したようだ。松も、落ち葉をつかむようにしながら、なんとか後ろ向きで滑《すべ》りおりた。大日向に受け止められると、笑みを浮《う》かべた。

そこでピザを食べることになったんだけど、大日向は蓋《ふた》を押《お》さえながら、僕と蔵並を交互《こうご》に見て言った。

「食う前に仲直りしろ。しないと食わせない」

僕はすごく腹が減っていた。朝からけっこう歩いたし、それなりに色々あったし、出前のピザも魅力的《みりょくてき》道路の方にいた何人かが僕たちを見ていた。事情を話せばきっと納得してくれるだろうけど、そんな暇《ひま》はない。そもそも誰かに事情を話してわかってもらったところで、慰《なぐさ》められたり安心したりなんかするもんか。この世の※仮初めの善意にすがりついたって何にもならない。本当の善意ってのは、たまたまそこにいて飛び去るカラスだけが持ってるものだ。

僕らは逃《に》げるように公園を出た。走ったら、顔に当たる空気が冷たかった。

「とりあえずなんとかなったから、許してやれよ」

「こんな奴《やつ》に付き合ってられるか」

「ごもっとも」僕は心からそう思ってはいた。でも、自分の正義と悪運に気をよくしてもいた。「特待生は不良と付き合わない方がいい」

「でもあの警官、最悪だったから」大日向は僕の声にかぶせるように言いながら蔵並の肩に a フれた。「お前もむかついてただろ？」

蔵並は払《はら》うように肩を回した。「あいつも最悪だし、①こいつも最悪だ」

「あいつがいる限り、最悪ではないな」そこは b 譲れないから言った。「確かに悪かったけど、あんな奴より悪いってことはない」

そういう会話が、早歩きで公園を離《はな》れる路上でなされた。松がつらそうだったから早々に走るのをやめたんだ。おじさんのアパートのある通りを過ぎて、台地の縁のガードレールのある道に突《つ》き当たる。斜面《しゃめん》に立ち並ぶ木々の寒々しい梢《こずえ》が向こうの空を透《す》かしている。下を覗《のぞ》くと、片側二車線の広い道が見えた。

「とりあえず、②見つからないところ」大日向のあせりは、事ある毎に手首をほぐす動作に表れていた。

「そんなにびびるなって」僕はまだ興奮冷めやらぬって感じだった。「棒きれが警官に直撃《ちょくげき》しない限りなんとかなるさ」

蔵並はおっかない顔で僕を睨《にら》んだけど、前を向いてからの「とりあえず」って口ぶりは落ち着いていた。

二　次の文章を読んで、あとの問いに答えなさい。（答えに字数制限がある場合には、句読点・記号等も一字として数えなさい。なお、文章は設問の都合上、改編されています。）

高校二年生の「僕《ぼく》（佐田《さた》）」は、東京への修学旅行中に、おじさんに会うために班行動とは別に行動をしている。その行動に「大日向《おおひなた》」「蔵並《くらなみ》」「松《まつ》」が一緒《いっしょ》に付いてくるが、途中《とちゅう》警官に声をかけられる。警官は「松」の話し方を見下し馬鹿《ばか》にした態度をとる。そのことに「僕」は怒《いか》りを抑《おさ》えられないでいる。

「修学旅行、楽しんでね」

　誰《だれ》も返事をしなかった。警官はちょっと行ったところで、歩いたまま腰《こし》に右手をあてて、顔を横に向けた。まぶしそうに遠くを見るその顔を見た瞬間《しゅんかん》、僕はどうしようもなく激しい怒《いか》りに襲《おそ》われた。沸《わ》いた頭が一瞬で描《えが》いた暴力のまま、足元の警棒ほどの木の枝を手にしていた。ベンチに座ったまま思いきり投げつけようと腕《うで》を振《ふ》った時、蔵並がとっさに僕の肩《かた》をつかんだ。勢いよく回転しながら飛んだ枝は狙《ねら》いを外れて、すぐ横の木の茂《しげ》みに飛び込んだ。打たれた葉が派手な音を鳴らした。

　その木陰《こかげ》から一羽のカラスが泡《あわ》食って飛び出したのと、警官が振り返るのがほぼ同時だった。僕らの視線はカラスを追いかけて下がって上がり、警官の目もそれに続いた。どういうわけか、僕の投げた枝は落ちてこなかった。警官は不審《ふしん》そうにしたけど、二度と僕らを見ることはなく、自転車に向かった。

　警官が消えるまで、蔵並は僕の肩をつかんだままだった。

「お前、バカか？」と言ってぐっと力をこめた。大した力じゃなかったけど、本気なのはわかった。「狂《くる》ってる。とんでもないことになってたぞ」

「その通り」持て余した興奮が嘲《あざけ》るような言い方をさせた。「僕は狂ってるんだ。やっと気付いたのか？」

「おい」怒気《どき》をはらんだ大日向の声。ピザの袋《ふくろ》をガサッとつかむ音。「さっさと出るぞ、見られてる」

問十　――線部⑥「『声に出してひとりごとを言っているふしぎな人』になってしまう」とありますが、それはなぜですか。その理由として最も適切なものを次の中から一つ選び、記号で答えなさい。

ア　相手がどのような人であっても、怖《こわ》がらず、大きな声ではっきりと話すことが会話のマナーだから。

イ　タメ口は敬語を使わず、なおかつ親しい人同士で使う言葉なので、あまり仲のよくない人や知らない人には使えないから。

ウ　親しくない人に対しては敬語を使うのが普通なので、親しくない人にタメ口を使うのは相手と会話していることにはならないから。

エ　普通の人なら自信を持って敬語を使うことができるので、ひとりごとのような小さな声で話すと周囲には敬語だと理解してもらえないから。

問十一　本文の内容について、説明した次の文の内容が正しければ○、間違っていれば×を解答欄に書きなさい。

ア　知らない人と話すときは、相手が知りたいことを伝えることが最優先なので、思ったことを素直に言うべきである。

イ　年齢《ねんれい》に関係なく知らない大人に対してタメ口を使っても問題ないが、中学生以上ならなるべく敬語を使うべきである。

ウ　知らない大人と話す時に、タメ口を使ったり、何も言わずに黙ったりすると結果的に自分が損をすることになる。

エ　心の中で思っていること全てを声に出して話してしまうと、周りからふしぎに思われるだけでなく、怒られる場合もある。

オ　知らない大人と話す時は、好き嫌いは関係なく、お互いの距離感を示すために、敬語を使うことが大切である。

問七　本文中の［ X ］、［ Y ］、［ Z ］には、次のア～オの文がそれぞれ入ります。最も適当なものを次の中から一つずつ選び、それぞれ記号で答えなさい。（選択肢は一度しか使えません。）

ア　道を聞いた大人とも対等になる
イ　大人より自分はえらい。私を尊敬せよ
ウ　いつまでも小学生みたいな言い方をしたくないしな
エ　それでは相手に一方的にいばられてしまう
オ　自分の言葉づかいは正しい。間違っているのは大人だ

問八　――線部④「社会の中で孤立してしまう可能性があります」とありますが、それはなぜですか。次の【語群】の言葉をすべて用いて、七十五字以内で説明しなさい。

【語群】コミュニケーション　タメ口　大人

問九　――線部⑤「タメ口は『ひとりごとの言葉』」とありますが、これ以外にタメ口を説明したものとして最も適当なものを次の中から一つ選び、記号で答えなさい。

ア　対等もしくは親しい人間との間で使う言葉。
イ　子どもが知らない大人に対して使う言葉。
ウ　大人が尊敬されようとしていばって使う言葉。
エ　目下の人間が目上の人間に対して使う言葉。

問一 〰〰線部a～eのカタカナは漢字に直し、漢字は読み方をひらがなで書きなさい。

問二 本文中の二つの[A]に入る、「身体の部位を表す語」を漢字一字で答えなさい。

問三 本文中の[Ⅰ]～[Ⅲ]に入る語として最も適切なものを次の中から一つずつ選び、それぞれ記号で答えなさい。（選択肢《せんたくし》は一度しか使えません。）

ア ところが　イ たとえば　ウ だから　エ もしかしたら

問四 ——線部①「あなたはべつに、悪いことをしていません」とありますが、それはなぜですか。その理由として最も適切なものを次の中から一つ選び、記号で答えなさい。

ア たずねられた道を知らなかっただけで、考えている様子を相手に示したから。
イ たずねられた道を知らないということを、分かりやすく相手に伝えようとしたから。
ウ 言葉は発さなかったが、相手に道を知らないということを態度で伝えたから。
エ 言葉を発する前に相手は通りすぎたが、相手に道を知らないということを伝えたから。

問五 ——線部②「それで通ってしまった」とありますが、本文中ではどのような意味として用いられていますか。解答欄《らん》に合うように二十五字以内で説明しなさい。

問六 ——線部③「こういう時」とありますが、どのような時ですか。十五字以内で説明しなさい。

テルを貼《は》られてしまう可能性があります。そのセキニンは、半分以上あなたにあります。「それでもいい」と思っていると、④社会の中で孤立《こりつ》してしまう可能性があります。

「なんですか」と「知りません」は、ただの「丁寧《ていねい》」です。「相手はぜんぜん知らない人で、相手と自分とのあいだには、とても距離《きょり》がある」という状況《じょうきょう》だから、その「距離」をはっきりさせるためには、「丁寧の敬語」を使えばいいのです。それは、「あんたが好きだ」ということとは関係ありません。また、「丁寧の敬語」は、「どっちのランクが上か」ということとも、関係がありません。好きとか嫌《きら》いとは関係なくて、ただ、「その人との間には距離がある」というだけなのです。

そして、注意しなければならないのは、タメ口には、「もうひとつの使い方がある」ということです。それは、「ひとりごと」です。相手のいないひとりごとには、敬語なんか必要がありません。だから、⑤タメ口は「ひとりごとの言葉」でもあります。

仲のいいともだちなら「敬語なし」でもいいし、ひとりごとにも敬語はいりません。でも、あまり仲のよくないともだちや、ぜんぜん知らない人を相手にして、このタメ口を使ったらどうなるでしょう？ 怒《おこ》りやすい相手なら、「なめるんじゃねェ！」と言って怒るでしょう。そうじゃない人になら、「この人は、なにを言っているんだろう？」と、ふしぎに思われるかもしれません。なぜかといえば、あなたの言っていることが、「声に出して言うひとりごと」にしか聞こえないからです。

タメ口は、「ひとりごとの言葉」でもあるのですから、そんなに親しくない人相手にタメ口を使ったら、「声に出してひとりごとを言っている」とおなじことになってしまうのです。

その状態をそのままにしておいたらどうなるでしょう？ あなたは、どこへ行っても⑥「声に出してひとりごとを言っているふしぎな人」になってしまうでしょう。あなたにはそのつもりがなくて、ちゃんと人に話をしているつもりでも、あなたが敬語を知らなくて、タメ口しか使えなかったら、あなたは知らないあいだに、「他人をｃムシしてひとりごとを言っているだけの人」になってしまうのです。

（橋本治《はしもとおさむ》『ちゃんと話すための敬語の本』より）

あなたが「なんですか？」と言わなかった理由は、ほんとに、ただぼんやりしていただけかもしれません。でも、［Ⅲ］あなたは、「③こういう時にはなんと言えばカッコがつくのだろう？」と考えていて、その答が見つからなかったのかもしれません。

「なんですか？」と「知りません」は、小学生でも言えます。もしかしたらあなたは、小学生の時には、そういうふうに言っていたかもしれません。でも、もう小学生じゃないあなたは、「［Ｘ］」と思って、「なんか違《ちが》う言い方ないか？」と思ったのです。

違う言い方を考えて、それが見つからないから、しかたなしに黙っていたのです。

黙っていると、「普《ふ》通《つう》の人間ならかんたんに言えることを言わない、アブナイ子」になってしまうかもしれません。

「知らない人との話し方」を知らないと、「どう言うんだっけ？」と思ううちに、「言うべきことを言わないアブナイ子」になる方向へ進んでしまいます。そのｃセキニンは、半分あなたにあります。

あるいはまた、「なんですか？」と言わないあなたは、そのかわりに、「なに？」とか、「なんだよ？」と言ったとします。

「なんですか？」と言える小学生だったあなたは、「自分はもうこどもじゃないから、そんな言い方したら恥《は》ずかしい」と思って、「なに？」とか、「なんだよ？」というタメ口をきいたのです。「自分はもうこどもじゃない。大人だ。だから、［Ｙ］」と思ったのです。

そうなるとどうなりますか？　相手はきっと、「今の子はキレやすいから危険だ」なんて思うでしょうね。知らない人からいきなりタメ口で話しかけられる立場に、自分を置いてごらんなさい。それは、「一方的にいばられる」と同じなんですよ。

タメ口には、敬語がありません。敬語がなくてもいいのは、「親しい人間との会話」と、「目上の人間が目下の人間にものを言う時」だけです。つまり、「もうこどもじゃない」と思ったあなたは、知らない大人にタメ口をきいて、「［Ｚ］」という立場に立ってしまったんですね。

「大人に対するｄ不満」があなたの中にあって、そんなタメ口をきいてしまったら、「危険な子」というレッ

2024年度 実践学園中学校

【国語】〈第一回試験〉（四五分）〈満点：一〇〇点〉

一　次の文章を読んで、あとの問いに答えなさい。（答えに字数制限がある場合には、句読点・記号等も一字として数えなさい。なお、文章は設問の都合上、改編されています。）

たとえば、あなたが一人で道を歩いています。知らない人に、「すみません」と声をかけられました。あなたは、「なんだ？」と思いました。

あなたが「なんだ？」と思って黙《だま》っていると、その人は道を聞いてきました。聞かれてもあなたには、道がよくわかりません。「どこなんだ、それは？」と、一人で考えます。考えてもわからないので、あなたは[A]を振《ふ》るか、[A]をひねるかしました。

相手は、あなたが道を知らないらしいことをわかって、「どうも」と言ってa去って行きました。

①あなたはべつに、悪いことをしていません。でも、去って行った人は、こう思うかもしれません。

「今の子って、ほんとにぶあいそうでb気味が悪い」

あなたには、言うべきことが二つありました。ひとつは、「なんですか？」です。もうひとつは、「知りません」です。あなたは、それを悪意があって言わなかったわけじゃありません。ただ、「なんだ？」と思っていて、「なんですか？」と言うのを忘れただけです。なにも言わずに黙っていて、②それで通ってしまったものだから、「知りません」と言うのも、うっかりやめてしまったのです。

[Ⅰ]、道を聞いた相手の人にしてみれば、「どうしてこの子は、かんたんなことさえも言わないのだろう？」です。[Ⅱ]、「アブナイ子かもしれない」と思うのです。

2024年度

実践学園中学校　▶解説と解答

算数　＜第１回試験＞（45分）＜満点：100点＞

解答

1 ⑴ 7531　⑵ $1\frac{7}{12}$　⑶ 2.9　⑷ $\frac{1}{3}$　⑸ 55　⑹ 4　⑺ 4　⑻ 130000mm^2　⑼ 7.5倍　⑽ 690円　2 ⑴ 96　⑵ 200円　⑶ 6通り　⑷ 864m^2　⑸ 2分24秒　⑹ 21.5cm^2　3 ア 3回　イ 9回　ウ 27回　エ 70回　オ 《2121》　カ 《1002》　4 ⑴ 136　⑵ 1390　5 ⑴ 8：1　⑵ 180cm^3

解説

1 四則計算，逆算，比の性質，単位の計算，割合と比，売買損益

⑴ 13456－5925＝7531

⑵ $3\frac{1}{3}+2\frac{1}{2}-4\frac{1}{4}=3\frac{4}{12}+2\frac{6}{12}-4\frac{3}{12}=1\frac{7}{12}$

⑶ 6.67÷2.3＝2.9

⑷ $\left(\frac{3}{8}-\frac{1}{4}\times\frac{1}{3}\right)\div\frac{7}{8}=\left(\frac{3}{8}-\frac{1}{12}\right)\div\frac{7}{8}=\left(\frac{9}{24}-\frac{2}{24}\right)\div\frac{7}{8}=\frac{7}{24}\times\frac{8}{7}=\frac{1}{3}$

⑸ 22×1.7＋19×1.1－33×0.1＝37.4＋20.9－3.3＝58.3－3.3＝55

〔ほかの解き方〕 22×1.7＋19×1.1－33×0.1＝11×２×1.7＋19×0.1×11－11×３×0.1＝11×3.4＋1.9×11－11×0.3＝11×(3.4＋1.9－0.3)＝11×５＝55

⑹ 84÷(22－□×２)＝６より，22－□×２＝84÷６＝14，□×２＝22－14＝８　よって，□＝８÷２＝４

⑺ $\frac{5}{6}:\frac{2}{3}=\frac{5}{6}:\frac{4}{6}=5:4$　よって，□＝４

⑻ １m^{2}は１辺の長さが１mの正方形の面積である。また，１m＝100cm＝1000mmだから，１m^2＝１m×１m＝1000mm×1000mm＝1000000mm^{2}とわかる。よって，0.13m^{2}は，0.13×1000000＝130000(mm^2)となる。

⑼ １Lは1000mLなので，６Lは6000mLである。よって，６Lは800mLの，6000÷800＝7.5(倍)とわかる。

⑽ 定価の25％引きで売ると，売値は定価の，１－0.25＝0.75(倍)になる。よって，この商品の売値は，920×0.75＝690(円)と求められる。

2 約数と倍数，四則計算，場合の数，比の性質，面積，速さ

⑴ 右の図１の計算から，８と12と32の最小公倍数は，２×２×２×１×３×４＝96と求められる。

図1

2)	8	12	32
2)	4	6	16
2)	2	3	8
	1	3	4

⑵ 箱の代金を除くと，ハンカチ４枚分の代金は，950－150＝800(円)になる。よって，ハンカチ１枚の値段は，800÷４＝200(円)とわかる。

⑶ 残りの｛青，黄，緑｝の３色の旗を，赤と白の間に並べる方法を求めればよい。赤のとなりには３通り，そのとなりには残りの２通り，そのとなりには残りの１通りの並べ方があるから，全部で，３×２×１＝６(通り)と求められる。

⑷ 縦の長さと横の長さの和は，132÷２＝66(m)である。これを８：３で分けると，縦の長さは，66×$\frac{8}{8+3}$＝48(m)，横の長さは，66−48＝18(m)になる。よって，この長方形の面積は，48×18＝864(m^2)とわかる。

⑸ (道のり)＝(速さ)×(時間)より，家から学校までの道のりは，80×12＝960(m)とわかる。また，(時間)＝(道のり)÷(速さ)より，この道のりを分速400mで進むときにかかる時間は，960÷400＝2.4(分)と求められる。これは，60×0.4＝24(秒)より，２分24秒となる。

⑹ 右の図２で，三角形ABEの面積は，10×10÷２＝50(cm^2)である。また，角BAEの大きさは45度なので，おうぎ形ABFの面積は，10×10×3.14×$\frac{45}{360}$＝39.25(cm^2)とわかる。よって，斜線《しゃせん》部分の左半分の面積は，50−39.25＝10.75(cm^2)と求められる。右半分も同様だから，斜線部分の面積は，10.75×２＝21.5(cm^2)となる。

図２

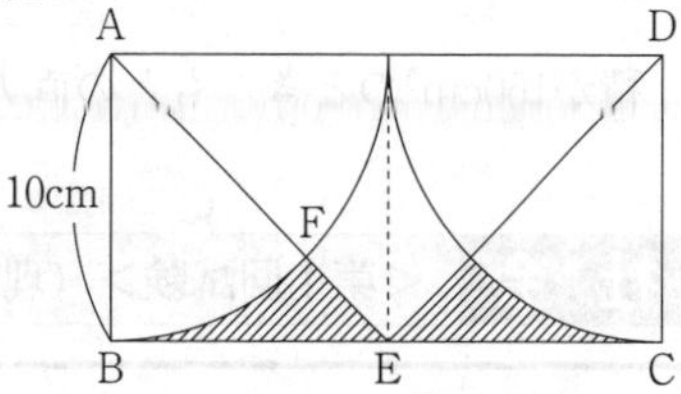

3 *N*進数

⑴ Bが１目もり進むのは，Aが１回転したときだから，ボタンを３回(…ア)おしたときである。また，Bが３目もり進むとCが１目もり進むから，Cが１目もり進むのはボタンを，３×３＝９(回)(…イ)おしたときとわかる。さらに，Cが３目もり進むとDが１目もり進むので，Dが１目もり進むのはボタンを，９×３＝27(回)(…ウ)おしたときと求められる。

⑵ Dの目もりが２を指すのはボタンを，27×２＝54(回)おしたときであり，Cの目もりが１を指すのはボタンを，９×１＝９(回)おしたときである。同様に，Bの目もりが２を指すのはボタンを，３×２＝６(回)おしたときであり，Aの目もりが１を指すのはボタンを１回おしたときである。よって，ボタンをおした回数は全部で，54＋９＋６＋１＝70(回)と求められる。

⑶ 50÷３＝16余り２より，Aは16周して２の目もりを指すことがわかる。また，Aが16周すると，16÷３＝５余り１より，Bは５周して１の目もりを指す。同様に，Bが５周すると，５÷３＝１余り２より，Cは１周して２の目もりを指す。このときDは１の目もりを指すから，50回おしたときの表示は《2121》となる。

⑷ ⑵と同様に考えると，《0101》となるときにボタンをおした回数は，27×１＋３×１＝30(回)であり，《1220》となるときにボタンをおした回数は，９×２＋３×２＋１＝25(回)と求められる。よって，これらの和は，30＋25＝55(回)となる。次に，⑶と同様に考えると，55÷３＝18余り１より，Aは18周して１の目もりを指し，18÷３＝６より，Bは６周して０の目もりを指し，６÷３＝２より，Cは２周して０の目もりを指すことがわかる。このときDは２の目もりを指しているので，表示は《1002》である。

4 数列

⑴ ３に次々と７を加えてできる数が並んでいる。20番目までに７を加える回数は，20−１＝19(回)だから，全部で，７×19＝133を加えることになり，３＋133＝136と求められる。

⑵ 一定の数ずつ増える数の和は，｛(はじめの数)＋(終わりの数)｝×(個数)÷２で求めることがで

きる。よって，1番目の数から20番目の数までの和は，(3＋136)×20÷2＝1390とわかる。

5 立体図形－体積

(1) 右の図のように，AP＝1，PB＝2とする。また，AE＝1，AD＝1として体積を求めると，もとの直方体の体積は，1×(1＋2)×1＝3，三角すいC－BPFの体積は，2×1÷2×1÷3＝$\frac{1}{3}$となる。よって，大きい方の立体の体積は，3－$\frac{1}{3}$＝$\frac{8}{3}$，小さい方の立体の体積は$\frac{1}{3}$だから，その比は，$\frac{8}{3}$：$\frac{1}{3}$＝8：1と求められる。

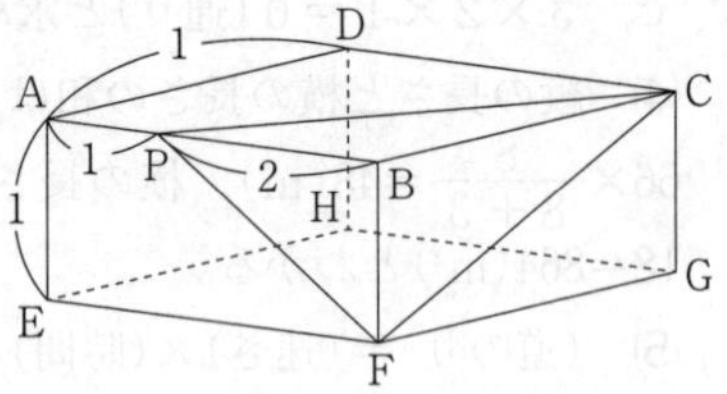

(2) もとの直方体の体積は大きい方の立体の体積の，3÷$\frac{8}{3}$＝$\frac{9}{8}$(倍)なので，大きい方の立体の体積が160cm^3のとき，もとの直方体の体積は，160×$\frac{9}{8}$＝180(cm^3)となる。

社 会 ＜第1回試験＞（理科と合わせて50分）＜満点：50点＞

解 答

1 **問1** パンデミック　**問2** (例) 5月～9月にかけて台風が多くなる時期に雨量が増加している。　**問3** (イ)　**問4** (例) ホームページを作成し，旅行の検索や予約を手軽にできるよう活用されている。　**問5** (ア)　**問6** ロシア　**問7** (ウ)　**問8** (1) 東日本 (2) 白神山地 (3) (ウ)　**問9** (ウ)　**2** **問1** (ア)　**問2** (ウ)　**問3** (エ)　**問4** (イ)　**問5** (ア)　**問6** (ウ)　**問7** (例) 吾輩は猫である　**問8** 藤原道長　**問9** (エ)　**問10** (ア)　**3** **問1** A (オ)　B (コ)　C (キ)　D (イ)　**問2** (エ)　**問3** (例) 大日本帝国憲法は天皇主権の形をとっており，戦争の一因になったと考えられるから。　**問4** (ア)　**問5** 公共の福祉　**問6** (例) 憲法第9条では戦力の不保持が明記されており，自衛隊は戦力にあたるとする考えもあるため。

解 説

1 親子の夏休みの旅行先についての会話文を題材とした地理の問題

問1 パンデミックは感染《かんせん》症や伝染病が全国的，世界的に流行し，多くの感染者や患者《かんじゃ》が出る状《じょう》況《きょう》をいい，感染爆発などと訳される。新型コロナウイルス感染症は，2019年12月に中国の武漢市で最初の感染者が報告されてからわずか数か月でパンデミックを引き起こし，日本でも感染拡大を防ぐために行動制限などの措置《そち》がとられた。

問2 グラフからは，5月・6月と8月・9月の雨量が特に多いことが読み取れる。亜《あ》熱帯に属する沖縄県は，梅雨時期の5月から6月と台風の影響《えいきょう》を最も強く受ける8月から9月にかけて降水量が多くなり，梅雨明け直後の7月と冬は降水量が比較《ひかく》的少ない。なお，沖縄県は本土よりも台風の影響を受けやすく，台風が多く接近する。

問3 沖合を暖流の日本海流(黒潮)が流れる千葉県は，温暖な気候と大消費地に近いという地の利をいかした野菜・花き栽培《さいばい》がさかんである。落花生の生産量は全国一多く，全国の約85％を生産している(2021年)。また，銚子《ちょうし》や野田では古くからしょうゆの製造がさかんで，しょうゆの生産量も千葉県が全国一多い((イ)…○)。なお，(ア)は栃木県，(ウ)は神奈川県，(エ)は群馬県について述べている。

問４　旅行会社では，多くの人が旅行を手軽に楽しめるようにホームページを作成して，旅行の情報を検索《けんさく》しやすくしたり，必要な予約を容易に行ったり，オンライン決裁ができるようにしたりするなどの工夫をしている。また，直接顔を合わせなくても顧客《こきゃく》が質問や疑問を気軽に問い合わせできるように，問い合わせフォームをホームページ内に設置することも多い。

問５　阪神工業地帯は，大阪市と神戸市を中心とする工業地帯で，臨海《りんかい》部には石油化学や鉄鋼《てっこう》などの大工場が集中し，東部には機械の部品や雑貨，南部には繊維《せんい》の工場が多い。機械工業の割合が最も大きいが40％に満たず，他の工業地帯・地域に比べると機械の割合が小さいこと，金属や化学の割合が大きく，さまざまな工業がバランスよく発達していることが特徴《とくちょう》である((ア)…○)。なお，Ａには(ウ)の繊維工業，Ｂには(イ)の食品工業，Ｃには(エ)の化学工業があてはまる。

問６　北方領土と呼ばれる北海道東部の択捉《えとろふ》島・国後《くなしり》島・色丹《しこたん》島・歯舞《はぼまい》群島は，日本固有の領土であるにもかかわらず，戦後，ロシア(ロシア連邦)に不法占拠《せんきょ》され，日本人は現在も自由に行き来することができない。

問７　米の都道府県別生産量は新潟県が全国１位であり，北海道は２番目に多い。また，北海道で稲作がさかんな地域は十勝平野ではなく，石狩《いしかり》平野や上川盆地である((ウ)…×)。なお，十勝平野は畑作がさかんで，(ア)の小麦，(イ)の大豆，(エ)のじゃがいもが多く生産されている。

問８　(1)　2011年３月11日に東北地方の太平洋沖で地震《じしん》が発生し，火災や大規模な津波，福島第一原子力発電所の事故などによって多くの死者や行方不明者が出た。これを東日本大震災という。

(2)　青森県と秋田県にまたがる白神山地は，世界最大級のブナの原生林が広がり，多種多様な動植物が豊かな生態系を育む貴重な地域であることから，ユネスコ(国連教育科学文化機関)の世界自然遺産に登録された。　(3)　ヒートアイランド現象は，都市化にともない建造物の高層化や高密度化が進んだことや人工排熱が多くなったことで，都心部の気温が周辺の郊外よりも高くなる現象をいう((ウ)…○)。なお，(ア)のドーナツ化現象は都心部の人口が周辺部に移動すること，(イ)の液状化現象は地震が発生したときに地盤《じばん》が液体状になる現象のことである。

問９　特にことわりがないかぎり，地形図では上が北となる。「つやま」駅のすぐそばに市役所(◎)はみられず，北側には交番(Ｘ)，北西(左上)には郵便局(〒)，北東(右上)には工場(☼)と官公署(ㅎ)がある((ウ)…×，(ア)…○)。なお，「今津屋橋」を北側に進んだ「京町」には，神社(⛩)がみられる((イ)…○)。「西横山」と「東横山」の間には，老人ホーム(⌂)がある((エ)…○)。

2　司馬遼太郎の主な作品を題材とした歴史の問題

問１　マンガは薩摩藩《さつまはん》の西郷隆盛と長州藩の木戸孝允《たかよし》が，幕末に薩長同盟を結ぶようすを描《か》いている。このとき活躍《かつやく》した人物は，仲立ちをした土佐藩出身の坂本龍馬である((ア)…○)。

問２　土方歳三《ひじかたとしぞう》は，(ウ)の新選組の副長をつとめた人物である。新選組は，幕末に京都の治安を守るために活動した浪士《ろうし》らによる組織である。なお，(ア)の奇兵隊は長州藩の高杉晋作《しんさく》が組織した部隊，(イ)の白虎《びゃっこ》隊は戊辰戦争のさいに会津藩が組織した部隊，(エ)の白襷《しろだすき》隊は日露戦争で投入された特別予備隊を指す。

問３　1543年に(エ)の種子島(鹿児島県)に中国の貿易船が漂着し，この船に乗っていたポルトガル人によって日本に初めて鉄砲が伝えられた。なお，雑賀《さいが》孫一(鈴木《すずき》孫一)は戦国最強ともいわれる鉄砲集団「雑賀衆」を率いた人物である。

問４　徳川家康率いる東軍と石田三成率いる西軍が戦った関ヶ原の戦いに勝利した徳川家康は，征夷大将軍となって江戸に幕府を開いた((イ)…○)。なお，北条時宗とフビライ・ハンは，元寇《げんこう》のときの鎌倉幕府執権《しっけん》と元(中国)の皇帝である((ア)…×)。中大兄《なかのおおえの》皇子は中臣鎌足らと645年に蘇我蝦夷《えみし》・入鹿《いるか》父子を倒した((ウ)…×)。平清盛と源義朝は，1159年に平治の乱で戦った((エ)…×)。

問５　乃木希典《のぎまれすけ》は明治時代に起こった日露戦争(1904～05年)で活躍した人物であり，女性に選挙権が保障されたのは第二次世界大戦後の1945年のことである((ア)…×)。

問６　のちに鎌倉幕府初代将軍となった源頼朝は，弟である源義経追討《ついとう》を理由として1185年に国ごとに守護，荘園ごとに地頭を設置することを朝廷に認めさせた((ウ)…○)。なお，遣唐《けんとう》使の派遣は630年に始まり，894年には菅原道真の提案で廃止《はいし》されている((ア)…×)。銀閣は室町幕府第８代将軍の足利義政が京都の東山に建立した書院造の別荘である((イ)…×)。平城京は元明天皇が710年に造営した((エ)…×)。

問７　夏目漱石は明治時代から大正時代にかけて活躍した作家で，主な作品には，『吾輩《わがはい》は猫《ねこ》である』・『坊《ぼ》っちゃん』・『三四郎』・『こゝ《(こ)》ろ』・『明暗』・『それから』・『虞《ぐ》美人草』などがある。

問８　藤原道長は４人の娘を天皇に嫁《とつ》がせ，栄華《えいが》を極めたときに，「この世をば　わが世とぞ思ふ　もち月の　かけたることも　なしと思へば」という歌をよんだ。藤原道長・頼通父子の時代に，藤原氏による摂関《せっかん》政治は全盛期を迎《むか》えた。

問９　大王《おおきみ》や地域の権力者である豪族《ごうぞく》が誕生《たんじょう》し，自身の権力を示すために古墳をつくるようになったのは，主に古墳時代のことである((エ)…×)。

問10　葛飾北斎は『富嶽《ふがく》三十六景』などの浮世絵を描いたことで知られる江戸時代の化政文化を代表する浮世絵師である((ア)…○)。なお，(イ)の本居宣長は『古事記伝』を著《あらわ》し，国学を大成した人物，(ウ)の杉田玄白は前野良沢らと『解体新書』を出版した人物，(エ)の伊能忠敬は全国の海岸線を測量して歩き，正確な日本地図をつくった人物である。また，江戸時代に活躍した歌舞伎《かぶき》の脚本《きゃくほん》家には近松門左衛門がいる。

3　第二次世界大戦と日本国憲法を題材とした問題

問１　**A**　第二次世界大戦末期の1945年４月にアメリカ軍が沖縄に上陸し，沖縄では激しい地上戦が行われた((オ)…○)。　**B**　連合国軍最高司令官総司令部(GHQ)の最高司令官としてマッカーサーが着任し，戦後の日本で日本国憲法の改正をはじめ，さまざまな民主化政策を指示した((コ)…○)。　**C**　日本国憲法第１条は天皇について，「天皇は，日本国の象徴であり日本国統合の象徴であって，この地位は主権の存する日本国民の総意に基づく」と規定している((キ)…○)。　**D**　日本国憲法は前文で平和主義をうたい，その具体的な内容については第９条で規定している((イ)…○)。

問２　日本国憲法の改正には，衆議院・参議院の各議院の総議員の３分の２以上の賛成による発議と，国民投票における過半数の賛成が必要であるが，内閣総理大臣の承認《しょうにん》は必要ない((エ)…×)。

問３　大日本帝国憲法が天皇主権の形をとっており，これが戦争の一因になったと考えられたため，日本国憲法では国民が主権を持ち，天皇は政治的権能を一切持たないとされた。

問４　天皇が行う国事行為には，内閣総理大臣や最高裁判所長官の任命，憲法改正・法律・政令および条約の公布，国会の召集《しょうしゅう》，栄典を授与すること，外国の大使や公使を受け入れることなどがある((ア)…○)。なお，法律をつくることは立法権を担《にな》う国会の仕事である((イ)…×)。大臣を選び，内閣をつくるのは内閣総理大臣の仕事である((ウ)…×)。裁判所で判決を下すのは裁判官の仕事であり，裁判所は司法権を担っている((エ)…×)。

問５　公共の福祉《ふくし》とは社会全体の利益のことであり，公共の福祉に反する場合は人権が制限されることがある。なお，日本国憲法第13条は，「生命，自由及《およ》び幸福追求に対する国民の権利については，公共の福祉に反しない限り，立法その他の国政の上で，最大の尊重を必要とする」としている。

問６　日本国憲法第９条は，戦争の放棄《ほうき》・戦力の不保持・交戦権の否認《ひにん》について明記しており，自衛隊については戦力にあたるとして，自衛隊が憲法の内容に反しているとする考えもある。

理　科　＜第１回試験＞（社会と合わせて50分）＜満点：50点＞

解　答

1　(1)　ア　　(2)　エ　　(3)　(例)　①　発芽　　②　温度　　③　広げる　　(4)　ウ

2　(1)　イとエ　　(2)　50cm³　　(3)　100cm³　　(4)　右の図Ｉ　　(5)　2.5ｇ　　(6)　２ｇ

3　(1)　直列つなぎ　　(2)　Ｄ　　(3)　Ｄ　　(4)　ア，エ　　(5)　イ　　(6)　(電流の)道すじが増え／(電流が)大きくなる

4　(1)　公転　　(2)　右の図Ⅱ　　(3)　２　　(4)　エ　　(5)　イ

図Ｉ

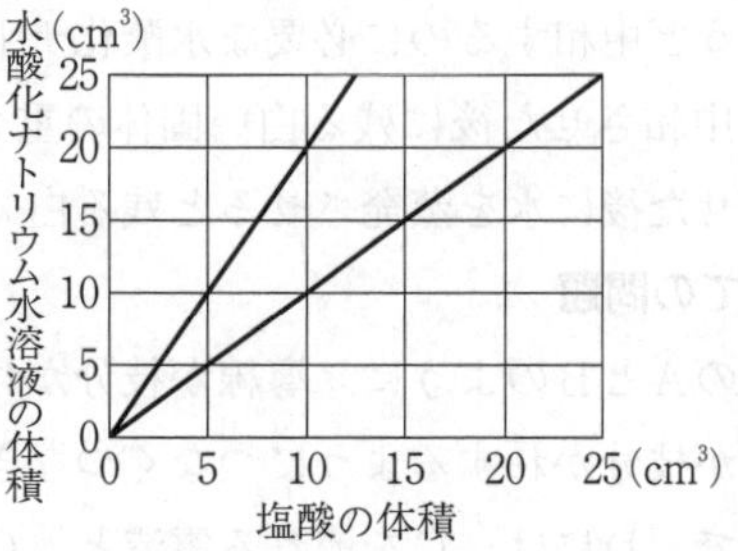

図Ⅱ

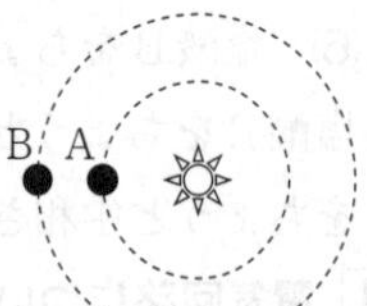

解　説

1　**花と発芽や実のでき方，動物の行動ついての問題**

(1)　雌花《めばな》にはめしべがあり，めしべのもとのふくらんだ部分が成長して実になる。なお，雄花《おばな》にはめしべがないため，実ができることはない。

(2)　花に実ができるには，雄花でつくられた花粉が，雌花にあるめしべに運ばれる必要がある。また，オニグルミは花弁(花びら)が目立たない花であることから，花粉が風によって運ばれる風ばい花であると考えられる。なお，花粉がこん虫によって運ばれる花を虫ばい花といい，虫ばい花の花弁は目立ちやすい色をしていたり，強いにおいを出していたりすることが多い。

(3)　一般《いっぱん》に，植物の発芽に必要な条件は，空気，水，温度(適温)の３つである。そのため，冬から春になって気温が上がると，オニグルミの発芽に適した温度になり，リスが食べ残した種子が発芽することがある。また，クルミは，リスなどの動物に運ばれることで生息地域が大きく広がり，絶めつのおそれが低くなる。

(4)　ウグイスが上手にさえずるのは，リスがうまくクルミの殻《から》を割れるようになるのと同様に，年上の仲間の行動を真似しているからだと考えられている。なお，ア，イ，エについては，仲間の行動を見聞きしてできるようになったわけでなく，生まれつきもっているものである。

2　**中和についての問題**

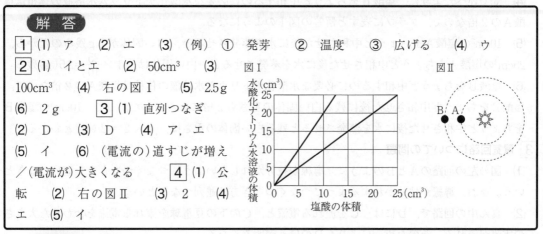

⑴　塩酸は酸性の水溶液《すいようえき》なので，青色リトマス紙を赤色に変化させる。また，塩酸にスチールウールを入れると気体(水素)を発生させながら，スチールウールが溶《と》ける。さらに，塩酸は気体の塩化水素が溶けた水溶液なので，水を蒸発させてもあとに何も残らない。なお，赤色リトマス紙を青色に変えるのはアルカリ性の水溶液であり，石灰水を白くにごらせるのは二酸化炭素である。

⑵　グラフより，塩酸Ａ５cm^3と水酸化ナトリウム水溶液５cm^3がちょうど中和するので，塩酸Ａ50cm^3をちょうど中和させるのに必要な水酸化ナトリウム水溶液の体積は，$5\times\frac{50}{5}=50$(cm^3)である。

⑶　塩酸Ｂの濃《こ》さは塩酸Ａの濃さの２倍なので，塩酸Ｂをちょうど中和するのに必要な水酸化ナトリウム水溶液の体積は塩酸Ａの２倍になる。よって，50cm^3の塩酸Ｂをちょうど中和させるのに必要な水酸化ナトリウム水溶液の体積は，$50\times2=100$(cm^3)である。

⑷　⑶で述べたように，塩酸Ｂをちょうど中和するのに必要な水酸化ナトリウム水溶液の体積は塩酸Ａの２倍なので，グラフに表すと解答の図Ⅰのようになる。

⑸　10cm^3の塩酸Ａをちょうど中和させた後に水を蒸発させると，白い固体が１ｇ残るのだから，25cm^3の塩酸Ａをちょうど中和させた後に水を蒸発させると，白い固体は，$1\times\frac{25}{10}=2.5$(ｇ)残る。

⑹　塩酸Ｂをちょうど中和するのに必要な水酸化ナトリウム水溶液の体積は塩酸Ａの２倍なので，塩酸Ｂをちょうど中和させた後に残る白い固体の重さも２倍になる。したがって，10cm^3の塩酸Ｂをちょうど中和させた後に水を蒸発させると残る白い固体の重さは，$1\times2=2$(ｇ)とわかる。

３　電気回路についての問題

⑴　図の左の回路のＡとＢのように，導線が枝分かれしないようにつなぐつなぎ方を直列つなぎという。なお，導線が枝分かれするようにつなぐつなぎ方は並列つなぎという。

⑵　真ん中の回路で，Ｄには，Ｃを流れる電流と，Ｃの下の豆電球を流れる電流を合わせた大きさの電流が流れる。そのため，ＣよりもＤのほうが明るくなる。

⑶　右の回路では，左上の豆電球と左下の豆電球を通った電流は，Ｅを通らず，すべてＥの下の導線を通って電池に流れる。そのため，Ｅには電流が流れず，光らない。よって，Ｄの方が明るい。

⑷　鉄やアルミニウムなどの金属は電流を通す。いっぽう，食品用のラップ(プラスチック)やビニールは電気を通さない。

⑸，⑹　図３でLEDが光ったことから，えんぴつで描《えが》いた線は導線と同じはたらきをしているとわかる。つまり，図４のように，よこ線を増やすことは，導線を並列つなぎに増やすことと同じと考えられる。そのため，よこ線が多くなるほど電流が流れる道すじが増えるため，回路全体に流れる電流は大きくなり，LEDの明るさは明るくなる。

４　惑星《わくせい》の運動についての問題

⑴　天体がほかの天体の周りを回ることを公転という。たとえば地球は太陽の周りを公転していて，月は地球の周りを公転している。

⑵　太陽―Ａ―Ｂの順に一直線に並ぶことを衝《しょう》と呼ぶのだから，この順に一直線上に並ぶ位置にＢをかけばよい。

⑶　Ａは太陽の周りを１周するのに１年，Ｂは太陽の周りを１周するのに２年かかるので，衝が起こってから２年が経過したとき，Ａは太陽の周りを２周して同じ位置に戻《もど》り，Ｂは太陽の周りを１周して同じ位置に戻るので，はじめに衝が起こったときと同じ位置関係になる。

⑷　⑶と同様に考えると，Ｂが太陽の周りを回るのに３年かかるとき，Ｂがはじめに起きた衝の位置に戻ってくるまでに３年かかる。このときＡは太陽の周りを３周して，はじめの位置まで戻ってくる。よって，まゆさんはエのように考えたとわかる。

⑸　Ａが１周する間に，Ｂは，$1\div3=\frac{1}{3}$(周)する。すると，Ａが1.5周する間に，Ｂは，$\frac{1}{3}\times1.5=\frac{1}{3}\times\frac{3}{2}=\frac{1}{2}$(周)する。このとき，Ａ，Ｂがともに図２の位置からちょうど半周回ったところにくるので，太陽—Ａ—Ｂの順に並ぶことになる。なお，ＡとＢが１年あたりに進む角度に注目すると，Ａは１年で360度，Ｂは１年で，360÷３＝120(度)進むので，この差がちょうど１周分，つまり360度になる，360÷(360－120)＝1.5(年)ごとに衝が起こると求めることができる。

国語　＜第１回試験＞（45分）＜満点：100点＞

解答

一　問１　a　さ(って)　b　きみ　c，e　下記を参照のこと。　d　ふまん　問２　首　問３　Ⅰ　ア　Ⅱ　ウ　Ⅲ　エ　問４　ウ　問５　(例)　何も言わずに黙っていても，相手が理解してくれた(という意味。)　問６　(例)　知らない人に声をかけられた時。　問７　X　ウ　Y　ア　Z　イ　問８　(例)　知らない大人にタメ口をきいてしまったら，周りからはキレやすくて危険な子どもだと思われ，そのような人とは誰もコミュニケーションをとりたいと思わないから。　問９　ア　問10　ウ　問11　ア　×　イ　×　ウ　○　エ　×　オ　○　二　問１　a，c，d　下記を参照のこと。　b　ゆず(れない)　e　こわば(った)　問２　A　イ　B　エ　問３　Ⅰ　イ　Ⅱ　ア　Ⅲ　ウ　問４　僕　問５　日当たりの良い斜面　問６　(例)「僕」だけでなく，蔵並からも手をどけろと言われたから。　問７　イ　問８　(例)　僕が蔵並にピザを譲ることで，感謝を示したということ。　問９　(例)　友達と同じ部屋だと薬を飲み忘れてしまうのではないかと先生が気をつかったから。　問10　ア　×　イ　×　ウ　○　エ　○　オ　×

●漢字の書き取り

一　問１　c　責任　e　無視　二　問１　a　触(れた)　c　整備　d　加減

解説

一　**出典：橋本治《はしもとおさむ》『ちゃんと話すための敬語の本』。**知らない人と話すには「丁寧《ていねい》の敬語」を使うべきで，タメ口を使ったり何も言わなかったりすると，結果的に自分が損をすると述べられている。

問２　a　音読みは「キョ」「コ」で，「去年」「過去」などの熟語がある。　b　気持ち。感じ。　c　自分が引き受けなければならない務め。　d　満足していないこと。　e　存在するものを存在しないのと同じようにあつかうこと。

問２「首を振《ふ》る」は，首を横に振る場合，“納得《なっとく》しない”という意味を表す。「首をひねる」は，よくわからないことに対して，とまどいや疑問を表すしぐさ。いずれも，何かをたずねられた場合にする動作としては，“よくわからない”という意味だととらえられる。

問３　Ⅰ「あなた」は，言うべき言葉があったものの，悪意があって言わなかったわけではないが，道を聞いた相手の人は「あなた」が簡単な言葉すら発しなかったことを妙《みょう》に思うだろうというつながりになる。よって，前のことがらを受けて，期待に反することがらを導く「ところが」が入る。　Ⅱ　道を聞いた相手の人は「あなた」のふるまいに疑問を感じるため，「アブナイ子かもしれない」と思うという文脈になるので，前のことがらを原因・理由として，後にその結果をつなげるときに用いる「だから」が合う。　Ⅲ　「かもしれません」と，「あなた」の行動の理由を推測する内容が直後に続いているので，あるものごとについて推測するときに用いる「もしかしたら」がよい。

問４　この評価は，知らない人に道をたずねられた「あなた」が一言も発することなく，態度で「道を知らない」と示したことに対してのものである。言葉こそ発していないが，「知らない」という答えは態度で伝えたため，「悪いこと」をしたとまでは言えないのだから，ウがあてはまる。

問５　同じ文に注目すると，「それ」とは，相手の質問に対して何も言わずに黙《だま》っていたことを指すのだとわかる。「通ってしまった」とは，自分の伝えるべきことを相手が理解してくれたことを意味している。

問６　「こういう時」とは，「なんですか？」と言うべきだった場面であり，知らない人に「すみません」と声をかけられた場面だったので，「知らない人に声をかけられた時」と説明できる。

問７　**X**　小学生の時には「なんですか？」「知りません」とあなたは言っていたかもしれないが，もう小学生ではなくなったので，違《ちが》う言い方を探そうとしたという文脈である。よって，「小学生みたいな言い方」をさけようと考えたという意味になるウが入る。　**Y**　自分は大人だからと，道を聞いてきた大人にタメ口をきいたとすると，道を聞いた大人と自分は対等だと考えてのことになるので，アが合う。　**Z**　タメ口には敬語がないが，「敬語がなくてもいいのは，『親しい人間との会話』と，『目上の人間が目下の人間にものを言う時』だけ」だとある。知らない大人は「親しい人間」ではないので，知らない大人にタメ口をきいたとなると，相手を目下と見なしたことになる。よって，イが選べる。

問８　「社会の中で孤立《こりつ》してしまう」のは，知らない大人にタメ口をきいた結果，もたらされるおそれがあるものである。知らない大人にタメ口をきいたら，周りからはキレやすくて「危険な子」だと思われ，そのような人とコミュニケーションを取りたいと思う人はいないため，孤立のおそれがあるといえる。

問９　三つ前の段落に，タメ口には敬語がなく，「親しい人間との会話」と「目上の人間が目下の人間にものを言う時」に使われると述べられている。よって，アが選べる。なお，タメ口を大人が使うことで尊敬されるという効果があるわけではないので，ウは合わない。

問10　直前にあるとおり，「声に出してひとりごとを言っているふしぎな人」になるのは，親しくない人相手にタメ口を使った場合である。親しくない相手には「丁寧の敬語」を使うべきであり，タメ口は「ひとりごとの言葉」でもあるため，親しくない人にタメ口を使うと相手と会話しているとみなされなくなってしまうのだから，ウがあてはまる。

問11　**ア**　本文では，話す内容ではなく，敬語を使うべき場合やタメ口を使ってもかまわない場合はどのような場合かなど，場面に応じた言葉づかいが問題になっているので，正しくない。知らない人には，「丁寧の敬語」を使うべきだと筆者は述べている。　**イ**　タメ口には敬語がないが，敬語がなくていいのは「親しい人間との会話」と「目上の人間が目下の人間にものを言う時」だけなので，知らない大人に対してタメ口を使ってはいけない。　**ウ**　知らない大人にタメ口を使ったり，何も言わずに黙ったりすると，キレやすく「危険な子」だと思われたり，「アブナイ子」だと思われたりするのだから，合う。　**エ**　最後の部分にあるとおり，周りからふしぎに思われたり，怒《おこ》られたりするのは，あまり仲のよくない友だちや知らない人にタメ口を使った場合に考えられる結果だと筆者は述べており，「全てを声に出して」話した場合の結果ではない。　**オ**　ぼう線部④の次の段落に，知らない人と話すときは「丁寧の敬語」を使うことでお互《たが》いの「距離《きょり》」をはっきりさせると述べられているので，正しい。

二　**出典：乗代雄介《のりしろゆうすけ》『それは 誠《まこと》』**。松《まつ》を馬鹿《ばか》にした警官を許せないと感じた「僕《ぼく》(佐田《さた》)」は警官に木の枝を投げつけようとするが，蔵並《くらなみ》に制止され，大日向《おおひなた》もふくめた「僕」たち四人はその後かくれてピザを食べる。

問1　**a**　音読みは「ショク」で，「触覚」などの熟語がある。　**b**　音読みは「ジョウ」で，「譲歩」などの熟語がある。　**c**　すぐ使えるように整えておくこと。　**d**　ものごとの調子や状態。加えたり減らしたりすること。　**e**　やわらかいものが不自然に固くつっぱったようになること。

問2　**A**　「ぼろが出る」は，かくしていた欠点が表に現れること。　**B**　「茶化す」は，じょうだんのつもりでからかうこと。

問3　Ⅰ　「笑って」にかかる言葉が入る。また，やりとりの意味がわかっているのかいないのか，はっきりしない笑い方だったのだから，あいまいに笑うようすをいう「へらへら」がよい。　Ⅱ　頬《ほほ》がひきつるようすを表す言葉が入るので，小刻みにふるえるようすをいう「ぴくぴく」が合う。　Ⅲ　松をはじめ，「僕」たちは落ち葉が散りしいた場所に腰《こし》をおろしているので，向き直るときに立てた音は落ち葉がすれあう「ガサガサ」といった音だと想像できる。「ガサガサ」は，乾《かわ》いたものが触《ふ》れあう音を表す擬音語《ぎおんご》である。

問4　ここでは，松を馬鹿にした警官に，腹を立てた「僕」が木の枝を投げつけようとしたことが話題になっている。直前で大日向は警官を「最悪」だとして蔵並に同意を求めているので，蔵並がそれに応えて「あいつも最悪だ」とした「あいつ」が警官を，「こいつ」は「僕」を指す。なお，「佐田」としてもよい。

問5　続く部分で，「見つからないところ」を探していた「僕」たちは，この後，ガードレールが途切《とぎ》れたところに斜面《しゃめん》を下りる道を見つけている。先に行った大日向の合図に続いて行くと，「日当たりの良い斜面」(〈谷ノ上横穴墓群《やのうえよこあなぼぐん》〉)が広がっていて，「上の道からの視線は，藪《やぶ》と木々が隠《かく》してくれて」いたのである。

問6　大日向は少し前で，「僕」からへりくつを並べられて，「手をどけろ」と言われている。そのような「僕」のようすに驚《おどろ》いたという話をした後，ここでは蔵並にも「手をどけろ」と言われたので，大日向はさらに驚いたのである。

問7　比喩《ひゆ》とは，あるものをほかのものにたとえることで，印象を深める技法。おもに，「ようだ(な)」「みたい」などを用いた比喩の表現である直喩と，「ようだ(な)」「みたい」などを省略した比喩の表現である暗喩に分かれる。ここでは，「寮母《りょうぼ》さんみたい」とたとえているので，イが選べる。

問8　ピザが一切れだけ残っていることに気づいた「僕」が，蔵並に「あの時は助かった」と言い，最後のピザをゆずる場面である。「僕」は蔵並にピザをゆずることで，感謝を示したものと想像できる。

問９　続く部分にある松の説明からまとめる。友達と同じ部屋だと，松が薬を飲み忘れてしまうのではないかと先生が気をつかい，みんなと部屋を別にしたのである。

問10　**ア**　「僕」の警官に対する行動を批判したのは蔵並だけで，大日向は警官を「最悪」と言い，「僕」の肩《かた》を持っている。松も「僕」の行動を「おもしろかった」と言っているので，全員が批判したとはいえない。　**イ**　蔵並は，警官に木の枝を投げつけようとした「僕」の行動を馬鹿げていると本気で責めたのであり，「うらやましく」思ったというのはふさわしくない。　**ウ**　ほかの三人のやりとりにあいまいな笑顔《えがお》を見せ，ゆっくり思考する松に，「色々あったから頭が追いついてないのかも知れない」と「僕」は考えている。また，どもる松の言葉を「僕」たちは待ったり，松を馬鹿にした警官に「僕」は本気で怒ったりしたのだから，合う。　**エ**　松は蔵並に感謝を伝え，蔵並に「礼を言うなら佐田にだろ」と言われると，続いて「僕」にも素直《すなお》に礼を言っているので，合う。　**オ**　大日向は，松を馬鹿にした警官については「最悪だった」として，警官に枝を投げつけようとした「僕」の肩を持っているので，「争いごとが心底嫌《きら》い」とまではいえない。

2024年度 実践学園中学校

【算　数】〈第１回特待生選抜試験〉（45分）〈満点：100点〉

1　次の□に入る数を答えなさい。

(1)　$21-21\times\frac{1}{4}\div3+3\times\frac{9}{4}=$ □

(2)　$24\times0.25\times0.625\div0.375=$ □

(3)　$33\times38+120\times57-76\times90-(22-3)\times63=$ □

(4)　$\frac{3}{4}\times($ □ $-20)\div\frac{5}{2}+\frac{12}{5}=3$

(5)　$\frac{2}{15\times16}+\frac{2}{16\times17}+\frac{2}{17\times18}+\frac{2}{18\times19}+\frac{2}{19\times20}=$ □

(6)　31と43の公倍数で10000に最も近い整数は□です。

(7)　16％の食塩水が□ｇあります。水を混ぜたら、６％の食塩水が80ｇできました。

(8)　[0]、[1]、[2]、[3]、[4]のカードが１枚ずつあります。このうち２枚のカードを並べて２けたの整数を作ります。このとき、３で割り切れる整数は□通りあります。

(9)　秒速20ｍの貨物列車と秒速25ｍの急行列車が、出会ってからすれ違うまでに5.2秒かかりました。貨物列車と急行列車が同じ方向に進むとき、急行列車が貨物列車に追いついてから完全に追いこすまでに□秒かかります。

(10) 右の図は、正方形 ABCD の辺 AB、辺 BC を直径とする半円と、点 B を中心とし、辺 AB を半径とする円の一部をかいたものです。このとき、斜線《しゃせん》部分の面積は □ cm^2 です。
ただし、円周率は3.14とします。

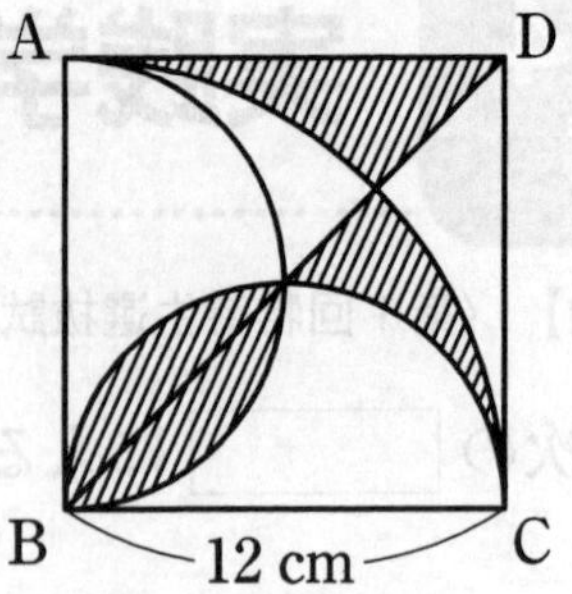

2 兄と弟が８時に駅へ向けて出発しました。８時６分に兄が忘れ物に気付き、弟の２倍の速さで家に取りに帰りました。家に戻ってから、兄は２分後に出発したところ、８時21分に弟に追いつくことができました。
弟は常に一定の速さで移動しているものとします。右の図は、弟と兄の時間と位置の関係を表したものです。このとき、次の問いに答えなさい。

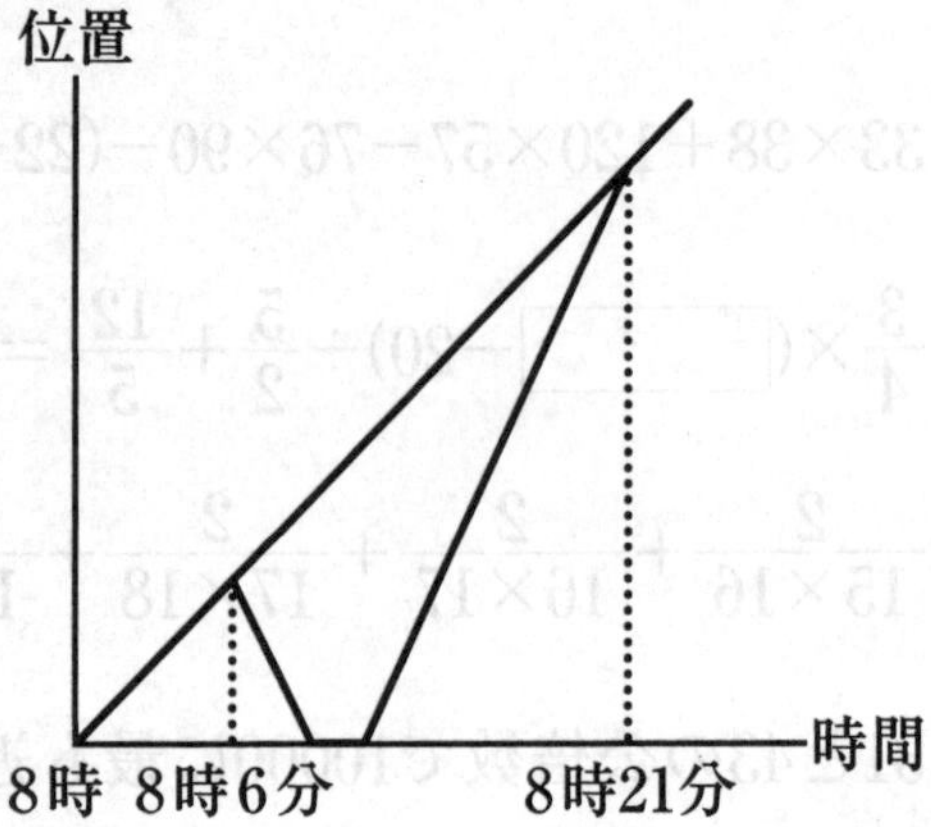

(1) 兄が忘れ物に気付き、再び家に着いたのは８時何分か求めなさい。

(2) 兄が弟を追いかけるとき、弟の何倍の速さで追いかけたのか求めなさい。

(3) 兄が８時21分に弟に追いついた後は、弟と同じ速さで駅に向かい、８時24分に駅に着きました。このとき、８時に家を出発してから、兄が移動した距離《きょり》は全部で 2400 m でした。家から駅までの道のりを求めなさい。

(4) (3)のとき、弟は分速何 m で移動していたのか求めなさい。

3 下の図のように、１辺の長さが１cmの立方体を積み上げていきます。次の問いに答えなさい。

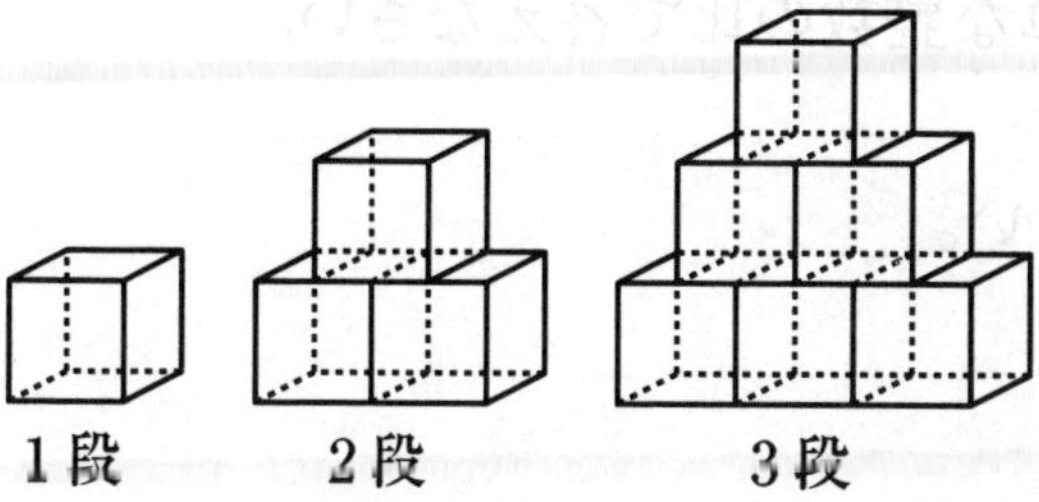

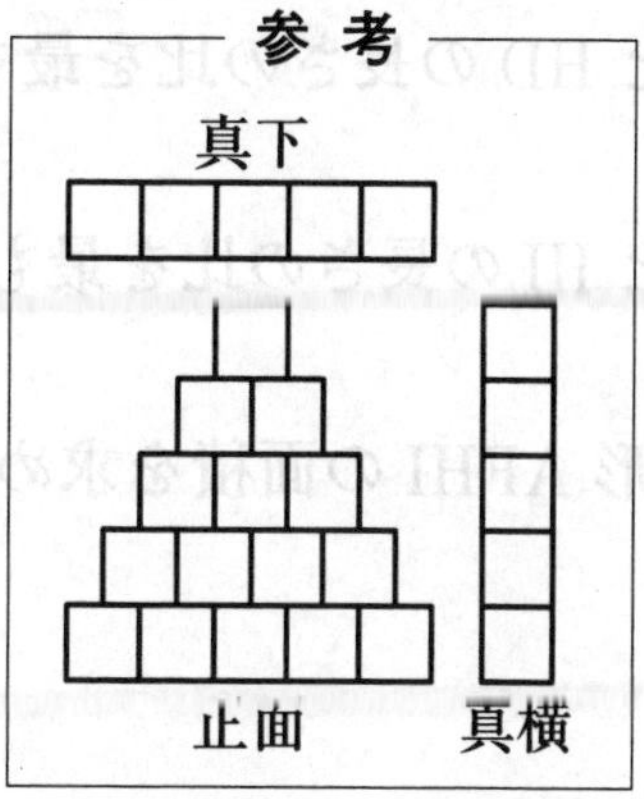

(1) 50段立方体を積み上げるのに必要な立方体は何個ですか。

(2) 50段立方体を積み上げたときの立体の表面積は何 cm^2 ですか。

4 下の図の長方形ABCDにおいて、辺AD上のある点を点E、辺ABを２等分する点を点Fとし、CとEを結んだ線と対角線BDの交わる点をG、CとFを結んだ線と対角線BDの交わる点をHとします。また、対角線ACと対角線BDが交わる点をIとします。三角形EGDの面積が12 cm^2、三角形GBCの面積が75 cm^2のとき、次のページの問いに答えなさい。

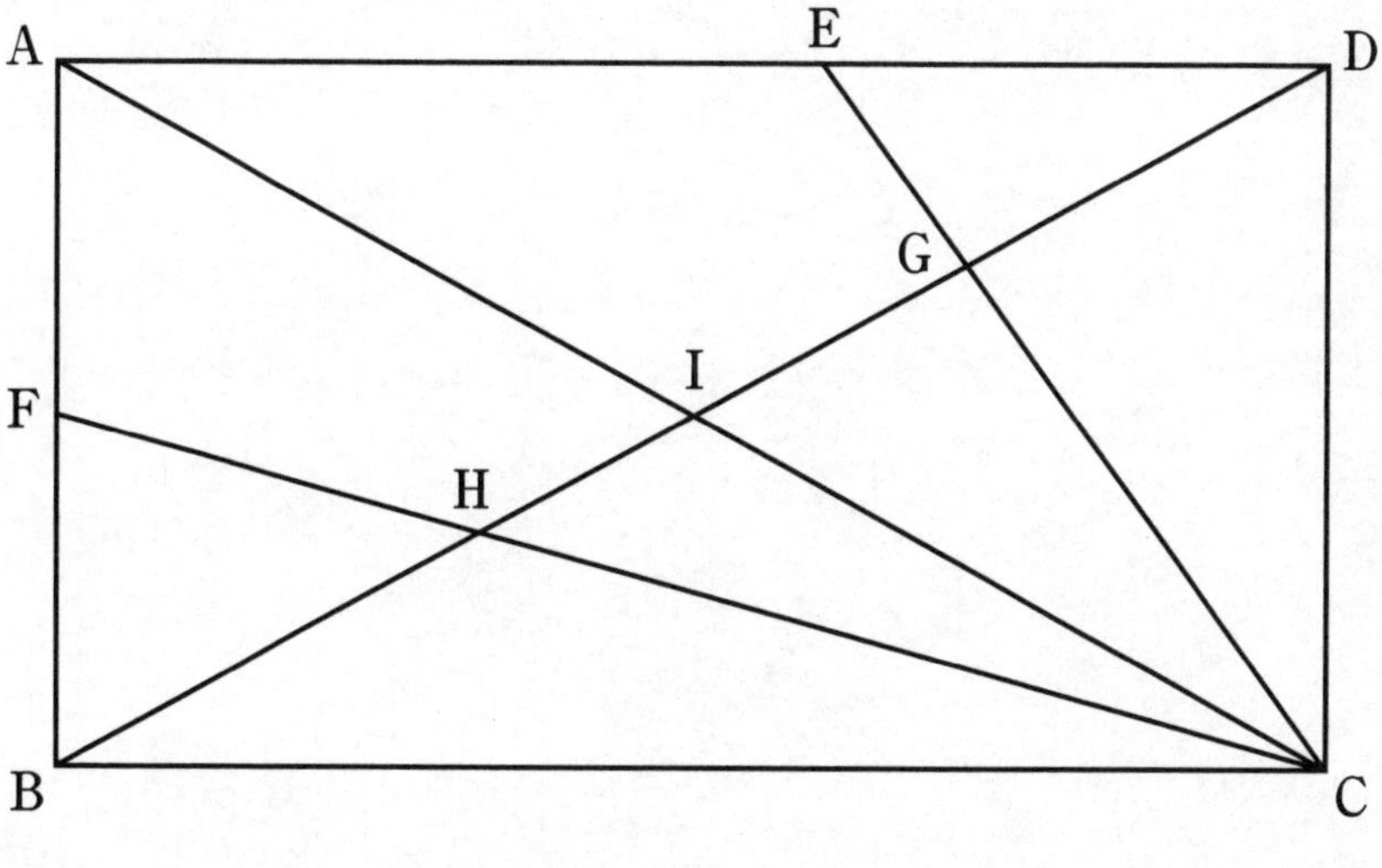

(1) BG と GD の長さの比を最も簡単な整数の比で答えなさい。

(2) BH と HD の長さの比を最も簡単な整数の比で答えなさい。

(3) BH と HI の長さの比を最も簡単な整数の比で答えなさい。

(4) 四角形 AFHI の面積を求めなさい。

5 右の図の容器の中に深さ 12 cm まで水を入れ、そこへ１辺が 4 cm の立方体のブロックを図のように積み重ねていきます。このとき、次の問いに答えなさい。

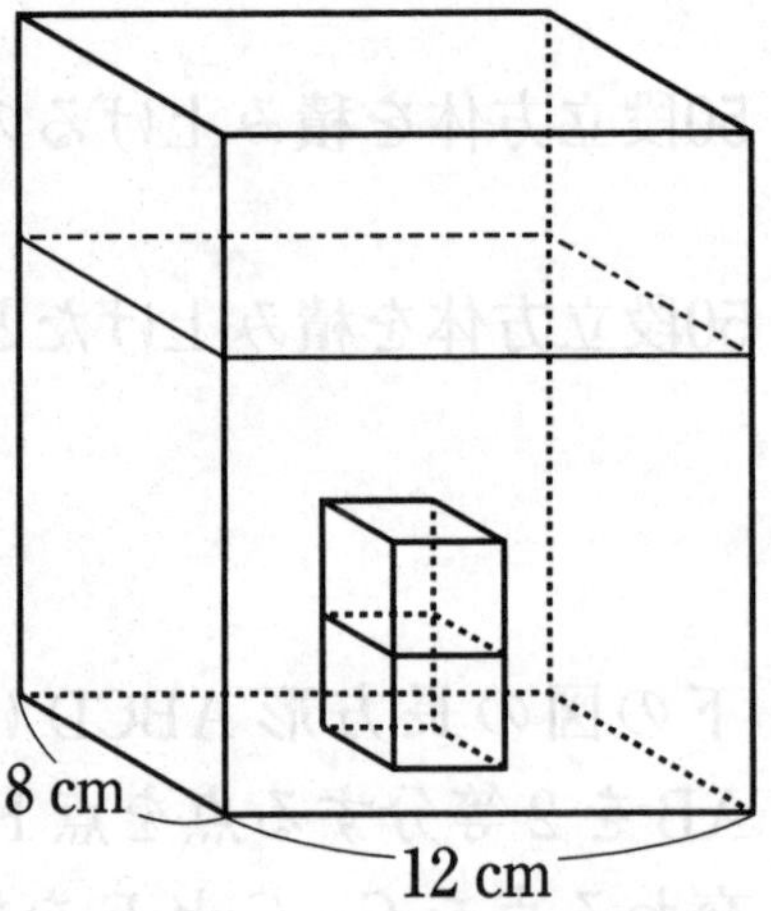

(1) 図のようにブロックを２つ入れたとき、水面の高さは何 cm になっていますか。

(2) 図と同じブロックを何個か積み重ねたところ、ブロックが初めて水面を超えました。このとき、水面からブロックが何 cm 出ているか答えなさい。

問九 ━━線部A「捏造」、B「生返事」の文中での意味として適切なものを次の中から一つずつ選び、それぞれ記号で答えなさい。

A「捏造」

ア　事実を大げさにすることで真実味が増すように作り上げること
イ　実際にあった事実をまるで嘘の出来事のように作り上げること
ウ　本当は無いことを事実であるかのように作り上げること
エ　出来事をありのままにそのまま事実として作り上げること

B「生返事」

ア　気乗りのしない返事
イ　常識のある返事
ウ　考える間のない返事
エ　面白みのある返事

問十 ━━線部⑧「恩典を享受する」とありますが、具体的に何をどうすることですか。十二字以内で答えなさい。

問十一 本文中の Ⅰ ～ Ⅳ に入る語として適切なものを次の中から一つずつ選び、それぞれ記号で答えなさい。

ア　やはり　　イ　たとえば　　ウ　あるいは　　エ　まるで　　オ　たしかに

問四　――線部③「この儀式」とはどのような儀式ですか。本文中の語句を用いて三十五字以内で説明しなさい。

問五　本文中の［④］、［⑤］に入る漢字一字を答えなさい。

問六　――線部⑥「こいつは何もわかっちゃいないな」とありますが、僕は教師が何をわかっていないと思っているのですか。「～ということ」に続く形で、本文中から二十八字で探し、はじめの五字をぬき出して答えなさい。

問七　――線部⑦「閉会の辞」とありますが、具体的にはどのような言葉を指しますか。最も適切なものを次の中から一つ選び、記号で答えなさい。

ア　「清田君は優秀だねえ」

イ　「小沢君はもう少しシャンとしなければいけないよ」

ウ　「お父上のご病気はいかがかな」

エ　「相変わらずです」

問八　本文中の［(あ)］、［(い)］、［(う)］に入る語句の組み合わせとして、最も適切なものを次の中から一つ選び、記号で答えなさい。

ア　(あ)―複雑　(い)―複雑　(う)―単純

イ　(あ)―単純　(い)―単純　(う)―複雑

ウ　(あ)―単純　(い)―複雑　(う)―単純

エ　(あ)―複雑　(い)―単純　(う)―複雑

Ⅳ事実は歪曲《わいきょく》されていた。身重の母がこの町に流れてきて、僕を産み、育てた。それだけでもよほど世間体は悪いが、事実はさらに複雑なのである。

（浅田次郎『夕映え天使』所収「丘の上の白い家」より）

注※抗弁……………反論すること。

「スカラ、スカラ」……スカラシップの略。奨学金《しょうがくきん》のこと。経済的な理由や家庭の事情で進学が難しい生徒に向けて学費の給付や貸与を行う制度。

薹《とう》がたっても……………若い年頃を過ぎても。

問一　〰〰線部a～eのカタカナは漢字に直し、漢字は読み方をひらがなで書きなさい。

問二　――線部①「知らんぷりで建っていた」とありますが、何がどのような状態で建っていたということですか。わかりやすく説明しなさい。

問三　――線部②「その家は、たとえば太陽や月や星ぼしと同じ天然の風けいでしかなかった」とありますが、それはどのような意味ですか。最も適切なものを次の中から一つ選び、記号で答えなさい。

ア　遙《はる》か彼方の天空に輝《かがや》く、明るく華やかな存在として認識していたということ。

イ　ずっと見ることは出来ないが、心に永遠に残る存在として認識していたということ。

ウ　偉《い》大な自然を前にしたように、感心するしかない存在として認識していたということ。

エ　常にそこにあるものとして、当たり前の存在として認識していたということ。

まず清田に対しては、「お父上のご病気はいかがかな」という設問から始まる。「相変わらずです」と清田は答える。それに続くやりとりから、僕は知りたくもない清田の家庭事情を知った。

父親は慢《まん》性の肝《かん》臓病で市立病院に入院したまま、母親が港湾工事の飯場で賄《まかな》い仕事をしているのだが、喘《ぜん》息《そく》の持病がある。よって一人息子は奨学金を受けねばならず、毎朝の牛乳配達も家計の一部となっている。

あらましはそういうことなのだが、僕はあまり信じてはいなかった。貧しい町に生まれ育って、貧乏の諸相を見続けてきた僕は、そうした日活の青春映画みたいな［（あ）］な不幸の形などあるはずはないと知っていたのだった。

奨学金を受けるためには、それなりの事由を申告せねばならず、むろん審査もある。その際に［（い）］な事情を述べるのは、たとえ事実であっても好もしいことではない。なるべく［（う）］に、わかりやすい不幸の形を、A捏造《ねつぞう》せぬまでもそれらしく誂《あつら》えなければならない。嘘《うそ》をつくのではなく、⑧恩典を享受《きょうじゅ》するために多少の変形を加えるのである。

［Ⅰ］、僕の場合はこうしたものだった。

「小沢君のお母上は日本舞踊《ぶよう》のお師匠《しょ》さんということだが、芸というものは労多くして実入りの少いものだよ。君も甘えてばかりおらずに、清田君を見習ってアルバイトでもしたらどうだね」

校長の勧《すす》めに僕は、「はい、そうします」とB生返事をするほかはなかった。そもそも書類に記載されている奨学金の交付事由が、ほとんど虚偽《きょぎ》だからである。

僕の母は［Ⅱ］日本舞踊の名取だったが、そんな芸で親子が食っていけるはずはなく、むろん僕の生まれ育った町は稽古事《けいこごと》などとは［Ⅲ］無縁の土地柄だった。母はナイトクラブのホステスで、※薹《とう》がたっても職を失わずにいられるのは、一晩に一度ステージで芸を披露《ひろう》するからだった。

水商売の内情などよくは知らないが、外国人の客が多い港町のナイトクラブでは着物姿で舞《ま》うショータイムが不可欠で、それも自前のホステスで間に合うならばe重宝だったのだろう。

申請《せい》書によれば、父母は僕が幼いころに離婚《りこん》し、女手ひとつで育てられたことになっていたが、ここでも

自嘲《じちょう》的に清田が答える。教師は歩きながらしばらく考えてようやく思いつき、

「そりゃひでえな。やめるように言っておこう」

⑥こいつは何もわかっちゃいないな、と僕は思った。僕も清田も生まれついての貧乏人だから、囃《はや》し立てられることには何の痛痒《つうよう》も感じない。第一、囃し立てる級友たちの境遇《ぐう》だって、あらかたは似たものである。貧乏が貧乏を嘲《あざけ》ることに悪意はなく、むしろ親和の表現だった。しかしその親和を悪意とのみなしてみんなに説教を垂れられたのでは、それこそ僕と清田の立場はなくなる。

「いいですよ、先生。そんなことは言わないで下さい」

清田の忠告が理解できたのかどうか、教師が「スカラ」の合唱をやめさせることはなかった。以後、僕らは月末になると、みんなの声援《えん》に送られて校長室に向かうことになった。

口に出したのはあさはかだったが、たしかにかったるかった。僕らが受領する奨学金は年額一万といくらかで、だったら儀式も一年に一度でよさそうなものだが、十二分の一の千何百円かを、そんなふうにして毎月末に受け取らねばならなかった。それも、べつだん現金の授受があるわけではない。担任に付き添われて校長室に行き、書類に捺印《なついん》するだけのことである。

昔の校長というのは何だかものすごく老《ふ》けていて、威《い》厳があって、面白くもおかしくもなかった。その校長が、定めとはいえ判を捺《お》させるだけでも何だからというわけで、あれこれ物を訊《たず》ねるのだが、僕にとってはこれがまた苦の種だった。

ひとりならかまわない。だが僕は僕の個人的事情など清田に知られたくはなし、また清田の貧乏の有様など知りたくもなかった。

校長の訊問《じんもん》は必ず、「清田君は優秀だねえ」という賛辞から始まり、「小沢君はもう少しシャンとしなければいけないよ」で終わった。

誰が見たってそうにちがいないのだから、開会と⑦閉会の辞だと思えば気にもならない。問題はその間に毎度くり返される、それぞれの近況《きょう》についての質問だった。

とたんに大きな背中が壁のようにそそり立ったかと思うと、振り向きざまの平手打ちが僕の体をロッカーまで吹き飛ばした。教師が生徒を殴《なぐ》ることは、愛の鞭《むち》だと信じられていた時代の話だ。

「俺が何も知らないとでも思っているのか。この野郎、貧乏を隠《かく》れ蓑《みの》にしやがって」

おっしゃることはごもっともなのだから、僕は※抗弁《こうべん》できなかった。僕のぼやき声に、担任教師の堪忍《かんにん》袋《ぶくろ》の緒《お》が切れたのである。もしそのとき清田《きよた》が中に入ってくれなければ、僕は半殺しの目にあっていたかもしれない。

成績も品行もこのうえない優等生である清田亮二《りょうじ》は、僕をかばうようにして立ちはだかり、d万事に控え目な彼らしくないことを言った。

「先生、そういう言い方はよくないです。暴力もよくないです。おい小沢、おまえも悪いよ。あやまれ」

僕は唇《くちびる》だけで「すみませんでした」と詫《わ》び、教師は受け応《こた》えせずに踵《きびす》を返して歩き出した。旧校舎の校長室に向かうまでの間、清田はふてくされて歩む僕を不安げに何度も振り返った。

毎月末に行われる③この儀《ぎ》式は、僕にとってまったく我慢がならなかった。

終礼のとき、担任が僕と清田の名を呼ぶ。小沢と清田は残れ、と。

僕と清田という組み合わせは誰にとっても④可解だった。褒《ほ》められるにしても叱《しか》られるにしても、一緒のはずはないからである。しかし決まって月に一度のことだから、そのうち居残りの理由は知れ渡った。

高校一年の一学期のうちには早くも、僕と清田は※「スカラ、スカラ」という非情の大合唱に送られて、校長室に向かうはめになったのだった。

教室を出るとき、僕は戸口で両手を振って喝采《かっさい》を浴びる愛嬌《あいきょう》を見せたが、清田はまるで石もて追われる罪人のように、教師のあとをついて行った。

「すーから、って何だよ」

と、生徒たちにウサギ跳《と》びと腕《うで》立て伏《ふ》せの罰《ばつ》を⑤すことだけが生き甲斐《がい》みたいな体育教師は訊《たず》ねた。

「スカラシップの略です」

二 次の文章を読んで、あとの問いに答えなさい。（答えに字数制限がある場合には、句読点・記号等も一字として数えなさい。）

丘の上の白い家には四季咲きの薔薇垣《ばらがき》が繞《めぐ》っていて、麓《ふもと》の町のどこからいつ見上げようと、赤や黄や橙《だいだい》の耀《かがや》かしい色の絶えていたためしはなかった。

丘の上の白い家は、だから花籠《はなかご》に盛られた玩《がん》具の洋館のように見えて、冬の日に煉瓦《れんが》の煙突《えんとつ》から煙《けむり》が上がっていたりすると、少し奇《き》異な感じがしたものだった。

丘の上の白い家がいつからそこに建っていたのか、僕は知らない。ほんの小さなころに聞いた近所の老人の話によれば、関東大震災で町がぺしゃんこになったときも、①知らんぷりで建っていたらしい。丘の上の白い家のまわりは樅《もみ》の木の森で、僕らが遊び始めたころには市営の公園になっていたが、もとはその家の地所だったそうだ。大理石の館《やかた》がまるで海の向こうから投げこまれたように忽然《こつぜん》と見えたのはそのせいだった。

丘の上の白い家が左右に広く曳《ひ》く常磐木《ときわぎ》の裳裾《もすそ》に、僕らの町はあった。港がaサカえていた時代には町も賑《にぎ》わっていたらしいが、僕の物心ついたころは用なしのbウンガが吐き出すメタンと、町工場の排煙とにまみれた、どうしようもない下町に落ちぶれていた。

丘の上の白い家の住人が誰であるのか、僕らは知らなかったし、知りたいとも思わなかった。も少しましな生まれ育ちの人間ならば、嫉妬《しっと》や羨望《せんぼう》などの感情が湧《わ》きもしようが、僕や僕の幼なじみたちにとってのその家は、②たとえば太陽や月や星ぼしと同じ天然の風けいでしかなかった。

公平な世の中に生きる今の人たちに、そんな言い方をしてもなかなか理解してはもらえないだろうけれど。

「かったるいよなあ」

放課後の廊下を歩きながら、僕は思わずcホンネを声にしてしまった。

ウ　職員の「湖」という、知識や実際とは異なる見方が、鑑賞者に新鮮で新しい視点を与えられるということ。

エ　職員の「湖」という、知識や実際とは異なる見方が、むしろ鑑賞者に正しい解釈を与える重要性を強調しているということ。

問七　――線部⑥「このゴールにたどり着くまでのプロセス」を説明した部分を、本文中から四十七字で探し、はじめと終わりの五字をぬき出して答えなさい。

問八　本文中の［Ⅰ］、［Ⅱ］に入る語として適切なものを次の中から一つずつ選び、記号で答えなさい。

ア　たとえば　　イ　しかし　　ウ　すると　　エ　つまり

問九　本文の内容と一致するものを次の中から一つ選び、記号で答えなさい。

ア　ソーシャル・ビューで重要なのは見えない人に知識を伝達することであり、見える人の印象や経験を語ることはひかえるものである。

イ　大人数での鑑賞における面白さは「意味」を語り合い共有し、「正しい解釈」と比較し違いを味わうことにある。

ウ　印象派の例は、「意味」を語り合う過程を共有する点を示しており、視覚に関係なく新しく臨場感のある楽しみとなる。

エ　ソーシャル・ビューでは、なるべく口を開かない時間を減らし、互いに意見を尊重し合い、ある程度の妥協点を導き出すべきである。

③「図らずも」

ア　明確に
イ　計画通りに
ウ　思いがけずに
エ　ずば抜けて

問四　――線部②「目の、目による、目のための絵画」とありますが、どのような意味ですか。最も適切なものを次の中から一つ選び、記号で答えなさい。

ア　光を描くことが特徴であり、多様な色彩で目を楽しませようとしているということ。
イ　目からの情報を言葉化できないので、視覚的で伝わるよう工夫しているということ。
ウ　「チカチカ」などの経験がない見えない人には一番伝え難い様式であるということ。
エ　目の中で色が混ざって見えるよう配色し、目で見た光を表現しているということ。

問五　――線部④「印象派とは、事実として『湖と野原が似てくるような絵』なのです」とありますが、なぜ印象派の絵は、湖と野原が似てしまうのですか。六十字以内で説明しなさい。

問六　――線部⑤「印象派を知る上では、この間違いこそむしろ正解です」とありますが、「この間違いこそむしろ正解」とはどのようなことですか。最も適切なものを次の中から一つ選び、記号で答えなさい。

ア　知識としては「野原」と「湖」を間違っているが、その間違いは鑑賞者の実感をきちんと表現していてすばらしいということ。
イ　知識としては「野原」と「湖」を間違っているが、この間違いは印象派の本質をきちんととらえ理解できるようになっているということ。

術鑑賞なのです。いったいどんな意味に、どんな解釈に到達することができるのか。解釈に正解はありません。目的地を「目指す」のではなく「探し求める」この道行きは、筋書き無用のライブ感に満ちています。一回その楽しさを味わってしまうと、通常のおひとりさま単位での鑑賞が物足りなくなってしまう。見える人にとっても、見えない人にとっても、白鳥さんが言うように「このライブ感こそ最高！」なのです。

（伊藤亜紗『目の見えない人は世界をどう見ているのか』より）

注※白鳥さん……白鳥建二。全盲《もう》の視覚障害者で、鑑賞方法「ソーシャル・ビュー」の生みの親。
捨象…………現象の特性・共通点以外を問題とせず、考えから捨てること。
横尾忠則……日本の美術家。

問一 〰〰線部a～eのカタカナは漢字に直し、漢字は読み方をひらがなで書きなさい。

問二 本文中の［X］、［Y］に入る語として適切なものを次の中から一つ選び、記号で答えなさい。

ア　物理的　イ　能動的　ウ　主観的　エ　印象的

問三 ――線部①「一筋縄ではいきません（一筋縄ではいかない）」、③「図らずも」の文中での意味として適切なものを次の中から一つずつ選び、それぞれ記号で答えなさい。

①「一筋縄ではいきません（一筋縄ではいかない）」

ア　同義に外れてしまっている。
イ　代わる代わる方法を変えなくてはならない。
ウ　普通のやり方ではうまく処理できない。
エ　物事を正しく行うことができない。

つまり、④印象派とは、事実として「湖と野原が似てくるような絵」なのです。「湖っぽい野原」なんて現実には存在しませんが、にもかかわらず⑤印象派を知る上では、この間違いこそむしろ正解です。ただの「野原」ではなく「湖っぽい野原」であること。印象派の定義と言っていいほど、これは本質を突いています。

教科書には、絶対にそうは書いてありません。「この絵には野原が描かれています」という「情報」の説明があるだけ。それに対して、「湖っぽい野原」というのは、見た人の経験に根ざした「意味」です。Y には同じだったものが、その人にとっての意味としては湖から野原に変化した。情報としては※捨象《しゃしょう》されてしまうこの遠回りこそ、実は印象派の本質を明かすものであったのです。

新しい美術鑑賞

情報としての「野原」は無時間的ですが、「湖かと思ったら野原だった」というのはプロセスを含んでいます。ソーシャル・ビューの新しさは、⑥このゴールにたどり着くまでのプロセスを共有する点にあります。

印象派の例はたった二人のあいだでのプロセスの共有ですが、参加者が五、六名になれば、みんなが迷いながら、ときには正反対の意見がぶつかりあったりします。ああでもない、こうでもない、と意見を出し合いながら、共同作業の中で、ある作品の解釈らしきものをみんなで手探りで探し求めていく。沈黙《ちんもく》が続いたとしても、そこには意味があります。

実際、湖が野原にd化ける程度のことなんてざらです。※横尾忠則の絵を鑑賞していて、当然女性だと思って見ていた花嫁《よめ》が、いろいろな細部を観察するうちにこれはどうやら男性ではないか、という解釈に落ち着いたり、eサイバンカンが判決を下すときに打ち付ける木槌《きづち》だと思っていた音が、テニスコートでボールがバウンドする音だということが明らかになったり。同じ青でも、冷たいと見る人もいれば、落ち着くと見る人もいるし、この作品を買うならいくら、かざるならどこ、なんていう話で盛り上がることもある。

Ⅱ、ソーシャル・ビューは、見えない人にとって新しいだけでなく、見える人にとっても新しい美

印象派とは、「目の、目による、目のための絵画」

現実の野原を湖と見間違える人はいません。この二つは全く別のものです。ではなぜ、野原が湖に見えてしまったのか？　それは、その絵が印象派の手法で描かれていたからに他なりません。

印象派というのは、ご存知の通り、光を描くことをその特徴とします。初めてヨーロッパに行ったとき、太陽の光が妙にチカチカしていて、「これが印象派の光か」と思った記憶があります。日本ではおひさまの光といえば「ぽかぽか」ですが、そのとき私が感じたヨーロッパの太陽は「チカチカ」でした。チカチカした光が風けいや人にあたって私たちの目に飛び込み、その目の中までもチカチカさせる。そこを描こうとしたのが印象派です。

色を表現するにも、絵の具をあらかじめ混ぜて色を作ってからキャンバスにのせるのではなく、いろいろな色の細かい斑点を並べて描くことで、離れて見たときに目の中でそれが混ざって見えるように描いた。印象派とはまさに「②目の、目による、目のための絵画」であったわけです。

目のための絵画であるということは、印象派が、見えない人に伝えるのが最も難しい様式のひとつだ、ということを意味します。「目がチカチカする」というあの感じをいったいどう言語化すればよいのか。もちろん、見えない人は文字通りの視覚的な経験としてはそれを実感できないわけですが、なんとかしてそこを伝えなければ、印象派の絵画を理解したことになりません。

そこで「意味」が生きてきます。野原が湖に見えてしまった、という美術館職員の間違いは、③図らずも、印象派の本質を明かしています。野原の色とは何色でしょう。夏の昼間には緑色かもしれませんが、夕焼けに染まればオレンジ色、夜の闇に沈めば黒紫、冬になれば茶褐《かっしょく》色になります。「これが野原の色だ」という決まった色はない。

湖だって同じです。青、緑、赤、黄色……季節と時間によって刻々と変化していきます。物の姿を固定的にとらえず、目にうつる瞬間的な像に注目する。だからこそ、印象派にとっては、それが野原であるのか、果たして湖であるのか、区別は曖昧《あいまい》なものになっていくのです。

が潜んでいます。

「客観的な情報」や「正しい解釈」だったら、見えない人だって本を読めば済むわけです。モナ・リザは〇〇年に描かれた絵画で、中央にいるのはこういうポーズの女性、表情はこんな感じで、ｂハイケイには〇〇が……そういうアプローチももちろんアリでしょう。でも、それはあくまで「情報」です。知識は増えるけれど、それは果たして絵画を「鑑賞」したことになるのか。

情報化の時代にわざわざ集まってみんなで鑑賞する面白さは、見えないもの、つまり「意味」の部分を共有することにあります。もちろん、作品を見たその瞬間にぱっと意味が分かる人なんていません。しばらく眺め、場合によってはまわりをまわったりして、自分なりに気になった特徴《ちょう》を「入り口」として近づいてみる。もやもやしていた印象を少しずつはっきりさせ、部分と部分をつなぎあわせて、自分なりの「意味」を、解釈を、手探りで見つけていく。鑑賞とは遅々《ちち》とした歩みであり、ときに間違ったり、迂回《うかい》したり、いくつもの分かれ道があったり、なかなか①一筋縄ではいきません。［ Ｉ ］、この遠回りこそが実は重要なのです。

※白鳥さんが面白い経験について語っています。美術館に通うようになって間もない頃のことです。白鳥さんは印象派の展覧会に出かけ、美術館の職員の人といっしょに、話しながら絵を見てまわっていました。ある作品の前で、その職員の人が「ここに湖があります」と語り始めた。

なるほど湖ねえ、と白鳥さんが言葉をたよりにどんな絵か想像していると、ふいにその職員の人が、自分の間違いに気づいてあわてて訂正しました。「あれ、よく見たら黄色い斑《はん》点があるから、これは野原ですね」。その人は、美術館の職員として毎日のようにその絵を見ていたはずです。にもかかわらず、描かれている情けいを完全にｃゴカイしていた。笑い話のようなエピソードですが、実はこうした「見間違い」にこそ、「ソーシャル・ビュー」の面白さがつまっています。

2024年度 実践学園中学校

【国　語】〈第一回特待生選抜試験〉（四五分）〈満点：一〇〇点〉

一　次の文章を読んで、あとの問いに答えなさい。（答えに字数制限がある場合には、句読点・記号等も一字として数えなさい。）

次の文は、「ソーシャル・ビュー」について、その内容とその価値について述べた文章です。ソーシャル・ビューとは、視覚障害者を含めた五～八名のグループで、美術館内の作品を言葉でやり取りしながら鑑賞していく方法です。

ソーシャル・ビューの面白さ

さて歴史を踏まえたところで、ソーシャル・ビューの具体的な内容に入っていきましょう。先ほども指摘したとおり、ソーシャル・ビューは「見える人による解説」ではありません。見える人の仕事は、「正解」を言うことではないのです。

「視覚障害者とつくる美術鑑賞ワークショップ」の林さんは、ワークショップを始める前に参加者にこう説明します。「鑑賞するときは、見えているものと見えていないものを言葉にしてください」。「見えているもの」とは、文字どおり目の前にある、たとえば a 絵画の大きさだとか、色だとか、モチーフなど。ひとことでいえば「客観的な情報」です。「見えていないもの」とは、その人にしか分からない、思ったこと、印象、思い出した経験など。つまり「［ X ］な意味」です。ここにもまた、情報と意味、というあのテーマ

2024年度

実践学園中学校 ▶解　答

※　編集上の都合により，第１回特待生選抜試験の解説は省略させていただきました。

算　数　＜第１回特待生選抜試験＞（45分）＜満点：100点＞

解　答

1 (1) 26　(2) 10　(3) 57　(4) 22　(5) $\frac{1}{30}$　(6) 10664　(7) 30g　(8) 5通り　(9) 46.8秒　(10) $46.26cm^2$　2 (1) 8時9分　(2) 2.1倍　(3) 1600m　(4) 分速$66\frac{2}{3}$m　3 (1) 1275個　(2) $2750cm^2$　4 (1) 5：2　(2) 1：2　(3) 2：1　(4) $35cm^2$　5 (1) $13\frac{1}{3}$cm　(2) 1.6cm

国　語　＜第１回特待生選抜試験＞（45分）＜満点：100点＞

解　答

一 問1　a　かいが　b，c，e　下記を参照のこと。　d　ば(ける)　問2　X　ウ　Y　ア　問3　①　ウ　③　ウ　問4　エ　問5　(例)　物の形を固定的にとらえず，目にうつる瞬間の像に注目して表現するので，湖と野原の区別をあいまいにしてしまうから。　問6　イ　問7　意見を出し～求めていく　問8　Ⅰ　イ　Ⅱ　エ　問9　ウ

二 問1　a～c　下記を参照のこと。　d　ばんじ　e　ちょうほう　問2　(例)　白い家が関東大震災の被害を受けずに無傷な状態で建っていたということ。　問3　エ　問4　(例)　奨学金を受領するために月に一度校長室に行き，書類に捺印する儀式。　問5　④　不　⑤　科(課／下)　問6　貧乏が貧乏　問7　イ　問8　ウ　問9　A　ウ　B　ア　問10　(例)　奨学金をもらうこと。　問11　Ⅰ　イ　Ⅱ　オ　Ⅲ　エ　Ⅳ　ア

●漢字の書き取り

一 問1　b　背景　c　誤解　e　裁判官　二 問1　a　栄(えて)　b　運河　c　本音

2024年度 実践学園中学校

＊【適性検査Ⅰ】は国語ですので、最後に掲載してあります。

【適性検査Ⅱ】 〈適性検査型試験〉 （45分） 〈満点：100点〉

1 しょうさんとえりこさんは、自分の街について調べています。

しょう：私たちの住む街のホームページに街の地図がのっていたので、私の家や目印を追加してみたよ（**図1**）。

えりこ：地図には４つの駅と４つのバス停がのっているね。

しょう：それ以外に、学校や図書館・公園などものっているよ。

えりこ：それぞれの道は何かを目印にしてつながっているね。

しょう：道は曲がっていたり、複雑に分かれていたりするので、迷ってしまいそうだよ。

えりこ：それぞれの道のポイントに、目印か名前があるので、分かりやすくかき直したらよいね。

この地図を簡単《かんたん》にした図をかいてみようよ。

しょう：Ｃ駅から交差点Ｇまでの道の周辺（**図２**）を簡単にした図をかいてみたよ（**図３**）。

図１ 街の地図

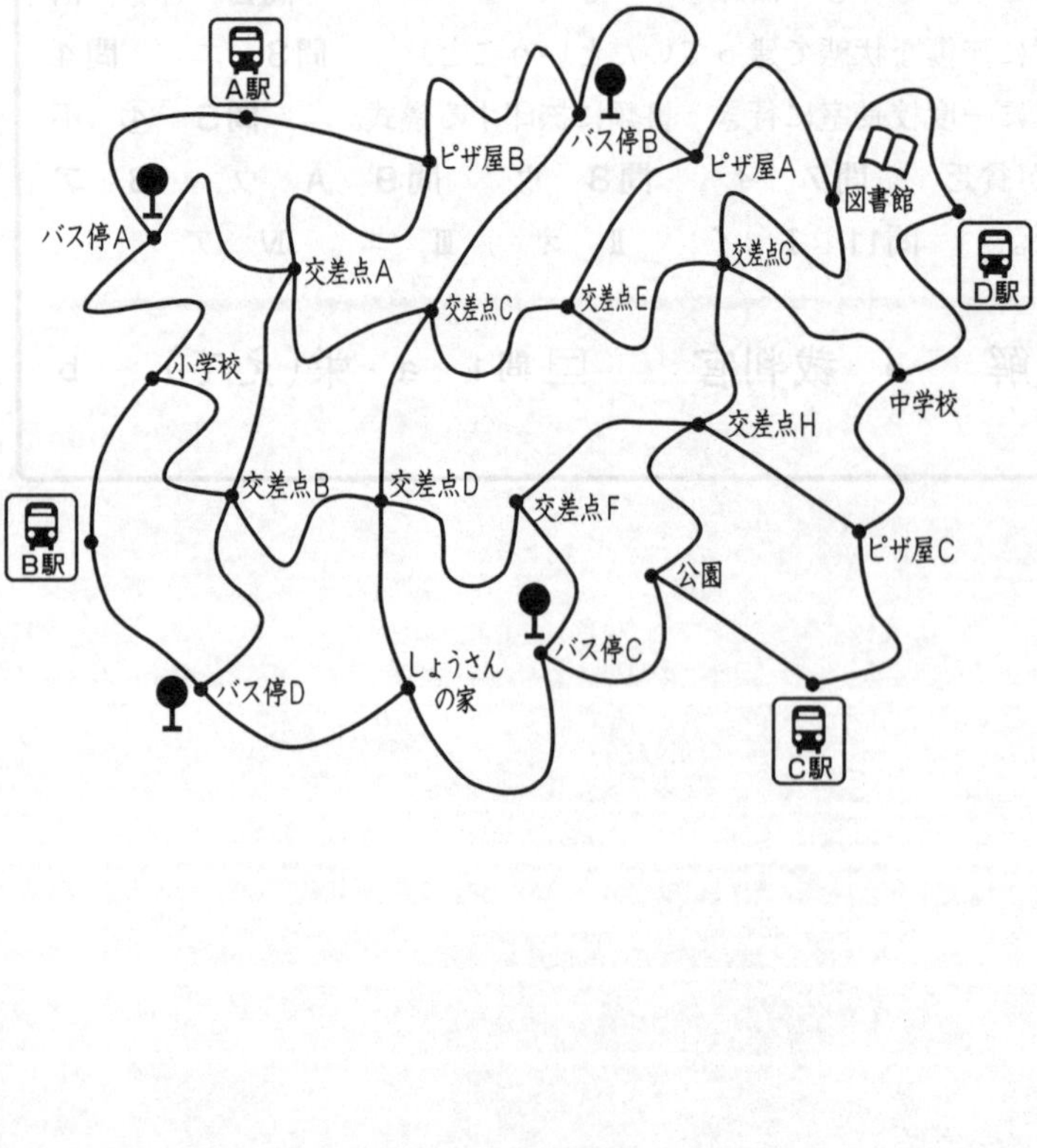

図２

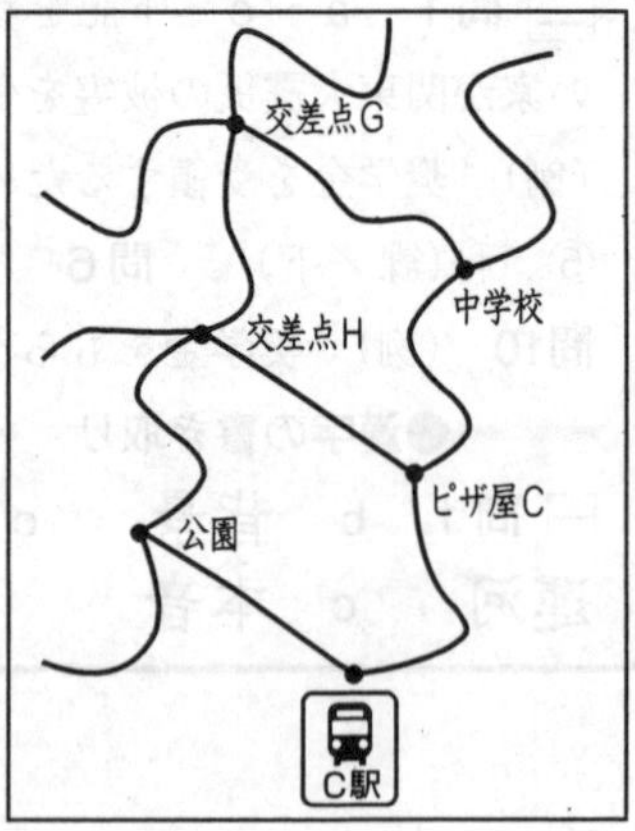

図３

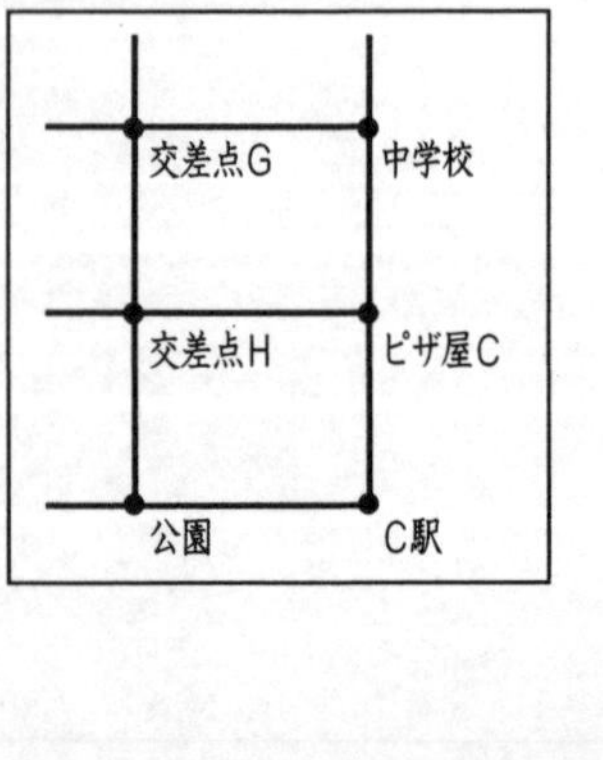

えりこ：**図３**の印●があるポイントには、必ず目印か名前があるから分かりやすいね。
しょう：●の間の道を直線で結ぶと分かりやすいでしょ。
えりこ：そうだね。簡単にした図の中では、道の曲がり具合や長さに関係なく二つの●を等《とう》間隔《かんかく》で結ぶ直線で表したんだね。
しょう：私たちの街全体の地図を簡単にした図をかいてみたらどうなるかな。
えりこ：どうやら、一部は欠けるけど、碁盤《ごばん》の目のような形にかけそうだよ。
しょう：これなら、目的地までのルートも分かりやすいね。
えりこ：確かに、簡単にした図ならルートが分かりやすいかも。
しょう：先日、自転車でＡ駅から公園まで行ってきたんだ。その日は、交差点Ｅを通っていくルートを使ったよ。
えりこ：Ａ駅から交差点Ｅを通って公園にいくルートも何通りかありそうだね。

〔問題１〕　**図１**をもとにして、下線部の条件を満たすような、街の地図を簡単にした図を解答用紙の図に続けてかきなさい。また、簡単にした図において、遠回りをせずに交差点Ｅを通って、Ａ駅から公園まで移動するルートが何通りあるか答えなさい。

街の地図の作成を終えた**しょう**さんと**えりこ**さんは、お楽しみ会の準備についての話をしています。

しょう：来月のお楽しみ会は、軽食を準備することになったよ。
えりこ：どんな軽食にするか決まっているの。
しょう：ピザを注文しようという話になったよ。
えりこ：でも、平日の昼間だと注文してから、お昼に間に合うのかが心配だね。
しょう：そうなんだよね。営業時間はどのピザ屋も１１時からなので、１２時までに配達をしてもらうのはどのお店もギリギリみたいなんだよね。
えりこ：それだと心配だね。
しょう：だから、注文してから届くまでの時間を計算してみようと思っているんだよね。
えりこ：それは良い考えだね。
しょう：小学校の周辺でお昼の時間帯で届けてくれるお店が、ピザ屋Ａとピザ屋Ｂ、ピザ屋Ｃの３店舗《てんぽ》あったんだ。
えりこ：ピザ屋ごとの情報を表にまとめてみようよ（**表１**）。

表１　ピザ屋Ａ・ピザ屋Ｂ・ピザ屋Ｃの３店舗のピザ屋の特徴《とくちょう》をまとめた表

店舗／項目	ピザ屋Ａ	ピザ屋Ｂ	ピザ屋Ｃ
１枚のピザの大きさ	直径２０ｃｍ	直径２４ｃｍ	半径１５ｃｍ
１枚のピザを作るために必要な時間	２分	３分１０秒	４分３０秒
小学校まで移動するのに必要な時間	１１分	６分	１０分

しょう：表にまとめた内容だけだと、注文してから届くまでに必要な時間は分からないね。
えりこ：なら、もう少し調べてみようよ（**資料１**）。

資料１　ピザ屋Ａ・ピザ屋Ｂ・ピザ屋Ｃについて調べたこと

【全てのピザ屋に共通すること】
◎どの種類のピザを注文しても作るために必要な時間は、ピザ屋ごとに同じである。
◎注文を受けてから出発するまでにかかる時間は、「１０分＋１枚のピザを作るために必要な時間×ピザの枚数」となる。
◎移動時間は混雑状況《じょうきょう》により変化することはない。

しょう：ピザは、１人分を１５７ｃｍ^{2}として、４０人分以上になるように注文するけど、なるべくあまりが出ないように注文するつもりだよ。
えりこ：それなら、注文する量も計算できるので、注文してから小学校まで配達するのにかかる時間は計算できそうだね。

〔問題２〕　波線部と**表１**・**資料１**の条件をもとにして、ピザを注文してから小学校に届くまでの時間が最も早いピザ屋を答えなさい。また、その求め方を言葉や計算式を使って説明しなさい。ただし、円周率は３．１４とします。

お楽しみ会の準備を終えた**しょう**さんと**えりこ**さんは、移動時間の違いから、自分の街の移動にどのくらいの時間がかかっているかに興味をもち、これらについて調べてまとめました（**資料２**）。

資料２　しょうさんと**えりこ**さんが調べたこと

◎それぞれの道は、ポイントに目印か名前がついている。

◎目印か名前のついたポイントまでの移動時間はどの場所を移動しても同じである。
（ただし、移動しているときは、常に一定の速度で移動しているものとする。）

◎ＡからＨの交差点では、待ち時間があり、移動手段や場所により通過するための待ち時間が異なる。

	ポイント間の移動時間	交差点Ａ・Ｂ・Ｃの待ち時間	交差点Ｄ・Ｅ・Ｆの待ち時間	交差点Ｇ・Ｈの待ち時間
徒歩	７分	３０秒	４５秒	３０秒
自転車	４分	６０秒	９０秒	４５秒
車	２分	６０秒	９０秒	６０秒

◎交差点Ｃと交差点Ｄの間は、道幅《みちはば》が狭《せま》く車では通行できない。

◎交差点Ｇと図書館の間は、工事中につき徒歩でしか通行できない。

◎車のみ交差点以外でも通過するために待ち時間が発生し、交差点以外のポイントでは３０秒待つ必要がある。（目的地の待ち時間は、発生しない。）

◎電車はＡ駅→Ｂ駅→Ｃ駅→Ｄ駅→Ａ駅→と循環《じゅんかん》しており、次の駅には３分後に到着《とうちゃく》する。また、駅に到着してから出発までは３０秒の停車時間がある。

◎バスは、優先道路があるためポイントでは待ち時間が発生せずに、バス停Ａ→Ａ駅→バス停Ｂ→Ｄ駅→Ｃ駅→バス停Ｃ→バス停Ｄ→Ｂ駅→バス停Ａ→と循環しており、ポイント間を１分３０秒で移動する。また、駅やバス停では到着してから出発までは３０秒の停車時間がある。

しょう：移動手段で時間が異なるんだね。
えりこ：交差点の待ち時間も異なることが分かったよ。
しょう：他にも、交通手段によっては通行できない道もあったよ。
えりこ：通行できない場合は、別の道を使うしかないのかな。
しょう：なら、移動手段による目的地までの時間差を比べてみようよ。
えりこ：それなら、電車やバスを使った移動は、到着したら待ち時間なしで出発することにして時間を比べるのが分かりやすいね。

しょう：図書館に行く予定があるから、私の家から図書館までのルートで調べてみようよ。私の家から図書館への移動を車でする場合は、交差点Ｃと交差点Ｄの間と交差点Ｇと図書館の間が通行できないので、私の家→バス停Ｃ→公園→Ｃ駅→ピザ屋Ｃ→中学校→Ｄ駅→図書館のルートが、一番早く着くルートになるね。

えりこ：時間は、どのくらいかかるのかな。

しょう：ポイント間の移動が、７カ所で２分×７だよね。

えりこ：ポイントでの待ち時間が、交差点以外のポイントで３０秒ずつかかるよね。

しょう：バス停Ｃ、公園、Ｃ駅、ピザ屋Ｃ、中学校、Ｄ駅の６カ所で３０秒×６だね。

えりこ：それなら、車だと１７分かかったと考えるんだね。

〔問題３〕 **しょう**さんの家から図書館までの移動について移動手段による時間差を比べたい。移動手段を「自転車」、「徒歩」、「徒歩とバス」、「徒歩と電車」、「徒歩とバスと電車」として、**図1**の地図をもとに移動する場合に、一番早く着く移動手段を**資料2**と二重下線部の条件を満たすようにして求めなさい。また、その求め方を言葉や計算式を使って説明しなさい。

2 **実《みのる》**さんと**園子《そのこ》**さんは、社会科の時間に産業について、**先生**と話をしています。

実　：これまでの社会科の授業で、工業には、機械工業、金属工業、食料品工業など多様な種類があることを学びました。

園子：時代の変化とともに、工業はどのように変化していったのでしょうか。

先生：全体の工業生産額に注目すると、時代の変化とともに大きく変化していることが分かります。１９５０年代中頃から１９７０年代前半にかけて高度経済成長をとげたことが要因です。１９６０年に１５兆５７８６億円であった工業生産額は１９８５年に２６５兆３２０６億円に増加しました。さらに２０１７年には３２２兆７０３億円に増加しています。

実　：高度経済成長によって大きく増加したことが分かります。それでは、工業の種類ごとにどのような変化があったのか調べてみましょう。

実さんと**園子**さんは、１９６０年、１９８５年、２０１７年における工業種類別の工業生産額の割合《わりあい》の変化について調べ、年ごとに**図1**を作成しました。

図1　工業種類別の工業生産額の割合の変化

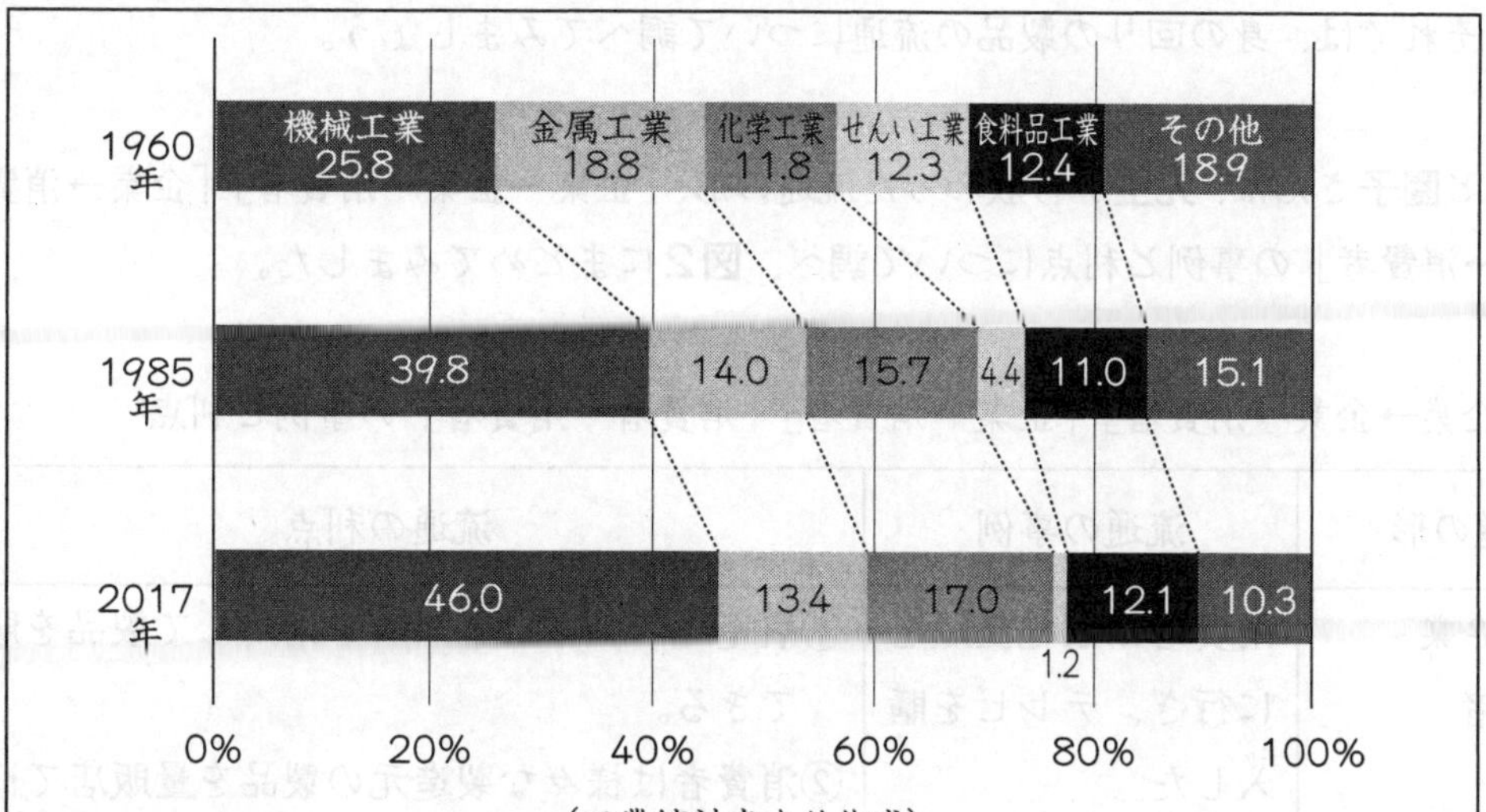

（工業統計表より作成）

園　子：**図1**から１９６０年、１９８５年、２０１７年で工業種類別の生産額の変化が分かりますね。

実　　：では、１９６０年、１９８５年、２０１７年を比べて、工業種類別の工業生産額の割合のそれぞれの変化を読み取りましょう。

〔問題１〕　**実**さんは「１９６０年、１９８５年、２０１７年を比べて、工業種類別の工業生産額の割合のそれぞれの変化を読み取りましょう。」と言っています。機械工業、せんい工業のいずれか一つを選び、１９６０年、１９８５年、２０１７年における工業種類別の工業生産額の割合がそれぞれどのように変化しているか、**図１**を参考にし、会話文と関連させて説明しなさい。

実　　：グラフを読み取ると、約６０年間の工業種類別の工業生産額の割合の変化が良く分かりましたね。

園　子：そうですね。ところで、様々な工業製品はどのような流れで私たちの身の回りにやってくるのでしょうか。

先　生：私たち消費者の所まで製品がやってくる流れにはいくつか種類があります。たとえば、製造元《せいぞうもと》の企業《きぎょう》からデパートや量販店《りょうはんてん》などの企業に製品が流通し、その後、消費者が製品を購入《こうにゅう》する流れですね。これは「企業→企業→消費者」と表すことができます。他にも製造元の企業から消費者に製品が流通する流れは「企業→消費者」と表すことができます。さらに、消費者同士で製品を流通させる流れは「消費者→消費者」と表すことができます。

実　　：私たちの身の回りに製品がやってくるまでには、様々な流通の形があるのですね。

園　子：それでは、身の回りの製品の流通について調べてみましょう。

実さんと**園子**さんは、**先生**から教わった流通の形、「企業→企業→消費者」「企業→消費者」「消費者→消費者」の事例と利点について調べ、**図２**にまとめてみました。

図２　「企業→企業→消費者」「企業→消費者」「消費者→消費者」の事例と利点

流通の形	流通の事例	流通の利点
企業→企業→消費者	消費者は家電量販店に行き、テレビを購《こう》入《にゅう》した。	①製造元の企業は量販店を活用して製品を販売できる。 ②消費者は様々な製造元の製品を量販店で比べながら購入できる。
企業→消費者	消費者は製造元のウェブサイトから注文を行い、家具を購入した。	③規模の小さな企業でもインターネットのウェブサイトを活用して製品を販売できる。 ④消費者はインターネットで欲《ほ》しい製品を検索《けんさく》して比べながら購入できる。
消費者→消費者	消費者はフリーマーケットのアプリを使用して、製品を購入した。	⑤販売側の消費者はフリーマーケットのアプリを活用して気軽に出品でき、使わない製品を販売できる。 ⑥購入側の消費者は安く製品を購入できる。

実　　：製品の流通には様々な種類があることが分かりました。

園　子：それぞれの流通には、様々な利点があるのですね。

〔問題２〕　**園子**さんは「それぞれの流通には、様々な利点があるのですね。」と言っています。**図２**の①～⑥の「流通の利点」の中から販売側の立場と購入側の立場のものをそれぞれ二つずつ選び、それらに共通する利点を答えなさい。

3　**太郎**さん、**花子**さん、**先生**が植物について話をしています。

花　子：冬になって、葉がついていない木が多く見られるようになりましたね。
太　郎：葉がついたままの木もあるけど、みんなが葉を落とすわけではないんだね。
先　生：葉を落とす木を落葉樹、葉がついたままの木を常緑樹といいます。葉にはいろいろなはたらきがありますよ。例えば、根から吸《す》い上げた水は葉や茎《くき》から蒸発します。この蒸発により、温度調節や水、栄養分の吸収《きゅうしゅう》が活発になります。
太　郎：植物の葉からはどれくらい水の蒸発が行われるのだろう。
花　子：葉のうらとおもてでは表面に違《ちが》いがあるけど、蒸発のしかたに違いがあるかな。
先　生：それでは、葉のはたらきを調べる実験をしてみましょう。

二人は、先生のアドバイスを受けながら、次のような**実験１**を行いました。

実験１

手順１　**図１**のように、葉のついている植物を水の入った試験管にさしておく。これをいくつか用意しておく。
手順２　試験管内の水面に食用油をたらし、水面からの蒸発をおさえる。
手順３　葉や茎など、いろいろな部分に水を通さないワセリンを塗《ぬ》り、ワセリンを塗った部分から水が蒸発しないようにする。
手順４　１０時間たった後、水の減少量を測定する。

図１

実験１の結果は、**表１**のようになりました。

表１　ワセリンを塗った場所と、試験管に入っていた水の減少量

	試験管①	試験管②	試験管③	試験管④
ワセリンを塗った部分	なし	葉のうら	葉のおもて	茎
水の減少量（g）	２３	７	１９	２０

花　子：ワセリンを塗る場所によって、水の減少量が違いますね。
先　生：植物は葉の表面にある、気孔《きこう》という部分から水を蒸発させています。
太　郎：ワセリンを塗ることで、気孔をふさいだから、水の減少量が減ったね。
花　子：気孔の数は場所によって、違いがありそう。

先　生：水の減少量の違いはワセリンだけでなく、環境によっても変化します。葉を顕微《けんび》鏡で観察してみましょう（**図2**）。

太　郎：開いている気孔と閉じている気孔が見られるね。

花　子：水は開いている気孔から蒸発するんですね。

太　郎：開いている気孔の数が重要ですね。

先　生：気温によって開いている気孔の数は変化しますよ。

図2

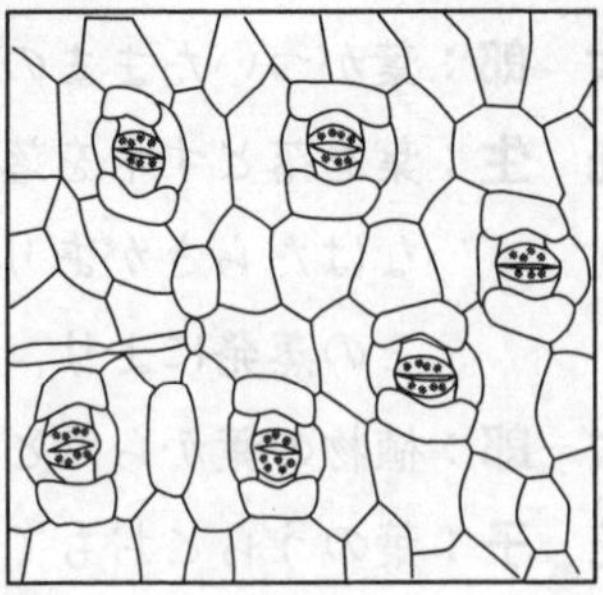

二人は、**先生**のアドバイスを受けながら、次のような**実験2**を行いました。

実験2

手順１　**実験１**で使用した葉がついた植物と同じ種類の植物を用意する。

手順２　一定の時間ごとに気温を測定し、その時に開いている気孔の数を数えた。

実験2の記録は、**グラフ1**のようになりました。

グラフ1　気温と開いている気孔の割合

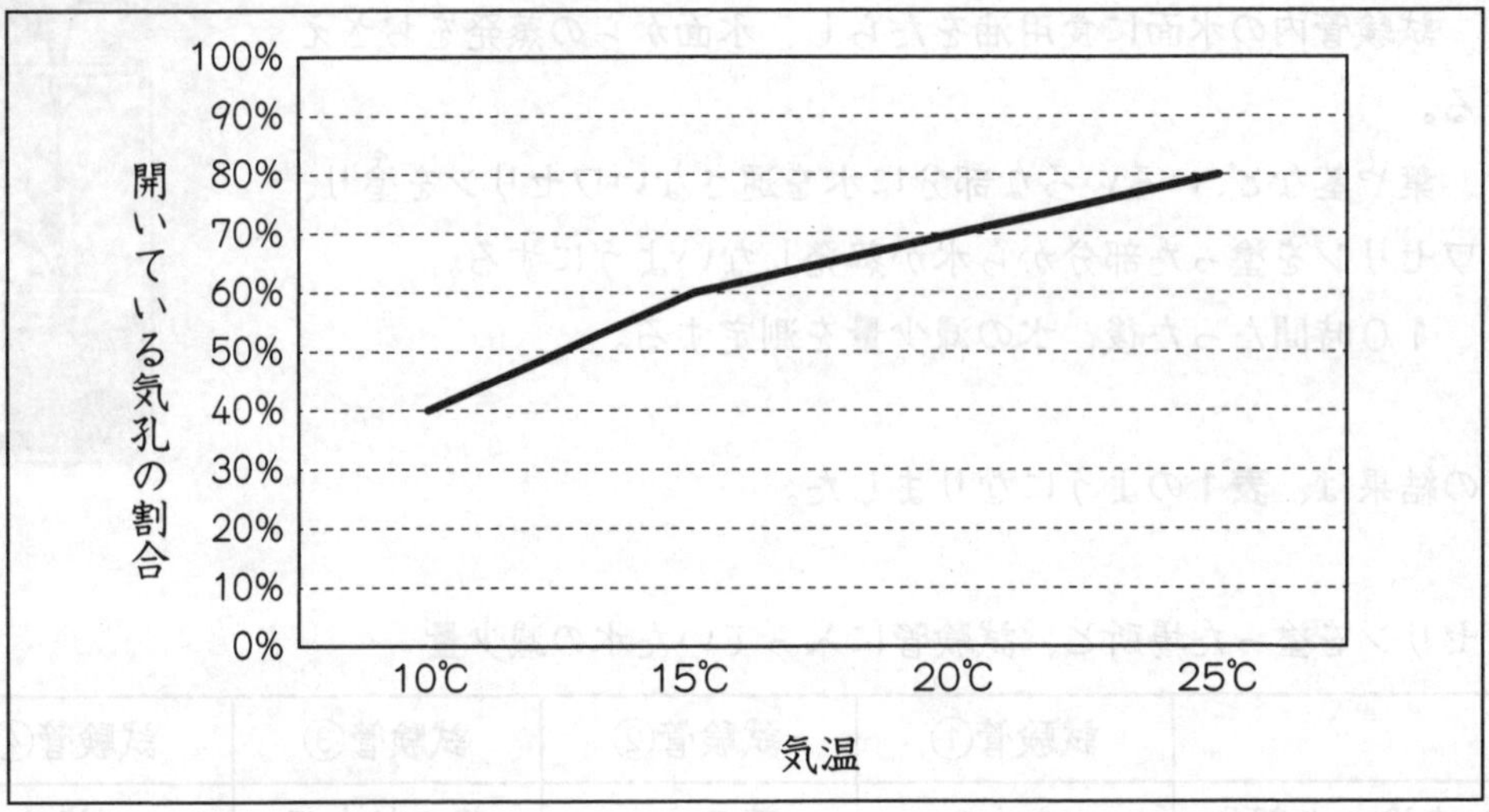

〔問題１〕（１）　**表1**から、植物の各部分から蒸発している水の量が予測できます。葉のおもてとうらの両方にワセリンを塗った場合の水の減少量を求めなさい。ただし、試験管に入っている水の表面からの蒸発はないとします。また、計算した過程も書きなさい。

（２）　**実験1**と**実験2**より、気温が上昇《しょう》すると、水の減少量がどのようになると考えられるか答えなさい。また、葉のおもてとうらで気孔の数の違いについても説明しなさい。

花　子：葉では光合成も行われていますよね。

太　郎：光合成をすることでデンプンが作られます。デンプンは私たちにとって大切な栄養分ですよね。

先　生：そのとおりです。ただし、ヒトの場合、デンプンはそのままでは吸収できないので、だ液などで分解しなくてはいけません。

太　郎：だ液によるデンプンを分解するはたらきについて調べてみたいです。

二人は、だ液の濃度《のうど》の違いによって、デンプンを分解するはたらきがどうなるか、実験によって調べました。また、デンプンを水に溶かして、デンプン溶液《ようえき》を作成しました。

実験３

手順１　ビーカーにだ液を４０ｍＬと水を４０ｍＬ加えて、８０ｍＬの液体をつくり、そのうち４０ｍＬを試験管①に移し、残りの４０ｍＬはビーカーに残しておく。

手順２　手順１で残しておいたビーカーに水を４０ｍＬ加えて、８０ｍＬの液体をつくり、そのうち４０ｍＬを試験管②に移し、残りの４０ｍＬはビーカーに残しておく。

手順３　手順２をくり返し、試験管③～⑤を作成した。

手順４　１％のデンプン溶液３ｍＬに、試験管①～⑤のだ液を３ｍＬ加えた。

手順５　各だ液によってデンプンが分解されるまでにかかった時間を測定した。

実験３の結果は、**表２**のようになりました。

表２

	試験管①	試験管②	試験管③	試験管④	試験管⑤
分解にかかった時間(分)	２.５	５.０	１０	２０	４０

〔問題２〕（１）　試験管①～⑤は、だ液濃度がそれぞれ異《こと》なっています。だ液の原液濃度が半分に薄《うす》められた場合は濃度1/2、さらに半分に薄められた場合は濃度1/4とする。試験管③には、薄められただ液が４０ｍＬ入っているが、これを濃度1/2にするには、だ液を何ｍＬ加える必要があるか答えなさい。また、計算した過程も書きなさい。

（２）　分解にかかった時間が１５分だった場合、だ液の濃度がどれくらいであると考えられるか答えなさい。また、どのように求めたか説明しなさい。

リンゴが　ひとつ
ここに　ある
ほかには
なんにも　ない
ああ　ここで
あることと
ないことが
まぶしいように
ぴったりだ

（まど・みちお「リンゴ」による）

〔問題1〕〔文章〕の「個性の喪失」とは、ここではどのようなことを指していますか。十五字以上二十字以内で具体的に説明しなさい。

〔問題2〕〔文章〕と〔詩〕をふまえて、〔文章〕の南米アンデスのジャガイモと〔詩〕のリンゴにはどのような共通点がありますか。二十五字以上三十字以内で説明しなさい。

〔問題3〕〔文章〕と〔詩〕を読んで、この地球のすべての存在が〔詩〕のリンゴのように、あることと　ないことが　まぶしいように　ぴったりでいられる社会とは、どのような社会だと考えられますか。
また、そのような社会が持続、発展していくために、あなたはどのようなことをしたいと考えますか。具体的な例を挙げて三百六十字以上四百字以内で説明しなさい。

〈きまり〉

○題名は書きません。
○最初の行から書き始めます。
○段落《だんらく》を設けず、一ますめから書きなさい。
○〔、〕や〔。〕や〔」〕などもそれぞれ字数に数えます。これらの記号が行の先頭に来るときには、前の行の最後の字と同じますめに書きます。
○〔。〕と〔」〕が続く場合には、同じますめに書きます。この場合、〔。」〕で一字と数えます。

この病気に侵《おか》されてしまうのです。

全国で、一つの品種しか栽培されていないということは、もしその株がある病気に弱ければ、国中のジャガイモがその病気に弱いということになります。そのため、アイルランドでは国中のジャガイモで胴枯病が大発生し、壊滅的な被害《ひがい》を受けたのです。

ジャガイモは南米アンデス原産の作物です。南米アンデスの歴史の中で、ジャガイモが壊滅するようなことは起こりませんでした。ジャガイモにはさまざまな種類があります。収量が多い品種もあれば、収量がやや劣《おと》っても病気に強い品種もあります。ある病気に弱くても、他の病気に強い品種もあります。このようにアンデスでは、さまざまなジャガイモを一緒《いっしょ》に栽培していたのです。そのため、病気が発生して枯《か》れる品種があっても、すべてのジャガイモが枯れてしまうようなことはありませんでした。

しかし、このような作り方では、収量を増やすことはできません。そこで、南米でジャガイモに出会った人々は収量が多いジャガイモを選んで、ヨーロッパに伝えました。そして、収量が多いジャガイモの中から、さらに収量が多いジャガイモを選び出し、エリートのようなジャガイモを作り上げていったのです。

(稲垣栄洋《いながきひでひろ》「はずれ者が進化をつくる—生き物をめぐる個性の秘《ひ》密《みつ》—」による)

〔注〕

※疫病《えきびょう》——悪性の伝染病。流行病ともいい、つぎつぎに広がる病気をいう。

※壊滅《かいめつ》——すっかりだめになってしまうこと。

※開拓《かいたく》——荒《あ》れ地や山野を切り開いて田畑や住居などにすること。

※大惨事《だいさんじ》——むごたらしいできごと。いたましい事件。

※喪失《そうしつ》——失うこと。

※収量《しゅうりょう》——農作物などが収穫《しゅうかく》された分量。

※エリート——すぐれた者として選ばれること。

〔詩〕

リンゴを　ひとつ
ここに　おくと

リンゴの
この　大きさは
この　リンゴだけで
いっぱいだ

2024年度

実践学園中学校

【適性検査Ⅰ】〈適性検査型試験〉(四五分)〈満点：一〇〇点〉

次の〔文章〕と〔詩〕を読み、あとの問題に答えなさい。

(※印の付いている言葉には本文のあとに〔注〕があります。)

〔文章〕

一九世紀のアイルランドでのお話です。

この頃《ころ》のアイルランドは、ジャガイモが重要な食料となっていました。ところが、歴史的な事件が起きました。

ジャガイモの※疫病《えきびょう》が大流行をして、アイルランド国中のジャガイモが※壊滅《かいめつ》状態になってしまったのです。このとき、食べ物を失った多くの人たちは祖国を離《はな》れて、※開拓地《かいたくち》であったアメリカ大陸に渡《わた》りました。その大勢の移民たちの力が、当時工業国として発展《はってん》していたアメリカ合衆国《がっしゅうこく》をさらに押《お》し上げ、国つくっていったと考えられます。そのためジャガイモは、「アメリカ合衆国をつくった植物」とも言われています。

それにしても……どうして国中のジャガイモがいっぺんに病気になるような※大惨事《だいさんじ》が起きてしまったのでしょうか。

その原因こそが「個性の※喪失《そうしつ》」にありました。

ジャガイモは、種芋《たねいも》で増やすことができます。

優《すぐ》れた株《かぶ》があって、そこから採れた芋を種芋として植えていけば、優秀《ゆうしゅう》な株を増やすことができます。そのためアイルランドでは、その優秀な株だけを選んで増やし、国中で栽培《さいばい》していたのです。

それでは、「優秀な株」とは、いったいどんな株なのでしょうか？

アイルランドの人たちにとって、ジャガイモは重要な食糧《しょくりょう》でした。大勢の人口を支えるためには、たくさんのジャガイモが必要です。そのため、※収量《しゅうりょう》の多いジャガイモが「優れた株」でした。

そして、収量の多いジャガイモの品種を増やして、国中で栽培していたのです。

収量が多いジャガイモの品種は、ジャガイモの中のエリート※として位置づけられます。

しかし、その「優れた株」とされたジャガイモには、重大な欠点があったのです。それが、胴枯病《どうがれびょう》という病気に弱いということでした。

そして実際に一九世紀の半ばころ、その優秀なジャガイモは、

2024年度

実践学園中学校 ▶解　答

※　編集上の都合により，適性検査型試験の解説は省略させていただきました。

適性検査Ⅰ　＜適性検査型試験＞（45分）＜満点：100点＞

解　答

問題１　（例）　育てるジャガイモの品種を一つにすること。　**問題２**　（例）　どのような性質を持っていても，そのままでいてよいこと。　**問題３**　（例）〔文章〕では，収量の多い性質のジャガイモだけを育てたらジャガイモが壊滅したと語られ，多様な個性が集まる社会の強みを示している。〔詩〕では，一つのリンゴの存在の大きさを受け止めた詩人が，ゆいいつの個性が「あること」と，同じものが「ないこと」とが並び立つまぶしさを尊いと感じている。そんな社会とは，構成員一人ひとりのありのままの個性を尊重する社会といえるだろう。学校も一つの小さな社会だが，学年や性別，性格，得手不得手などがちがう者の集まりだ。私は合唱部の部長として部員たちが無理なく楽しく活動できているか，その人らしさがいかせる役割分担になっているかに気を配り，話し合う機会を多く設けている。全員が自分らしさを発揮していきいきと活動するには，おたがいを知るために話し合うことが欠かせないと思うからだ。個性を尊重し，おたがいを認め合い，協力し合えるよう，一人ひとりのよさを見つけていくことを心がけたい。

適性検査Ⅱ　＜適性検査型試験＞（45分）＜満点：100点＞

解　答

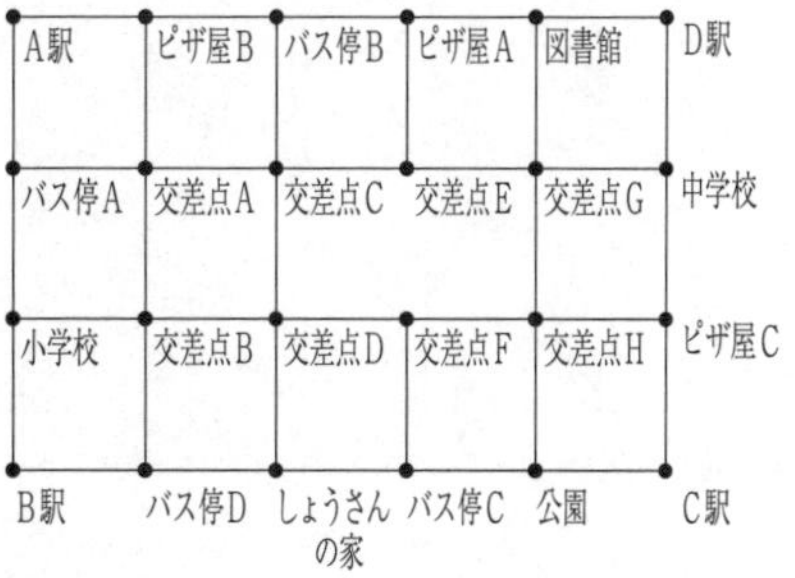

１　**問題１**　**図**…右の図／A駅から交差点Eを通って公園まで移動するルートは４通り　**問題２**　ピザを注文してから小学校に届くまでの時間が最も早いピザ屋はB／**説明**…（例）　ピザの注文枚数は，Aが，$157\times40\div(10\times10\times3.14)=20$（枚），Bが，$157\times40\div(12\times12\times3.14)=13\frac{8}{9}$（枚），Cが，$157\times40\div(15\times15\times3.14)=8\frac{8}{9}$（枚）になる。よって，配達時間は，Aが，$11+10+2\times20=61$（分），Bが，$6+10+3\frac{1}{6}\times14=60\frac{1}{3}$（分），Cが，$10+10+4\frac{1}{2}\times9=60\frac{1}{2}$（分）である。　**問題３**　**移動手段**…徒歩とバスと電車／**説明**…（例）　徒歩は待ち時間を考えても自転車より遅くなる。また，徒歩の区間を減らした分だけ時間は早くなる。よって，調べる交通手段は「自転車」と「徒歩とバスと電車」である。それぞれ最短のとき，「自転車」が，$4\times5+1+1.5=22.5$（分），「徒歩とバスと電車」が，$7+1.5+3\times2+0.5+7=22$（分）になる。ほかの移動手段は徒歩が２区間以上のため早くなる事はない。　**２**　**問題１**　（例）　機械工業

／工業生産額の割合は，高度経済成長により，1960年の25.8％から1985年の39.8％へと増加し，その後も2017年の46.0％へと増加している。（せんい工業／工業生産額の割合は，高度経済成長によってせんい工業よりも機械・化学工業が発達したため，1960年の12.3％から1985年の4.4％へと減少し，さらに2017年の1.2％へと減少している。）　**問題２**　（例）　**販売側の立場**…①，③／共通する利点は，量販店やインターネットのサイトを活用して製品を販売できる点である。**購入側の立場**…②，④／共通する利点は，量販店やインターネットで多くの製品を比べながら購入できる点である。　**3**　**問題１**　⑴　３ g　⑵　（例）　気温が上昇すると，開いている気孔の割合が大きくなるため，水の減少量は増加すると考えられる。また，表１において，ワセリンを葉のうらに塗った場合は，おもてに塗った場合よりも水の減少量が小さくなるため，気孔は葉のうらにより多くあると考えられる。　**問題２**　⑴　30mL　⑵　（例）　だ液の濃度が，$\frac{1}{4}\div\frac{1}{2}=\frac{1}{2}$（倍）になると，分解にかかった時間は，5.0÷2.5＝２（倍）になるので，だ液の濃度と分解にかかる時間は反比例しているとわかる。よって，試験管①と比べると，分解にかかった時間が，15÷2.5＝６（倍）だから，だ液の濃度は$\frac{1}{6}$倍の，$\frac{1}{2}\times\frac{1}{6}=\frac{1}{12}$とわかる。

2023年度 実践学園中学校

【算　数】〈第１回試験〉（45分）〈満点：100点〉

1 次の□に適当な数字を入れなさい。

(1) $69620-5227=\square$

(2) $2\frac{1}{2}+3\frac{2}{3}-4\frac{3}{4}=\square$

(3) $5.89\div1.9=\square$

(4) $\frac{1}{2}\times\left(\frac{3}{4}\times\frac{5}{6}+\frac{7}{8}\right)=\square$

(5) $99\times250=\square$

(6) $78\div(\square-3\times2)=6$

(7) $0.6:\frac{5}{4}=24:\square$

(8) 6 mm ＝ □ m

(9) 6 dL ＝ □ mL

(10) ある中学校でクラブに入っている人数は240人で、これは学校全体の $\frac{8}{9}$ にあたります。この中学校の全体の人数は□人です。

2 次の問いに答えなさい。

(1) 12と18と30の最小公倍数はいくつですか。

(2) １個120円のあんパンと１個150円のメロンパンを合わせて10個買ったら、代金は1320円でした。あんパンは何個買いましたか。

(3) [0]、[1]、[2]、[3]、[4] の５枚のカードが１枚ずつあります。５枚のうち、３枚を並べて３けたの整数を作ります。百の位が奇数の３けたの整数は何通りできますか。

(4) ミルクとコーヒーの量が５：３になるように混ぜて、カフェオレを作ります。カフェオレを 560 mL 作るとき、ミルクは何 mL いりますか。

(5) しんぺいさんは、家から駅まで自転車で行くのに20分かかります。しんぺいさんが自転車で進む速さが分速 120 m であるとき、同じ道のりを、お兄さんが自転車で分速 150 m で進むと何分かかりますか。

(6) １辺が 10 cm の正方形の中に、右の図のように半円をかきました。
このとき、斜線《しゃせん》部分の面積は何 cm^2 ですか。
ただし、円周率は3.14とします。

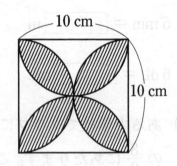

3 下の文章に書かれている ① ～ ⑧ に当てはまる適当な数字を答えなさい。

下の図１のような立体を正八面体といいます。この立体の頂《ちょう》点の数は ① 、辺の数は ② 、面の数は ③ です。

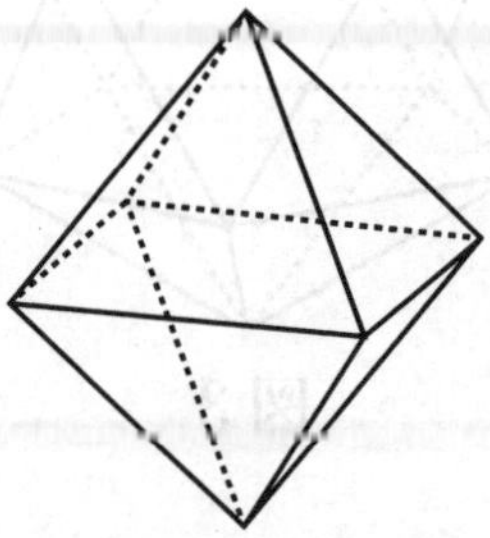

図１

また、下の図２のような立体を正十二面体といいます。この立体の頂点の数は ④ 、辺の数は ⑤ 、面の数は ⑥ です。

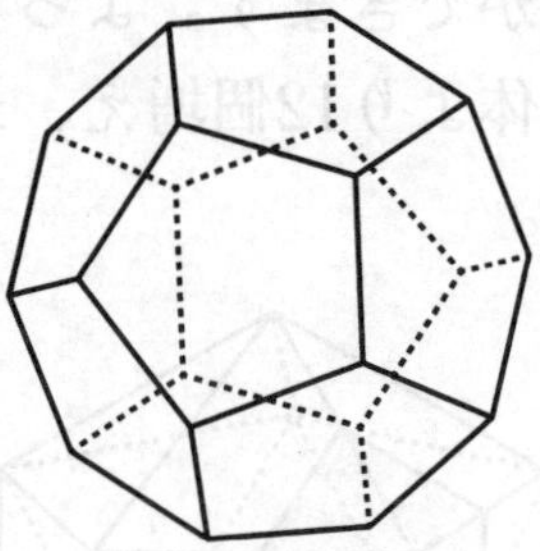

図２

ここで、 ① － ② ＋ ③ と ④ － ⑤ ＋ ⑥ を計算すると、ともに ⑦ となります。

一般に、(頂点の数)－(辺の数)＋(面の数)＝ ⑦ が成り立ち、これを「オイラーの多面体定理」といいます。

下の図３のような立体を正二十面体といいます。

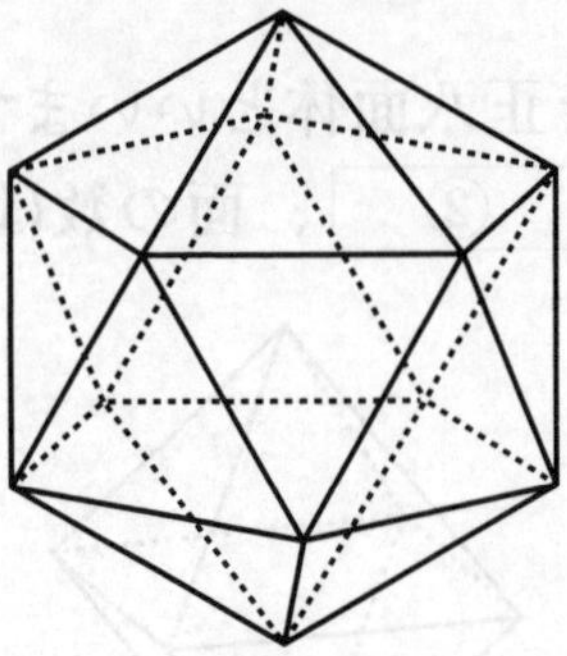

図３

この立体の各辺の中点を通る平面で全てのかどを切り取った立体の頂点の数を調べてみましょう。

下の図４の色がついた部分のようにかどを１つだけ切り取ると、切り取られた面に正五角形ができます。よって、全てのかどを切り取ると、面の数はもとの立体より12個増え、辺の本数は正五角形の数を数えれば求められます。

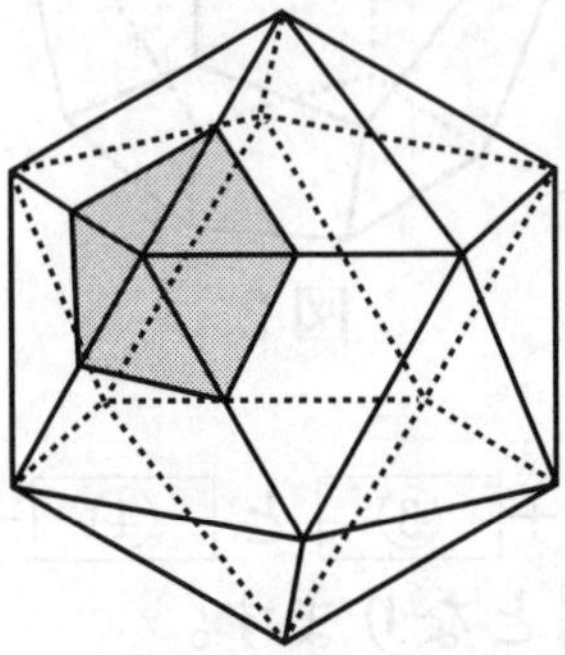

図４

全てのかどを切り取った場合の面の数と辺の数がわかったので、オイラーの多面体定理を利用して、頂点の数は［　⑧　］であることがわかります。

4 下のように、ある規則にしたがって数を並べ、これを３個ずつに区切っていきました。次の問いに答えなさい。

1, 2, 3 ｜ 3, 4, 5 ｜ 5, 6, 7 ｜ 7, ……
１番目　　２番目　　３番目

(1) 12番目の区切りにある３個の数を加えると、その和はいくつですか。

(2) 59がはじめて出てくるのは何番目の区切りですか。

5 右の図は１辺が２cmの立方体の積み木を重ねた立体です。

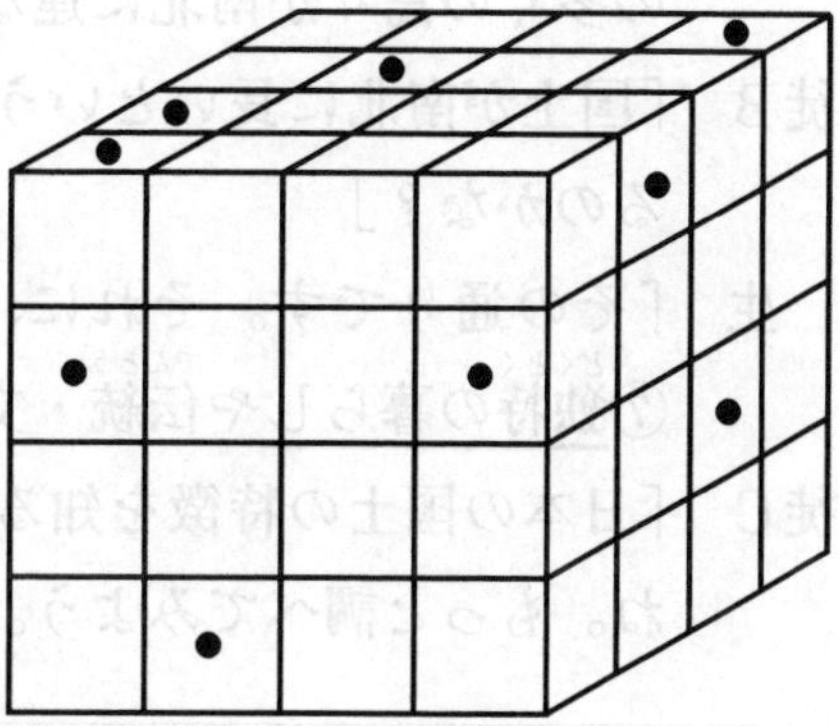

(1) この立体の体積は何cm^3ですか。

(2) この立体の●印から反対側までまっすぐ穴をあけたとき、穴があいていない積み木は何個ありますか。

【社　会】〈第１回試験〉（理科と合わせて50分）〈満点：50点〉

1　次の先生と生徒たちの会話文を読んで、あとの問いに答えなさい。

生徒Ａ　「世界にはどんな国があるだろう？」

先　生　「この（下の）地図では大きな陸地や大きな海が見えるね。日本はどこに位置しているのかな？」

生徒Ｂ　「日本は（　Ａ　）に位置しているよ。」

生徒Ｃ　「同じ（　Ａ　）には①大韓民国《だいかんみんこく》、朝鮮民主主義人民共和国《ちょうせんみんしゅしゅぎじんみんきょうわこく》、モンゴル人民共和国、中華人民共和国《ちゅうかじんみんきょうわこく》などの国々があるよね。」

先　生　「日本は他の国と比べてどんな②特徴《とくちょう》があるだろう？」

生徒Ａ　「日本の国土は、まわりを日本海や太平洋などの海に囲まれている島国で、③北海道、本州、④四国、⑤九州の４つの大きな島と、その他の多くの島々が南北に連なっているよ。」

生徒Ｂ　「国土が南北に長いということは、地域によって⑥気候にも違《ちが》いがあるのかな？」

先　生　「その通りです。それに、それぞれの地域は気候の特徴に合わせた⑦独特《どくとく》の暮らしや伝統《でんとう》・文化があるみたいだね。」

生徒Ｃ　「日本の国土の特徴を知ることで世界のことも知ることができそうだね。もっと調べてみよう。」

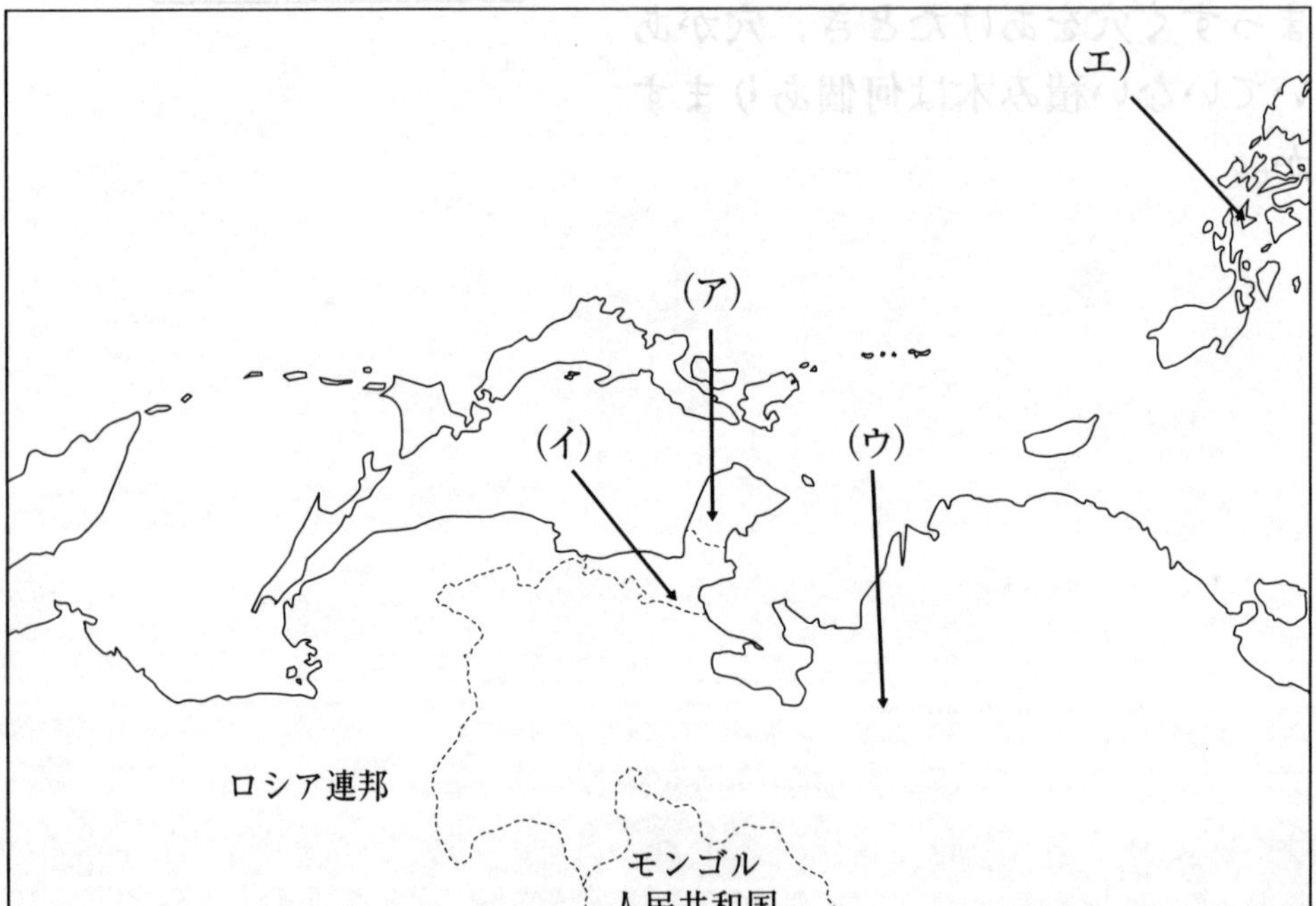

問１　会話文中の空らん（　Ａ　）にあてはまるものを次の(ア)～(エ)より１つ選んで、記号で答えなさい。

（ア）西アジア　　　　（イ）太平洋の東側
（ウ）オセアニア　　　（エ）ユーラシア大陸の東側

問２　下線①について、大韓民国の位置としてあてはまるものを地図中の(ア)～(エ)より１つ選んで、記号で答えなさい。

問３　下線②について、日本の国土の特徴に関する説明としてあてはまらないものを次の(ア)～(エ)より１つ選んで、記号で答えなさい。

（ア）飛騨《ひだ》山脈《さんみゃく》、木曽《きそ》山脈、赤石《あかいし》山脈のあたりは険しく高い山なみが続き、「日本の屋根」と呼ばれている。
（イ）日本で最も広い平野である関東平野には、大きな川がいくつも流れている。
（ウ）日本の排他的経済水域《はいたてきけいざいすいいき》は世界で最も広く、大きな漁場《ぎょじょう》となっている。
（エ）日本は世界の国々の中でも森林の割合が多い国であり、防災や減災に役立っている。

問４　下線③について、北海道はさまざまな野菜や果物の主産地《しゅさんち》として有名です。以下の表は「ねぎ」、「にんじん」、「メロン」、「トマト」の産地と収穫《しゅうかく》量《りょう》（2020年産）をまとめたものです。「ねぎ」としてあてはまるものを表の(ア)～(エ)より１つ選んで、記号で答えなさい。

（単位　トン）

（ア）		（イ）		（ウ）		（エ）	
熊本	135,300	千葉	56,900	北海道	183,200	茨城	33,500
北海道	66,200	埼玉	50,600	千葉	105,400	熊本	24,400
愛知	43,300	茨城	49,000	徳島	49,700	北海道	21,800
茨城	41,700	北海道	22,000	青森	39,700	山形	10,600

＊日本国勢図会2022/23より

問５　下線④に関連して、以下の説明文の中から瀬戸内《せとうち》工業《こうぎょう》地域《ちいき》の説明としてあてはまるものを次の(ア)～(エ)より１つ選んで、記号で答えなさい。

（ア）機械工業を中心に重化学工業《じゅうかがくこうぎょう》が発達しており、印刷・出版《しゅっぱん》や雑《ざっ》貨《か》工業の発達が特徴である。

（イ）組み立てを中心とする機械工業が盛んであり、電気機械や自動車関連の工場が内陸部に集まっている。

（ウ）かつて軍艦《ぐんかん》や戦闘機《せんとうき》などをつくる工場があったことから機械工業が発達し、また石油コンビナートが多く化学工業が多い。

（エ）京浜《けいひん》と中京《ちゅうきょう》の２つの工業地帯の間に位置し、パルプ・紙工業、楽器やオートバイの生産が盛んである。

問６　下線⑤に関連して、以下の地形図は熊本県球磨郡《くまぐん》球磨村《くまむら》周辺のものです。地形図中を流れる球磨川《くまがわ》は、(A)・(B)のどちらが下流となるのか記号で答えなさい。また、そのように判断《はんだん》した理由を説明しなさい。

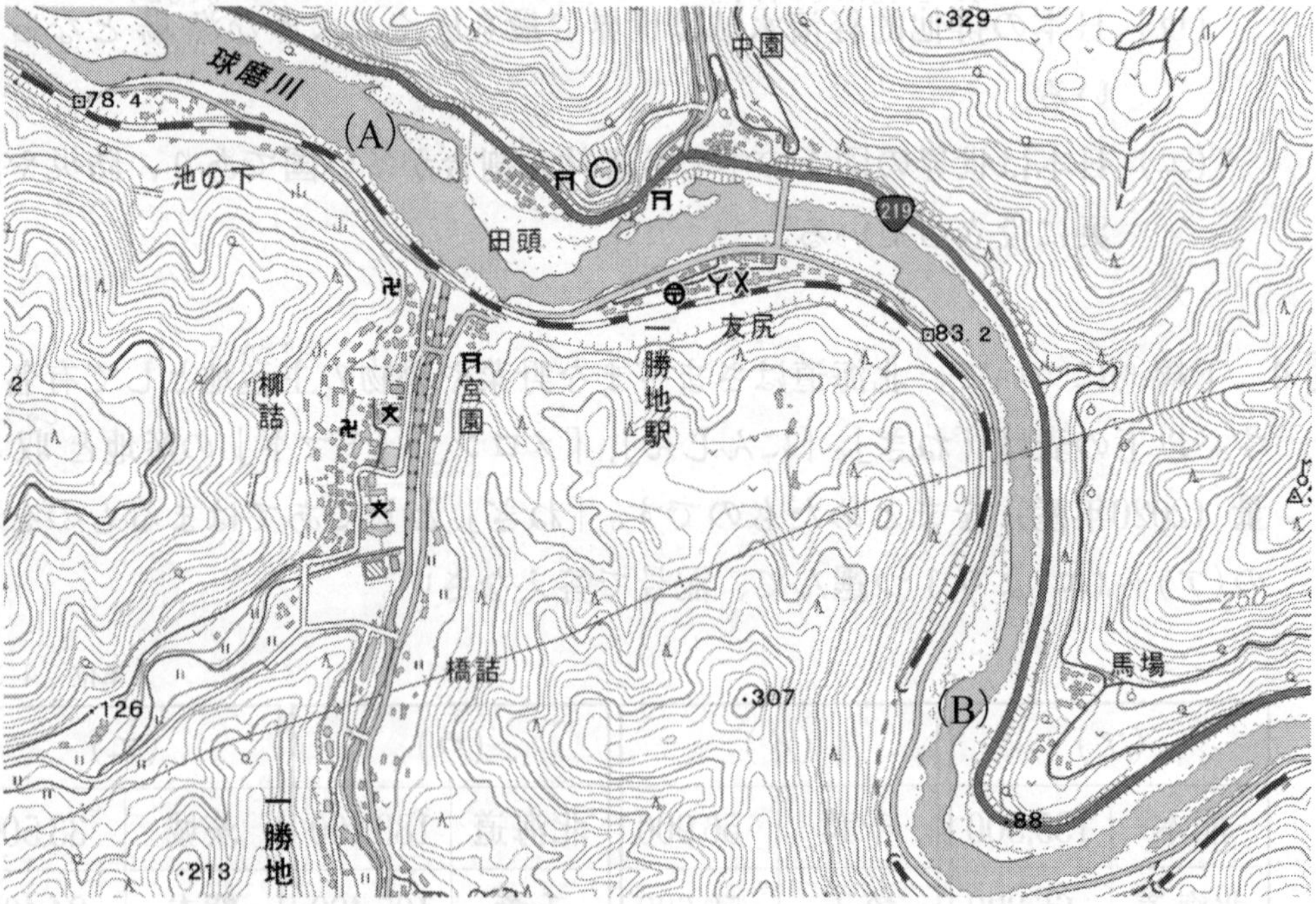

＊国土地理院発行　1:25,000地形図「熊本県球磨郡球磨村」より全体を拡大

問７　下線⑥について、以下の雨温《うおん》図は日本のある地域のものです。雨温図の地域としてあてはまるものを次の(ア)～(エ)より１つ選んで、記号で答えなさい。

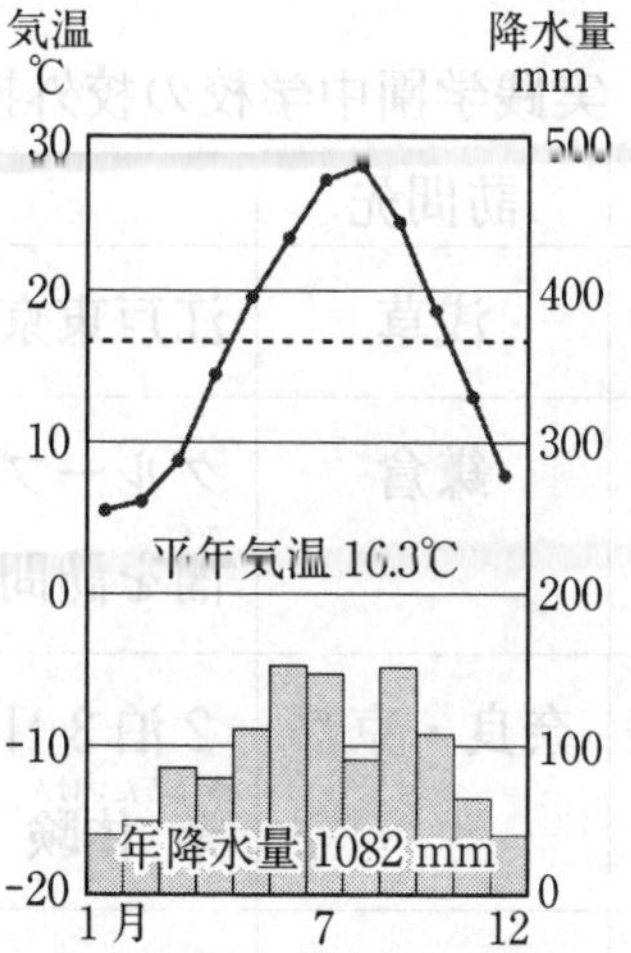

＊「新しい社会　地理」東京書籍より

（ア）高松市　　（イ）那覇《なは》市　　（ウ）札幌《さっぽろ》市　　（エ）新潟市

問８　下線⑦について、以下の写真には沖縄県に見られる伝統的な家屋《かおく》が写っています。この家屋は軒《のき》を低くしたり石垣《いしがき》のへいで囲《かこ》うなどしていますが、それはなぜですか。その理由を簡単に説明しなさい。

＊「文化遺産オンライン」より

2 実《みのる》さんは、実践学園中学校に入学して生徒会役員《せいとかいやくいん》になりました。実さんは校外授業の内容を新しくしようとする活動を始め、みんなで話し合いを始めました。

実践学園中学校の校外授業

学年	学期	訪問先	学習内容
中学１年生	２学期	浅草	江戸東京博物館、浅草寺《せんそうじ》を見学
中学２年生	１学期	鎌倉	グループで、ルートを決めて神社仏《じんじゃぶっ》閣《かく》を訪問
	２学期	奈良・京都	２泊３日で神社仏閣訪問や伝統産《でんとうさん》業体験《ぎょうたいけん》
中学３年生	１学期	福島	ニュージーランド研修に備《そな》えて、ブリティッシュヒルズで事前研修《じぜんけんしゅう》
	夏～２学期	ニュージーランド	11泊12日でニュージーランドの南《みなみ》島《じま》のブレナムでホームステイしながら姉妹校《しまいこう》で授業を受ける
【希望者】中学１、２年生	夏休み	軽井沢	２泊３日で自然体験《しぜんたいけん》、社会体験《しゃかいたいけん》

実さん　「実践学園中学校に入学すると楽しいことがたくさんあるけど、その中でも校外授業が楽しいですよ。」

生徒Ａ　「そうですね。私は２年生なのでこれからのニュージーランド研修が一番楽しみです。」

生徒Ｂ　「でも校外授業の訪問先を見ると東日本が多く、もっと西日本のことも学びたいですよね。」

実さん　「そこで今日、生徒会役員の人達に集まってもらったのは、校外授業の訪問先をみんなで意見を出し合って、校長先生にお願いしてみるという活動を始めようかと思うからです。」

生徒Ｂ　「校長先生はそういうお願いを聞いてくれるのですか？」

実さん　「実践学園は生徒会活動が盛んで、生徒会役員が校長先生に提案《ていあん》して校則《こうそく》がかわったりしているんだよ。女子生徒でスラックスの制服を着ている人がいるでしょ？　それも生徒会役員からの提案で最近導入《どうにゅう》されたらしいですよ。」

生徒Ａ　「それならば、私たちも生徒のみなさんのために校外授業のよい提案を出したいですね。」

実さん　「そうですね。さっそく意見を出し合いましょう。まず僕は歴史が大切だと思うので、①浅草・②鎌倉・③奈良・京都はそのまま残したいと思うのですがどうでしょう？」

生徒Ｂ　「歴史を学ぶにしても、私はグローバルな視点《してん》も取り入れるべきだと思います。④長崎や神戸や横浜など昔の外国との接点《せってん》となった場所を訪問するのはいかがでしょうか？」

生徒Ａ　「それはいいですね。そうしたら⑤博多や⑥堺《さかい》も候補地《こうほち》に入れましょうよ。」

実さん　「あれもこれもだと、たくさん宿泊《しゅくはく》しなければならないので少し絞《しぼ》りましょう。」

生徒Ｂ　「２、３年生になると宿泊する校外授業があるので、１年生の時に入れたいですね。」

生徒Ａ　「２年生の奈良・京都を１年生にして、２年生の時に長崎・博多の九州に行くのはいかがかしら？」

実さん　「これが実現したら、他の中学校にはない充実《じゅうじつ》した内容の校外授業ですよね。」

生徒Ａ　「さらに希望する人は⑦軽井沢のサマースクールにも参加できるので北は福島から南は九州までさまざまな地域でさまざまな体験ができて最高の中学校生活になりそうですね。」

生徒Ｂ　「１日の話し合いだけで決めるのはよくないので、また色々みんなで考えてきてまた後日話し合いをしましょうよ。」

実さん　「そうですね。みんな気持ちが高ぶってあれもこれもになってきましたものね。今日の話し合いはここまでにしておきましょう。」

問１　下線①について、江戸時代の浅草には天文台があり、そこでは伊能忠敬《いのうただたか》が働いていました。伊能忠敬が行ったこととしてあてはまるものを次の(ア)〜(エ)より１つ選んで、記号で答えなさい。

(ア) オランダ語の医学書を苦心《くしん》してほん訳した。
(イ) 歌舞伎《かぶき》や人形浄瑠璃《じょうるり》の作者で人気を集めた。
(ウ) 全国を測量《そくりょう》して日本地図をつくった。
(エ) 340万部以上売れた「学問のすゝめ」を書いた。

問２　下線②について、以下の地図は鎌倉街道と呼ばれる道を描いたものです。なぜ鎌倉に道が集まってきているのでしょうか。「いざ鎌倉」という語を必ず使い、その理由を説明しなさい。

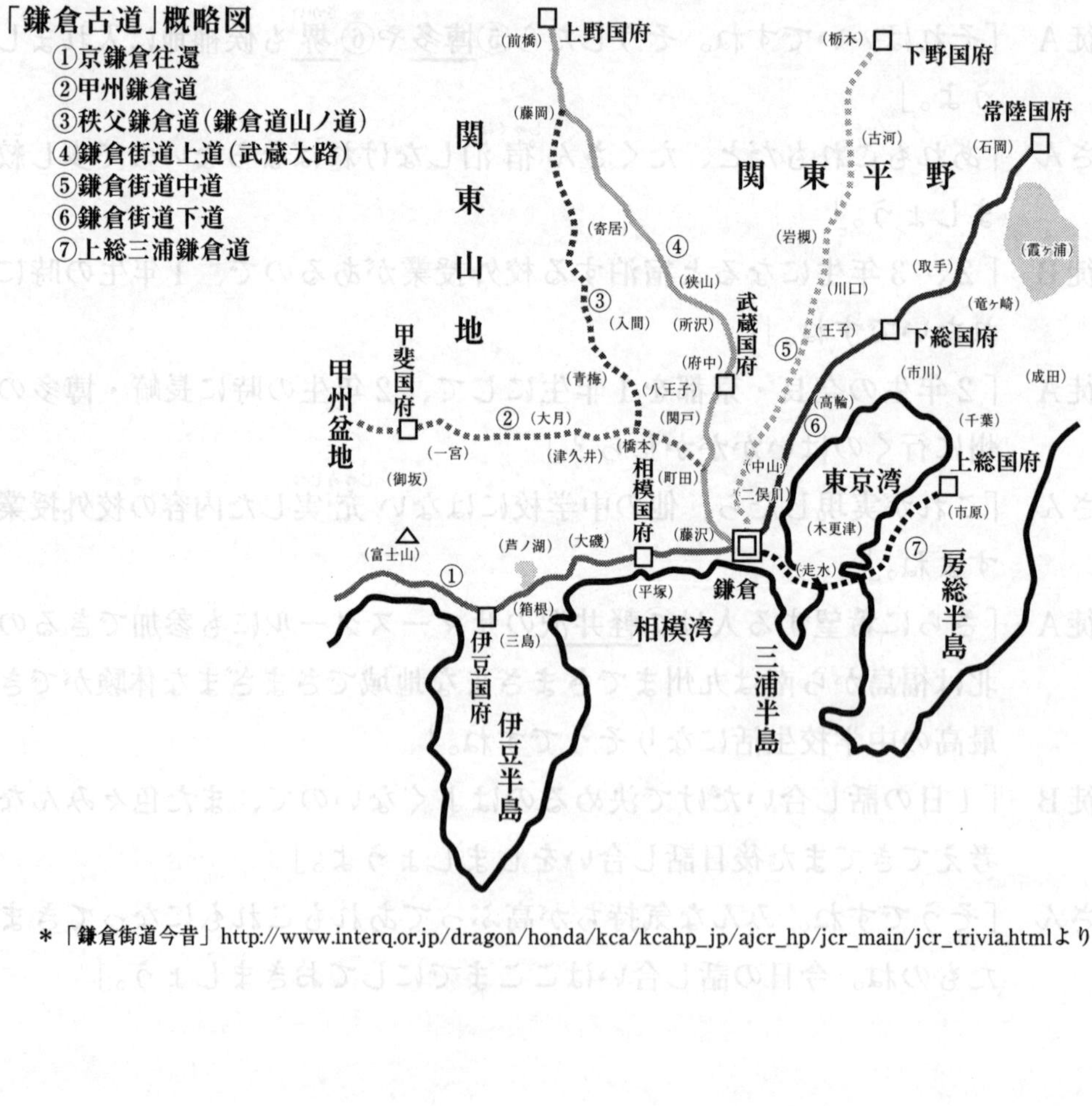

＊「鎌倉街道今昔」http://www.interq.or.jp/dragon/honda/kca/kcahp_jp/ajcr_hp/jcr_main/jcr_trivia.htmlより

問３　下線③について、次の文章は奈良県と京都府にある歴史的建造物《れきしてきけんぞうぶつ》をあらわします。文章を読み、奈良県にあてはまるものは「A」、京都府にあてはまるものは「B」、奈良県にも京都府にもあてはまらないものは「C」としてそれぞれ記号で答えなさい。

（ア）弥生時代後期の遺跡《いせき》である吉野ケ里《よしのがり》遺跡がある。
（イ）聖武天皇の詔《みことのり》で大仏がつくられた。
（ウ）平泉《ひらいずみ》に中尊寺金色堂《ちゅうそんじこんじきどう》がある。
（エ）書院造《しょいんづくり》の部屋で有名な銀閣がある。

問４　下線④について、江戸時代に長崎にオランダとの貿易のために扇形《おうぎがた》の埋立地《うめたてち》がつくられました。これを何といいますか。漢字２文字で答えなさい。

問５　下線⑤について、鎌倉時代の1274年と1281年に博多が外国に攻められました。この出来事を何といいますか。答えなさい。

問６　下線⑥について、堺では16世紀に、下のまんがに描かれている外国から伝来した武器がつくられるようになりました。このまんがを見て、あとの問いに答えなさい。

＊小学館版　学習まんが「少年少女　日本の歴史　第10巻」小学館より

（１）この武器を何といいますか。漢字２文字で答えなさい。

（２）このまんがから想像できるこの武器の弱点《じゃくてん》を考えて説明しなさい。

（３）この武器を大量に利用し、長篠《ながしの》の戦いで勝利した人物の名前を答えなさい。

問７　下線⑦について、軽井沢は上皇さまが美智子《みちこ》上皇后《じょうこうごう》さまと出会われた場所として有名です。上皇さまが天皇在位《ざいい》中の平成時代の出来事をあらわす文章としてあてはまらないものを次の(ア)〜(エ)より１つ選んで、記号で答えなさい。

（ア）ヨーロッパでEUが発足する。
（イ）東日本大震災《ひがしにほんだいしんさい》が発生する。
（ウ）東京スカイツリーが建てられる。
（エ）１年延期されたオリンピック・パラリンピック東京大会が開かれる。

3　次の文章を読んで、あとの問いに答えなさい。

日本国憲法《けんぽう》は、1946年に公布《こうふ》されました。その前文《ぜんぶん》には、基本的な考え方が示《しめ》されています。それをふまえて、①日本国憲法には三つの原則《げんそく》があり、憲法全体にこれらの原則がつらぬかれています。

国の政治の方向を決めるのが、②国会の重要な仕事です。憲法第41条では、「国会は（　Ａ　）の最高機関《さいこうきかん》であって、国の唯一《ゆいいつ》の（　Ｂ　）機関《きかん》である」と定《さだ》められています。また、国会には衆議院《しゅうぎいん》と参議院《さんぎいん》という二つの話し合いの場《ば》があります。衆議院は任期《にんき》が（　Ｃ　）年で解散《かいさん》があります。参議院の任期は（　Ｄ　）年で、解散はありません。

国会で決められた法律にもとづいて、国民全体のためにいろいろな仕事を行うのが内閣《ないかく》です。内閣総理大臣と③国務《こくむ》大臣は会議（閣議）を開いて政治の進め方を相談したりします。

④国会・内閣と共に国の重要な役割を分担《ぶんたん》しているのが裁判所《さいばんしょ》です。裁判所は法律にもとづいて国民の権利《けんり》を守る仕事をしています。国民はだれでも裁判を受ける権利があり、判決《はんけつ》の内容に不服《ふふく》がある場合は、⑤３回まで裁判を受けることができます。

問１　文中の空らん（　Ａ　）〜（　Ｄ　）にあてはまる語句や数字を答えなさい。

問２　下線①について、三つの原則を全て答えなさい。

問３　下線②について、国会の担当する仕事にあてはまらないものを次の(ア)～(エ)より１つ選んで、記号で答えなさい。

(ア)　予算を議決《ぎけつ》し、国のお金の使い道を決める。
(イ)　条約《じょうやく》の承認《しょうにん》を行い、外国との約束を認める。
(ウ)　弾劾《だんがい》裁判所を設置し、総理大臣を辞めさせる。
(エ)　憲法改正を発議し、憲法改正を国民に提案《ていあん》する。

問４　下線③について、ＡとＢに該当する省庁《しょうちょう》の名称を、Ａは漢字３文字、Ｂは漢字５文字で答えなさい。

Ａ．自衛隊《じえいたい》を管理《かんり》・運営《うんえい》する仕事をしている。
Ｂ．国民の健康や労働などに関する仕事をしている。

問５　下線④について、国会・内閣・裁判所が国の重要な役割を分担し、相互に監視する仕組みを何といいますか。漢字４文字で答えなさい。

問６　下線⑤について、３回まで裁判を受けられるようにしている理由を説明しなさい。

【理　科】〈第１回試験〉（社会と合わせて50分）〈満点：50点〉

1　次の会話文を読んで、以下の問いに答えなさい。

「ほら見て、木の根元の地面にたくさん穴が開いている。この穴から、セミの幼虫が地上に出てきたんだ。」

「確かに、木の幹《みき》や枝のあちこちに、1セミの抜け殻《がら》がくっついているね。」

「そういえば、2 7月上旬は35℃を超える暑さだったのに、セミの声が全然聞こえなくて、ちょっとおかしな感じだった。」

「この夏は、梅雨入りは６月６日でほぼ平年並みだったけれど、６月27日ごろには一旦梅雨明けが発表されたものね。」

「そんなに早かったんだ。でも、その後一旦少し涼しくなったこともあって、後になって梅雨明けが訂正されたね。７月下旬ごろにはいつも通りにセミが鳴き始めて、安心したよ。」

(1)　下線部１について、セミには「さなぎ」の時期がなく、幼虫が殻《から》を脱いで直接成虫に変化します。このような変化のしかたを何といいますか。

(2)　セミと同じように、幼虫から成虫に直接変化する昆《こん》虫を、次のア～カから全て選び、記号で答えなさい。

ア．モンシロチョウ　　イ．トンボ　　ウ．カマキリ
エ．テントウムシ　　オ．カブトムシ　　カ．コオロギ

(3)　図１は、セミの頭の部分を詳しく観察してスケッチしたものです。これについて、以下の問いに答えなさい。

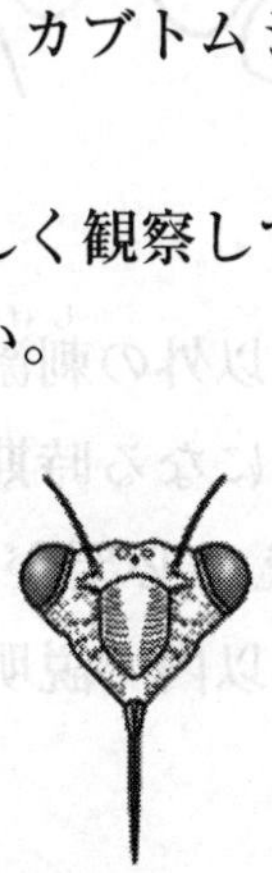

図１

①　頭の両側についている、大きな目を何といいますか。

② 口の形から、セミの主な食べ物は何だと考えられますか。次のア～エから１つ選び、記号で答えなさい。

ア．花のみつ　　　イ．木の幹の汁
ウ．草の葉・実　　エ．動物の死がい

(4) 図２は、昆虫のからだのつくり（頭・胸・腹）を簡単に表したものです。ここにセミの脚《あし》（６本）と翅《はね》（大２枚、小２枚）のつき方を書き込《こ》んだ図として最も適切なものを、次のア～エから１つ選び、記号で答えなさい。

図２

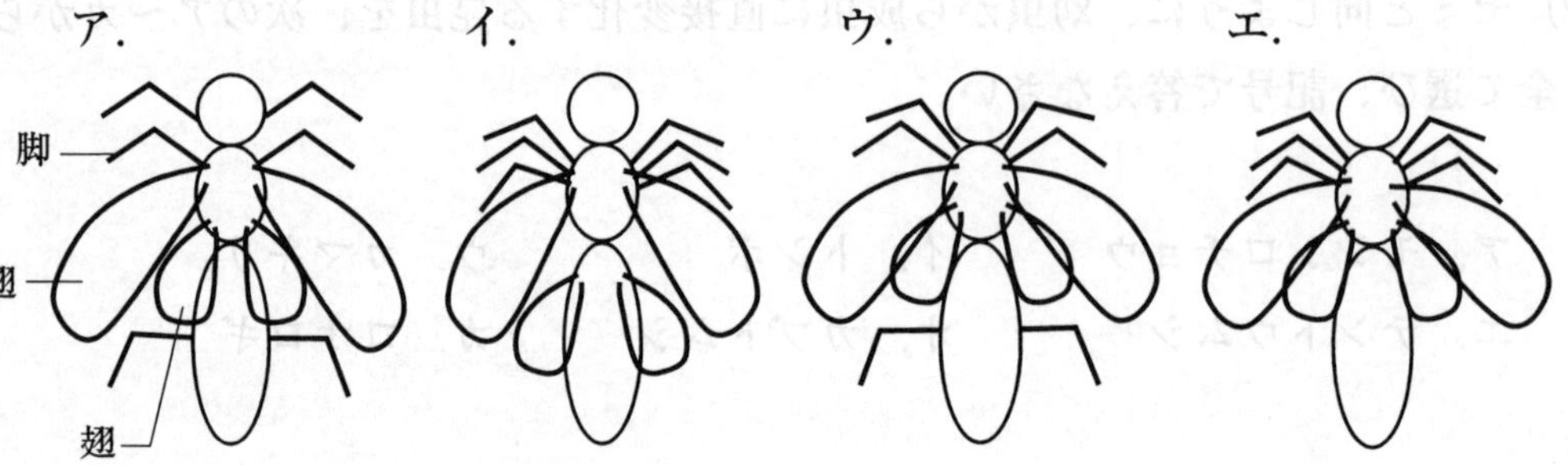

(5) 下線部２より、セミは温度変化以外の刺激《しげき》も成虫になる時期を知る手掛《が》かりにして、同じ種類のセミが成虫になる時期を正確にそろえていると考えられます。成虫になる時期をそろえる必要があるのはなぜでしょうか。次のキーワードを２つとも用い、25字以内で説明しなさい。

キーワード：オス　／　メス

2 下の表は、100ｇの水に溶《と》けるミョウバンの量を温度別に表しています。以下の問いに答えなさい。

水の温度（℃）	0	10	20	30	40	50	60	70	80	90
溶けるミョウバンの量（g）	6	8	11	17	24	36	57	110	322	2287

(1) 水200ｇにミョウバン114ｇ全てを溶かすためには、水の温度を何℃以上にすればよいか答えなさい。

(2) 60℃の水100ｇにミョウバンを110ｇ加えてかき混ぜました。溶けなかったミョウバンは何ｇになるか答えなさい。

(3) 50℃の水100ｇにミョウバンを36ｇ溶かした後、水の温度を20℃にすると、溶けていたミョウバンが再び現れました。再び現れたミョウバンは何ｇになるか答えなさい。

(4) 70℃の水50ｇに、ミョウバンは何ｇ溶けるか答えなさい。

(5) 70℃の水100ｇに、ミョウバンを110ｇ溶かした後、水を50ｇ蒸発させて、70℃に戻《もど》すと、溶けていたミョウバンが再び現れました。再び現れたミョウバンは何ｇになるか答えなさい。

3 右の図のように、鉄くぎにエナメル線を巻いて電磁石を作りました。以下の問いに答えなさい。

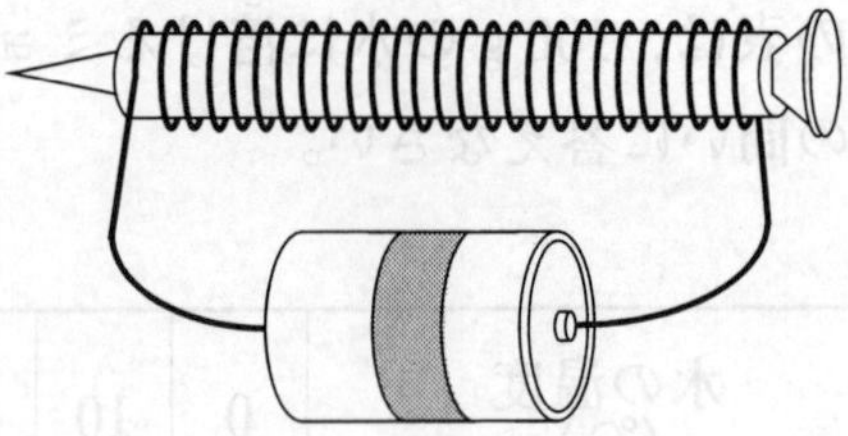

(1) 次の①～③の操作について、電磁石の強さを強くするための操作として正しければ○を、間違っていれば×を解答らんに記入しなさい。

① エナメル線の巻き数を増やす
② エナメル線を太いものに変える
③ 電池を２個並列につなぐ

(2) 図１のように電磁石のまわりに方位磁石を置いたところ、図のような向きで方位磁石の針が止まりました。図の①、②の方位磁石の針はどのような向きになるでしょうか。≪選択肢《せんたくし》≫の中から正しいものを１つ選び、それぞれ記号で答えなさい。

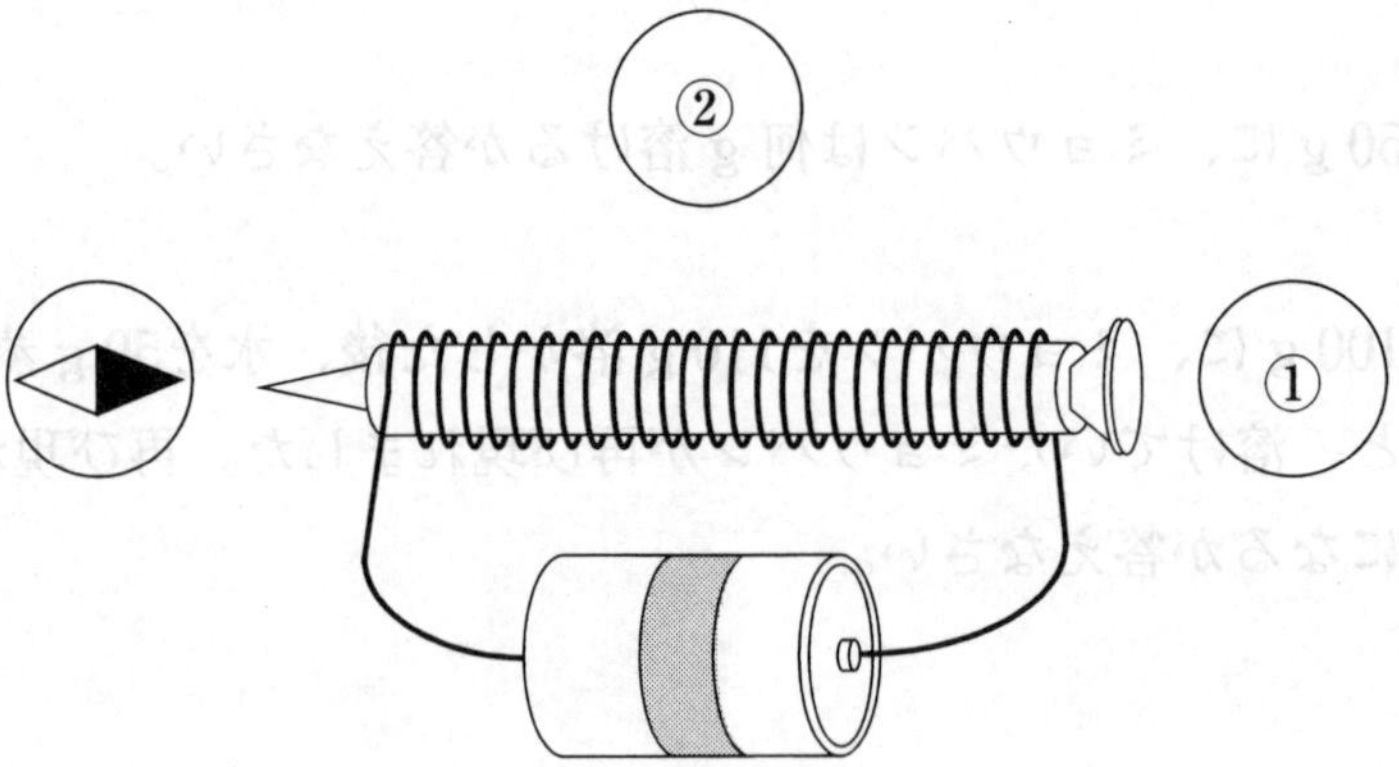

図１

≪選択肢≫

ア.
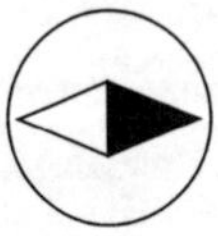

イ.

ウ.
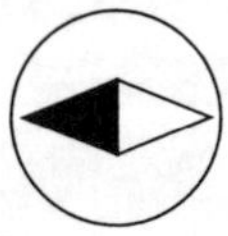

エ.
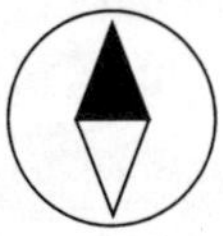

(3) 電磁石を利用したものとして、スピーカーがあります。図２のように紙コップの底にコイルを貼《は》りつけ、磁石をつけることで簡単なスピーカーを作りました。スピーカーの原理の説明として、以下の□に当てはまる適当な言葉を答えなさい。

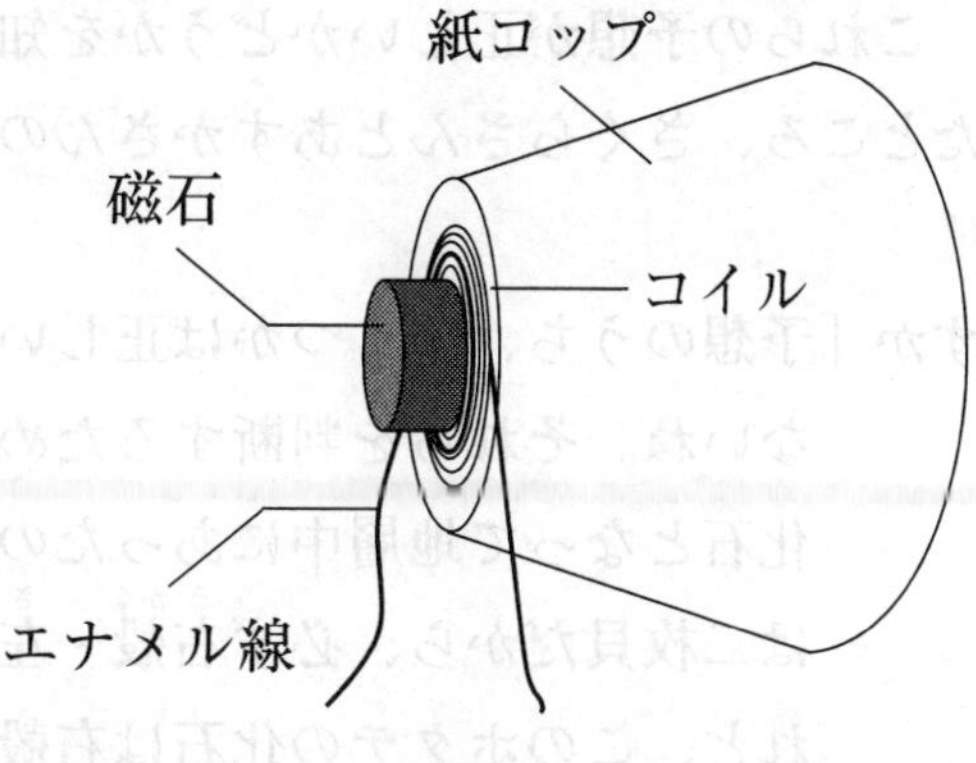

図２

> 音源から音が電流や電気信号となってエナメル線を通り、コイルに流れ込みます。コイルの□が変化すると、コイルのまわりの磁力が変化し、磁石と引きあったり反発したりします。そのときのコイルの振動《しんどう》が、紙コップの底を振動させて音が発生します。

4 さくらさんは、ある崖《がけ》の地層中に、ホタテの化石を見つけました。このホタテの化石を地層から取り出し、博物館の学芸員であるあすかさんに見てもらったところ、現在も生息しているホタテと同じ種であることが判明しました。また、地域の図書館の資料を調べたところ、化石を見つけた崖の地層はおよそ10万年前にできたものであることがわかりました。そこで、さくらさんは以下のような予想を立てました。

> 予想Ａ　この化石となったホタテは、この崖のある場所で死んだ。
> 予想Ｂ　この化石となったホタテは、およそ10万年前に死んだ。
> 予想Ｃ　この崖の地層ができた当時は、この崖のある地域は海底であった。
> 予想Ｄ　この崖の地層ができた当時は、この崖のある地域は寒冷であった。

これらの予想が正しいかどうかを知るために、学芸員のあすかさんに尋《たず》ねたところ、さくらさんとあすかさんの間で次のような会話がなされました。

あすか「予想のうち、いくつかは正しいけれど、いくつかは確実とは言い切れないね。それらを判断するためには、このホタテがどのような状態で化石となって地層中にあったのかを知る必要がありそうだね。ホタテは二枚貝だから、必ず右殻《うかく》・左殻《さかく》という二枚の殻《から》を持っているのだけれど、このホタテの化石は右殻だけだね。」

さくら「はい。この化石の埋《う》まっていた地層のまわりもよく調べましたが、残念ながら左殻は見つかりませんでした。」

あすか「このホタテがもし生きたまま土砂に埋もれて死に、そのまま化石となったとしよう。そうすると、右殻と左殻が合わさったまま化石になるはずだね。一方で、ホタテが死んだ後ですぐに土砂に埋もれて化石となったとしたら、どうなると考えられるだろう。」

さくら「えーっと、どうなるんだろう。」

あすか「例えば、海岸などの波打ち際によく貝殻が打ち上げられているよね。」

さくら「はい。」

あすか「右殻と左殻が合わさった状態で打ち上がっているものを見たことがあるかな。」

さくら「うーん、それはほとんど見たことがないです。」

あすか「ということは、波打ち際に打ち上げられている二枚貝の貝殻は、その貝が死んだ後に右殻と左殻がバラバラに外れたということだね。」

さくら「つまり、私が見つけた化石のホタテも、［　　①　　］。」

あすか「その通り。それでは、打ち上げられている二枚貝はどこで死んだのかな。」

さくら「二枚貝の種類によってちがうと思います。温かい海に生息する二枚貝の貝殻も、冷たい海に生息する二枚貝の貝殻も、同じ海岸で一緒に見つかることがあります。」

あすか「そうすると、打ち上げられた貝殻は、死んでから波や海流に流されて運ばれてきたということになるね。」

さくら「なるほど。つまり化石となったホタテが死んだのは［　　②　　］ということですね。」

(1) 現在生きているホタテはどのような場所に生息していますか。次のア～エから１つ選び、記号で答えなさい。

ア．温暖で砂地の浅瀬《せ》
イ．温暖で岩場の深海
ウ．寒冷で砂地の浅瀬
エ．寒冷で岩場の深海

(2) 会話中の［　①　］に当てはまる適切な文章を次のア～エから１つ選び、記号で答えなさい。

ア．右殻と左殻が合わさった状態のまま死んで間もなく化石となったとは考えにくいということですね
イ．右殻と左殻が合わさった状態のまま死んで間もなく化石となったとしても不思議ではないということですね
ウ．死んだ後に右殻と左殻がバラバラになった状態で化石となったとは考えにくいということですね
エ．死んだ後に右殻と左殻がバラバラになった状態で化石となったとしても不思議ではないということですね

(3) 会話中の［　②　］に当てはまる適切な文章を次のア～エから１つ選び、記号で答えなさい。

ア．その化石を見つけた地層がつくられた場所と同じ場所の可能性がある
イ．その化石を見つけた地層がつくられた場所とは別の場所の可能性がある
ウ．その化石を見つけた地層がつくられた時代と同じ時代の可能性がある
エ．その化石を見つけた地層がつくられた時代とは別の時代の可能性がある

(4) 予想Ａ～Ｄのうち、確実とは言い切れないものを全て選び、Ａ～Ｄの記号で答えなさい。

問八　――線部④「固く絡まって切るしかないように思えていた関係は、案外簡単にほどけるようなものだったのだ」とありますが、ここでの表現はどのようなことを表しますか。八十字以内で具体的に説明しなさい。

問九　――線部Ｘ～Ｚの「？」には共通してどのような表現上の意味があると考えられますか。その説明として正しいものを次の中から一つ選び記号で答えなさい。

ア　芽依に質問することで、芽依をさらに知ることができるという喜びを表現している。

イ　芽依の行動理由について確証をえるため、芽依に本心を話すように迫《せま》っていることを表現している。

ウ　芽依の気持ちがさらにわからなくなり、芽依を疑う気持ちが強くなったことを表現している。

エ　芽依の行動が、友梨の考えている通りであるということを確認したいという気持ちを表現している。

問十　次の文のうち、本文の説明として正しいものには○を、間違っているものには×を解答欄に書きなさい。

ア　丸山のクラスメイトは、普段「テキトー」な丸山が、実はお弁当を作ったり料理をしているのではないかと疑いながら、そのことを面白おかしく話している。

イ　芽依は丸山のためにお弁当袋を作ろうとしていたが、芽依の気持ちに友梨が気づいてしまったことを芽依自身が知ってしまい、お弁当袋を作るのをあきらめてしまった。

ウ　芽依は丸山のことを思ってクラスメイトに口出しをしたが、そのことに対して丸山は口先では芽依の傷つくことを言ったが、本心では芽依の行動をありがたいと思っている。

エ　芽依はいつも軽はずみな行動をしているわけではなく、友人のことを思って行動していたということに友梨は気づき、芽依のことを誤解していたということを知った。

問六　――線部②「思い悩んだ表情」から――線部⑤「芽依は少しほっとしたように、そして恥ずかしそうに顔をゆがめた」までにおける「芽依」の感情の変化の説明として正しいものを次の中から一つ選び、記号で答えなさい。

ア　芽依は丸山の気持ちも考えずに発してしまった余計な一言に後悔《こうかい》しているが、丸山を守ろうとして言ってしまった一言だと友梨には理解してもらっていることに心を見すかされているようで恥ずかしく思っている反面、友梨とは心を打ち明けて話せる友人であるとはまだ思うことができない。

イ　芽依は余計なことを言って丸山に嫌われてしまったと思っていたが、そのような状況《じょうきょう》であっても友梨が寄り添《そ》ってくれることに気持ちが安らいでいる反面、友梨のお父さんの話題になってしまったため、芽依が友梨を傷つけてしまった過去を申し訳なく思っている。

ウ　芽依がよかれと思って言った一言が、逆に丸山を傷つけてしまったと思い悩んでいたが、そのことに対しても決して注意することもなく、温かく見守ってくれる友梨にありがたいと思っているとともに、自分の失敗でこのようになってしまったことに恥ずかしさを感じている。

エ　芽依は余計なことを言って丸山に嫌われてしまったと思ったが、丸山を守ろうとした発言だということを友梨にわかってもらえたとともに、友梨のお父さんのことを話してしまった過去もなんとなく理解してもらったことに安心したが、自身の気持ちを見すかされている気もして照れている。

問七　――線部③「友梨、気づいてたんだ」とありますが、友梨は「誰のどのような気持ち」に気づいたと考えられますか。十字程度で答えなさい。

問二　本文中の［Ⅰ］～［Ⅳ］に入る語として適切なものを次の中から一つずつ選び、それぞれ記号で答えなさい。

ア　つい　　イ　けっして　　ウ　きっと　　エ　はっと　　オ　もし

問三　――線部Ａ「釘を刺した」、Ｂ「うなだれて（うなだれる）」の文中での意味として最も適切なものを次の中から一つずつ選び、それぞれ記号で答えなさい。

Ａ　釘を刺した

ア　注意する。　　イ　我慢《がまん》する。　　ウ　怒鳴る。　　エ　無視する。

Ｂ　うなだれて
（うなだれる）

ア　恥ずかしさのあまりあわててしまう。
イ　気まずさのためにうつむいてしまう。
ウ　意外なことにびっくりしてしまう。
エ　不安なことに怖《お》じ気づいてしまう。

問四　本文中の【★】部分から【★】までの会話を友梨はどのようなものとしてとらえていますか。本文中から六字でぬき出して答えなさい。

問五　――線部①「名前に反応したのは、もちろん友梨だけではない」とありますが、「誰の名前」に「友梨以外の誰が」反応したと考えられますか。解答欄《かいとうらん》にあわせて答えなさい。

「そう思ってたけど、違うんだよねＹ？」

「ううん、つい、言っちゃったの」

「でも、きっとどこかでもう噂になってたんでしょ。うちのお父さんは仕事がなくて、お母さんの代わりに家事してるってさ」

芽依が言わなくても、ご近所や同級生の親から噂が広まっても不思議ではなかったのだ。

「それで芽依は、主夫のどこが悪いの、とかなんとか、さっきみたいに言ったんでしょＺ？」

⑤芽依は少しほっとしたように、そして恥ずかしそうに顔をゆがめた。

「そんなんじゃないよ」

「ま、そういうことにしておこうよ」

半分泣き顔のまま、芽依は笑う。そうして、ふたりで歩き出す。バス停を通り過ぎ、駅へ向かっているうち、友梨の家へ行きたいなと芽依が言う。どうせ部活はサボったわけだし、友梨も芽依ともう少し話していたかったから、いいよ、と答える。

丸山は自分でお弁当をつくる。友梨のは、お父さんがつくる。芽依は、友梨のお父さんがどんな人なのか、知りたくなったのかもしれない。

（谷瑞恵『神さまのいうとおり』より）

［注※　どうして、ピクルスのつくりかたを～友梨に腹を立てたのか
　……丸山は以前友梨にピクルスのつくり方を聞いたが、その時の友梨の態度に腹を立てたことがあった。

問一　～～～線部ａ～ｅのカタカナは漢字に直し、漢字は読み方をひらがなで書きなさい。

へと急ぐ。

手前の橋のところで彼女の姿を見つけるが、②思い悩《なや》んだ表情に気づき、どう声をかけようかと悩みながら立ち止まった。

様子を見ていると、芽依はカバンから何かを取り出す。本だ。前に買った手芸の本、その表紙をじっと見ていたが、急に欄干《らんかん》から投げ捨てた。

「ああっ！」

声を上げて、友梨は駆《か》け寄る。芽依のそばで下方を覗《のぞ》き見るが、水の少ない川は広く草が茂《しげ》っていて、落ちたはずの本は見当たらない。

「どうして捨てるの？　せっかく生地も買ったんじゃないの？　丸山にあげるつもりだったんでしょ？」

突然《とつぜん》現れた友梨に、芽依は戸惑った顔を向ける。

「③友梨、気づいてたんだ」

「うん、まあ……」

飛び出してきておいて、気のe利いたことも言えない。結局、Bうなだれてしまう。

「……だったらわかるでしょ。嫌《きら》われたのに、もう、つくったって無駄《むだ》だよ」

でも、それは違うと思いたかった。

「誤解してるだけだよ。ちゃんと話せばわかってくれるよ」

「どうかな。わたしが余計なこと言っちゃったのは確かだし。ほかのところでもしゃべってると思われてるよ。……わたし、おしゃべりだもんね」

「おしゃべりでも、ほかのところでしゃべってないんでしょ X ？」

「友梨も、わたしが言ったと思ってるでしょ？　中学のとき、お父さんのこと」

あのとき誤解して、芽依とはこんがらがったまま、ほどこうともせずにいた。でも、④固く絡《から》まって切るしかないように思えていた関係は、案外簡単にほどけるようなものだったのだ。

一瞬《いっしゅん》戸惑《とまど》ったような彼らだったが、すぐにニヤニヤと笑うと、芽依に詰《つ》め寄る。

「えっ、ホントに丸山が料理してんの？」

「なになに、隠《かく》してたのって、自分のイメージ崩《くず》れるから？」

「で、お母さんの家出も本当？」

「あんたさ、丸山のこと知ってるって、もしかしてつきあってんの？」

顔を赤くした芽依は、今にも爆発《ばくはつ》しそうだ。切れたら［Ⅲ］、ますます言わなくていいことを言ってしまうに違《ちが》いない。と、友梨がおろおろしている間に、別の声が割り込《こ》んできた。

「そんなわけないだろ」

丸山だった。ドアに片手を添えて彼は、硬直《こうちょく》する芽依と、噂《うわさ》をしていた同級生をにらむ。

「でもさ、こいつ、おまえのことよく知ってるみたいじゃん」

「こんな口の軽い女に、自分のこと話すかよ」

低く言い捨てると、彼は足早に去って行った。チャイムが鳴る。噂話をしていた一団が急いで散っていく。芽依はしばらく立ちつくしていたが、のろのろと歩き出した。友梨は、かけるべき言葉が見つけられなかった。

芽依は［Ⅳ］口が軽いわけじゃない。ただつい、余計なことを言ってしまうだけ。本当はとても友達思いで、人を傷つけたりなんてしない子だ。友梨はよく知っていたはずなのに、誤解をしていたことに、今ごろになって気がついた。

少しばかりd軽率かもしれないけれど、今も芽依は、丸山のために口を出したのだ。周囲のいい加減な噂にA釘《くぎ》を刺《さ》したのに、彼にも誤解されてしまった。

放課後、友梨は芽依のクラスへ行ってみたが、彼女はもういなかった。部活へ行ったのだろうか。いや、今日はさすがに丸山の顔を見ることができないのではないか。友梨は学校を出て、芽依がいつも使うバス停は、友梨が知っている芽依よりもっと大人っぽくてきれいだ。不思議な思いでいると、廊下の向こうから話し声が聞こえてきて、友梨は［ Ⅰ ］させられた。

【★】「丸山のお母さんが、家出したんだってよ」

そんなことを廊下で話している、男女の一団がいる。①名前に反応したのは、もちろん友梨だけではない。

「家出？　マジで。じゃ、あいつの家、今お母さんいないってこと？　あの豪華《ごうか》な弁当、誰がつくってんだよ」

「さあ、ｃカセイフさん、とか？」

「いや、案外あいつがつくってんじゃない？　だってさ、料理に詳《くわ》しいんだよな。中学のときも、調理実習の手際よかったし」

黙《だま》り込《こ》んで、芽依はその話に気を取られている。友梨も［ Ⅱ ］聞き耳を立ててしまう。

「まさか。あの丸山でしょ？単純だし、勉強もテキトーだし、フットサルしか興味なしって感じなのに、あんな面倒《めんどう》くさそうな料理できるの？」

「でもおれ、前にあいつの部屋へ行ったとき、ケーキの本が置いてあるのを見たことあるぞ。母親が置き忘れたとか言ってたけど、ふつう、息子の部屋へ持って来るか？」

「ケーキ？　イメージ変わるー」

「家事が完璧《かんぺき》なのって、お母さんじゃなくてあいつだったのかも」

「じゃ、お母さんがいなくても困らないんだ」

「あいつ、主夫になれるんじゃね？」

「えー、似合わない」【★】

クスクス笑う声に、芽依が深呼吸するのがわかった。と思うと、彼らのほうに一歩踏《ふ》み出す。

「似合わないって何よ。好きなことして何が悪いの？　難しい料理ができるなんてすごいじゃない。何も知らないくせに、勝手なこと言わないでよ」

二　次の文章を読んで、あとの問いに答えなさい。（答えに字数制限がある場合には、句読点・記号等も一字として数えなさい。）

高校生の友梨《ゆり》の父親は主夫（父親が家事を主としておこなうこと）であり、そのことを友梨は恥《は》ずかしいと思っている。友梨、芽依《めい》、丸山は同じ高校に通っており、友梨と芽依は中学校も同じだが、中学時代に芽依は友梨の父親が主夫であることを周囲の友人に話してしまったことがある。

青いお弁当袋《ぶくろ》は、使い古されていた。くすんだ青は、最初はもっと鮮《あざ》やかだったのだろうか。縫《ぬ》い目の糸もほつれかかった袋に、丸山は食べ終わったお弁当箱を入れて、机の中に突っ込む。彼の机の中は、教科書やプリントでぐちゃぐちゃになっていて、あまり整理整頓《せいりせいとん》が得意ではなさそうだ。

斜《なな》め前の席で、友達とふざけ合うように話している丸山の背中を、友梨は見るともなく見ている。芽依は彼のことが好きだ。彼はどうなのだろう。芽依がお弁当袋をつくったら、喜んで受け取るのだろうか。

友梨にはわからないが、それは友梨が、丸山のことを知らないからだ。

※どうして、ピクルスのつくりかたを訊《き》いてきたのか、どうして友梨に腹を立てたのか、芽依ならわかるのだろうか。

芽依が教室のドア際で友梨に手を振《ふ》る。お弁当グループの輪を抜《ぬ》け出し、友梨は廊下《ろうか》へ出る。

「ねえ、放課後ちょっといい？　例のあれ、教えてほしいんだけど」

手芸のことだろう。いいよ、と友梨は頷《うなず》く。芽依はうれしそうだ。

「a生地は決まったの？」

「うん、いい感じのブルーにしたんだ」

丸山は、青が好きなのだろうか。芽依の視線は、教室内にbソソがれる。丸山がいるほうを見つめる芽依

問十　本文の内容の説明として最も適切なものを次の中から一つ選び、記号で答えなさい。

ア　「寸法で組まずに木のクセで組め」という建築方法は、現在の分業制よりも実は効果的で多くの建設業者は見習うべきだと筆者は思っている。

イ　筆者は法隆寺最後の棟梁という誇りを持っており、どんなに力の強い大工であっても負ける気はしないと思っている。

ウ　ヒノキは日本の風土にあっており古代の建築物の材料として一番適していたが、政府がヒノキの輸入に頼っていることに筆者は怒りをおさえきれないでいる。

エ　宮大工の心得は木と一心同体であるため、木のクセを見ぬき、木を組むためには大勢の人の心も一つにならないといけないと筆者は言っている。

問四 ――線部①「棟梁は、木のクセを見抜いて」とありますが、「木のクセ」とは何によって成り立ちますか。本文中から十八字でぬき出して答えなさい。

問五 ――線部②「自分の家もほかの人に作ってもらいました」とありますが、なぜ筆者は自分の家を他人に作ってもらったのですか。その理由として適切なものを次の中から一つ選び、記号で答えなさい。

ア　宮大工は、民家を建てると宮大工に将来なれないから。
イ　宮大工は、法隆寺以外の建築は法律で禁止されていたから。
ウ　宮大工は、『仕える仕事』なので、もうけてはいけなかったから。
エ　宮大工は、民家を建てると、けがれると言われていたから。

問六 ――線部③「そういう人」とはどのような人ですか。本文中から十字以内でぬき出して答えなさい。

問七 本文中の X にあてはまる「日本最古の歴史書」を次の中から一つ選び、記号で答えなさい。

ア　万葉集　　イ　古事記　　ウ　風土記　　エ　今昔物語集

問八 本文中の Y に入る漢字一字を答えなさい。

問九 ――線部④「法隆寺や薬師寺の堂や塔を建てるためには、台湾までヒノキを買いにいかなあならんです」とありますが、なぜ台湾までヒノキを買いに行かねばならないのですか。その理由を四十字以内で説明しなさい。

木挽き ……木をノコギリで引いて材木にすることを仕事としている人。
左官 ……建物の壁《かべ》や床などを、こてを使って塗《ぬ》り仕上げることを仕事としている人。
坪 ……土地の大きさを表す単位。
請け負(う) ……引き受ける。
伽藍 ……寺の建物を言うときの呼び名。
お宮さん ……宮大工のこと。
工人 ……職人。
瑞宮 ……宮殿《きゅうでん》。
宮居 ……神がとどまる場所。
岡本 ……奈良県にある地名。聖徳太子がこの地を訪れたとされている。
中曾根サン ……文章が書かれた当時(一九八二年—一九八七年)の総理大臣。

問一 〰〰線部a〜eのカタカナは漢字に直し、漢字は読み方をひらがなで書きなさい。

問二 本文中の[Ⅰ]〜[Ⅲ]に入る語として適切なものを次の中から一つずつ選び、それぞれ記号で答えなさい。

ア ところが　イ ところで　ウ たとえば　エ だから

問三 ——線部Aの□には同一の漢字が入り、「人をその性格や才能にふさわしい地位や任務につけること」という意味の四字熟語になります。□に入る漢字を解答欄《かいとうらん》に書き入れなさい。

木のクセは木の育った環境《かんきょう》で決まってしまうんです。そのクセを見抜かなくてはいかんわな。木というのは正直でね、千年たった古い木でも、ぽっととれば右ねじれは右にねじれてますよ。人間と大分違いまっせ。人間は朝に言うてることと夕方することと違うけどね、木というのは正直です。千年たっても二千年たってもうそつきませんわ。動けない所で自分なりに生きのびる方法を知っておるでしょ。わたしどもは木のクセのことを木の心やと言うとります。風をよけて、こっちへねじろうとしているのが、神経はないけど、心があるということですな。

そのだいじなヒノキが、今の日本にはなくなってしまったんですな。今、日本で一番大きいのが木曾《きそ》の四百五十年。これでは堂も塔もできません。木がなくなったら、細々とうけついできた木の文化もなくなってしまいますな。とにかく千年かからんとものにならんのやから、個人ではあきませんわ。※中曾根《なかそね》サン緑ミドリ言うてるけど、山の木のこと言うてるのとはちがうような気がしますな。あの人の言うとる緑は植木鉢《うえきばち》のミドリとちゃうかとおもいます。ほんとの緑いうのはあんなもんとちがいますがな。もっと長い目で見なあきません。山というのは、わたしども人間のふところやとおもいます。人間でいえば母親のふところやとおもいます。人間というのは知恵《ちえ》があって、すぐれた動物やから、なんでも自分のおもうようにしようとするけどね、そんなの自然がなくなったら人間の世界がなくなるんです。そう考えたら、木も人間もみんな自然の分身ですがな。おたがい等しくつきあうていかなあきませんわ。それが、むやみに切ってしもて、もう使えるヒノキは日本にはありませんのや。

（西岡常一『木に学べ　法隆寺・薬師寺の美』より）

注※　棟梁……大工の親方。

積算……建物を建てるのに必要な工事費の見積もりを出すこと。

修繕……修理。

廃仏毀釈政策……明治元年におこなわれた仏教や釈迦《しゃか》（仏教を開いた人）の教えを捨て去る政策。

当時、ここら大和の国はヒノキがいっぱい生えてたんでしょうな。聖徳太子が斑鳩《いかるが》の宮から※岡本に行かれるのに鹿がついてきたとある。鹿がいるということはヒノキがあるちゅうことです。鹿はヒノキの芽が好物なんです。そういうこともあって、この辺一帯はヒノキの山やったとおもいます。日本の風土にヒノキは合ってたんです。それと言っときますけどヒノキは日本の周辺にしかありませんのやで、同じ緯度《いど》でありながら中国にもないし、アメリカのヒノキというてるけど、あんなのヒノキと違います。ヒノキの［Y］限は福島県です。ヒノキの自然林は。ほんで南限は台湾《たいわん》の阿里山《ありさん》です。その間にしかありませんのや。このヒノキと古代の建築物とは切っても切れんということです。

　ヒノキのええとこはね、第一番に樹齢《じゅれい》が長いということです。法隆寺の伽藍の材料がだいたい千年か千三百年ぐらいで伐採《ばっさい》されて材料になってるんですわ。で、台湾に行くと二千六百、二千四百年というのがあるんです。すると法隆寺の五重塔の心柱が、この日本に芽生えたときに、台湾にも芽生えたわけで、それが残ってるわけですわな。法隆寺は今まで千三百年たってますわな。薬師寺の東塔もそのとおり。ちょうど千三百年ですわな。こんな長い耐用年数《たいようねんすう》のものはヒノキ以外にはありませんわ。マツですともう千年のものはありませんな。スギで千年か千二百くらいが最高やとおもいますね。すごいのはヒノキのそうしたよさに千三百年前の人が気がついていたってことです。とにかくね、法隆寺を解体しましてね。屋根瓦をはずすと、今までｅオモニがかかっていた垂木《たるき》がはねかえっていくんです。そこで、われわれ大工の間ではね、樹齢千年の木は堂塔として千年はもつと言われてるんです。それが実証されたわけです。

　わたしらが④法隆寺や薬師寺の堂や塔を建てるためには、台湾までヒノキを買いにいかなあならんです。なさけないことですよ。

　しかし、ヒノキならみな千年もつというわけやない。木を見る目がなきゃいかんわけや。木を殺さず、木のクセや性質をいかして、それを組み合わせて初めて長生きするんです。

　口伝では「堂塔の木組みは寸法で組まずに木のクセで組め」ということも言っております。

な。わたしたちは『一打ち三礼』ですな。『千年もってくれ、千年もってくれ』と打つわけですわ。

無になって※伽藍《がらん》建てるわけですな。ですから、どんな有名なお寺見てもらっても、棟梁の名まえなんて書いてありませんでっしゃろ。自分が自慢《じまん》になるからせなんだんや。とにかく、自分で仏さんにならんと堂を作る資格がない、神さんにならんと※お宮さんやる資格がないと言われてます。

堂や塔を作る技術というのは、細々とひきつがれてきたんです。なにもわたしらが、新しく考えたのとはちがいます。

d飛鳥時代の※工人《こうじん》たちがやったことを、そのまんまやろうとしてるんですが、それができませんのや。

例えば、今、薬師寺の西塔を作ったわけですが、宮大工ゆうてもわたし一人ではなにもできません。それで、全国から寄ってくるわけです。地方から寄ってくるような人は腕《うで》に自慢の人ですわ。塔やってみよう、堂やってみようという気持ちで来ますな。③そういう人はクセが強いわな。木とまったく一緒《いっしょ》や。ところが木は正直やが、人間はそやない。わたしの前ではいい顔してるけど、かげでどう働いているかわからん。だから、木組むより人を組めといったんですな。

（中略）

堂や塔を作る木のことについて話しましょう。わたしら宮大工にとりますと、木ゆうたらヒノキですがな。

ヒノキという木があったから、法隆寺が千三百年たった今も残ってるんです。ヒノキという木がいかにすぐれていたか昔の人はすでに知っておったんですわな。

［X］のスサノオノ尊《ミコト》の件《くだ》りに、スサノオがひげをまくと杉が生えた。胸毛をまくとヒノキが生え、尻《しり》の毛をまくとマキが生え、そして眉毛《まゆげ》をまくとクスノキが生えた、ということが書かれています。だから、すでに用うべくを定むとありまして、ヒノキは※瑞宮《みずのみや》に使え、杉とクスノキは浮き宝（船のこと）にせよ。そしてマキの木は死体を入れる棺《ひつぎ》に使えと、こういうことが書いてあるんです。そして法隆寺、薬師寺もすべてヒノキでできてます。神代からの伝承《でんしょう》を受けて、仏さんの※宮居《みやいり》であるところの伽藍はヒノキ一筋ということやとおもいます。

絵描《えか》きさんやったら、気に入らん絵はｂヤブいてまた描《えが》けばいいし、彫刻家《ちょうこくか》だったらできそこないやったらこわして作り直せます。しかし、建築はそうはいかん。大勢の人が寄らんとできんわな。［Ⅱ］、できそこないがあってもかんたんに建て直せません。そのためにも「木を組むには人の心を組め」というのが、まず棟梁の役目ですな。職人が五〇人おったら五〇人が、わたしと同じ気持ちになってもらわんと建物はできません。

実際の仕事は、設計から選木、木組み、立てあげ、とこうなるわな。［Ⅲ］、こういうふうに全部やるのはわたしだけや。今は設計は設計事務所、※積算は積算屋がやりますやろ。分業になってますわな。

わたしは法隆寺の棟梁です。代々法隆寺の※修繕《しゅうぜん》や解体を仕事にしてきたんです。昔は『宮大工』とはよばずに『寺社番匠《じしゃばんしょう》』と言っていたそうです。これが明治の※廃仏毀釈政策《はいぶつきしゃくせいさく》をさかいめに社《やしろ》より上にあった寺がなくなり、『宮大工』と呼ばれるようになったんです。

法隆寺の棟梁いうても、毎日仕事があるわけではありませんで。用事のないときは農業やっとったんです。わたしの生まれた西里《にしさと》という村は、法隆寺のための※木挽《こび》きや※左官、瓦屋《かわら》、大工がおった所ですが、法隆寺ばっかりでは食えませんので、みんなやめていって、わたしだけですわ残っておるのは。仕事ないときはお金もらえるわけやないし、お寺さんの仕事したからゆうて高いお金もらうわけやなし、しかたありませんわな。なぜ半分農業しておったか言いますとな、宮大工は民家は建ててはいかん、けがれると言われておりましたんや。民家建てたものは宮大工から外されました。ですから、用事ないときは畑作ったり、田んぼｃ耕しておりました。今はそんなことはないでしょうけど、わたしは、法隆寺の最後の棟梁という誇《ほこ》り守って民家作らんようにしようおもってます。それで②自分の家もほかの人に作ってもらいました。

それじゃあ、ふつうの大工と宮大工どこが違《ちが》う言われましたらな、ふつうの大工さんは※坪《つぼ》なんぼで※請《う》け負うて、なんぼもうけてと考えるやろ。わたしらは堂や塔《とう》を建てるのが仕事ですがな。仕事とは『仕える事』と書くんですわな。塔を建てることに仕えたてまつるいうことです。もうけとは違います。そんだけの違いです。そやから心に欲があってはならんのです。彫刻する人が仏さん彫るとき、一刀三礼《いっとうさんらい》といいますわ

2023年度

実践学園中学校

【国語】〈第一回試験〉（四五分）〈満点：一〇〇点〉

□一 次の文章を読んで、あとの問いに答えなさい。（答えに字数制限がある場合には、句読点・記号等も一字として数えなさい。）

わたしに何か話せゆうても、木のことと建物のことしか話せませんで。

しかし、いっぺんにはむりやから少しずつ、いろんなこと話しましょ。

自分のこと話すのはいややけど、宮大工とか法隆寺《ほうりゅうじ》や薬師寺の※棟梁《とうりょう》いうのがわたしの仕事だといっても、何するのかわかりませんでっしゃろ。

そのことから話しましょか。

棟梁いうものは何《なん》かいいましたら、「①棟梁は、木のクセを見抜《ぬ》いて、それを□（A）材□所に使う」ことやね。

木というのはまっすぐ立っているようで、それぞれクセがありますのや。自然の中で動けないんですから、生きのびていくためには、それなりに土地や風向き、日当たり、まわりの状況に応じて、自分を合わせていかなならんでしょ。［Ⅰ］いつもこっちから風がaフいている所の木やったら、枝が曲がりますな。そうすると木もひねられますでしょう。木はそれに対してねじられんようにしようという気になりまっしゃろ。こうして木にクセができてくるんです。

木のクセを見抜いてうまく組まなくてはなりませんが、木のクセをうまく組むためには人の心を組まなあきません。

2023年度

実践学園中学校 ▶解説と解答

算　数　＜第１回試験＞（45分）＜満点：100点＞

解　答

[1] (1)　64393　(2)　$1\frac{5}{12}$　(3)　3.1　(4)　$\frac{3}{4}$　(5)　24750　(6)　19　(7)　50　(8)　0.006m　(9)　600mL　(10)　270人　[2] (1)　180　(2)　6個　(3)　24通り　(4)　350mL　(5)　16分　(6)　57cm^2　[3] ①　6　②　12　③　8　④　20　⑤　30　⑥　12　⑦　2　⑧　30　[4] (1)　72　(2)　29番目　[5] (1)　512cm^3　(2)　34個

解　説

[1] 四則計算，計算のくふう，逆算，比の計算，単位の計算，割合と比

(1)　右の計算１より，69620－5227＝64393

計算１

```
      5 1
  6 9 6̸ 2̸ 0
－   5 2 2 7
───────────
  6 4 3 9 3
```

計算２

```
          3.1
      ────────
1､9 ) 5､8.9
        5 7
      ──────
          1 9
          1 9
      ──────
            0
```

(2)　$2\frac{1}{2}+3\frac{2}{3}-4\frac{3}{4}=2\frac{6}{12}+3\frac{8}{12}-4\frac{9}{12}=5\frac{14}{12}-4\frac{9}{12}=1\frac{5}{12}$

(3)　右の計算２より，5.89÷1.9＝3.1

(4)　$\frac{1}{2}\times\left(\frac{3}{4}\times\frac{5}{6}+\frac{7}{8}\right)=\frac{1}{2}\times\left(\frac{5}{8}+\frac{7}{8}\right)=\frac{1}{2}\times\frac{12}{8}=\frac{1}{2}\times\frac{3}{2}=\frac{3}{4}$

(5)　99×250＝(100－１)×250＝100×250－１×250＝25000－250＝24750

(6)　78÷(□－３×２)＝６より，78÷(□－６)＝６，□－６＝78÷６＝13　よって，□＝13＋６＝19

(7)　0.6：$\frac{5}{4}$＝24：□で，24は0.6の，24÷0.6＝40(倍)だから，□＝$\frac{5}{4}$×40＝50

(8)　10mm＝１cm，100cm＝１mなので，６mmは，６÷10÷100＝0.006(m)になる。

(9)　１dL＝100mLより，６dLは，100×６＝600(mL)である。

(10)　中学校の全体の人数の$\frac{8}{9}$倍にあたるのが240人なので，全体の人数は，240÷$\frac{8}{9}$＝270(人)である。

[2] 約数と倍数，つるかめ算，場合の数，割合と比，速さ，面積

(1)　右の図１の計算から，12，18，30の最小公倍数は，６×２×３×５＝180とわかる。

図１

```
6 ) 12  18  30
    ──────────
     2   3   5
```

(2)　メロンパンだけを10個買うと，代金は，150×10＝1500(円)になり，実際の代金よりも，1500－1320＝180(円)多くなる。メロンパン１個を，あんパン１個と取りかえるごとに，代金は，150－120＝30(円)ずつ少なくなるので，あんパンは，180÷30＝６(個)買ったとわかる。

(3)　百の位の数字は奇数《きすう》にするので，[1]か[3]の２通りから選ぶ。次に，十の位の数字は，百の位で使わなかった４通りから選ぶ。さらに，一の位の数字は，百の位と十の位で使わなかった３通りから選ぶ。よって，百の位が奇数の３けたの整数は，２×４×３＝24(通り)できる。

(4)　ミルクとコーヒーの量の比を５：３にするので，ミルクの割合はカフェオレ全体の，$\frac{5}{5+3}$＝

$\frac{5}{8}$になる。よって，カフェオレを560mL作るとき，ミルクは，560×$\frac{5}{8}$＝350(mL)いる。

⑸　家から駅までの道のりは，120×20＝2400(m)だから，これをお兄さんが分速150mで進むと，2400÷150＝16(分)かかる。

⑹　問題文中の図形を右の図２のように分割すると，斜線《しゃせん》部分は，★で示した図形８個でできていることがわかる。この★で示した図形は，半径，10÷２＝５(cm)，中心角90度のおうぎ形から，直角をはさんだ２辺の長さが５cmの直角二等辺三角形を除いたものなので，その面積は，５×５×3.14×$\frac{1}{4}$－５×５÷２＝19.625－12.5＝7.125(cm^2)となる。よって，斜線部分の面積は，7.125×８＝57(cm^2)と求められる。

図２

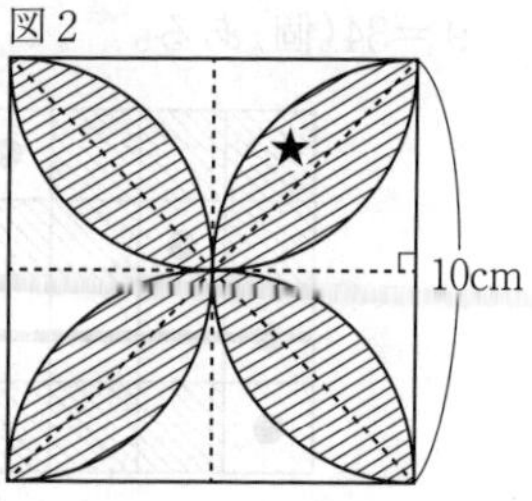

3　立体図形―構成

右の図Ⅰで，正八面体の頂点は，A，B，C，D，E，Fの６個あるから，頂点の数は６(…①)である。辺は，正方形BCDEの辺が４本あり，正方形BCDEより上に４本，下に４本あるから，辺の数は，４×３＝12(…②)とわかる。面は，正方形BCDEより上に４個，下に４個あるから，面の数は，４×２＝８(…③)となる。また，右の図Ⅱで，正十二面体には正五角形が12個あるから，正五角形の頂点の数の合計は，５×12＝60となる。これらの頂点が３つ合わさっているので，正十二面体の頂点の数は，60÷３＝20(…④)になる。同様に，図Ⅱの正五角形の辺の数の合計は，５×12＝60である。これらの辺が２つ合わさっているから，正十二面体の辺の数は，60÷２＝30(…⑤)となる。さらに，正十二面体の面の数は12(…⑥)である。ここで，①－②＋③＝６－12＋８＝６＋８－12＝２，④－⑤＋⑥＝20－30＋12＝20＋12－30＝２なので，(頂点の数)－(辺の数)＋(面の数)＝２(…⑦)が成り立つ。次に，問題文中の図４のように，正二十面体のかどをすべて切り取ると，もとの正二十面体の面はすべてその一部が残り，新たに正五角形が，もとの頂点の数だけ，つまり12個増えることになるので，面の数は，20＋12＝32になる。また，辺については，もとの正二十面体の辺はなくなり，新たな正五角形の辺だけが残るので，辺の数は，５×12＝60になる。したがって，すべてのかどを切り取った立体について，(頂点の数)－60＋32＝２となるので，(頂点の数)＝２－32＋60＝２＋60－32＝30(…⑧)とわかる。

図Ⅰ

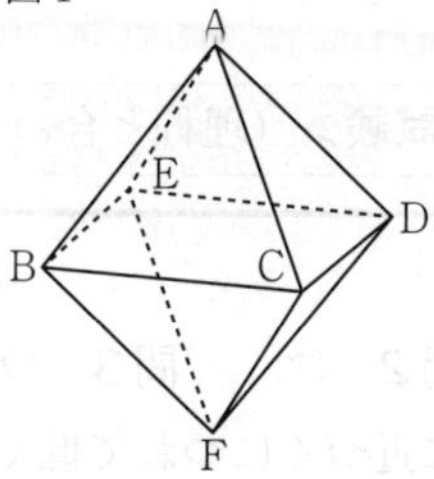

図Ⅱ

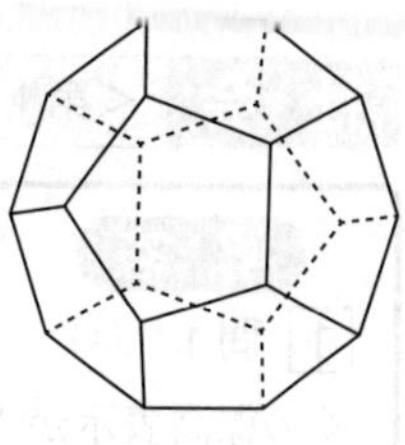

4　数列

⑴　各区切りの１個目の数を調べると，１，３，５，…と，奇数が小さい方から順に並んでいる。また，１つの区切りの中では，数が１個目から順に１ずつ大きくなっている。よって，12番目の区切りにある１個目の数は，１＋２×(12－１)＝23で，12番目の区切りには，｛23，24，25｝が並んでいるから，その和は，23＋24＋25＝72である。

⑵　59がはじめて出てくるのは，｛57，58，59｝が並ぶ区切りとなる。(57－１)÷２＝28より，57は１から数えて，１＋28＝29(番目)の奇数だから，｛57，58，59｝が並ぶ区切りは29番目の区切りである。

5　立体図形―体積，構成

⑴　問題文中の立体は，１辺が２cmの立方体の積み木を，４×４×４＝64(個)重ねて作ったもの

なので，その体積は，２×２×２×64＝512(cm^3)である。

(2)　立体の各段について，穴があいていない積み木を斜線で示すと，下の図のようになる(図の下の方向が，立体の手前になる)。この図から，穴があいていない積み木は，全部で，９＋７＋９＋９＝34(個)ある。

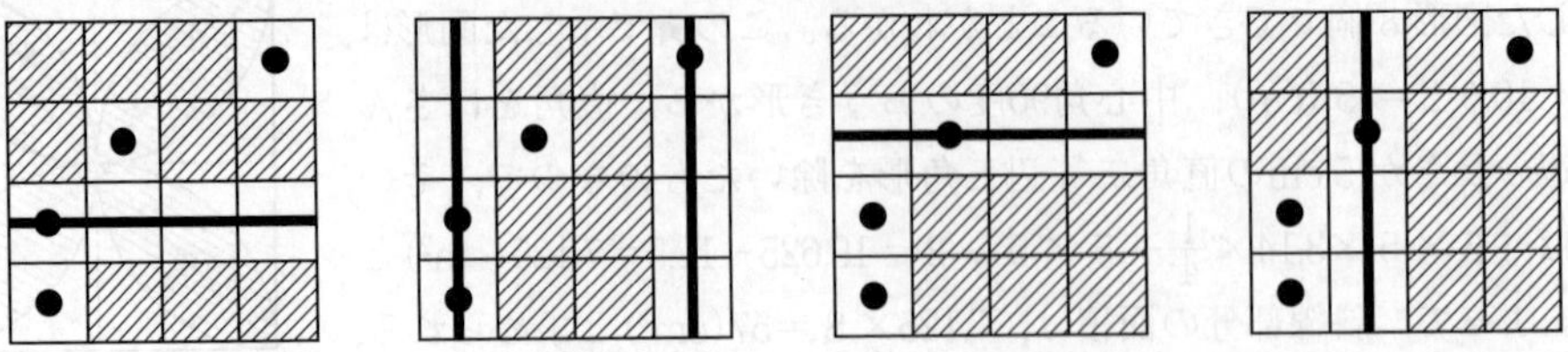

上から１段目　　上から２段目　　上から３段目　　上から４段目

社　会　＜第１回試験＞（理科と合わせて50分）＜満点：50点＞

解　答

[1] **問１**　(エ)　**問２**　(ア)　**問３**　(ウ)　**問４**　(イ)　**問５**　(ウ)　**問６**　(A)／(例)　川の近くの標高表示が(A)に近づくにつれて低くなっているから。　**問７**　(ア)　**問８**　(例)　台風から家を守るため。　**[2]** **問１**　(ウ)　**問２**　(例)　鎌倉幕府に危機が発生した場合に，御家人たちが「いざ鎌倉」のかけ声のもと，すぐに集まることができるようにするため。　**問３**　(ア)　C　(イ)　A　(ウ)　C　(エ)　B　**問４**　出島　**問５**　モンゴル襲来　**問６**　(1)　鉄砲　(2)　(例)　雨に弱い。(連続でうてない。)　(3)　織田信長　**問７**　(エ)　**[3]** **問１**　**A**　国権　**B**　立法　**C**　４　**D**　６　**問２**　基本的人権の尊重，国民主権(主権在民)，平和主義　**問３**　(ウ)　**問４**　**A**　防衛省　**B**　厚生労働省　**問５**　三権分立　**問６**　(例)　裁判に間違いがないようにするため。(えん罪を防ぐため。)

解　説

[1]　日本と世界の地形や自然などについての問題

問１　ユーラシア大陸は，アジア州とヨーロッパ州をふくむ大陸で，アジア州に属するイスラエルとアフリカ州に属するエジプトが陸地でつながっている。日本はこのユーラシア大陸の東側に位置している。

問２　朝鮮は1945年の日本の敗戦により植民地支配から解放されたが，北緯38度線を境に南北で対立することになった。1948年，朝鮮半島南部に大韓民国(韓国)の樹立が宣言され，現在に至っている。なお，(イ)は朝鮮民主主義人民共和国(北朝鮮)，(ウ)は中華人民共和国(中国)，(エ)はフィリピン。

問３　沿岸から200海里(約370km)以内の，領海の外側の海域で，水産物や鉱物資源を利用・開発することができる国際的に認められた領域を排他的経済水域という。日本の排他的経済水域は約405万km^2(領海を除く)で，アメリカ，オーストラリア，インドネシア，ニュージーランド，カナダについで世界で６番目に広い。

問４　ねぎは東京都の近郊が産地として知られ，収穫《しゅうかく》量第１位の千葉県，第２位の埼玉県，第３位の茨城県で全国の収穫量の約３分の１を占《し》める。なお，(ア)はトマト，(ウ)はにんじん，(エ)はメロンの産地と収穫量。統計資料は『日本国勢図会』2022／23年版による(以下同じ)。

問５　瀬戸内工業地域は，軍用地のあと地や埋立《うめたて》地を利用して工業用地を増やし，瀬戸内海の水運を生かして，第二次世界大戦後に発展した。石油コンビナートが形成され化学工業が発達し，機械工業や造船業もさかんである。なお，(ア)は京浜工業地帯，(イ)は関東内陸工業地域，(エ)は東海工業地域の説明。

問６　(A)の左どなりに書かれた「球磨《くま》川」の文字の左にある水準点(⊡)から標高が78.4mとわかる。また，地形図の中央よりやや右斜《なな》め上のあたりにある水準点は標高83.2mを示している。さらに，(B)の下の球磨川が蛇行《だこう》しているあたりにある標高点は標高88mを示している。よって，標高の高い(B)から(A)に向かって川は流れており，(A)が下流であると判断できる。

問７　年降水量が1082mmと少ないことから，南西諸島の気候に属する那覇市(沖縄県)と日本海側の気候に属する新潟市ではなく，瀬戸内の気候に属する高松市(香川県)か北海道の気候に属する札幌市(北海道)である。１月の気温が０度を上回っているので，温暖な気候である高松市とわかる。

問８　沖縄県には夏から秋にかけて台風がたびたび近づくので，台風の強い風から家を守るため，屋根瓦《がわら》は赤土などを焼いた丈夫な素材が用いられ，しっくいで固められている。また，軒《のき》を低くして風が屋根の上を通り抜けるようにし，家のまわりを石垣《いしがき》で囲み，防風林を植えている。

２　本校の校外授業を題材とした問題

問１　伊能忠敬は，下総《しもうさ》国(千葉県)で酒造業を営んでいたが，江戸に出てきて測量や天文観測について学んだあと17年にわたって全国各地を測量した。忠敬の死後の1821年，弟子たちはこの成果を「大日本沿海輿地《よち》全図」として完成させた。なお，(ア)は杉田玄白や前野良沢ら，(イ)は近松門左衛門など，(エ)は福沢諭吉が行ったこと。

問２　鎌倉時代における将軍と御家人は土地を仲立ちとする主従関係で結ばれていた。将軍が御家人の土地を保護する(御恩)かわりに，御家人は京都や鎌倉を警護し，ひとたび戦いが起こると「いざ鎌倉」と一族を率いて鎌倉にかけつけ，命をかけて戦うこと(奉公)で報いた。そのため，御家人がすぐに鎌倉に集まることができる道が整備される必要があった。

問３　**(ア)**　吉野ケ里遺跡は，佐賀県東部にある弥生時代後期の遺跡で，敵の攻撃に備えるために周囲に堀をめぐらせた国内最大級の環濠《かんごう》集落として知られる。　**(イ)**　聖武天皇は仏教の力で世の中の不安をしずめ，国を安らかに治めようとして，741年に国ごとに国分寺・国分尼《に》寺を建てるよう命じ，743年に奈良の都に大仏をつくるよう詔《みことのり》を出した。　**(ウ)**　中尊寺金色堂は，岩手県南部に位置する平泉にある浄土教の阿弥陀堂で，ここを根拠地とした奥州藤原氏の初代清衡《きよひら》によって12世紀前半に建てられた。　**(エ)**　銀閣は，京都府の東山にある建物で，室町幕府の第８代将軍足利義政によって建てられた。その１階は，今日の和風住宅の原型となる書院造の部屋になっている。

問４　出島は，もともとポルトガル人を管理する目的でつくられた長崎港内の扇《おうぎ》形の埋立地で，江戸幕府が1641年にオランダ商館をこの地に移したことにより，ここがオランダとの貿易の唯一の窓口となった。

問５　モンゴル帝国の創始者チンギス＝ハンの孫であるフビライ＝ハンは，1260年に第５代モンゴル皇帝となり，中国を征服《せいふく》して国号を元と改めた。その後，鎌倉幕府の第８代執権北条時宗に国交を求めたが断られたため，元と高麗の連合軍を率いて1274年(文永の役)と1281年(弘安の役)の２度にわたって博多湾沿岸などを襲撃《しゅうげき》した。このできごとをモンゴル襲来(蒙古《もうこ》襲来・元寇)という。

問６　(1)　1543年，ポルトガル人を乗せた中国船が種子《たねが》島(鹿児島県)に流れ着き，領主の種子島時《とき》堯《たか》が彼らから鉄砲(火縄銃) ２丁を買い取った。時堯は，家臣に鉄砲を分解させて製造法を調べ，火薬の調合を学ばせた。改良を重ね，国産の鉄砲が完成すると，急速に鉄砲は全国各地に広まった。(2)　火縄銃は，銃口から火薬と弾を入れ，引き金を引くと火ばさみがたおれ，火皿の口薬に点火することで弾が飛び出すしくみになっていたので，雨天時には点火しにくいと考えられる。また，火薬と弾を入れてから発砲までにいくつかの作業があるので，次に撃《う》つまでに時間を要し，連続で撃てないことも弱点の１つである。　(3)　織田信長は，1575年の長篠の戦い(愛知県)で，徳川家康と連合を組んで鉄砲約3000丁を用い，木で組んだ柵や堀も利用して，当時最強といわれた甲斐《かい》(山梨県)の武田勝頼《かつより》軍の騎馬隊を破った。

問７　平成時代は元年から31年までで，西暦にすると1989年から2019年にあたる。オリンピック・パラリンピック東京大会は2020年の夏に開催予定であったが，新型コロナウイルス感染症が世界中で流行したことから１年延期され，2021(令和３)年の夏に行われた。なお，(ア)は1993年，(イ)は2011年，(ウ)は2012年のできごと。

[3] 日本国憲法と日本の政治についての問題

問１　**Ａ，Ｂ**　国会の地位については，日本国憲法第41条で「国会は，国権の最高機関であって，国の唯一の立法機関である」と定められている。これは，国会は主権を持つ国民から選ばれた議員で構成された国の最高機関であること，法律を制定できるのは国会だけであることを意味している。**Ｃ，Ｄ**　衆議院議員は，25歳以上の国民に被選挙権(立候補できる権利)が与えられ，任期は４年で解散がある。一方，参議院議員は，30歳以上の国民に被選挙権が与えられ，任期は６年で，３年ごとの選挙によって半数が改選され，解散はない。

問２　日本国憲法の３つの原則は，基本的人権の尊重・国民主権・平和主義である。生まれながらに持っている侵《おか》すことのできない永久の権利として基本的人権を最大限に尊重すること，国の政治のあり方を決める権限(主権)が国民にあること，外国と戦争をしないことや戦力を持たないことが定められている。

問３　弾劾裁判所を設置するのは国会の担当する仕事であるが，裁判の対象となるのは，職務上の義務に違反《いはん》した裁判官や身分にふさわしくない行為をした裁判官である。衆議院・参議院それぞれから選ばれた７人ずつの議員が裁判員を務め，辞めさせるかどうかを判断する。

問４　**Ａ**　防衛省は，2007年に庁から省に昇格した中央省庁で，国の平和と独立を守り，国の安全を保つことを目的に，陸上・海上・航空という３つの組織からなる自衛隊の管理・運営を行っている。　**Ｂ**　厚生労働省は，生活に安心と活力をもたらすことを目的に，国民の健康や労働に関する仕事を担当し，社会保障の実施，病気の予防，食品の安全確保，保育園の設置，働く環境の整備などを行っている。

問５　国家権力を３つに分け，立法権を国会，行政権を内閣，司法権を裁判所が担当するしくみを三権分立という。お互いにほかの権力の濫用《らんよう》をおさえ，それぞれの役割を実行できているかどうかを監視している。

問６　裁判をより慎重《しんちょう》に行うことで，裁判の間違いによって無実の罪の人が有罪とされること(えん罪)を防ぎ，国民の人権を守るために，判決に不満があるときは原則として３回まで裁判を受けることができるという三審制のしくみを採用している。

理　科　＜第１回試験＞（社会と合わせて50分）＜満点：50点＞

解　答

1 (1) 不完全変態　(2) イ，ウ，カ　(3) ① 複眼　② イ　(4) エ　(5) (例) オスとメスが確実に出会い，子孫を残すため。　2 (1) 60℃　(2) 53ｇ　(3) 25ｇ　(4) 55ｇ　(5) 55ｇ　3 (1) ① ○　② ○　③ ×　(2) ① ア　② ウ　(3) (例) 電流の向き　4 (1) ウ　(2) エ　(3) イ　(4) Ａ，Ｄ

解　説

1 セミの成長やからだのつくり，生活についての問題

(1)，(2) トンボやカマキリ，コオロギなどのように，卵→幼虫→成虫の順に成長をし，さなぎの時期がない昆《こん》虫の成長のしかたを不完全変態という。それに対して，モンシロチョウやテントウムシ，カブトムシのように，幼虫から成虫になる過程でさなぎの時期がある成長のしかたを完全変態という。

(3) ① セミの頭の両側についている目を複眼といい，ものの形や，色などを認識する役割をしている。　② セミは口を木の幹にさして，そこから樹液を吸う。そのため，かたいストローのような口をしている。また，セミの幼虫はふつう，土の中で生活をしていて，口を木の根にさして樹液を吸っている。

(4) 多くの昆虫のからだは，頭・胸・腹の３つの部分に分かれていて，胸に３対６本の脚《あし》と２対４枚の翅《はね》がついている。なお，昆虫の中には，ハエやアブ，カなどのように，翅が２枚しかないものや，ノミなどのように翅を持たないものもいる。

(5) 一般《いっぱん》にセミの成虫の寿命《じゅみょう》は短く，その短い期間にメスはオスと交尾《こうび》をして卵を産まなければならない。そのため，同じ種類のセミが成虫になる時期をそろえて，オスとメスが確実に出会えるようにする必要があることなどが考えられる。

2 ミョウバンの溶《と》け方についての問題

(1) 水200ｇにミョウバン114ｇを全て溶かすためには，水100ｇあたりにミョウバンが，$114\times\frac{100}{200}=57$(ｇ)溶ければよい。よって，表から，水の温度を60℃以上にしたとき，全てのミョウバンが水に溶けるとわかる。

(2) 表より，60℃の水100ｇにはミョウバンが57ｇ溶けるとわかる。したがって，60℃の水100ｇにミョウバンを110ｇ加えてかき混ぜると，110－57＝53(ｇ)のミョウバンが溶け残る。

(3) 表から，20℃の水100ｇにミョウバンは11ｇまで溶けるとわかるので，50℃の水100ｇにミョウバンを36ｇ溶かした後に水の温度を20℃にすると，ミョウバンの結晶《けっしょう》が，36－11＝25(ｇ)現れる。

(4) 表より，70℃の水100ｇにミョウバンは110ｇ溶ける。したがって，ミョウバンは，70℃の水50ｇに，$110\times\frac{50}{100}=55$(ｇ)まで溶けるとわかる。

(5) 蒸発させた後に残った水の重さは，100－50＝50(ｇ)である。(4)から，70℃の水50ｇにミョウバンは55ｇまで溶けるとわかるので，このとき，結晶として現れるミョウバンの重さは，110－55＝55(ｇ)と求められる。

3 電磁石についての問題

⑴　①　エナメル線の巻き数を増やすと，電磁石の強さを強くすることができる。よって，正しい。②　エナメル線を太いものに変えると，コイルに流れる電流の大きさが大きくなり，電磁石の強さは強くなる。よって，正しい。　③　電池を２個並列につないでもコイルに流れる電流の大きさは変化しないので，間違《まちが》っている。

⑵　図１で，左側にある方位磁針のＮ極が電磁石に引きつけられていることから，電磁石の左側がＳ極になっていることがわかる。よって，電磁石の右側がＮ極になるので，①の方位磁針はＳ極が引きつけられてアのようになる。このとき，②の方位磁針は，ウのように，電磁石とＮ極とＳ極の向きが逆になる。

⑶　図２のようなスピーカーでは，コイルに流れる電流の向きが変化すると，電磁石のＮ極とＳ極が入れかわる。このとき，コイルの左側にある磁石と引き合ったり反発しあったりするので，コイルが貼《は》りつけられた紙コップの底が振動《しんどう》する。スピーカーから音が鳴るのは，この紙コップの底の振動が空気へ伝わり，空気を振動させるためである。

4　化石についての問題

⑴　ホタテは，ふつう，寒冷な海の砂地になっている浅瀬《あさせ》に生息をしている。なお，ホタテの化石のように，その化石が発見された地層について，たい積した当時の環境《かんきょう》を推定する手がかりになる化石を示相化石という。

⑵　さくらさんが発見したのは，ホタテの右殻《うかく》だけである。あすかさんが述べているように，右殻か左殻の一方しかない二枚貝の貝殻《がら》は，貝が死んだ後に右殻と左殻がバラバラに外れた可能性がある。したがって，エが選べる。

⑶　②の直前にあすかさんが述べているとおり，海岸などに打ち上げられた貝殻は，貝が死んでから波や海流に流されて運ばれてきたものもある。よって，さくらさんが発見した化石になったホタテも，化石が発見された地層ができた場所と別の場所で生息していた可能性があるといえる。

⑷　⑶で考えたとおり，化石になったホタテが生息していた場所と，ホタテの化石が発見された場所は異なる場合がある。したがって，予想Ａと予想Ｄは確実とは言い切れないとわかる。なお，ふつう，化石となった生物が死んでから地層ができるまでに長い時間は経たない。また，海底に生息するホタテの化石がふくまれていた地層は，海底でたい積したものと考えられる。

国語　＜第１回試験＞（45分）＜満点：100点＞

解答

一　**問1**　a，b，e　下記を参照のこと。　c　たがや(して)　d　あすか　**問2**　Ⅰ　ウ　Ⅱ　エ　Ⅲ　ア　**問3**　適(材)適(所)　**問4**　土地や風向き，日当たり，まわりの状況　**問5**　エ　**問6**　腕に自慢の人　**問7**　イ　**問8**　北　**問9**　（例）　堂や塔を建てるために必要な樹齢のヒノキが日本にはなくなってしまったから。　**問10**　エ

二　**問1**　a　きじ　b，c　下記を参照のこと。　d　けいそつ　e　き(いた)　**問2**　Ⅰ　エ　Ⅱ　ア　Ⅲ　ウ　Ⅳ　イ　**問3**　Ａ　ア　Ｂ　イ　**問4**　いい加減な噂　**問5**　丸山(の名前に)芽依(が反応した)　**問6**　エ　**問7**　（例）　芽依が丸山を好きな気持

ち。　**問８**　（例）　友梨はお父さんのことでこじれてしまった芽依との友人関係を切るしかないと思っていたが，そのこじれは話をしたことで簡単に解消することができるとわかったこと。
問９　エ　**問10**　ア　○　イ　×　ウ　×　エ　○

●漢字の書き取り

一　**問１**　a　吹(いて)　b　破(いて)　e　重荷　**二**　**問１**　b　注(がれる)　c　家政婦

解　説

一　**出典は西岡常一《にしおかつねかず》の『木に学べ　法隆寺・薬師寺の美』による**。宮大工である筆者が，棟梁《とうりょう》の仕事や心がまえ，伽藍《がらん》の材料となるヒノキについて語っている。

問１　a　音読みは「スイ」で，「吹奏楽」などの熟語がある。　b　音読みは「ハ」で，「読破」などの熟語がある。　c　音読みは「コウ」で，「耕作」などの熟語がある。　d　「飛鳥《あすか》時代」は，六世紀後半から八世紀前半にかけての，飛鳥地方に都があった時代。仏教芸術が栄えた。　e　重い負担。

問２　Ⅰ　木は，土地や風向き，日当たり，まわりの状況《じょうきょう》に自分を合わせることでクセができると述べられている。その例として，いつも同じ方向から風が吹《ふ》けば枝が曲がるが，木はそれに対してねじられないようにすることでクセができることがあげられているので，具体的な例をあげるときに用いる「たとえば」が入る。　Ⅱ　建築をするにはたくさんの人手が必要なので，失敗してもかんたんには建て直せないと述べられている。よって，前のことがらを原因・理由として，後にその結果をつなげるときに用いる「だから」が合う。　Ⅲ　建築の実際の仕事は，設計，選木，木組み，立てあげだが，全部の工程を自分で行うのは「わたし」だけだという文脈である。よって，前のことがらを受けて，後に対立することがらを述べるときに用いる「ところが」がよい。

問３　「適材適所」は，それぞれの能力や性格に合わせた任務や役職につかせること。

問４　次の段落の最後の文に，「こうして木にクセができてくる」とあるので，その前の部分に注目する。「土地や風向き，日当たり，まわりの状況」に合わせることで木の「クセ」ができるのである。

問５　直前に「それ」とあるので，前の部分に注目する。同じ段落のはじめに，宮大工は民家を建てるとけがれるから，建ててはいけないと言われていたと書かれている。そのため，筆者は自分の家もほかの人に建ててもらったのだから，エが選べる。

問６　前の部分に注目する。地方から寄ってくる宮大工たちは，「塔《とう》やってみよう，堂やってみようという気持ち」で来る「腕《うで》に自慢《じまん》の人」である。

問７　日本最古の歴史書は『古事記』である。アは日本最古の歌集，ウは奈良時代に成立したそれぞれの国の歴史や文化，風物などを記した書物，エは平安時代に成立した説話集。

問８　同じ段落では，ヒノキの自然林がある地域について述べられている。続く部分にあるとおり，台湾《たいわん》の阿里山《ありさん》が分布の南限だとあるので，福島県は北の限界である「北限」と考えられる。

問９　三つ前の段落に，法隆寺の伽藍の材料は樹齢《じゅれい》千年から千三百年のヒノキだと述べられている。台湾には樹齢二千六百年や二千四百年のヒノキがあるが，最後の段落にあるとおり，日本では今一番大きいヒノキでも樹齢四百五十年である。つまり，堂や塔を建てるのに必要な樹齢のヒノキが，日本にはなくなってしまったため，台湾に買いに行くしかないのである。

問10　本文の最初のほうに，木のクセを見ぬいてうまく組まねばならないが，そのためには人の心を組まねばならないという棟梁の言葉がある。一人では建てられない建物をつくるには，職人全員が棟梁と同じ気持ちにならないといけないのだから，エがふさわしい。

二　出典は谷瑞恵《たにみずえ》の『神さまのいうとおり』による。好意を持つ丸山に誤解されてがっかりする芽依《めい》を友梨《ゆり》は力づけ，芽依との関係のこじれを解消する。

問１　**a**　布地。材料の織物。　**b**　音読みは「チュウ」で，「注入」などの熟語がある。**c**　家事を代行したり，補助したりする仕事をする女性。　**d**　軽はずみなようす。　**e**　音読みは「リ」で，「利用」などの熟語がある。

問２　Ⅰ　「丸山のお母さんが家出した」と話す声が聞こえてきて友梨はおどろいたのだから，思いがけないことにおどろくようすをいう「はっと」が入る。　Ⅱ　廊下《ろうか》で男女の一団が丸山について話しているので，丸山に好意を持つ芽依はその話に気を取られていた。そんな芽依を見て，友梨も「つい」聞き耳を立てたのである。「つい」は，意識せずにそうしてしまうようす。　Ⅲ　芽依が切れたら，間違《まちが》いなく「ますます言わなくていいことを言ってしまう」とつながるので，確実にそうなるだろうと予想しているようすを表す「きっと」が合う。　Ⅳ　直後に注目する。「口が軽いわけじゃない」と続くので，打ち消しの「ない」と呼応し，「絶対に」という意味になる「けっして」があてはまる。

問３　**A**　「釘《くぎ》を刺《さ》す」は，“後で問題が起きないように相手に念をおす”という意味。　**B**　「うなだれる」は，“首を力なく前にたらす”という意味。

問４　【★】から【★】までの会話は廊下で話している男女の一団が丸山を話題にしたもので，続く部分で，芽依は丸山をかばおうと彼《かれ》らに口を出している。しかし，それを聞いた丸山の言葉に芽依が傷ついたのを目の当たりにした友梨は，「いい加減な噂《うわさ》」を注意したつもりが，丸山に誤解された芽依に同情しているのである。

問５　直前にあるとおり，友梨がここで反応したのは「丸山」の名前である。後の部分で，丸山についての話題に芽依が「気を取られている」ようすが描《えが》かれている。

問６　丸山を噂の種にしている者たちを注意したつもりが，丸山にまで誤解されて芽依はぼう然とし，この後，余計なことを言って丸山に嫌《きら》われたと友梨に言っている。また，友梨のお父さんが主夫であることを話した過去も話題に出るが，芽依は友梨がそのときの自分の気持ちに気づいてくれたことに安心する一方，自分が丸山にお弁当袋《べんとうぶくろ》をつくろうとしたことなども理解しているらしいことに気づき，友梨に自分の気持ちを見すかされているようで恥《は》ずかしくも感じている。

問７　本文の最初で，芽依は友梨に手芸を教えてほしいと頼《たの》んでいる。ぼう線部③の直前で，手芸の本を捨てた芽依に対し，友梨は，丸山にあげるつもりで生地も買ったのではないのかとたずねているので，「芽依が丸山を好きな気持ち」に気づいていたことがわかる。

問８　前の部分に注目する。「固く絡《から》まって切るしかないように思えていた関係」とは，主夫をしているお父さんのことで友梨が誤解し，こじれてしまった芽依との友人関係を指す。しかし，そのこじれた関係は，芽依と話をしたことで意外と簡単に解消することができるとわかったのだから，この部分をまとめる。

問９　ぼう線部Ｘ～Ｚがついた文は，いずれも芽依の言動に対し，友梨が考えている内容を確認《かくにん》する発言である。よって，エが合う。なお，それぞれの発言のなかで友梨は芽依の本心をすでにわかっているので，イは合わない。

問10 **ア** 【★】から【★】までの会話について述べられている内容であり，合う。　**イ** 芽依が丸山のためにお弁当袋をつくるのをあきらめようとしたのは，芽依の言葉からわかるとおり，丸山に嫌われたからつくってもむだだと考えたからなので，合わない。　**ウ** 丸山は自分のためにクラスメイトに口出しをした芽依をにらんでおり，本心では芽依の行動をありがたく思っているとはいえないので，誤り。　**エ** 空らんⅣがある段落で，友梨は芽依の口が軽いわけではなく，友達思いの優《やさ》しい人物であることを理解していることがわかるので，正しい。

Memo

2023 年度 実践学園中学校

【算　数】〈第１回特待生選抜試験〉（45分）〈満点：100点〉

1　次の $\square$ に入る数を答えなさい。

(1)　$25-15\times\frac{7}{10}\div\frac{1}{2}=\square$

(2)　$2.2\times1.125\div2.75-0.75\times\left\{2\frac{1}{3}-\frac{2}{3}\times\left(3+\frac{1}{2}\right)\right\}-\square$

(3)　$22\times15.7-25\times12.56+3\times18.84-25.12=\square$

(4)　$\left(\frac{7}{8}\div\square-\frac{3}{4}\right)+5\frac{1}{2}\div\frac{5}{6}-6=\frac{9}{10}$

(5)　$\frac{1}{15\times16}+\frac{1}{16\times17}+\frac{1}{17\times18}+\frac{1}{18\times19}+\frac{1}{19\times20}=\square$

(6)　畑を耕《たがや》すのに、一郎さん１人では40分、二郎さん１人では１時間、三郎さん１人では１時間20分かかります。はじめ一郎さんだけで10分耕し、そのあと二郎さんと三郎さんが２人で20分間耕しました。まだ耕されていない畑の割合は、全体の $\square$ です。

(7)　10%の食塩水200ｇと７%の食塩水300ｇを混ぜると $\square$ %の食塩水ができます。

(8)　しょうごさんとかなさんの所持金の比は、５：３でした。しょうごさんは5000円を使い、かなさんは3000円をもらったので、所持金の比は11：９になりました。このとき、現在のしょうごさんの所持金は $\square$ 円です。

(9)　［0］,［1］,［2］,［3］の４枚のカードの中から３枚を取り出して、３けたの整数を作るとき、偶数は $\square$ 通りできます。

(10) 右の図の四角形ABCDは、たてが10 cm、よこが24 cm、対角線の長さが26 cmの長方形です。この長方形を、頂《ちょう》点Cを中心として矢印の向きに90°回転させるとき、長方形ABCDが動いたあとにできる図形の面積は［　　　］cm^2です。ただし、円周率は3.14とします。

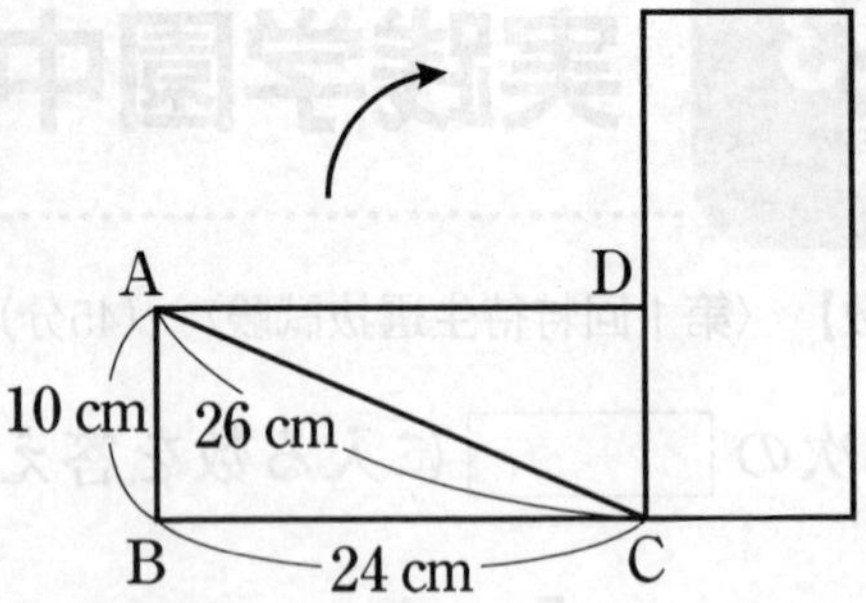

2 静水での速さが同じ２つの船があります。一定の速さで流れている川の下流にA地点、上流にB地点があり、A地点とB地点は8 km離《はな》れています。下のグラフはA地点とB地点を同時に出発した船のようすを表したものです。

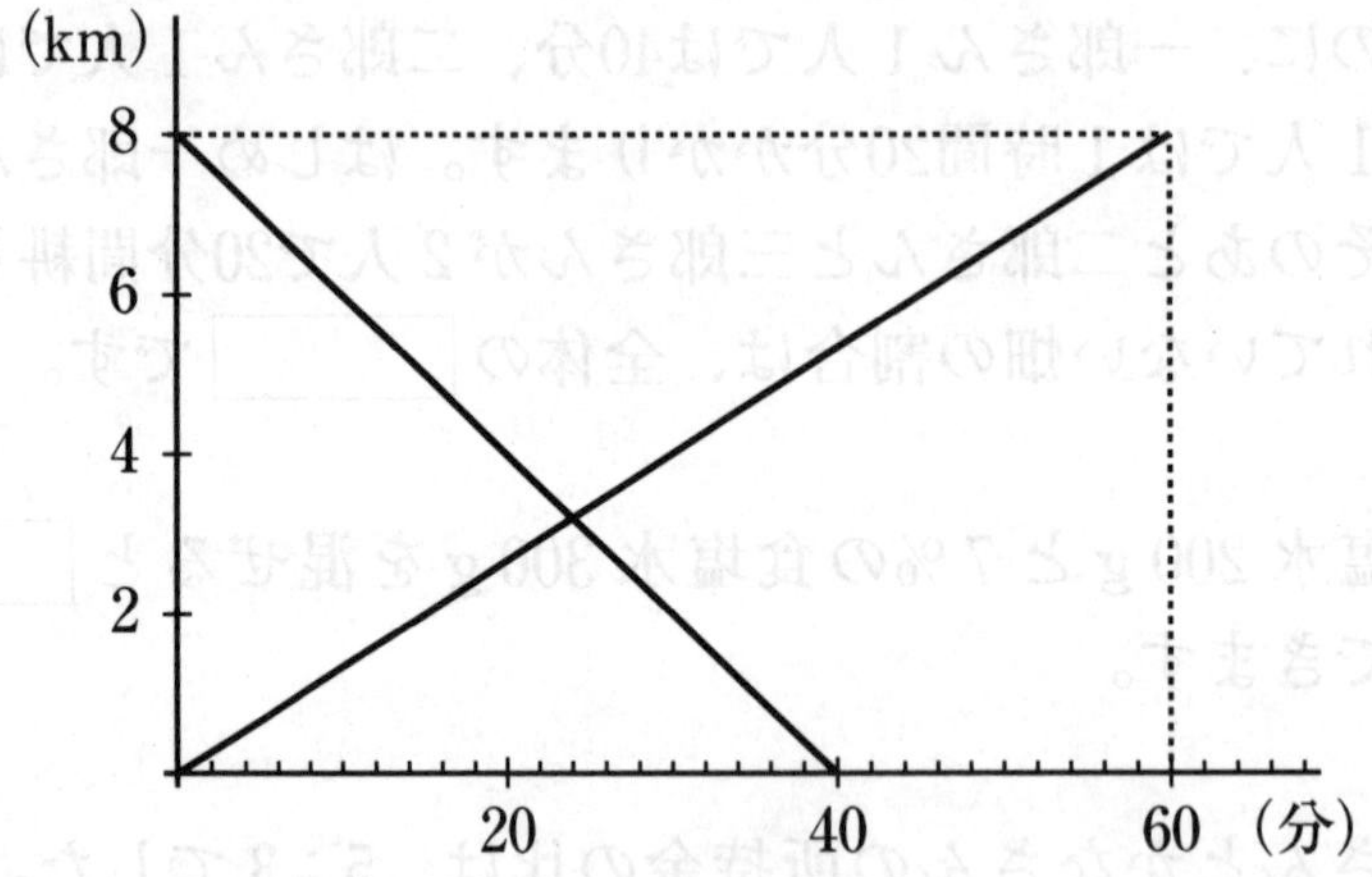

(1) A地点からB地点に向かう上りの船の速さは、時速何kmですか。

(2) B地点からA地点に向かう下りの船の速さは、時速何kmですか。

(3) 川の流れの速さは、時速何kmですか。

(4) A地点から何km離れたところで、船がすれちがいましたか。

3 下の図のように、１本５cm の棒を並べました。次の問いに答えなさい。

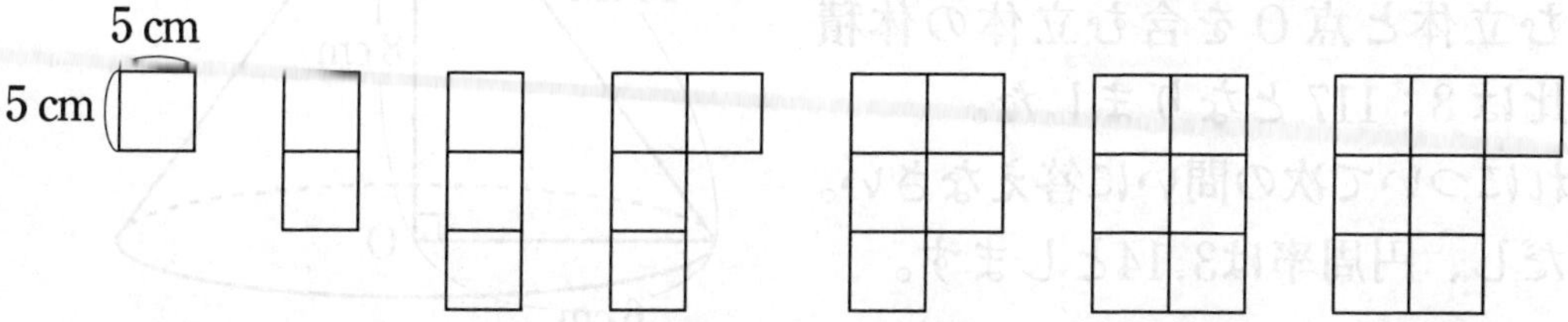

１個目　２個目　３個目　４個目　５個目　６個目　７個目　……
（４本）（７本）（10本）（13本）（15本）（17本）（20本）

⑴ １辺５cm の正方形が111個できたとき、棒は何本並んでいますか。

⑵ 棒が143本並んでいるとき、正方形はいくつできますか。

4 右の図は AD が 10 cm、BC が 15 cm の台形 ABCD です。AC と BD の交わる点を E、AC と BG の交わる点を H とし、E から AB に引いた垂線を EF とします。また、DC を４等分する点の中で点 D に最も近い点を G とします。三角形 ABE の面積が 60 cm^2 のとき、次の問いに答えなさい。

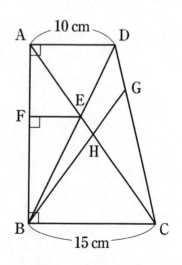

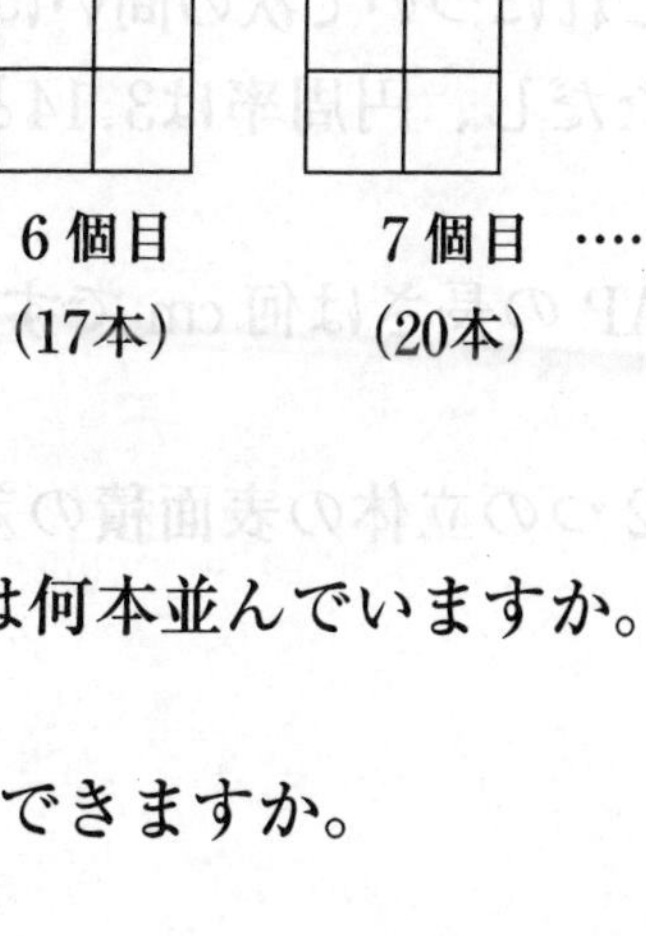

⑴ EF の長さは何 cm ですか。

⑵ 三角形 DEC の面積は何 cm^2 ですか。

⑶ FB の長さは何 cm ですか。

⑷ 三角形 DBG の面積は何 cm^2 ですか。

5 右の図のような円すいを、点Ｐを通り底面と平行な面で２つの立体に切り取りました。このとき点Ａを含む立体と点Ｏを含む立体の体積の比は８：117となりました。
これについて次の問いに答えなさい。
ただし、円周率は3.14とします。

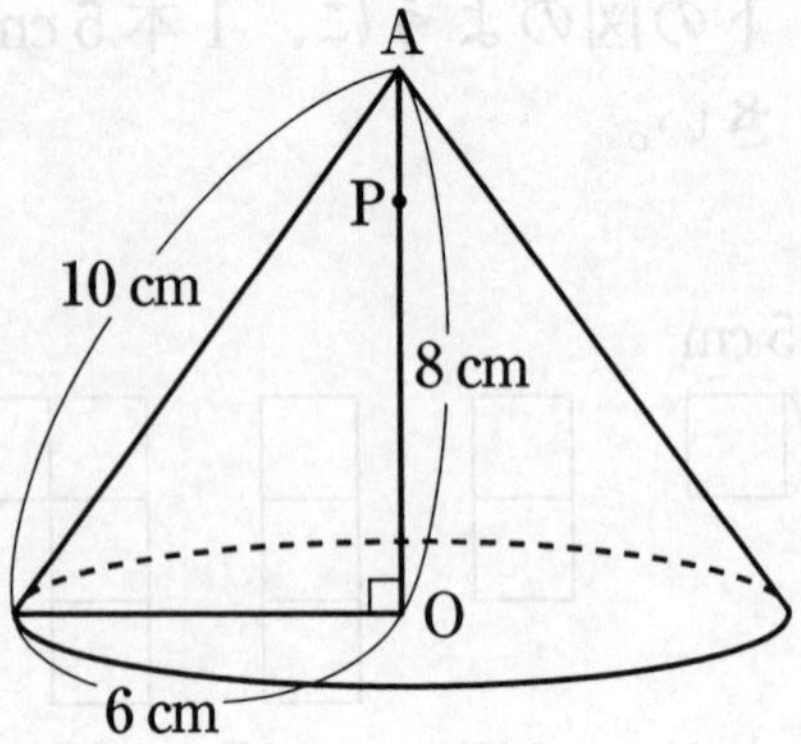

(1) APの長さは何cmですか。

(2) ２つの立体の表面積の差は何cm^2ですか。

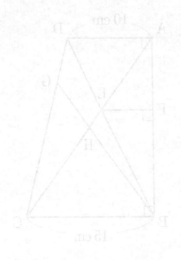

問八　――線部⑤「両の眼に、涙がいっぱい溢れてきた」とありますが、このときの主人公の気持ちとして最も適切なものを次の中から一つ選び、記号で答えなさい。

ア　母が死ぬかもしれないほど病状が悪化していることを改めて知らされ、驚くとともにとても悲しかったから。

イ　母の死という重大事に比べたとき、級友との一泊旅行に感じていた魅力が急に色あせたものに思え、がっかりしたから。

ウ　級友との生まれて初めての一泊旅行をあきらめなければならないことにたえられず、悔しく残念でならなかったから。

エ　母に甘えられないことから、姉に八つ当たりをして苦しめてしまっていることに対して申しわけなく感じているから。

問九　本文中の［Ⅰ］にあてはまる主人公の気持ちを表す言葉として最も適切なものを次の中から一つ選び、記号で答えなさい。

ア　どうして割れないのだろう

イ　どうしても割ってやる

ウ　どうせ割れるわけがない

エ　適当にやれば割れるだろう

問十　――線部⑥「そうするつもり」とありますが、「そう」の指す内容をわかりやすくまとめて説明しなさい。

問四　――線部①「靴を脱ぎながら、僕は気になった」とありますが、どのようなことが「気になった」のですか。次の文中の（　ア　）〜（　ウ　）に本文中の五文字以内の言葉をそれぞれあてはめて、完成させなさい。

（　ア　）が二人も来ているらしいので、（　イ　）がとても（　ウ　）状態になったのだろうかということ。

問五　――線部②「『チェッ』僕は乱暴にそういうと、茶碗を姉に突きだした」とありますが、なぜ僕は「チェッ」と「乱暴に」言ったのですか。まとめて説明しなさい。

問六　――線部③「もしものこと」とありますが、どのようなことですか。説明しなさい。

問七　――線部④「それきり黙りつづけて夕飯をかきこんだ」とありますが、このときの主人公の気持ちとして最も適切なものを次の中から一つ選び、記号で答えなさい。

ア　家族の身に何か起きたことを知らされていなかったため怒っていたから。
イ　母の容体のことを考えなかったわがままな自分を恥じていたから。
ウ　遠足に行けなくなるのは残念だが、とにかくお腹が減っていたから。
エ　自分が納得しないことで、姉を苦しめていることに気がひけたから。

き、覆《おお》いをした母の部屋の電燈が、まざまざと眼に浮んできたりした。僕は、ひそかに自分の性質を反省した。この反省は、僕の生涯の最初のものであった。

トロリとしたと思うと、もう起きだす子があって、翌朝は早かった。

母には焼き絵の小筥《こばこ》を、姉には焼き絵の糸巻を土産《みやげ》に買ったが、その小筥と糸巻は、それから忘れるほど永い間、僕の家のどこかしらに残っていた。姉がそれへ、タップリと巻いた、紅《くれない》や鬱金《うこん》の糸の色を、僕はいつまでも忘れないだろう。

（永井龍男『朝霧・青電車　その他』所収「胡桃割り」より）

注※1車夫……………人力車を引いて人を運ぶことを仕事にする人。
ナット・クラッカー……胡桃の固い殻を割るための道具。
小康を得て……………悪化の方向にあった病状がおさまって。安定した状態になって。

問一　〰〰線部a～eのカタカナは漢字に直し、漢字は読み方をひらがなで書きなさい。

問二　══線部A「記憶」は上と下の漢字の意味が同じです。同じ成り立ちの熟語を次の中から一つ選び、記号で答えなさい。

ア　食欲　　イ　製薬　　ウ　早急　　エ　売買

問三　══線部B「□を起し（す）」とありますが、「ちょっとしたことに対しても激しく怒ったりする」という意味を持つ表現になるように、□にあてはまる言葉として最も適切なものを次の中から一つ選び、記号で答えなさい。

ア　はっきょう　　イ　ほっさ　　ウ　かんしゃく　　エ　もんだい

生れて初めて、級友と一泊旅行に出るということが、少年にとってどんなに魅力《みりょく》を持っているか！　級の誰彼《だれかれ》との約束や計画が、あざやかに浮《うか》んでくる。⑤両の眼《め》に、涙がいっぱい溢《あふ》れてきた。

父の書斎《しょさい》の扉《とびら》がなかば開いたまま、廊下《ろうか》へ灯《ひ》がもれている。そこを通って、突き当りの階段《かいだん》を上《あが》ると、僕の勉強部屋があるのだが、ちょうどその階段を、物干《ものほ》しへ行った誰かが下りてくる様子なので、泣き顔を見られるのが厭《いや》さに、ｃ人気のない父の書斎へ、僕は入ってしまった。

いつも父の坐《すわ》る大ぶりな椅子《いす》。そして、ヒョイッと見ると、卓《たく》の上には、胡桃《くるみ》を盛《も》った皿が置いてある。

胡桃の味なぞは、子供に縁《えん》のないものだ。イライラした気持であった。

どすんと、その椅子へ身を投げこむと、僕は胡桃を一つ取った。そして、冷たい※ナット・クラッカーへ挟《はさ》んで、片手でハンドルを圧《お》した。小さな掌《てのひら》へ、かろうじてｄオサまったハンドルは、胡桃の固い殻《から》の上をグリグリとこするだけで、手応《てごた》えはない。「　Ｉ　」そんな気持で、僕はさらに右手の上を、左手でｅツツみ、膝の上で全身の力を籠《こ》めた。しかし、級の中でも小柄《こがら》で、きゃしゃな自分の力では、ビクともしない。

左手の下で握りしめた右の掌の皮が、少しむけて、ヒリヒリする。僕は［　Ｂ　］を起して、ナット・クラッカーを卓の上へ放りだした。クラッカーは胡桃の皿に激《はげ》しく当って、皿は割れた。胡桃が三つ四つ、卓から床へ落ちた。

⑥そうするつもりは、さらになかったのだ。ハッとして、椅子を立った。

僕は二階へ駆《か》け上り、勉強机にもたれてひとりで泣いた。その晩は、母の病室へも見舞いに行かずにしまった。

しかし、幸いなことには、母の病気は翌日から※小康《しょうこう》を得て、僕は日光へ遠足に行くことができた。襖《ふすま》をはらった宿屋の大広間に、ズラリと蒲団《ふとん》を引きつらねたその夜は、じつに賑《にぎ》やかだった。果しなくはしゃぐ、子供たちの上の電燈《でんとう》は、八時ごろに消されたが、それでも、なかなか騒ぎは鎮《しず》まらなかった。いつまでも僕は寝つかれず、東京の家の事が思われてならなかった。やすらかな友だちの寝息が耳につ母はしかし、三年間患《わずら》いつづけて世を去った。

ちょうど、その前の年、僕が六年生の晩秋《ばんしゅう》の事であった。

　中学へ入るための予習が、もう毎日続いていた。暗くなって家へ帰ると、梶棒《かじぼう》を下《おろ》した俥《くるま》が二台表にあり、玄関《げんかん》の上り口に※車夫《しゃふ》がキセルで煙草《たばこ》をのんでいた。

この二三日、母の容体《ようだい》のおもしろくないことは知っていたので、①靴を脱ぎながら、僕は気になった。着物に着換え顔を洗って、電気のついた茶の間へ行くと、食事の仕度のしてある食卓《しょくたく》の脇に、編み物をしながら、姉は僕を待っていた。僕はおやつをすぐに頬張《ほおば》りながら聞いた。

「ただ今。――お医者さん、きょうは二人？」

「ええ、昨夜からお悪いのよ」

いつもお腹《なか》をへらして帰ってくるので、姉はすぐ御飯をよそってくれた。

父と三人で食卓を囲むことは、そのころほとんどなかった。ムシャムシャ食べだした僕に、姉も箸《はし》をとりながら、

「節《せっ》ちゃん、お父さまがね」と言う。「あさっての遠足ね、この分だと止《や》めてもらうかもしれないッて、おっしゃっていてよ」

遠足というのは、六年生だけで一晩泊《ひとばんどま》りで、日光へ行くことになっていた。

②「チェッ」僕は乱暴にそういうと、茶碗《ちゃわん》を姉に突きだした。

「節ちゃんには、ほんとにすまないけど、③もしものことがあったら。――お母さんとてもお悪いのよ」

「知らない！」

姉は涙ぐんでいる様子であった。それも辛《つら》くて、④それきり黙《だま》りつづけて夕飯をかきこんだ。

「お風呂、すぐ入る？　それとも勉強がすんでから？」

姉には答えず、プッとして座《さ》を立った。母が悪いということと、母が死ぬかもしれぬということは、僕の心で一つにはならなかった。

二　この文章は、ある画家の男（主人公）が自身の小学生の頃に起こった出来事に対して、回想をしている文章である。次の場面を読んで、あとの問いに答えなさい。（なお、文章は設問の都合上、中略等、改編されています。）（答えに字数制限がある場合には、句読点・記号等も一字として数えなさい。）

僕が小学校三年生の春、ちょっとした風邪《かぜ》で床《とこ》についた母は、それから三年間臥《ね》たままになった。母は三十六か七であった。

はじめの一年くらいは、臥たり起きたりで、逗子《ずし》へ三月ばかり療養《りょうよう》に行き、土曜日からかけて、父や姉と何度もそこへ見舞いに出かけたA記憶もあるし、暑中休暇《しょちゅうきゅうか》には、ずっと泊りこんで暮《くら》した。休暇が終って、姉と僕が東京へ引上げると、母はたいそう淋《さび》しがって、間もなく家へ帰ってきてしまった。附添《つきそ》いの看護婦《かんごふ》と、逗子に住んでいる、母の縁続《えんつづ》きの桂《かつら》さんという女の人に助けられて、自動車を下《お》りた母は、見違えるほど窶《やつ》れていた。

それでも、次の年の節分の晩には、母についた病魔を払うのだと言って、姉と二人で病室に豆を撒《ま》いたことがあり、その時のうれしそうな母の笑顔を、上から見下《みおろ》した記憶は、今でもはっきり思いだせる。

父は××汽船の調査室に勤《つと》めていて、書斎と調査旅行にばかり時間を費《つい》やしている人であったが、母の病気が相当進んでいると知ってからの二年間は、ガラリと生活を変え、家庭第一、それも妻の看護にa専心した。病気の性質を考慮《こうりょ》して、僕たち姉弟《きょうだい》にも、病人との接触を制限するかわり、父は看護に没頭《ぼっとう》した。雇人《やといにん》にも注意して若い者は遠ざけ、僕が生れるころに永くいた婆《ばあ》やを呼び戻して、自分の留守は、この人に病人のいっさいを委《まか》せたりした。

母の縁者《えんじゃ》の中には、そういう慎重《しんちょう》な父の態度を、情愛がないと蔭口《かげぐち》をきく者もあった。我儘《わがまま》いっぱいに育った子供心に、その我儘を封じられたbフマンもあって、そんな蔭口が父を疎《うと》んじさせることもあったが、しかし、情愛を心の奥に秘めて、慎重に看護にあたり、自分の体は病人のために犠牲にした父の献身《けんしん》は、僕が成人するにつれて胸に響いた。

問八　本文中の二つの X には、同じ二字熟語が入ります。その二字熟語の二文字めが「存」のとき、一文字めの漢字は何ですか。例を参考に考えて書きなさい。

［例］

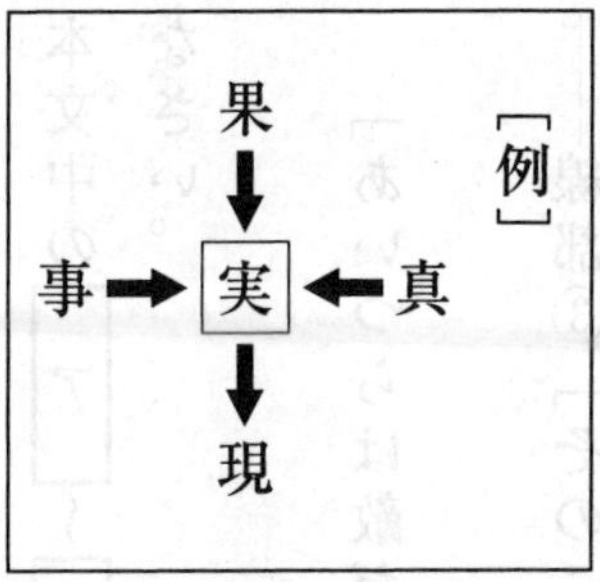

［一文字め］

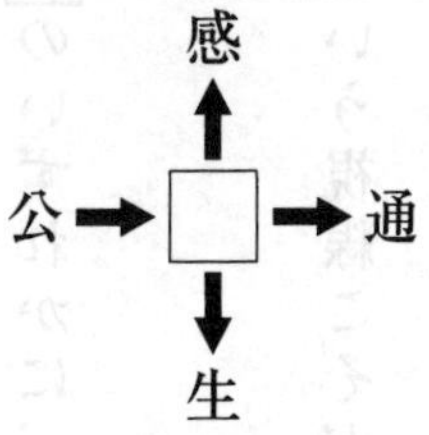

問九　本文の内容と合致《がっち》しているものを次の中から二つ選び、記号で答えなさい。

ア　圧倒的多数の人は、戦争がないことを願っている一方で、対人トラブルはある程度仕方ないものとして受け入れている。

イ　怪獣映画は地球や人類を守る光の存在であるゴジラの出現から始まり、その流れがウルトラマンへとつながった。

ウ　正義という考え方は、全てが正義であれば生じ得ないもので、相対する悪という考え方があって初めて成立するものである。

エ　ヤズミは、平和のために怪獣を倒すことを誇っているのに対し、マユミは人間に倒されてしまう怪獣をかわいそうに思っている。

オ　殺戮や破壊は絶対的な悪であるが、その悪という行為をなす怪獣を生んだものに目を向ける必要がある。

カ　怪獣などに平和を乱される世界では、マユミの「非常時に好きな人との別れを恐れるのは甘い」という言い分は正論だ。

問四　ヤズミとマユミの発言の主旨《しゅし》をノートにまとめたとき、次の（　Ⅰ　）、（　Ⅱ　）に入る語句を本文中の◇◇◇よりあとから探し、はじめと終わりの五字をぬき出して答えなさい。なお、（　Ⅰ　）は二十四字、（　Ⅱ　）は二十五字の語句とします。

【生徒のノート】

ヤズミの意見：（　Ⅰ　二十四字　）。

↕　相反する

マユミの意見：（　Ⅱ　二十五字　）。

問五　――線部②「マユミの言葉には妙な説得力があります」とありますが、なぜですか。その理由を「現実」「争い」「発端」「相手」の言葉を使い、六十字以内で説明しなさい。

問六　本文中の［ア］～［エ］のいずれかに、次の文が入ります。最も適切なものを一つ選び、記号で答えなさい。

「あいつらは敵だ」という視線こそが、敵を生み出すのだと。

問七　――線部③「そのこと」とはどのようなことですか。五十字以内で説明しなさい。

※７　殲滅……残らず滅《ほろ》ぼすこと。
※８　ＴＰＣ……『ウルトラマンティガ』に登場する架空の国際機関。
※９　フォーマット……決まった型のこと。
※10　『ウルトラＱ』……１９６６年に放送された日本の特撮テレビドラマ。
※11　『ウルトラマン』……１９６６年から１９６７年まで放送された日本の特撮テレビドラマ。
※12　イルマ隊長……『ウルトラマンティガ』の登場人物。ＧＵＴＳの隊長。

問一　～～線部ａ～ｅのカタカナは漢字に直し、漢字は読み方をひらがなで書きなさい。

問二　本文中の［Ⅰ］～［Ⅲ］に入る語として適切なものを次の中から一つずつ選び、それぞれ記号で答えなさい。

ア　しかし　　イ　すなわち　　ウ　そして

問三　――線部①「平和は人間の手の届かないところにあるのでしょうか」を単語に分けたとき、名詞は全部でいくつありますか。次の中から一つ選び、記号で答えなさい。

ア　１個　　イ　２個　　ウ　３個　　エ　４個

怪獣や宇宙人の出現に平和を乱されている世界観であることを考えれば、ヤズミの言い分は正論めいてはいます。「平和を守るためなら、危険な目に遭《あ》うのも仕方がない」「(平和が脅《おびや》かされる) 非常時に、好きな人と死に別れることを恐れるなんて甘い」。しかし、マユミの言い分に対し、ヤズミは反論できない。それは、彼《かれ》の意見が彼自身の内側からにじみ出た言葉ではなく、受け売り、[Ⅲ]、流布《るふ》している一般《いっぱん》論に感化された言葉であるからでしょう。なおかつ、③そのことに彼自身が気づいておらず、マユミに指摘《してき》された時に、自分の浅はかさに気づいたかのように感じられます。[エ]

マユミの思いはウルトラマンティガであるダイゴ隊員にまで伝播し、ダイゴは「ティガよなぜ戦う。何のために戦う」と自問します。そして変身後には「この人たちを守るため。みんなが好きだから」という(おそらく一応の)答えを得ています。それは「正義のため」とか「平和のため」といった、ともすれば大義名分と聞こえるものではありませんでした。

聞こえの良い大義のための戦いから脱却《だっきゃく》し、目指すのは[X]でした。それは、このストーリーの前半で、ダイゴとレナの二人が、「地球上の生き物はみな、互《たが》いにｅ尊重し合って[X]するべき」という結論を見出していること、そして何より、意見が相反していたヤズミとマユミが手を取り合うラストシーンからも明らかになります。

(神谷和宏《かずひろ》『ウルトラマン「正義の哲学《てつがく》」』より)

※１『ウルトラマンティガ』……１９９６年から１９９７年まで放送された日本の特撮《とくさつ》テレビドラマ。
※２『ウルトラマン』シリーズ……１９６６年に開始した日本の特撮テレビドラマシリーズ。
※３ ゴジラ……１９５４年に公開された特撮映画から始まる架空《かくう》の怪獣。
※４ 芹沢博士……『ゴジラ』に登場する架空の人物。科学者。
※５『ウルトラマンレオ』……１９７４年から１９７５年まで放送された日本の特撮テレビドラマ。
※６ ＧＵＴＳ……『ウルトラマンティガ』に登場する架空の組織。

マユミ「好きな人いる？」
ヤズミ「話をまとめろよ」
マユミ「死んじゃうとね、好きな人と会えなくなるんだよ……」
ヤズミ「今は……今は、非常時なんだ。そんな甘《あま》いこと……」
マユミ「〝平和になってから話せば良い。〟どうせ誰かの受け売りでしょ。まったく、子どもなんだから。
みんなが武器をｂスててみるといいわ。怪獣なんか出なくなるから」

◇◇◇

怪獣の脅威《きょうい》に備えるべき戦力が、逆に怪獣を招いているというマユミの私見は、明らかにｃアヤマりです。先に書いたように「怪獣映画」あるいは『ウルトラマン』シリーズの※9フォーマットは「怪獣が出現した」という状況《じょうきょう》が起点になっているからです。芹沢博士がいるからゴジラが出たわけではないし、※10『ウルトラQ』第１話でリトラを倒しにゴメスが出たわけでも、※11『ウルトラマン』第１話で、ウルトラマンを倒しにベムラーが地球に来訪したわけでもないからです。それなのに、②マユミの言葉には妙《みょう》な説得力があります。

それは現実世界に目を向けた時、個人間から国家間に至るまで、様々な「争い」が長期化するほど、そもそもの発端《ほったん》を忘れ、ただ「相手がいるから憎《にく》み、戦う」。あるいは、「相手が自分を敵視し、武装しているからこちらも相手を敵視し武装する」という論理に陥《おちい》ってしまうからではないでしょうか。［ア］

殺戮《さつりく》や破壊《はかい》自体は、絶対的な悪といえます。ではその悪を生んだものとは何なのか――。「うたかたの…」では、マユミの思いが伝播《でんぱ》したかのように、誰もが怪獣と人間の関係について、目を向け始めます。その一人、※12イルマ隊長の視線は「怪獣（＝悪）を生んだもの」に向けられます。「怪獣は何をしているの？なぜ出てきたの？何が目的かしら」と。［イ］

イルマ隊長のいう「なぜ怪獣は出てくるのか」の問いにｄ図らずもマユミは答えています。［ウ］

オキシジェンデストロイヤーを開発したものの、その悪用を恐《おそ》れて自死した※4芹沢《せりざわ》博士は平成『ウルトラマン』シリーズ的に言えば「光」です。

同様に『ウルトラマン』シリーズにおいても、最初に登場したのはウルトラマンではなく怪獣でした。怪獣に対峙《たいじ》する存在としてウルトラマンは存在したのであって、もし怪獣がいなければウルトラマンの存在は不要です。

しかし、怪獣や宇宙人とウルトラマンとの戦いが継続《けいぞく》するにつれ、ウルトラマンを倒すために怪獣が送り込《こ》まれるようにもなり、※5『ウルトラマンレオ』の終盤《しゅうばん》では、「レオがいるから怪獣が来るのでは？」という懸念《けねん》も描《えが》かれていました。

「正義」という概念《がいねん》は皆《みな》が「正義」であれば生じ得ず、相対となる「悪」があって初めて成立します。となれば、正義が先なのか、悪が先なのか――この問いに目を向けたのが、『ウルトラマンティガ』第28話「うたかたの…」です。

かつて怪獣の襲来《しゅうらい》によって恋人《こいびと》を亡くしたマユミ（※6ＧＵＴＳのシンジョウ隊員の実妹）は、冒頭《ぼうとう》、怪獣※7殲滅《せんめつ》の作戦に向かう兄に対し「お兄ちゃんたちが戦うのをやめれば神様も怪獣を出すのをやめるわ。きっと」と言います。さらには、信念が高じて武力増強を願う最年少のヤズミ隊員と次のように論を交わします。

ヤズミ「だから、ＧＵＴＳや※8ＴＰＣはもっと大きく強くなるべきだって言ったら、レナ（ＧＵＴＳの隊員）さん、怒《おこ》っちゃって」
マユミ「あんた、もう少し頭良いのかと思っていたけど、そうでもないんだね」
ヤズミ「どういう意味だよ」
マユミ「あんた、死ぬの怖《こわ》くないの？」
ヤズミ「平和を守るためなら……この仕事は常に危険と隣《とな》り合わせで……」

2023年度

実践学園中学校

【国　語】〈第一回特待生選抜試験〉（四五分）〈満点：一〇〇点〉

一　次の文章を読んで、あとの問いに答えなさい。（答えに字数制限がある場合には、句読点・記号等も一字として数えなさい。）

※1『ウルトラマンティガ』の主題歌「TAKE ME HIGHER」の２番は「争いごとのない、明日を探してる。誰《だれ》もが待ち望んでる」という歌詞で始まります。

圧倒《あっとう》的大多数の人たちは、戦争や殺人はもちろん、様々な対人トラブルといった、争いごとがないことを願っていると思われます。［ I ］、現実にはそうはいかず、国際社会から、学校、近所づきあいに至るまで、争いは絶えません。

①平和は人間の手の届かないところにあるのでしょうか。

※2『ウルトラマン』シリーズでは、現実を生きる私たちに対して、平和や調和を目指すいくつかの策が提示されています。それは『ウルトラマン』シリーズの作家たちが論じた平和論であり、作品が成立した時代の諸問題に即応《そくおう》した平和論でもあります。

『ウルトラマンティガ』でaインショウ的な一編として第28話「うたかたの…」があります。これは光があるから闇《やみ》が生じるのか、それとも闇があるから光が生じるのかという、怪獣《かいじゅう》映画について、［ II ］、あまねく「戦うという行為《こうい》」についての根源を問う作品です。

怪獣映画は※3ゴジラという闇の出現によって拓《ひら》かれました。そしてその闇であるゴジラを倒《たお》した兵器、

2023年度

実践学園中学校　▶解　答

※　編集上の都合により，第１回特待生選抜試験の解説は省略させていただきました。

算　数　＜第１回特待生選抜試験＞（45分）＜満点：100点＞

解　答

1 (1)　4　(2)　$\frac{9}{10}$　(3)　62.8　(4)　$\frac{5}{6}$　(5)　$\frac{1}{60}$　(6)　$\frac{1}{6}$　(7)　8.2%　(8)　27500円　(9)　10通り　(10)　770.66cm^2　2 (1)　時速８km　(2)　時速12km　(3)　時速2km　(4)　3.2km　3 (1)　262本　(2)　60個　4 (1)　6cm　(2)　60cm^2　(3)　12cm　(4)　37.5cm^2　5 (1)　3.2cm　(2)　241.152cm^2

国　語　＜第１回特待生選抜試験＞（45分）＜満点：100点＞

解　答

一　**問１**　**a**～**c**　下記を参照のこと。　**d**　はから(ずも)　**e**　そんちょう　**問２**　Ⅰ　ア　Ⅱ　ウ　Ⅲ　イ　**問３**　エ　**問４**　Ⅰ　平和を守る～仕方がない　Ⅱ　怪獣の脅威～招いている　**問５**　(例)　現実では，争いが長期化するほどそもそもの発端を忘れ，ただ相手がいるため憎み，戦うという論理に陥ってしまうから。　**問６**　ウ　**問７**　(例)　ヤズミの意見が彼自身の内側からにじみ出た言葉ではなく，流布している一般論に感化された言葉であること。　**問８**　共　**問９**　ウ，オ　二　**問１**　**a**　せんしん　**b**，**d**，**e**　下記を参照のこと。　**c**　ひとけ　**問２**　ウ　**問３**　ウ　**問４**　(例)　**ア**　お医者さん　**イ**　母の容体(病気)　**ウ**　悪い　**問５**　(例)　姉から，あさっての遠足をこの分だとやめてもらうかもしれないと父が言っていたと聞かされて，納得できなかったから。　**問６**　(例)　母が死ぬかもしれないということ。　**問７**　エ　**問８**　ウ　**問９**　イ　**問10**　(例)　放りだしたナットクラッカーが胡桃の皿に激しく当たって皿が割れ，胡桃が三つ四つ卓から落ちてしまうこと。

●漢字の書き取り

一　**問１**　**a**　印象　**b**　捨(てて)　**c**　誤(り)　二　**問１**　**b**　不満　**d**　納(収)(まった)　**e**　包(み)

2023年度 実践学園中学校

＊【適性検査Ⅰ】は国語ですので、最後に掲載してあります。

【適性検査Ⅱ】〈適性検査型試験〉（45分）〈満点：100点〉

1　**たけし**さんと**けんじ**さんは、コロナの感染者数《かんせんしゃすう》が増えたり減ったりしている現状から、人との接し方について考えることにしました。

けんじ：先日、イベントに参加するために電車で出かけてきたよ。

たけし：何駅を利用したの。

けんじ：Ａ駅を利用したのだけど、駅のホームに１２個のいすが６個ずつ背中合わせで並んでいたよ（**図１**）。

図１

１番線側

①　②　③　④　⑤　⑥

⑦　⑧　⑨　⑩　⑪　⑫

２番線側

たけし：駅のいすも詰《つ》めて座《すわ》ると近いよね。

けんじ：後日、調べてみたら、いすといすとの間隔《かんかく》は、いすの中心と中心ではかったときに、全て１ｍとなっていたよ。

たけし：①と②の間隔だよね。

けんじ：①と②の間隔だけでなく、①と⑦の間隔も１ｍだったよ。

たけし：他の場所は、どんな間隔だったの。

けんじ：①と⑧の間隔は１.４１ｍだったね。あと、①と⑨の間隔は２.２３ｍだね。

たけし：いすは何処も等間隔だったのでしょ。

けんじ：そうだね。③と⑧や③と⑩も間隔は１.４１ｍだったし、④と⑧や④と⑫の間隔も２.２３ｍだったから、全て等間隔で並んでいるね。

たけし：それだと、③に座ると２番線側の⑦や⑪・⑫などに座らないと２ｍ以上離れられないね。

けんじ：確かにそうだね。

たけし：わたしが１番線側に座って、２番線側に**けんじ**さんが座るようにすると何通りの座り方があるかな。

けんじ：２ｍ以上の間隔をあける場合だよね。考えてみようか。

〔問題１〕　１番線側に**たけし**さんが、２番線側に**けんじ**さんが座るとき、**たけし**さんと**けんじ**さんの座る位置の距離《きょり》が２ｍ以上になる座り方の総数が何通りあるかを求めなさい。また、その求め方も説明しなさい。

たけしさんと**けんじ**さんは、**けんじ**さんが参加したイベント会場の様子について話し合っています。

図２

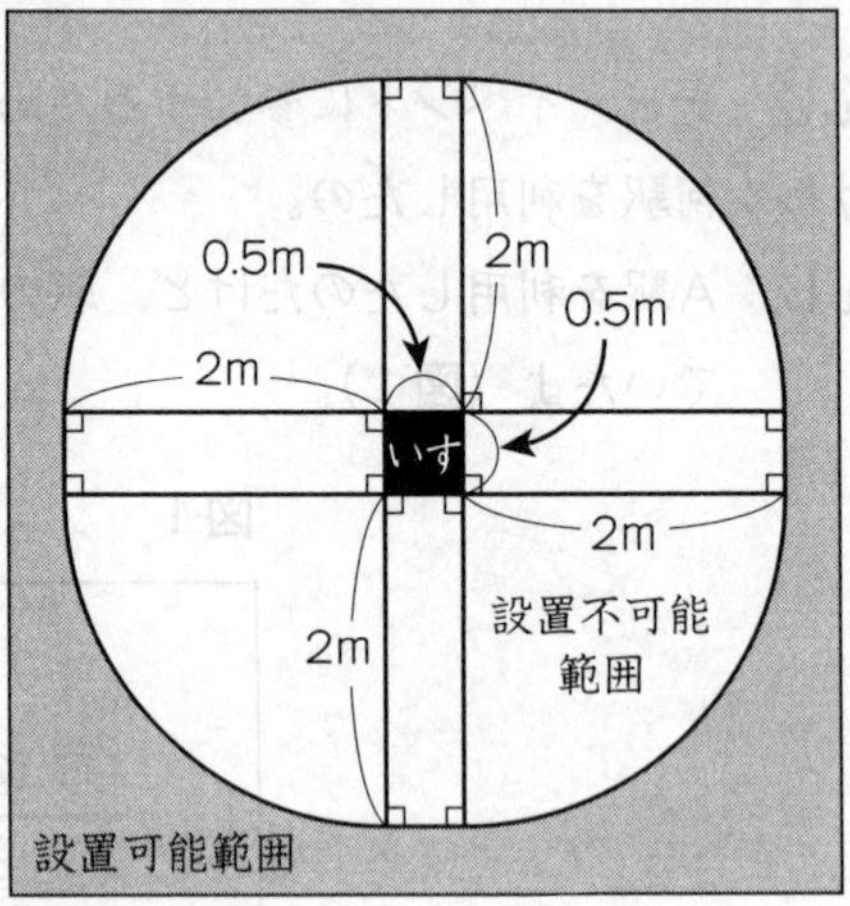

けんじ：先日参加したイベントは、お互いの距離が２ｍ以上になるようにいすが設置されていたよ。

たけし：どんな会場だったの。

けんじ：縦《たて》２０ｍ、横３０ｍの長方形の部屋だったね。

たけし：全部で何脚《なんきゃく》のいすがあったの。

けんじ：数えなかったな。

たけし：でも、２ｍ以上離れていたのでしょ。

けんじ：会場には壁《かべ》から１ｍ以上、いすといすの間隔は２ｍ以上離して並べてありますって張り紙に書いてあったかも。

たけし：いすは、どんな形だったの。

図３

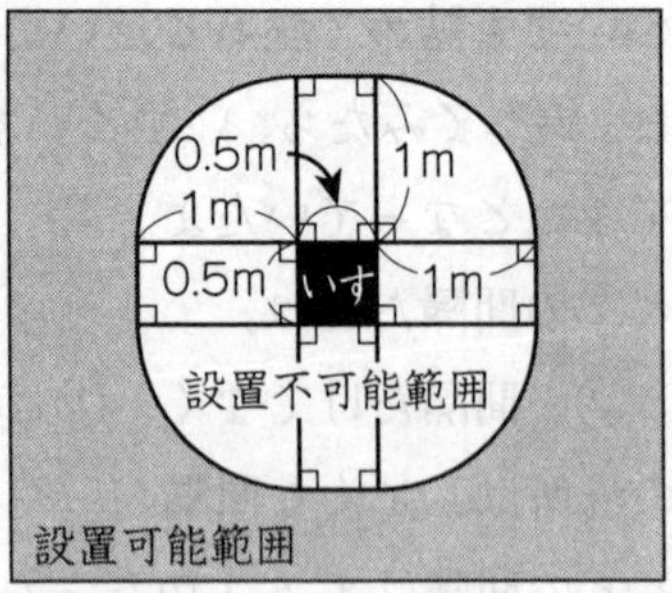

けんじ：０.５ｍの正方形のいすで、いすの辺から壁まで1ｍ以上で、いすといすも辺から２ｍ以上にしていたみたいだったよ。

たけし：それだと、いすの向きで設置できる個数が変わりそうだね。

けんじ：いすといすを配置するルールはこんな感じだね（**図２**）。

たけし：でも、壁からは１ｍ以上だよね。

けんじ：そうだね。壁から１ｍ以上離れていれば、いすは設置できるルールだね（**図３**）。

たけし：向きを考えながら、なるべくたくさんいすを会場に設置したら何脚のいすがおけたのかな。

けんじ：調べてみようか。

たけし：でも、会場が大きいと考えるのが難《むずか》しいので、７.５ｍの正方形の部屋で図示しながら考えてみようよ。

けんじ：そうだね。７.５ｍの正方形の部屋の図を参考にしたら、会場の横３０ｍ、縦２０ｍの長方形の部屋に何脚までいすが入るか調べやすそうだね。

〔問題２〕　０.５ｍの正方形のいすを壁から１ｍ以上、いすから２ｍ以上離すものとし、７.５ｍの正方形の部屋になるべく多くのいすを並べようと思います。このとき、解答用紙の部屋の見取り図の色がついた正方形に１脚目のいすを配置するとし、残りのいすを配置する場所を塗《ぬ》りつぶしなさい。また、会場が縦２０ｍ、横３０ｍの長方形だった場合は、最大で何脚まで部屋に入るか答えなさい。ただし、距離の間隔の計測は正方形の辺から指定の距離を離して配置することとします。

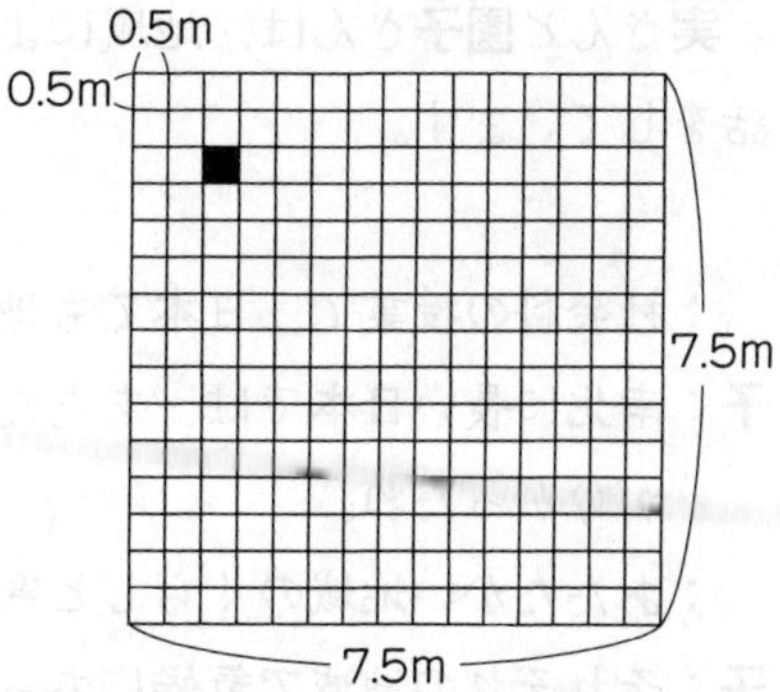

たけしさんと**けんじ**さんは、**けんじ**さんが参加したイベント会場での出来事について話し合っています。

けんじ：そういえば、先日参加したイベントの参加者は２０人だったよ。
たけし：参加したのは小学生だけだったの。
けんじ：イベントに参加したのは、高校生、中学生、小学生だったよ。
たけし：イベントでは、何か変わったことがあったの。
けんじ：コロナの感染者数のこともあり、予防用にマスクの箱の配布があったよ。
たけし：会場には何箱のマスクがあったの。
けんじ：マスクは全部で４０箱だったよ。
たけし：それだと、１人２箱ずつ配布されたのかな。
けんじ：高校生の参加者がマスクを多く希望していたので、高校生には６箱配布されたよ。
たけし：それなら、中学生の参加者は何箱だったの。
けんじ：中学生の参加者には、３箱配布されたよ。
たけし：**けんじ**さんは何箱配布されたの。
けんじ：小学生には１箱ずつだったね。
たけし：マスクの配布後、マスクの箱は余ったり、たりなくなったりしなかったの。
けんじ：ちょうど全員に予定した数量を配布して、残りは無かったよ。
たけし：参加した、高校生、中学生、小学生の人数はそれぞれ何人だったのか覚えているの。
けんじ：分からないな。

〔問題３〕　４０箱のマスクの箱を２０人に配布しました。２０人の中には高校生、中学生、小学生がいて、高校生には６箱、中学生には３箱、小学生に１箱ずつ配布することにすると、２０人全員に全てのマスクの箱を配布することができました。このとき、高校生、中学生、小学生の人数はそれぞれ何人だったか答えなさい。また、その求め方も説明しなさい。

2　**実**《みのる》さんと**園子**《そのこ》さんは、地域《ちいき》によってことなる気候をテーマにした調べ学習をする中で話をしています。

実　：社会科の授業で、日本でも地域によって気候がことなることを学んだね。
園　子：南北に長い日本では、あたたかい地域と寒い地域で気候に大きくちがいがあることが分かったね。
実　：あたたかい地域のくらしと寒い地域のくらしのちがいについても学んだね。
園　子：それぞれの地域で気候にあった家の形やくらし、農業や文化について学んだね。
実　：特に、家の形やくらしについて調べてみるといろいろな工夫《くふう》がされていることが分かったよ。
園　子：次の授業までに、家の形やくらしの工夫について調べてみよう。

実さんと**園子**さんは、社会科の時間に、あたたかい地域の家と寒い地域の家の形のちがいやくらしの工夫について調べ、**図1**にまとめました。

図1　**実**さんと**園子**さんが調べた家の形やくらしの工夫の資料

①あたたかい地域、沖縄の伝統的な家	
	家の形やくらしの工夫 台風の多い沖縄では、石灰とねん土を混ぜてつくったしっくいで屋根がわらを固め、家のまわりをさんごのいしがきで囲んでいる。また、防風林や防火林のやくわりとして家のまわりにふくぎの木を植えている。風通しをよくするため、戸を広くとり、強い日差しを防ぐために屋根の軒《のき》がのびたつくりになっている。
②寒い地域、北海道の家	
	家の形やくらしの工夫 雪や寒さにそなえて断熱材がたくさん用いられており、玄関フードや二重まどを使うなど、室内のあたたかさをにがさないようにしている。また最近では、屋根の雪が下に落ちないように屋根が内側に向かってかたむき、多くの雪がつもらないように工夫された無落雪《むらくせつ》の家が多く見られる。

実　　：地域によって家の形やくらしの工夫が大きくちがうね。

園　子：家の形やくらしの工夫がことなるのは、地域の気候に関係しているのかな。

実　　：そうだね。では**図1**の地域の気温と降水量《こうすいりょう》を調べてみよう。

実さんと**園子**さんは、**図1**の地域の月ごとの平均気温と降水量を調べました。

実　　：二つの地域の月ごとの平均気温と降水量をまとめてみると、**図2**のようになったよ。

図2　月ごとの平均気温と降水量

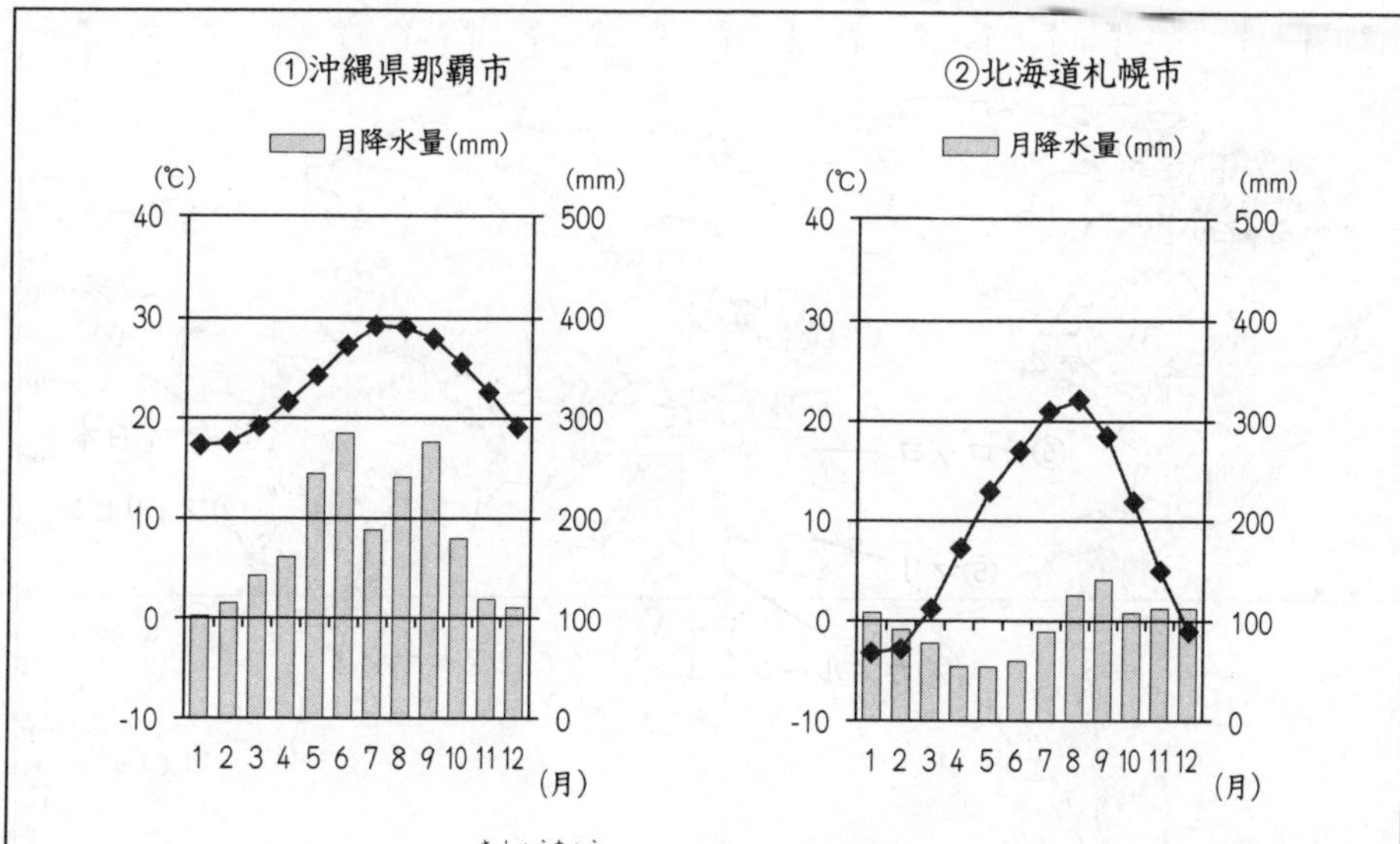

(気象庁《きしょうちょう》ホームページより作成)

園　子：同じ月でも、地域によって平均気温や降水量がちがうし、同じ地域でも、月によって平均気温や降水量がちがうことが分かるね。

実　　：それぞれの地域で、月ごとの平均気温や降水量に適した家の形やくらしの工夫が用いられているのだね。

〔問題1〕　**実**さんは「それぞれの地域で、月ごとの平均気温や降水量に適した家の形やくらしの工夫が用いられているのだね。」と言っています。**図1**の地域では、それぞれどのような家の形やくらしの工夫が用いられていますか。それらの家の形やくらしの工夫が用いられている理由を、会話文を参考に、**図1**、**図2**と関連させて説明しなさい。

実さんと**園子**さんは、調べたことを**先生**に報告《ほうこく》しました。

先　生：家の形やくらしの工夫と気温、降水量の関係についてよく調べましたね。

実　　：気温と降水量のちがいは、家の形やくらしの工夫以外に、家をつくる材料にも影《えい》響《きょう》をあたえるのでしょうか。

先　生：世界中の人々のくらしを見てみると、さまざまな材料で家をつくっていることが分かります。では、次の資料（**図3**、**図4**）を見てください。

図3　先生が示した地域

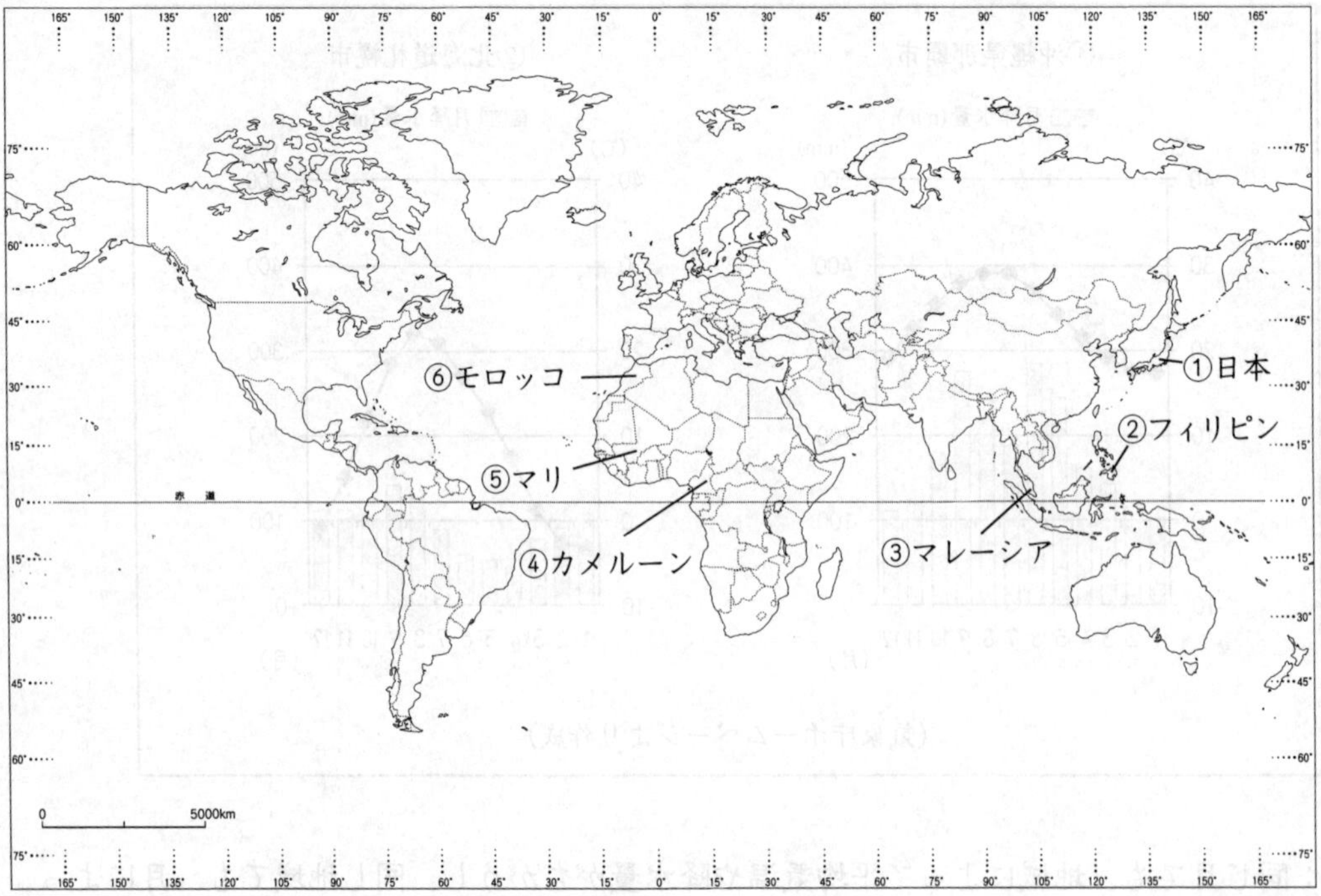

図4　先生が示した地域の家をつくる材料

①日本 	木材を梁《はり》の上に手の平を合わせたように山型《やまがた》に組み合わせてつくられ、勾配《こうばい》の急な茅葺《かやぶ》きの屋根を特徴《とくちょう》とする。	②フィリピン 	海の上でくらす人たちは、船を漁だけでなく家として用いている。屋根はニッパヤシの葉で編まれている。
③マレーシア 	豊富《ほうふ》にある木材を用いて、家をつくっている。風通しをよくするために、床の位置を高くしている。	④カメルーン 	森でくらす人のなかには、森の中にある豊富な植物の枝や葉でドーム型のテントのような家をつくっている。
⑤マリ 	豊富にあるねん土を太陽で干《ほ》した日干《ひぼ》しレンガを用いて家をつくっている。家を直すこともかんたんに行うことができる。	⑥モロッコ 	建物は赤茶色の日干しレンガでつくられている。壁は厚くつくられ、現地の気候でも室内が涼《すず》しくなるようにしている。

園　子：**先生**が示された地域の家をつくる材料に注目すると、それぞれ木材、葉、日干しレンガのいずれかが活用されていることが分かりました。家の形やくらしの工夫だけでなく、家をつくる材料にも気温と降水量が関係しているということでしょうか。

先　生：さまざまな要因がありますが、気温と降水量の自然環境も大きく関係しています。木材、葉、日干しレンガについて考えるなら、その地域の年平均気温と年間降水量に着目する必要があります。

園　子：では、今度は月ごとではなく、それぞれの地域の年平均気温と年間降水量を調べてみます。

実さんと**園子**さんは**先生**が**図3**で示した地域の年平均気温と年間降水量を調べ、**表1**にまとめました。

表1　実さんと**園子**さんが調べた地域の年平均気温と年間降水量

	年平均気温（℃）	年間降水量（mm）
①日本　白川郷《しらかわごう》	11.4	2465
②フィリピン　サンボアンガ・シティ	28.3	1267
③マレーシア　クアラルンプール	28.2	2628
④カメルーン　ヤウンデ	24.1	1541
⑤マリ　バマコ	28.2	991
⑥モロッコ　ワルザザート	18.9	112

（「旅行のとも、ZenTech」https://www.travel-zentech.jp/p14_temperature.htmより作成）

先　生：よく調べましたね。

実　　：ですが、**表1**では、**図4**の家をつくる材料との関係が分かりにくいです。

園　子：そうですね。年平均気温が高い地域と低い地域、年間降水量が多い地域と少ない地域を、さらに分かりやすく表したいのですが、どうすればよいですか。

先　生：縦軸《たてじく》を年平均気温、横軸《よこじく》を年間降水量とした図を作成してみましょう。**表1**の地域の年平均気温と年間降水量をそれぞれ**図5**に示してみました。家をつくる材料が同じものを丸で囲んでみると分かりやすくなりますよ。

実　　：**図4**と丸で囲んだ**図5**を見ると、家をつくる材料と年平均気温や年間降水量との関係が見て取れますね。

図5　先生が示した図

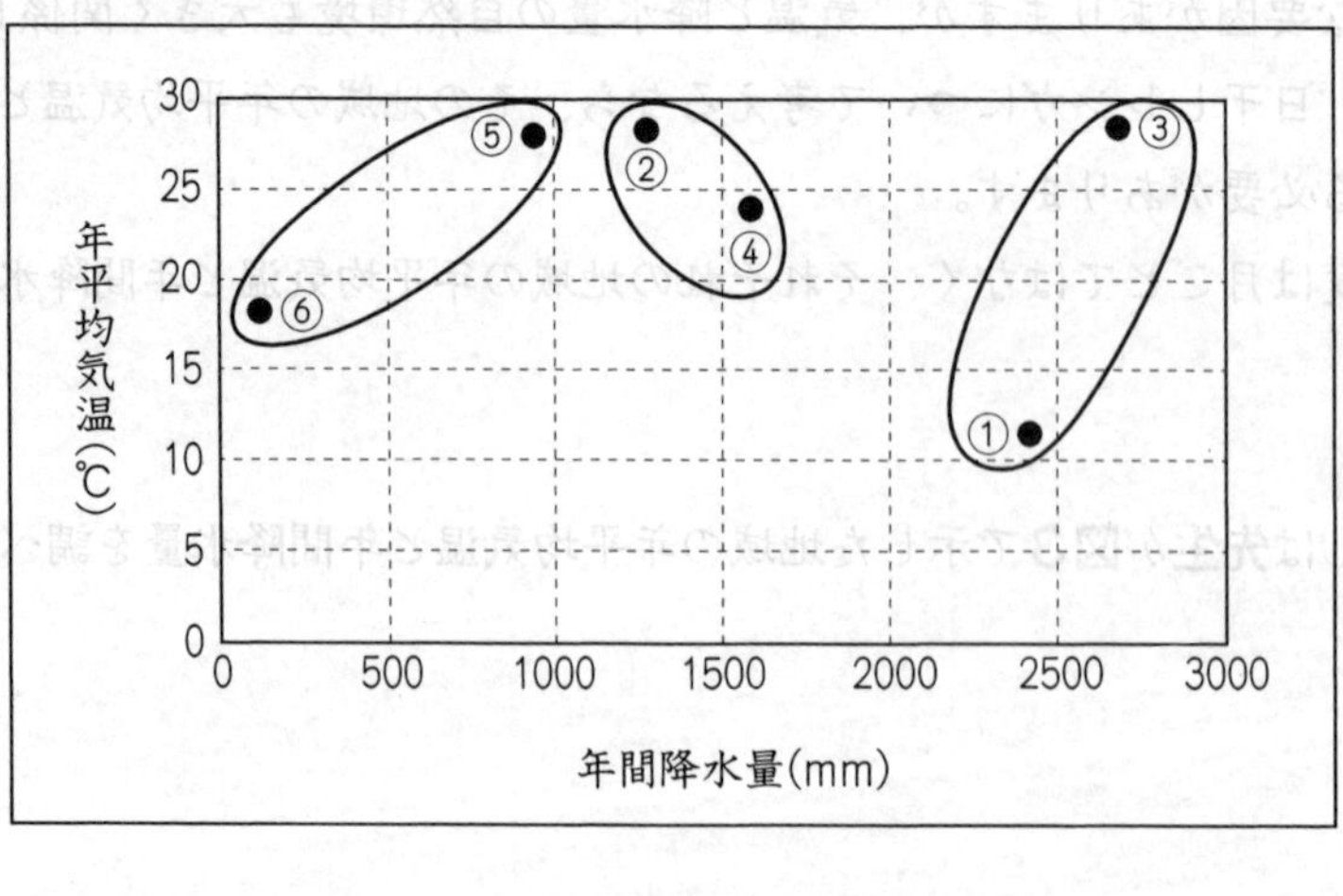

〔問題２〕 **実**さんは「**図４**と丸で囲んだ**図５**を見ると、家をつくる材料と年平均気温や年間降水量との関係が見て取れますね。」と言っています。**図４**の家をつくる材料である木材、葉、日干しレンガから二つ選び、選んだ二つの材料でつくられた家がある地域の年平均気温、年間降水量を比べながら、それらの地域の年平均気温、年間降水量がそれぞれ選んだ材料とどのように関係しているのか、会話文や**表１**　**図５**を参考にし、説明しなさい。

3　**太郎**さん、**花子**さん、**先生**がものの重さのはかり方について話をしています。

花　子：ものの重さを同じ体積で比べると、ものの種類によって、重さがちがっていたね。
太　郎：ねん土をつかった実験では、ものの重さは形を変えても変わらないことも学習したね。
花　子：種類や体積を変えないで、ものの重さが変わることはあるのかな。
先　生：ものの重さそのものが変わることはないですが、変わったように見えることはいくつかあります。

太郎さんと**花子**さんは**先生**のアドバイスをもとにそれぞれ**実験Ｉ**を行いました。

実験Ｉ

手順１　２８.００ｇのボールとはかり（電子てんびん）、斜面台《しゃめんだい》を用意する。
手順２　**図１**のように、はかりの上に斜面台を設置する。このとき、はかりには、斜面台の重さが表示されるが、斜面台をのせた状態で、はかりの値がゼロになるように表示をリセットする。

図１　実験Ｉの装置

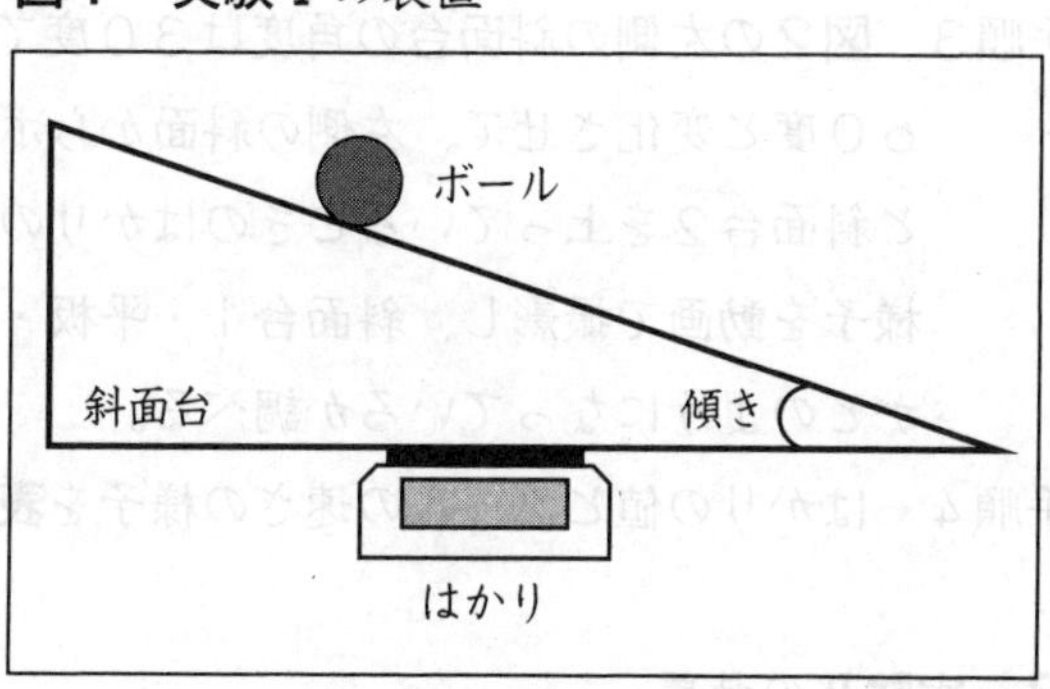

手順３　ボールを斜面の上にそっとおき、手をはなしてボールを転がす。
手順４　ボールが斜面を転がっているときに、はかりに表示されるボールの重さを記録する。
手順５　斜面の角度（傾《かたむ》き）を変えて、同じ実験を複数回行い、はかりの値を記録する。

表１　実験Ⅰの結果

斜面の傾き	電子てんびんの値
１５度	２６.１２ｇ
３０度	２１.００ｇ
４５度	１４.００ｇ
６０度	７.００ｇ
７５度	１.８６ｇ

太　郎：ボールの重さが変わったね。

先　生：実際にはボールの重さが変わったのではなく変わったように見えています。

花　子：①角度によってボールの重さが変化する量がちがうね。角度が関係しているのかな。

太　郎：②ボールの速さが増すほど軽くなって、ボールの速さが遅くなるほど重くなるのかな。

花　子：**実験Ⅰ**だけでは分からないね。

先　生：では次の**実験Ⅱ**もしてみましょう。

実験Ⅱ

手順１　２台の電子はかり、２台の斜面台、平板と高さ調整台を用意する。

手順２　**図２**のように設置する。**実験Ⅰ**同様に、斜面台の重さを無視できるようにはかりの数字をリセットする。

手順３　**図２**の左側の斜面台の角度は３０度で固定し、右側の斜面台は３０度・４５度・６０度と変化させて、左側の斜面からボールを転がし、斜面台１を下っているときと斜面台２を上っているときのはかりの値をそれぞれ記録する。このとき、全体の様子を動画で撮影《さつえい》し、斜面台１・平板・斜面台２の３か所で、ボールの運動の様子がどのようになっているか調べる。

手順４　はかりの値とボールの速さの様子を**表２**にまとめる。

図２　実験Ⅱの装置

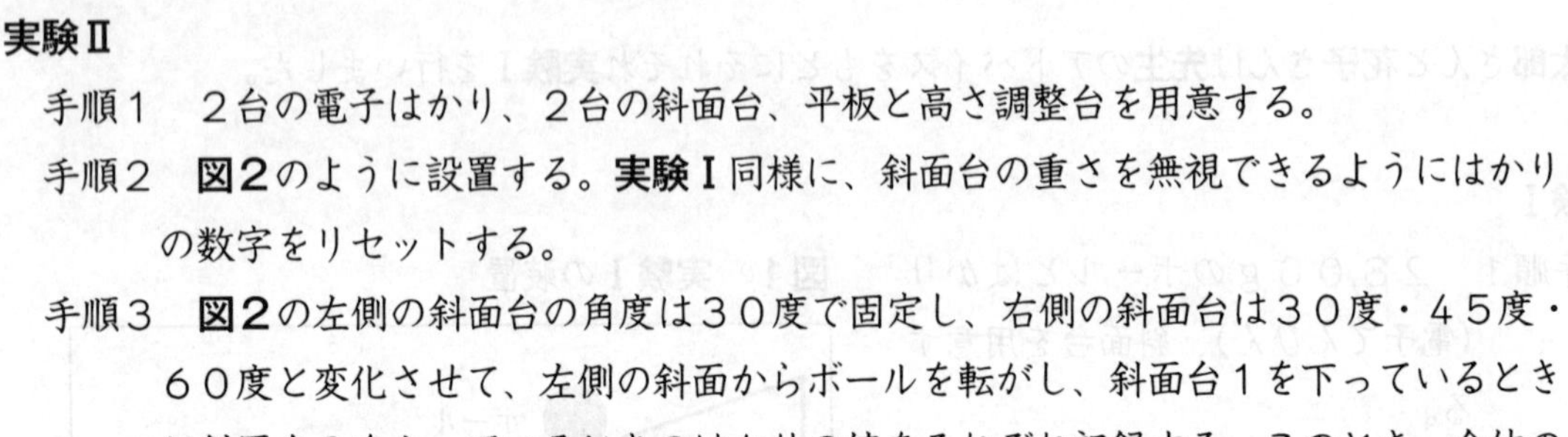

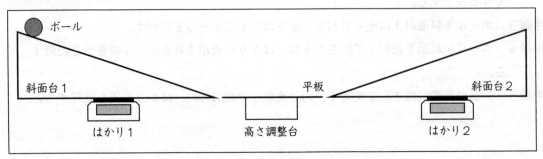

表２　実験Ⅱの結果

		はかり1の値	はかり2の値
A	斜面台１の傾き３０度 斜面台２の傾き３０度	２１.００g	２１.００g
B	斜面台１の傾き３０度 斜面台２の傾き４５度	２１.００g	１４.００g
C	斜面台１の傾き３０度 斜面台２の傾き６０度	２１.００g	７.００g

	ボールの運動の様子
斜面台１	スタートからだんだん速くなる。
平板	速さが変わらない。
斜面台２	だんだん遅くなりいったん止まり、逆に転がりだす。

〔問題１〕（１）　斜面を運動するボールの重さが変化したように見えることが分かった。また、**花子**さんと**太郎**さんの会話の中で下線部①と②のような話し合いがありました。下線部①と②の疑《ぎ》問や考えをふまえ、ボールの重さが変化したように見える理由はなにか、**実験Ⅰ**と**実験Ⅱ**の結果をもとに答えなさい。

（２）　真ん中の調整台をはかりに変えたとき、真ん中のはかりはどのような数値になるか。数値は小数点第２位まで答えなさい。

太　郎：エレベーターに乗っているとき、突然《とつぜん》、押し付けられるように体が重く感じたり、急に浮き上がるように軽く感じたりすることがあるね。

花　子：変わったように見える現象の一つかな。

先　生：そうですね。では許可をもらってエレベーターを使って**太郎**さんの感じたことが正しいか**実験Ⅲ**をしましょう。

実験Ⅲ

手順１　はかりとおもりＡを用意し、エレベーター内に**図３**のように設置する。

手順２　エレベーターを３Ｆから４Ｆまで上昇させ、そのときのはかりの数字を動画で撮影し、エレベーターの速さも計測器を用いて記録する。

手順３　１秒ごとに速さとおもりＡのものの重さの変化をグラフに記録する。

手順４　エレベーターの速さと、おもりの重さの変化について停止中・動き始め・移動中・停止直前の４項目に分けて表にまとめる。

図３　実験Ⅲの装置

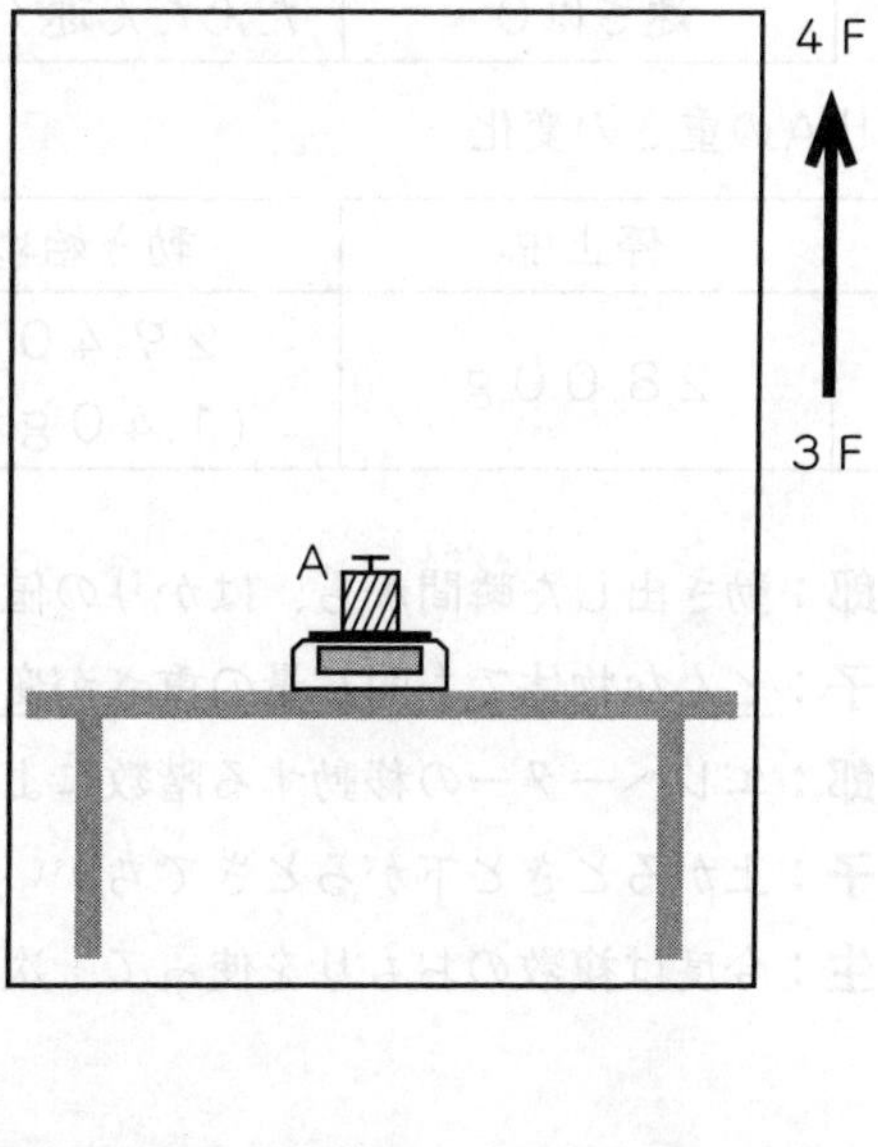

図４　実験Ⅲの結果（グラフ）

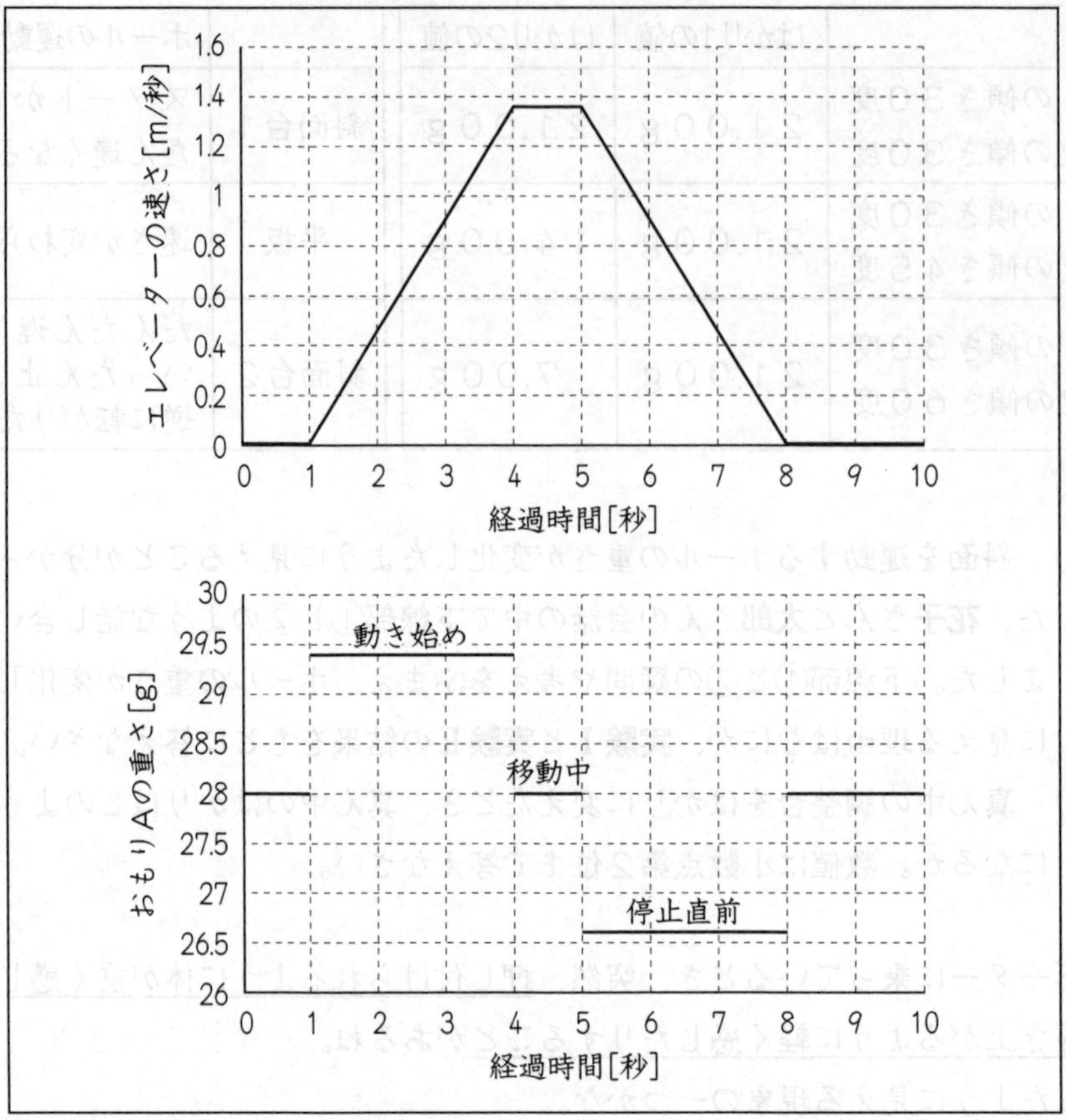

＊[m/秒]とは１秒間に進む距離を表す単位で「メートル毎秒」と読む

表３　実験Ⅲの結果（表）

エレベーターの速さの変化

停止中	動き始め	移動中	停止直前
速さは０	だんだん速くなる	速さが一定	だんだん遅くなる

おもりAの重さの変化

	停止中	動き始め	移動中	停止直前
A	２８.００g	２９.４０g （１.４０g増）	２８.００g （増減なし）	２６.６０g （１.４０g減）

太　郎：動き出した瞬間《しゅんかん》から、はかりの値が変化したね。

花　子：どんな物体でも同じ量の重さが変化するのかな。

太　郎：エレベーターの移動する階数によって変化の度合いは変わるのかな。

花　子：上がるときと下がるときでちがいがあるのかも気になるね。

先　生：今度は複数のおもりを使って、次のような**実験Ⅳ**をしましょう。

実験Ⅳ

手順１　はかりを４台とおもりＡ、Ｂ、Ｃ、Ｄの４種類を用意し、エレベーター内に**図５**のように設置する。

手順２　エレベーターを４Ｆから１Ｆまで下降させ、そのときのそれぞれのはかりの値と、エレベーターの速さを同時に記録する。

手順３　１秒ごとにエレベーターの速さとおもりＡのものの重さの変化をグラフにかき、エレベーターの動きとおもりの重さの変化について関係を見る。

手順４　エレベーターの速さと、おもりＡ～Ｄの重さの変化について、停止中・動き始め・移動中・停止直前の４項目に分けて表にまとめる。

図５　実験Ⅳの装置

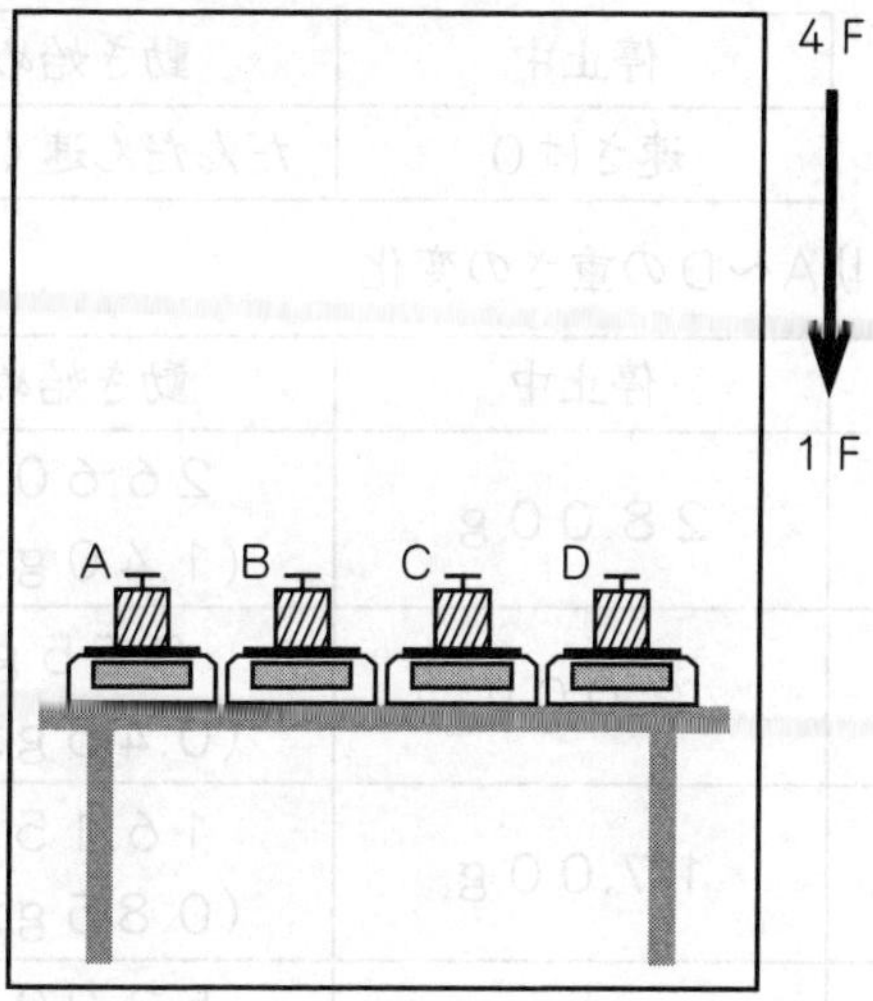

図６　実験Ⅳの結果（グラフ）

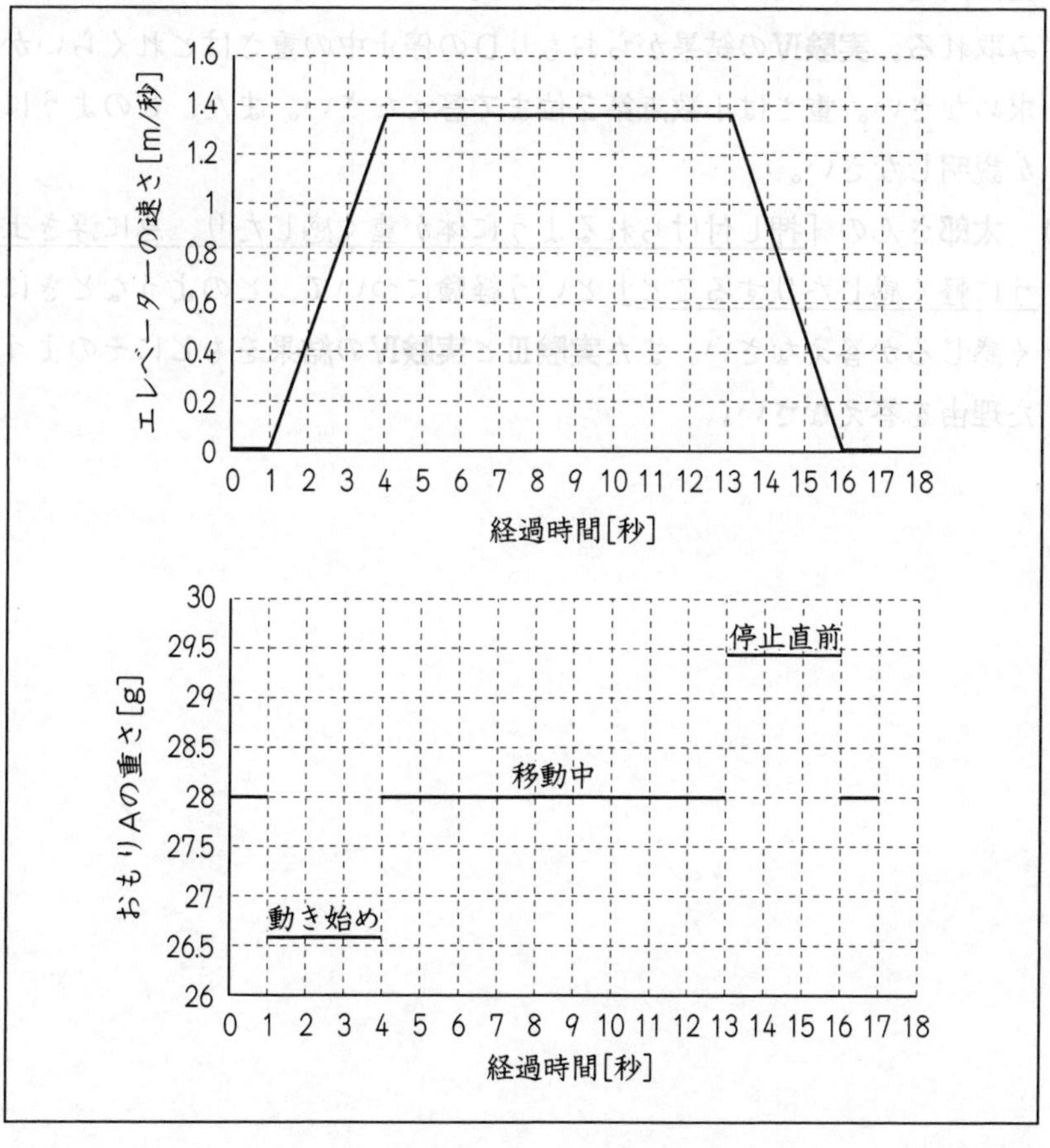

表4　実験Ⅳの結果（表）

エレベーターの速さの変化

停止中	動き始め	移動中	停止直前
速さは0	だんだん速くなる	速さが一定	だんだん遅くなる

おもりA～Dの重さの変化

	停止中	動き始め	移動中	停止直前
A	28.00g	26.60g （1.40g減）	28.00g （増減なし）	29.40g （1.40g増）
B	9.00g	8.55g （0.45g減）	9.00g （増減なし）	9.45g （0.45g増）
C	17.00g	16.15g （0.85g減）	17.00g （増減なし）	17.85g （0.85g増）
D	X	53.20g （Y[g]減）	X	58.80g （Y[g]増）

〔問題2〕（1）　**花子**さんの「どんな物体でも同じ量の重さが変化するのかな。」という仮説は間違っていたが、ものの重さの変化のきまりには共通点があることも読み取れる。**実験Ⅳ**の結果からおもりDの停止中の重さはどれくらいか考えて求めなさい。重さは小数点第2位まで答えなさい。また、どのように求めたか説明しなさい。

（2）　**太郎**さんの「押し付けられるように体が重く感じたり、急に浮き上がるように軽く感じたりすること」という経験について、どのようなときに体が軽く感じるか答えなさい。また**実験Ⅲ**と**実験Ⅳ**の結果をもとにそのように考えた理由を答えなさい。

測することは親切や優《やさ》しさなんだろうか。わかるはずだと期待すること自体が傲慢《※ごうまん》だとときどき思う。

言葉にはなかなか表情がつかなくて、だからこそ感情を表すふりをした言葉が生まれているの、かもしれない。絵文字が好きだ。笑ってる顔だの怒ってる顔だの、そういうのをそっと添《そ》えた文章を見たときは、なぜか、相手の内側まで勝手に見ようとする自分がいなくなる。目の前で微笑《ほほえ》んでいる人に、「本当はさみしいんでしょ」というのは失礼でしかないけれど、言葉だけだと目に見える表情がないからきっと反射的《はんしゃてき》に推測したくなるんだろう。「本当はさみしいんでしょう?」絵文字は、それを止めてくれる。言葉が言葉として純粋《じゅんすい》に、存在《そんざい》することができている。そして、たぶんそうした距離感《きょりかん》がいちばんちょうどいいと思う。

(最果タヒ「きみの言い訳は最高の芸術」より「文庫版おまけ『言葉は表情』」による)

〈注〉

※傲慢――思い上がって、他人を見くだすこと。

〈問題1〉詩の「笑い顔」と「ほほえみ」とはどのように違いますか。四〇字以内で説明しなさい。

〈問題2〉文章の――線部「それ」とはどのようなことを指すでしょうか。二〇字以内で説明しなさい。

〈問題3〉詩と文章を読んで、目に見えない思いを相手と伝え合うことで、あなたのものの見方や考え方が広がった経験を三五〇字以上四〇〇字以内で具体的に書きなさい。

〈きまり〉

○題名は書きません。

○最初の行から書き始めます。

○段落《だんらく》を設けず、一ますめから書きなさい。

○〔、〕や〔。〕や〔」〕などもそれぞれ字数に数えます。これらの記号が行の先頭に来るときには、前の行の最後の字と同じますめに書きます。

○〔。〕と〔」〕が続く場合には、同じますめに書きます。この場合、〔。」〕で一字と数えます。

2023年度

実践学園中学校

【適性検査Ⅰ】〈適性検査型試験〉（四五分）〈満点：一〇〇点〉

次の〔詩〕と〔文章〕を読み、あとの問題に答えなさい。

（※印の付いている言葉には本文のあとに〔注〕があります。）

〔詩〕

チーズと発音すれば
笑い顔をつくる事ができます
でも　ほほえみはつくれません
ほほえみは気持の奥《おく》から
自然に湧《わ》いてくる泉ですから
その地下水の水脈を持っているかどうか
なのですから
めったに笑わない顔があります
でも澄《す》んだきれいな眼をしています
いつも　遠くをみつめていて
なんだか怒《おこ》っているような表情です
しかし彼《かれ》は怒っているのではありません
地下水の水脈に水を溜《た》めている最中なのです
水が満たされて
彼がほほえむのはいつの事？
誰《だれ》に対して？
たぶん　そのために　明日があります

（川崎洋「ほほえみ　には　ほほえみ」より「地下水」による）

〔文章〕

「うれしい」「たのしい」「かなしい」「むなしい」

こういう言葉は実は感情ではなくて表情を表す言葉でしかないのかもしれない。人によって感情というものがどういう形をしているかなんて私にはわからないけれど、表情は見える、みんな違《ちが》うとわかる、そしてその表情こそが見るべきものなのだとも思う。見えもしない感情を推測《すいそく》して期待して、そうやって他人を頭の中で勝手に固定していくことは本当に必要なんだろうか。気持ちを考えなさいと言われるけれど、本当に相手の奥底まで気持ちを推

2023年度 実践学園中学校 ▶解　答

※　編集上の都合により，適性検査型試験の解説は省略させていただきました。

適性検査Ⅰ　＜適性検査型試験＞（45分）＜満点：100点＞

解　答

問題１　（例）　笑い顔はつくれるが，ほほえみは感情がなければ生まれず，つくれないという違い。　**問題２**　（例）　相手の感情を勝手に推測すること。　**問題３**　（例）　小学校五年生のとき，ケガをしてサッカーの大事な試合に出られなくなってしまったことがありました。試合前日に，ベンチで練習を見学しながら泣いてしまったぼくに，チームメイトのみんなが声をかけてくれました。「来年もがんばろう」や「次があるよ」という言葉から，みんながはげまそうとしてくれている気持ちが伝わってきました。次の日，チームは試合に勝って，その後の反せい会をしているときに，ぼくもまた来年頑張りたいこと，そのためにこれからの練習に力を入れていきたいということを話しました。試合に出られなくて，くやしくて悲しい気持ちになったけれど，これをきっかけにチームメイトのやさしい気持ちを知ることができてよかったと思います。そして自分も，友だちが落ちこんでいるときには元気にできるようなことを話しかけてあげたいと思いました。

適性検査Ⅱ　＜適性検査型試験＞（45分）＜満点：100点＞

解　答

1　**問題１**　20通り／**説明**…(例)　たけしさんが座る席を移動するとして考えると，①に座るとき⑨⑩⑪⑫の４通り，②に座るとき⑩⑪⑫の３通り，③に座るとき⑦⑪⑫の３通り，④に座るとき⑦⑧⑫の３通り，⑤に座るとき⑦⑧⑨の３通り，⑥に座るとき⑦⑧⑨⑩の４通りとなる。よって，４＋３＋３＋３＋３＋４＝20(通り)である。　**問題２**　**部屋の見取り図**…右の図／**最大**…96脚　**問題３**　**高校生**…２人，**中学生**…５人，**小学生**…13人／**説明**…(例)　まず全員に１箱ずつ配るとして考えると20箱余るから，高校生に５箱，中学生に２箱追加するとする。このとき高校生は４人以下であることと追加したのが５箱のため，偶数人であることがわかる。高校生が４人や０人とすると，高校生と中学生が１人はいることに矛盾するので，高校生は２人となり，中学生が５人となる。

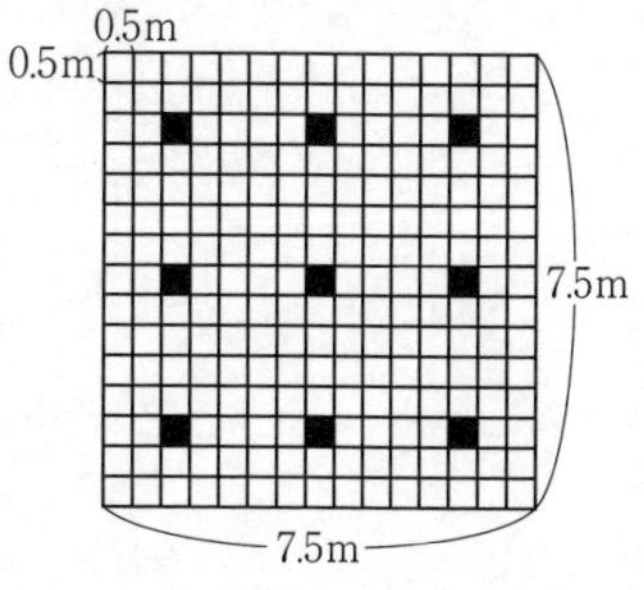

2　**問題１**　**沖縄の伝統的な家**…(例)　５月からは梅雨，夏から秋にかけては台風の影響を受けるため降水量の多い沖縄では，しっくいで屋根がわらを固め，さんごのいしがきで家を囲み，防

風林として家の周りにふくぎの木を植えている。また，年間を通じて15℃を下回ることがなくあたたかいことから，風通しをよくするために戸を広くとり，日差しを防ぐために屋根の軒がのびたつくりになっている。　**北海道の家**…（例）　冬の平均気温が０℃を下回る北海道では，雪や寒さにそなえて断熱材や玄関フード，二重まどが用いられている。また，冬の降雪量が多いため，屋根が内側に向かってかたむいた無落雪の家が多く見られる。　**問題２**　（例）　木材，日干しレンガ／**説明**…木材でつくられた家がある地域と日干しレンガでつくられた家がある地域の年平均気温と年間降水量をそれぞれ比べると，木材でつくられた家がある地域の年平均気温は約11℃～28℃と気温の低い地域から高い地域まであるものの，年間降水量は2000mmをこえており，雨量が多いことが材料と関係している。それに対し，日干しレンガでつくられた家がある地域の年平均気温は約19℃～28℃と高く，年間降水量は1000mmを下回っており，雨量が少ないことが材料と関係している。

3　**問題１**　(1)　（例）　実験ⅡのAの結果から，ボールの重さと速さには関係がないことがわかる。また，実験Ⅰや実験Ⅱの結果から，はかりが示すボールの重さは，斜面台の角度が大きいほど小さくなることがわかるため，斜面台の角度が，ものの重さが変わったように見える理由である。　(2)　28.00ｇ　**問題２**　(1)　56.00ｇ／**説明**…（例）　実験Ⅳの結果より動き始めのときと停止直前のときのものの重さを足すと，ちょうど停止中のおもりの重さの２倍になる。そのため，(53.20＋58.80)÷２＝56.00(ｇ)と計算できる。　(2)　エレベーター上昇時の停止直前と下降時の動き始め／**説明**…（例）　実験Ⅲと実験Ⅳから，ものの重さが軽くなるには移動する階数は関係なく，エレベーターが上昇するときの停止直前と下降するときの動き始めだとわかるから。

Memo

Memo

2022年度　実践学園中学校

〔電　話〕　(03) 3371－5268
〔所在地〕　〒164－0011　東京都中野区中央２－34－２
〔交　通〕　丸ノ内線・都営大江戸線 — 中野坂上駅より徒歩５分
JR総武線 — 東中野駅より徒歩10分

【算　数】〈第１回試験〉（45分）〈満点：100点〉

1　次の□に適当な数字を入れなさい。

(1)　$13235-8892=$ □

(2)　$3\frac{1}{6}+2\frac{3}{4}-5\frac{1}{2}=$ □

(3)　$5.78\div3.4=$ □

(4)　$\frac{5}{7}\times\left(\frac{3}{5}\div\frac{3}{8}-\frac{3}{10}\right)=$ □

(5)　$3.14\times3.5+0.314\times32-3.14\times1.7=$ □

(6)　$7\times(45\div$ □ $-12)=21$

(7)　$\frac{4}{3}:\frac{5}{8}=64:$ □

(8)　742000 cm^2 は、□ m^2 です。

(9)　1.4 kg は、35 g の□倍です。

(10)　定価2200円の商品を15％引きで売ると、売値は□円です。

2 次の問いに答えなさい。

(1) 63と105の最大公約数はいくつですか。

(2) １個３gのおもりと１個５gのおもりが合わせて20個あり、重さの合計は76gです。３gのおもりは何個ありますか。

(3) A、B、C、Dの４チームでバスケットボールの試合をします。どのチームとも１回ずつ試合をするとき、試合の組み合わせは何通りありますか。

(4) しょうごさんとかなさんは合わせて35枚のカードを持っています。しょうごさんがかなさんに４枚わたしたところ、しょうごさんとかなさんのカードの枚数の比は４：３になりました。はじめに、しょうごさんはカードを何枚持っていましたか。

(5) ある自動車で20分走ると、9.6km進みます。この自動車が同じ速さで１時間15分走ると何km進みますか。

(6) 右の図のように、１辺が20cmの正方形の中に、半径が５cmの４つの円が、たがいにふれ合った状態になっています。このとき、斜《しゃ》線《せん》部分の面積は何cm^2ですか。
ただし、円周率は3.14とします。

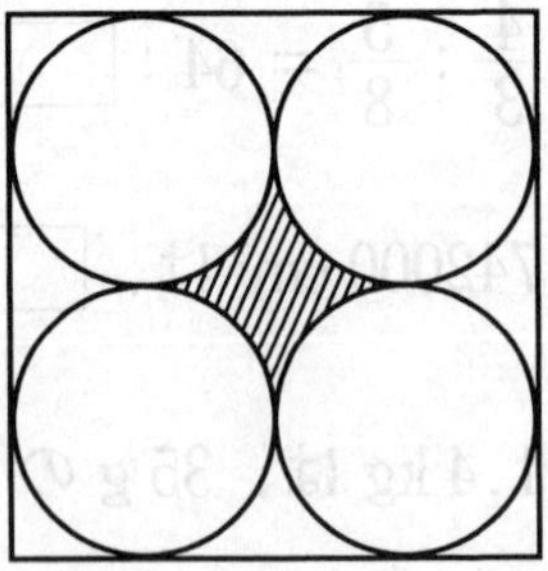

3 次の[あ]～[お]に当てはまる適当な数字を答えなさい。
ただし、次の例のように計算し答えのみを上から２けたのがい数で答えなさい。
（例）1250人の15％は 1250×0.15＝187.5 より 約190人となります。

買い物で会計を済ませたあとに提供されるレジ袋《ぶくろ》は軽量で丈夫であり、食品などを大量に入れても持ち運ぶことができる便利なものです。

レジ袋は日本国内で年間約300億枚が消費されていると言われています。日本の人口を1.25億人とすると１人あたり年間約[あ]枚使用していることになります。

使い捨てであることから、多種多様な用途《ようと》に使えるものの、最終的にはごみとして廃棄《はいき》されてしまいます。

2017年時点の農林水産省のデータによると、日本では年間903万トンのプラスチックごみが排出《はいしゅつ》されており、そのうちレジ袋を含《ふく》む包《ほう》装《そう》・容器《ようき》類は415万トン含まれており、全体の約[い]％にあたります。

また、PETボトルリサイクル推進協《すいしんきょう》議会《ぎかい》によると、ある年度の清涼飲料《せいりょういんりょう》用ペットボトルの出荷本数は236億本で、日本の人口を1.25億人とすると１人あたり年間約[う]本使用していることになります。全体の89％の約[え]億本が回収されましたが、残り11％の約[お]億本が未回収となり、捨てられたペットボトルはあちらこちらで目につきます。

日本のプラスチック製の包装・容器類の廃棄量は、アメリカについで世界第２位です。企業がプラスチックごみを減らす取り組みが増えてきましたが、一人ひとりの協力も必要です。まずは、マイバッグやマイボトルを持ち歩くことから始めてみましょう。

4 下のように、ある規則にしたがって数が並んでいます。次の問いに答えなさい。

200, 194, 188, 182, ……

(1) 左から20番目の数はいくつですか。

(2) ０より大きい整数の中で一番小さい数になるのは左から何番目ですか。

5 右の図は直方体から、それぞれの辺の長さを$\frac{1}{2}$倍に縮小した小さい直方体を切り取った立体です。

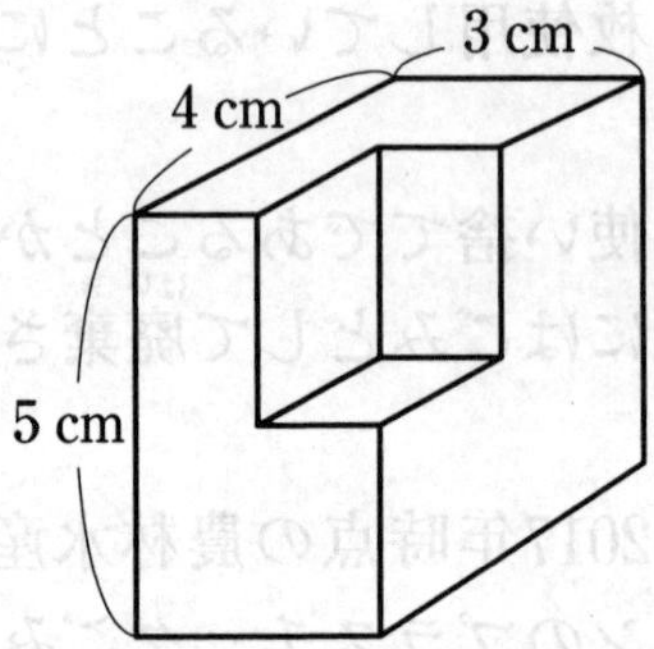

(1) 表面積は何cm^{2}ですか。

(2) 体積は何cm^{3}ですか。

【社　会】〈第１回試験〉（理科と合わせて50分）〈満点：50点〉

1 次の文章《ぶんしょう》を読んで、あとの問いに答えなさい。

日本《にほん》は①生物多様性《せいぶつたようせい》が高いと言われ、多数《たすう》の生き物が生息《せいそく》しています。また、日本列島は南北に長く、地方によって②気候が異《こと》なるため、私たちには気づかない微妙《びみょう》な環境《かんきょう》の違《ちが》いに対応《たいおう》して、その地域《ちいき》にすむ生き物の種類《しゅるい》も違っています。私たちが一番よく聞くセミの鳴き声についても、西日本ではクマゼミの『シャシャシャ』、東日本ではミンミンゼミの『ミーンミンミン』、③日本海側ではアブラゼミの『ジリジリジリ』など、地域によって異なるそうです。

しかし、近年は日本のセミの勢力分布《せいりょくぶんぷ》も変化してきています。本来、クマゼミが多いはずの④鹿児島県やミンミンゼミの勢力圏《けん》であるはずの茨城県でもアブラゼミの声が多く聞こえるようになったり、クマゼミの北上も見られます。

かつて、クマゼミが非常に多く生息するのは⑤瀬戸内海沿岸《えんがん》周辺で、⑥東海地方では少ないセミでした。ところが、近年ではクマゼミの鳴き声が⑦静岡県あたりでも多く聞こえるようになるなど、クマゼミの勢力圏は東へ広がっています。これらの原因《げんいん》は、全国的な都市化の進行や地球温暖化《ちきゅうおんだんか》によるものだと言われていて、今後もクマゼミの北上がさらに進んでいくかもしれません。

問１　下線①について、日本には大切に守るべき世界自然遺産《いさん》があります。2021年７月に世界自然遺産に登録《とうろく》された場所として当てはまるものを、次の(ア)～(エ)より１つ選んで、記号で答えなさい。

（ア）奄美《あまみ》大島　　（イ）小笠原《おがさわら》諸島　　（ウ）屋久島《やくしま》　　（エ）知床《しれとこ》

問2　下線②に関連して、以下の雨温《うおん》図は那覇《なは》市、高松市、銚子《ちょうし》市、稚内《わっかない》市のものです。高松市の雨温図としてふさわしいものを、次の(ア)～(エ)より1つ選んで、記号で答えなさい。

(ア)

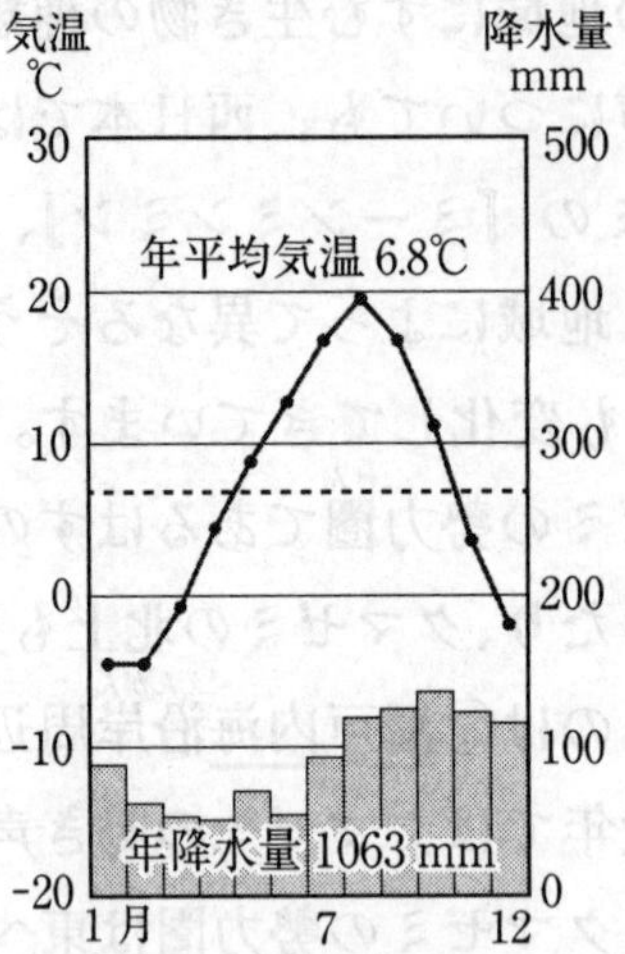

(イ)

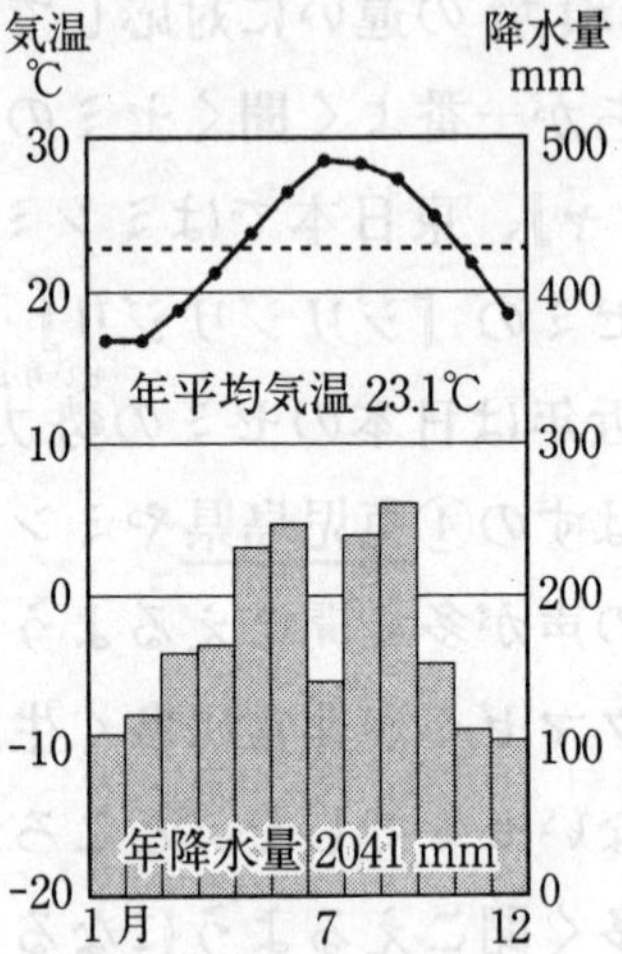

(ウ)

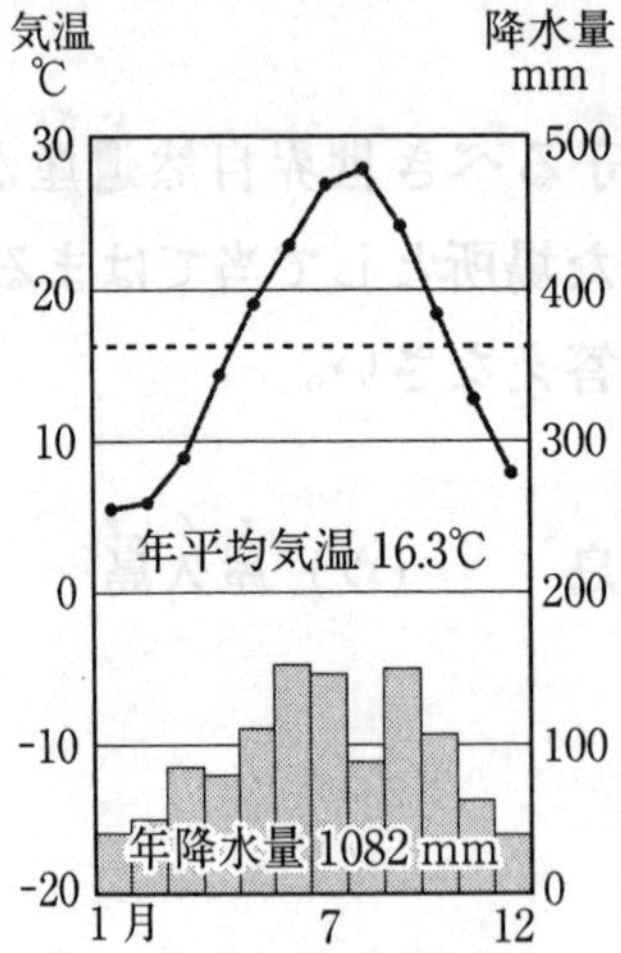

(エ)

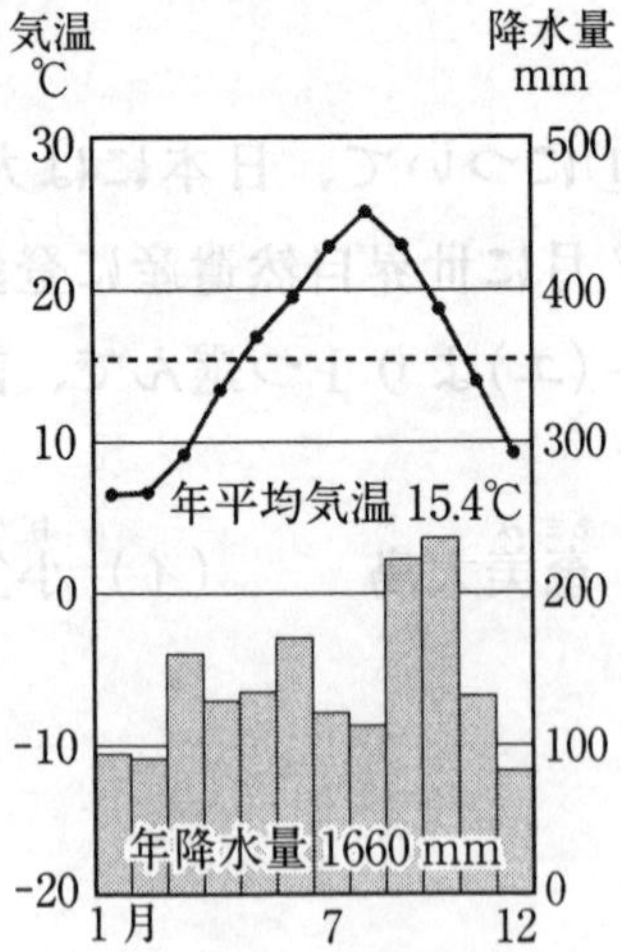

問３　下線③に関連して、下の地図中の（X）に当てはまる海流名を答えなさい。
また、この海流は暖流か寒流かを答えなさい。

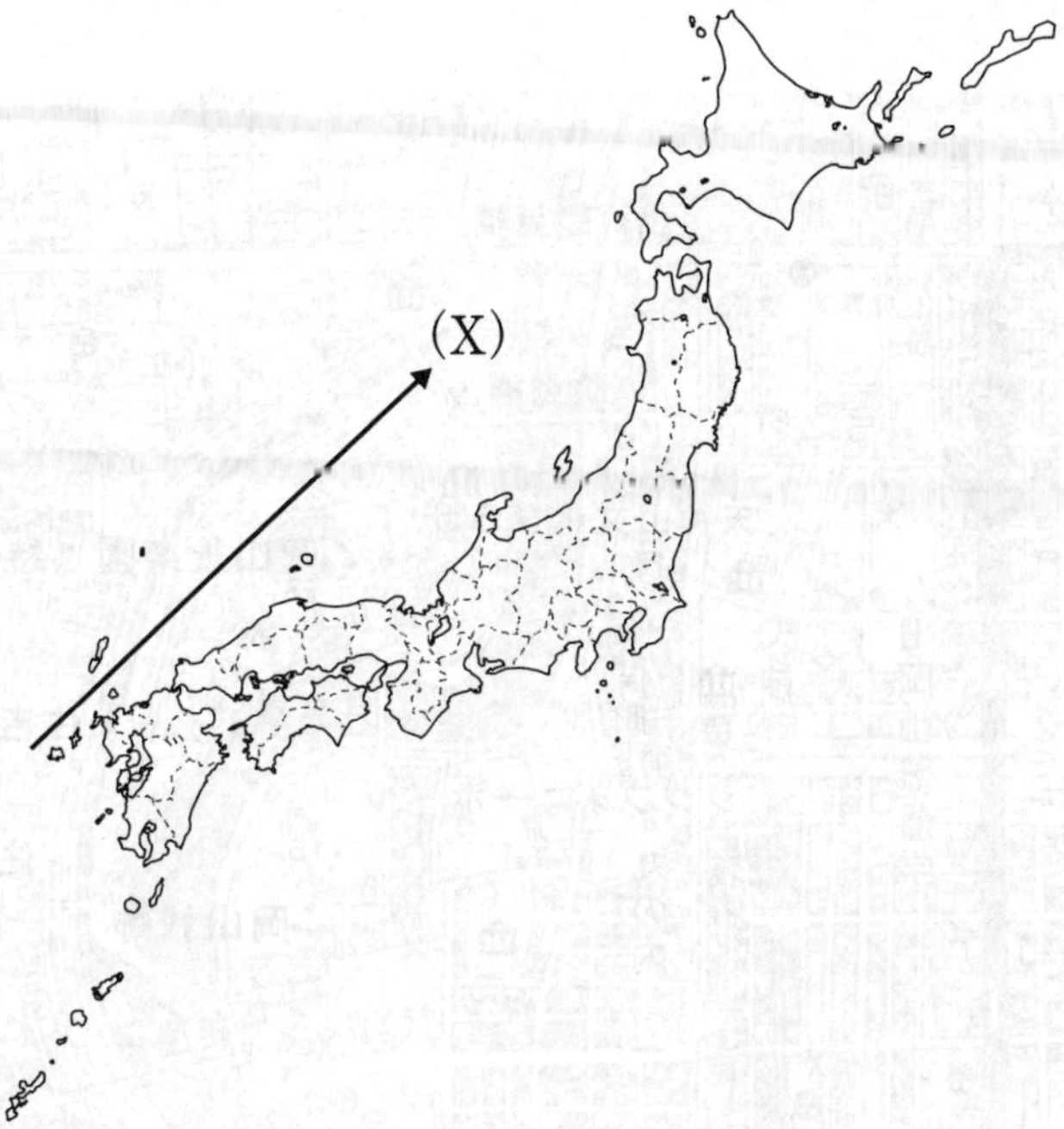

問４　下線④について、鹿児島県内には、下の写真のように、火山灰《かざんばい》などが積もってできたシラス台地が広がっていますが、シラス台地は稲作には不向きと言われています。その理由を簡単に説明しなさい。

「中学社会　地理的分野」日本文教出版より

問５ 下線⑤に関連して、以下の地形図は岡山県岡山市のものです。地形図から読みとれる内容としてふさわしくないものを、次の(ア)～(エ)より１つ選んで、記号で答えなさい。

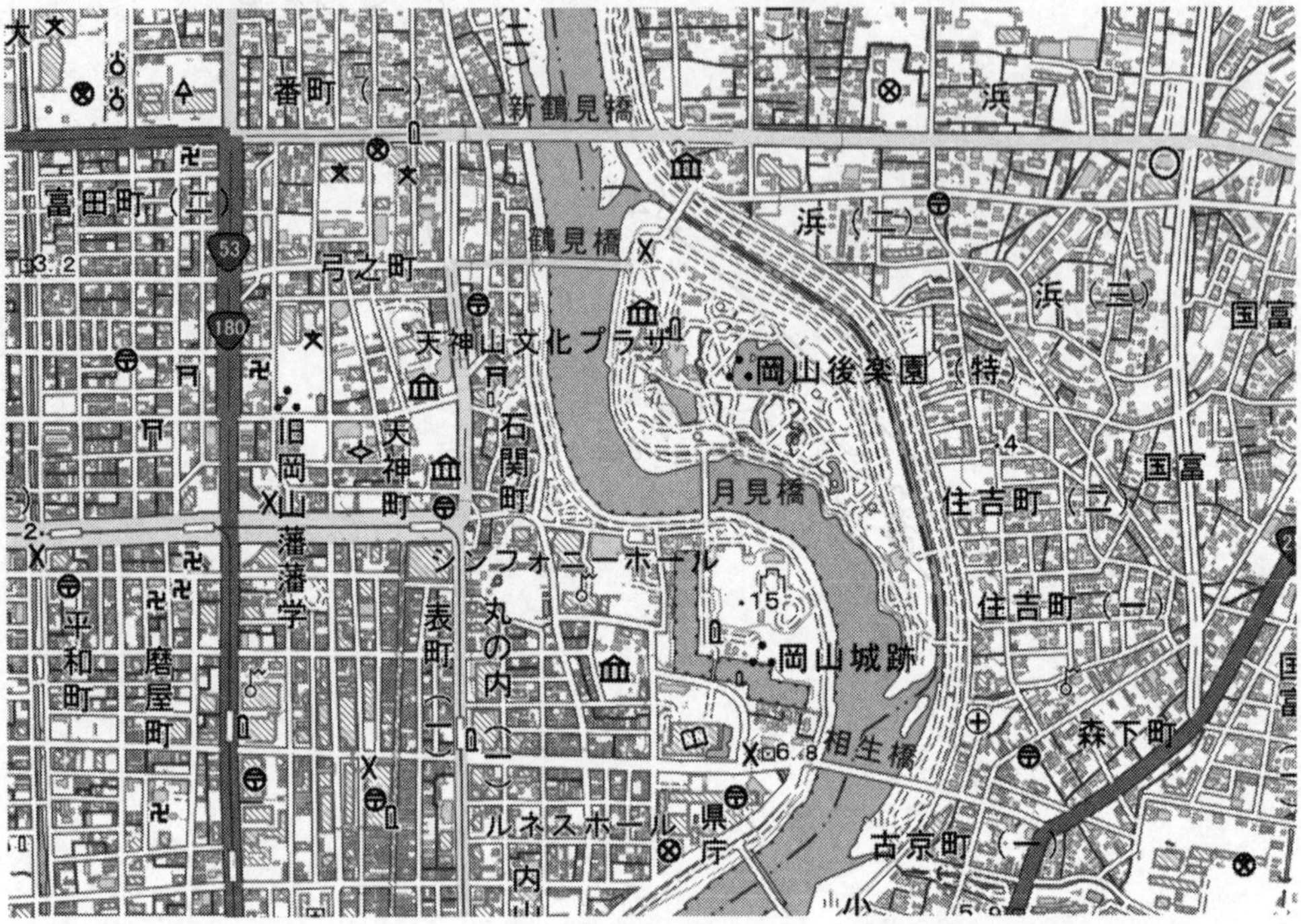

国土地理院発行　1：25,000地形図「岡山市」より全体を拡大

（ア）鶴見橋付近には交番があり、南に向かうと博物館が見える。

（イ）岡山県庁の近くには郵便局と裁判所がある。

（ウ）新鶴見橋から東に向かうと区役所がある。

（エ）旧岡山藩藩学や岡山城跡は史跡として登録されている。

問６　下線⑥に関連して、以下の円グラフは1955年と2012年の日本の工業における製造品出荷額《せいぞうひんしゅっかがく》等を示したものです。それぞれの円グラフから、日本の工業がどのように変化したのが読みとれますか。簡単に説明しなさい。

約６兆８千億円
（1955年）

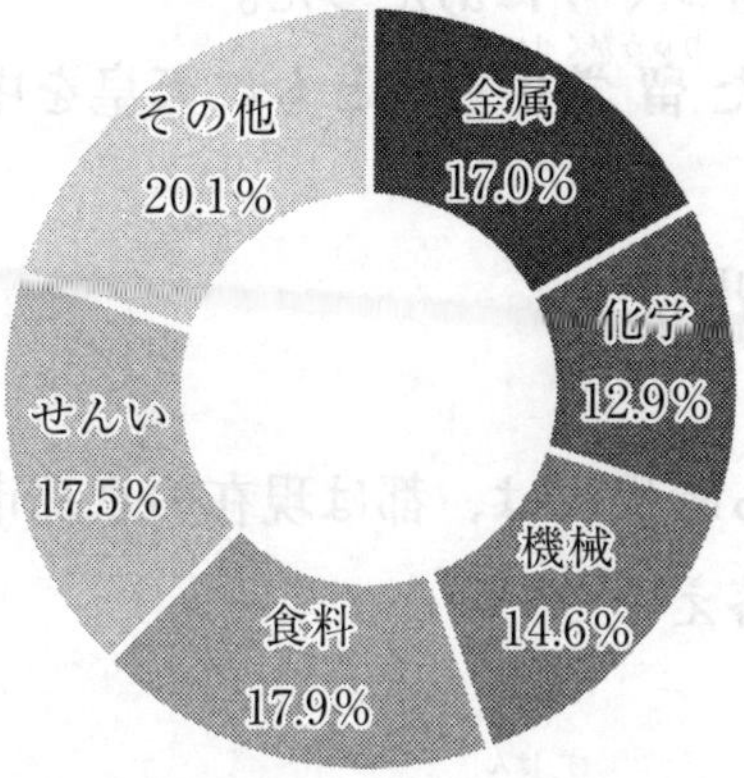

約290兆７千億円
（2012年）

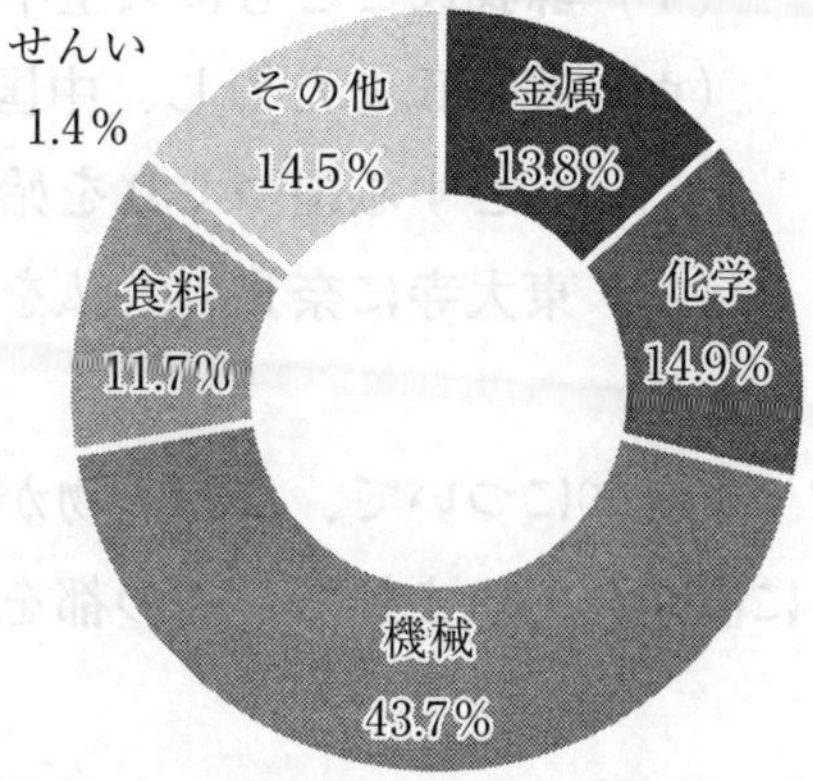

「とうけいキッズホームページ」経済産業省より

問７　下線⑦について、静岡県の浜名湖周辺では、魚が大きくなるまで人の手で育ててから出荷を行う養殖《ようしょく》業が盛んです。養殖業の利点を、簡単に説明しなさい。

2　2021年・2022年はいろいろな節目《ふしめ》の年でした。2021・2022という数字に興《きょう》味《み》を持った実《みのる》くんは歴史をいろいろ調べてみることにしました。下の表はその結果をまとめたものです。この表を見て、あとの問いに答えなさい。

①聖徳太子《しょうとくたいし》が亡くなったのは1400年前
②最澄《さいちょう》が亡くなったのは1200年前
③安倍晴明《あべのせいめい》がうまれたのは1100年前
④武田信玄《たけだしんげん》がうまれたのは500年前
ナポレオンが亡くなったのは200年前
⑤廃藩置県《はいはんちけん》が行われたのは150年前
⑥真珠湾攻撃《しんじゅわんこうげき》が行われたのは80年前

問１　下線①について、この人物について述べた文としてふさわしいものを、次の(ア)～(エ)より１つ選んで、記号で答えなさい。

（ア）その功績《こうせき》をたたえ、日本最大の古墳がつくられた。
（イ）蘇我《そが》氏とともに天皇中心の新しい国づくりにあたった。
（ウ）蘇我氏をたおし、中国から帰国した留学生《りゅうがくせい》らとともに天皇を中心とする国づくりを始めた。
（エ）東大寺に奈良の大仏をつくる詔《みことのり》を出した。

問２　下線②について、この人物が活躍《かつやく》している時代には、都は現在の京都市に置かれていました。この都を何というか答えなさい。

問３　下線③の人物が活躍した時代には、次ページの図版《ずはん》Ａのような屋しきで生活する人がいました。また、このあとの時代になると、図版Ｂのような館に暮らす人が現れました。図版Ａ・Ｂを見ながら、それぞれの問いに答えなさい。

（１）図版Ａの屋しきの建築様式《けんちくようしき》を何というか答えなさい。

（２）図版Ａの屋しきと図版Ｂの館にはどのような違いがありますか。人々の生活の違いにふれながら述べなさい。

（３）もしあなたが図版Ｂに住む人々に合った東京都内のマンションをつくるとしたら、どのような設備《せつび》にしますか。解答らんに合うように述べなさい。

図版Ａ

「小学社会６」教育出版より

図版Ｂ

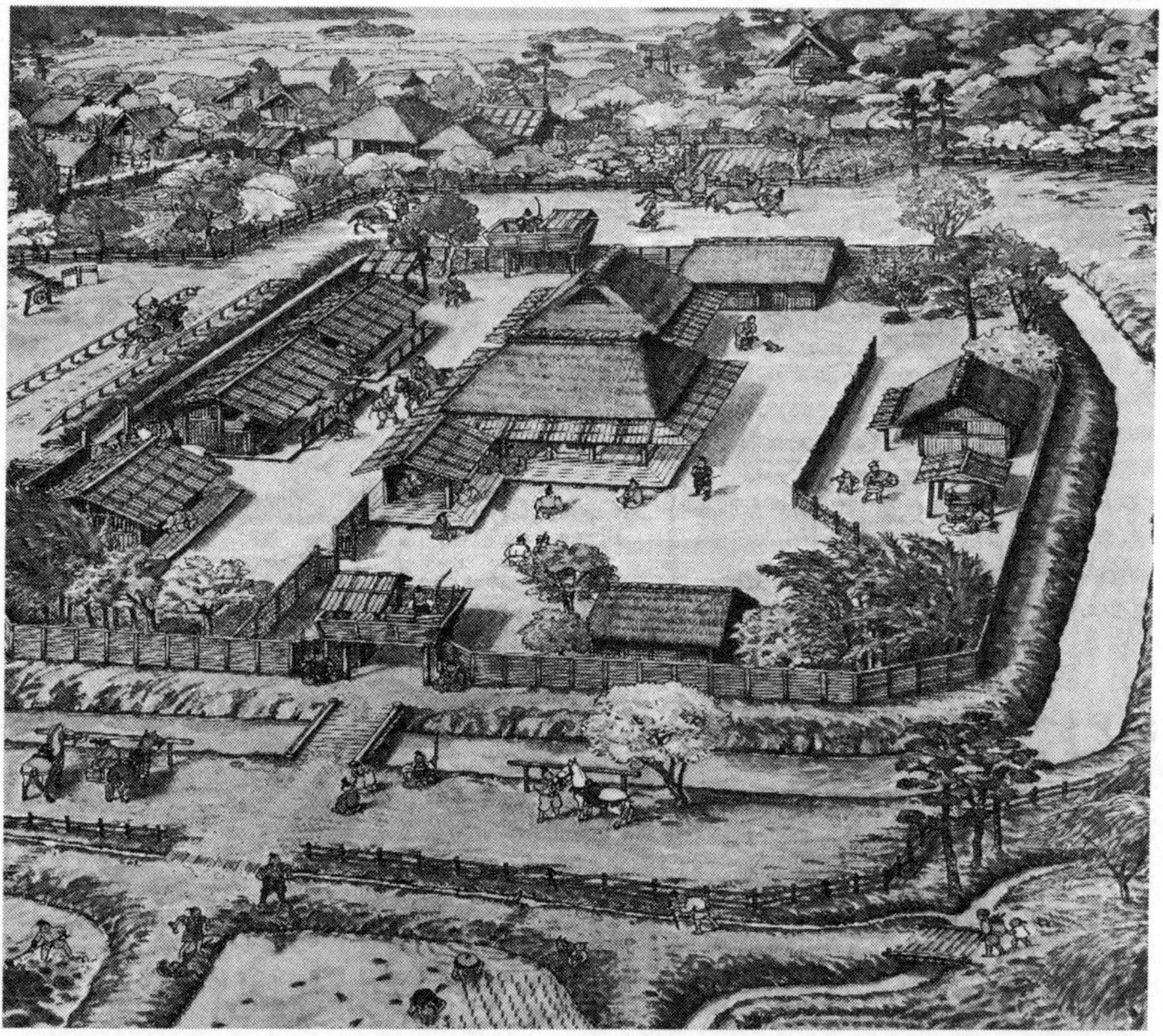

「新しい社会６　歴史編」東京書籍より

問４　下線④について、この人物の子どもが下の図版であらわされた戦いで織《お》田《だ》信長《のぶなが》に敗《やぶ》れました。この戦いの名称《めいしょう》と、織田信長が勝利した理由を、図版を参考にして説明しなさい。

「詳説日本史　改訂版」山川出版社より

問５　下線⑤について、この政策は明治時代の初めに行われました。明治時代には、漢字四字の政策《せいさく》やスローガンが多く登場しました。この時代のものとしてふさわしくないものを、次の(ア)～(エ)より１つ選んで、記号で答えなさい。

(ア)　富国強兵《ふこくきょうへい》　　(イ)　殖産興業《しょくさんこうぎょう》
(ウ)　地租改正《ちそかいせい》　　(エ)　参勤交代《さんきんこうたい》

問６　下線⑥について、この事件により始まった戦争の名称《めいしょう》を、次の(ア)～(エ)より１つ選んで、記号で答えなさい。

(ア)　太平洋戦争　　(イ)　満州事変《まんしゅうじへん》
(ウ)　日露《にちろ》戦争　　(エ)　日清《にっしん》戦争

3 次の文章を読んで、あとの問いに答えなさい。

第二次世界大戦に敗れた日本は、（　Ａ　）を中心とする連合国軍に占領《せんりょう》されました。日本政府は、その指示《しじ》のもとで、①民主的な社会をつくるための改《かい》革《かく》を次々と進めていきました。1946年には、②戦後初めて行われた選挙ののち、憲法改正法案が帝国議会《ていこくぎかい》で審議《しんぎ》、一部修正《しゅうせい》のうえ可決されました。同年11月に日本国憲法が公布《こうふ》、1947年より施行《しこう》されました。

日本国憲法の前文《ぜんぶん》には、この憲法が制定された理由や目的が書かれています。それによると、日本国憲法は、国民主権、基本的人権の尊重、平和主義の三つの基本原則から成り立っていることがわかります。現在の日本国憲法では国民が主権者《しゅけんしゃ》とされていますが、前身《ぜんしん》である大日本帝国憲法のもとでは、天皇が主権者とされていました。現在天皇は（　Ｂ　）とされ、憲法に定められた③国《こく》事行為《じこうい》のみを行っています。また、基本的人権とは、人はみなうまれながらに等《ひと》しく自由で、他人にゆずりわたしたり、侵《おか》されたりすることのない、うまれながらの権利を持っているという考え方です。この考え方は、（　Ｃ　）の原理に基づいています。そして、悲惨《ひさん》な戦争によって多くの尊《とうと》い命を失ったことから、このような戦争を二度とくり返さないという強い決意のもとに、日本国憲法では④平和主義を掲《かか》げています。

戦後の日本は1952年に独立を回復し、1956年には国際連合への加入も認《みと》められ、国際社会へ復帰しました。その後、日本は（　Ａ　）との軍事や経済の結びつきを強めながら、急速に産業を発展させて、⑤アジアで最初のオリンピック大会を開催するまでになりました。

問１　空らん（　Ａ　）～（　Ｃ　）に当てはまる語句《ごく》を、次の《語群《ごぐん》》にある(ア)～(ク)より１つずつ選んで、記号で答えなさい。

《語群》

（ア）アメリカ	（イ）イギリス	（ウ）フランス
（エ）公共《こうきょう》の福祉《ふくし》	（オ）国王	（カ）個人《こじん》の尊重
（キ）執行機関《しっこうきかん》	（ク）象徴	

問２　下線①について、改革の一環《いっかん》として、教育制度はどのように変わったか具体的《ぐたいてき》に答えなさい。

問3　下線②について述べた次のⅠ・Ⅱの文が、両方正しければ(ア)、Ⅰのみが正しければ(イ)、Ⅱのみが正しければ(ウ)、両方正しくなければ(エ)と答えなさい。

Ⅰ．選挙権を持つ人の年齢《ねんれい》が満25歳以上に引き下げられた。 Ⅱ．それまで男性にのみ選挙権が与えられていたが、女性にも選挙権が与えられた。

問4　下線③について、天皇が行う国事行為としてふさわしいものを、次の(ア)～(エ)より1つ選んで、記号で答えなさい。

(ア) 自衛隊《じえいたい》を指揮《しき》する。
(イ) 国の予算を決定する。
(ウ) 大臣《だいじん》を任命して内閣をつくる。
(エ) 国会を召集《しょうしゅう》する。

問5　下線④について、日本国憲法第9条の条文に記されていないものを、次の(ア)～(オ)よりすべて選んで、記号で答えなさい。

(ア) 戦争の放棄《ほうき》
(イ) 非核三原則《ひかくさんげんそく》
(ウ) 戦力の不保持《ふほじ》
(エ) 交戦権《こうせんけん》の否認《ひにん》
(オ) 集団的自衛権《しゅうだんてきじえいけん》の行使《こうし》

問6　下線⑤について、次のそれぞれの問いに答えなさい。

(1) このオリンピック大会が開催された都市を答えなさい。

(2) このオリンピック大会が開催された年号を西暦《せいれき》で答えなさい。

【理　科】〈第１回試験〉（社会と合わせて50分）〈満点：50点〉

1　次の文を読んで、以下の問いに答えなさい。

実践中学校１年生のたろう君は、夏休みの自由研究として、吸う空気とはき出した空気の違《ちが》いを、気体検知管を用いてそれぞれ調べました。すると下の図のような結果が得られました。なお、気体検知管は〈例〉のようにして目盛りを読みます。

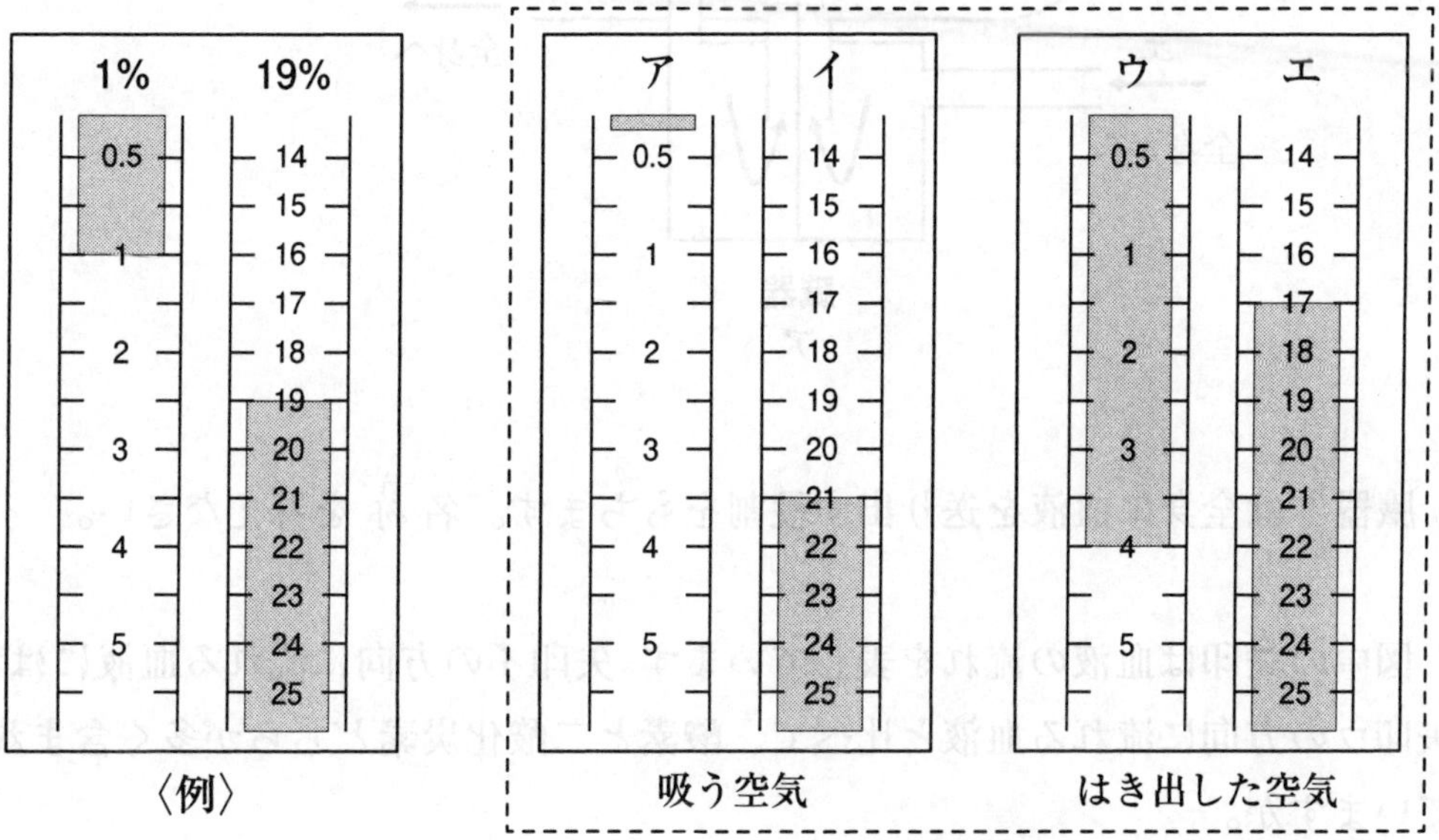

実験結果

(1) 吸う空気とはき出した空気には酸素、二酸化炭素が含《ふく》まれており、図のア～エは、酸素または二酸化炭素のどちらかの割合を表しています。酸素または二酸化炭素の割合を表すものをア～エからそれぞれ２つずつ選び、記号で答えなさい。

(2) たろう君はこの実験からわかったことを次のようにまとめました。文中の（　①　）～（　③　）に当てはまる言葉を答えなさい。

> はき出した空気は吸う空気に比べて、（　①　）は増加し、（　②　）は減少している。ヒトは空気を吸ったりはいたりすることで、体内に（　②　）の一部を取り入れ、体外に（　①　）を出している。このはたらきを（　③　）といい、肺という臓器で行われている。

たろう君は肺のはたらきをより詳《くわ》しく調べ、下図のようにまとめました。

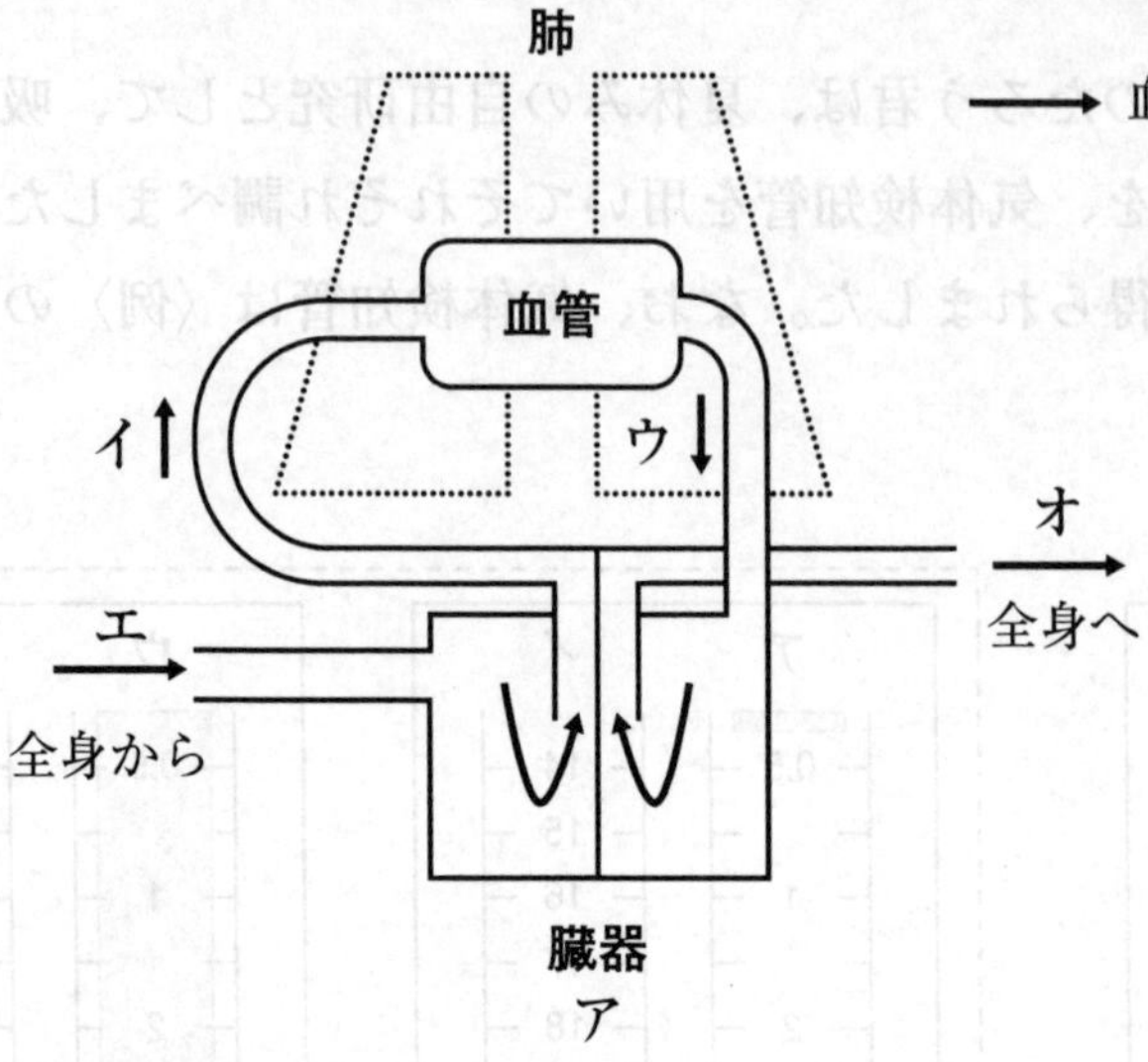

(3) 臓器アは全身に血液を送り出す役割をもちます。名称《しょう》を答えなさい。

(4) 図中の矢印は血液の流れを表しています。矢印イの方向に流れる血液には、矢印ウの方向に流れる血液と比べて、酸素と二酸化炭素どちらが多く含まれていますか。

(5) 矢印オの方向に流れる血液には、矢印エの方向に流れる血液と比べて、酸素と二酸化炭素どちらが多く含まれていますか。

(6) 激しい運動をした後では、運動する前と比べて、矢印エの方向に流れる血液に含まれる二酸化炭素の量はどう変化しますか。

2 理科の授業中の会話について、以下の問いに答えなさい。

先生「こんにちは。今日の授業は水と食塩水の性質を調べる実験をしたいと思います。それでは、水と食塩を用意してください。水は蒸留水を使ってくださいね。」

実君《みのるくん》「はい。わかりました。」

先生「では、水１Ｌに食塩300ｇを溶《と》かして食塩水をつくってください。」

実君「はい。全て溶けました。」

先生「溶けたようですね。ところで、食塩水はとう明になっていますが、食塩の白い粒《つぶ》はどうなったのですか。」

実君「［①］。」

先生「そうですね。では、水と食塩水をそれぞれ別の蒸発皿に入れて、加熱してください。」

実君「はい。先生、蒸発をさせたら、［②］の方に白い粒が残りました。」

先生「そうですね。では、次に水と食塩水をそれぞれ凍《こお》らせてみてください。」

実君「先生。［③］の方が先に凍りました。」

先生「そうですね。これは、水の中に食塩が溶けていると、水が凍るのを食塩によってじゃまされるからです。ですから、［③］の方が先に凍るのです。」

実君「凍る時間が違うのは不思議ですね。」

先生「さて、あと５つの実験があるので、それぞれ実験をしてください。そして、実験が終わったら、実験の結果をまとめてください。結果をまとめることは、とても大切ですからね。」

実君「はーい、わかりました。」

(1) ①について、食塩を水に溶かすと、その水溶液がとう明になる理由として、最も適当なものを、次のア～エから１つ選び、記号で答えなさい。

ア．食塩が目に見えないくらいの小さな粒に分かれた。

イ．水によって、食塩が消えてなくなった。

ウ．水に溶けると食塩が気体になって、空気の中に混ざった。

エ．食塩が水に変化した。

(2) ②と③について、適するのは「水・食塩水」のどちらですか。それぞれ答えなさい。

(3) 下線部について、先生の用意した実験は以下の5つでした。

実験 1 ：BTB溶液を入れる
水と食塩水それぞれに、BTB溶液を入れて、変化を見る

実験 2 ：赤色リトマス紙につける
水と食塩水それぞれを、赤色リトマス紙につけて、変化を見る

実験 3 ：電流を流す
水と食塩水それぞれに、電流が流れるか調べる

実験 4 ：水酸化ナトリウム水溶液を入れる
水と食塩水それぞれに、水酸化ナトリウム水溶液を入れて、変化を見る

実験 5 ：ゆでたまごを入れる
水と食塩水それぞれに、ゆでたまごを浮《う》かべて、ようすを見る

《問》5つの実験の中では、水と食塩水で違いの見られたものが2つと、違いが見られなかったものが3つありました。

このうち、水と食塩水で違いがあったと思われる実験を2つ選び、結果を下の例のようにまとめなさい。

【実験とまとめ方の例】

実験 0 ：せっけん水を入れる
水と食塩水それぞれに、せっけん水を入れ、変化を見る

	実験番号（0）
水	（　変化はなかった　）
食塩水	（　白いかたまりができた　）

3 ４つのばねＡ、Ｂ、Ｃ、Ｄがあります。ばねＡ、Ｂにいろいろな重さのおもりをつるして、おもりの重さとばねの長さの関係を調べたところ、下の表のようになりました。以下の問いに答えなさい。ただし、ばねの重さは無視できるものとします。

おもりの重さ〔g〕	10	20	30	40	50	60
ばねＡの長さ〔cm〕	7.0	8.0	9.0	10	11	12
ばねＢの長さ〔cm〕	6.2	7.0	7.8	8.6	9.4	10.2

(1) ばねＡに85ｇのおもりをつるしたとき、ばねＡの長さは何 cm になりますか。

(2) おもりをつるしていないときのばねＢの長さは何 cm になりますか。

(3) ばねＢの長さが14.6 cm のとき、つるしたおもりの重さは何ｇになりますか。

(4) ばねＣに30ｇのおもりをつるしたときのばねの長さは16 cm、70ｇのおもりをつるしたときのばねの長さは21 cm でした。さらにこのばねを１cm のばすにはおもりの重さを何ｇ増やせばよいですか。

(5) おもりの重さとばねＤののびの関係を調べたところ、次ページのグラフのようになりました。

たてじくをばねの長さにしたとき、グラフはどのようになりますか。解答用紙にグラフのようすを書きなさい。ただし、おもりをつるしていないときのばねＤの長さは４cm とします。

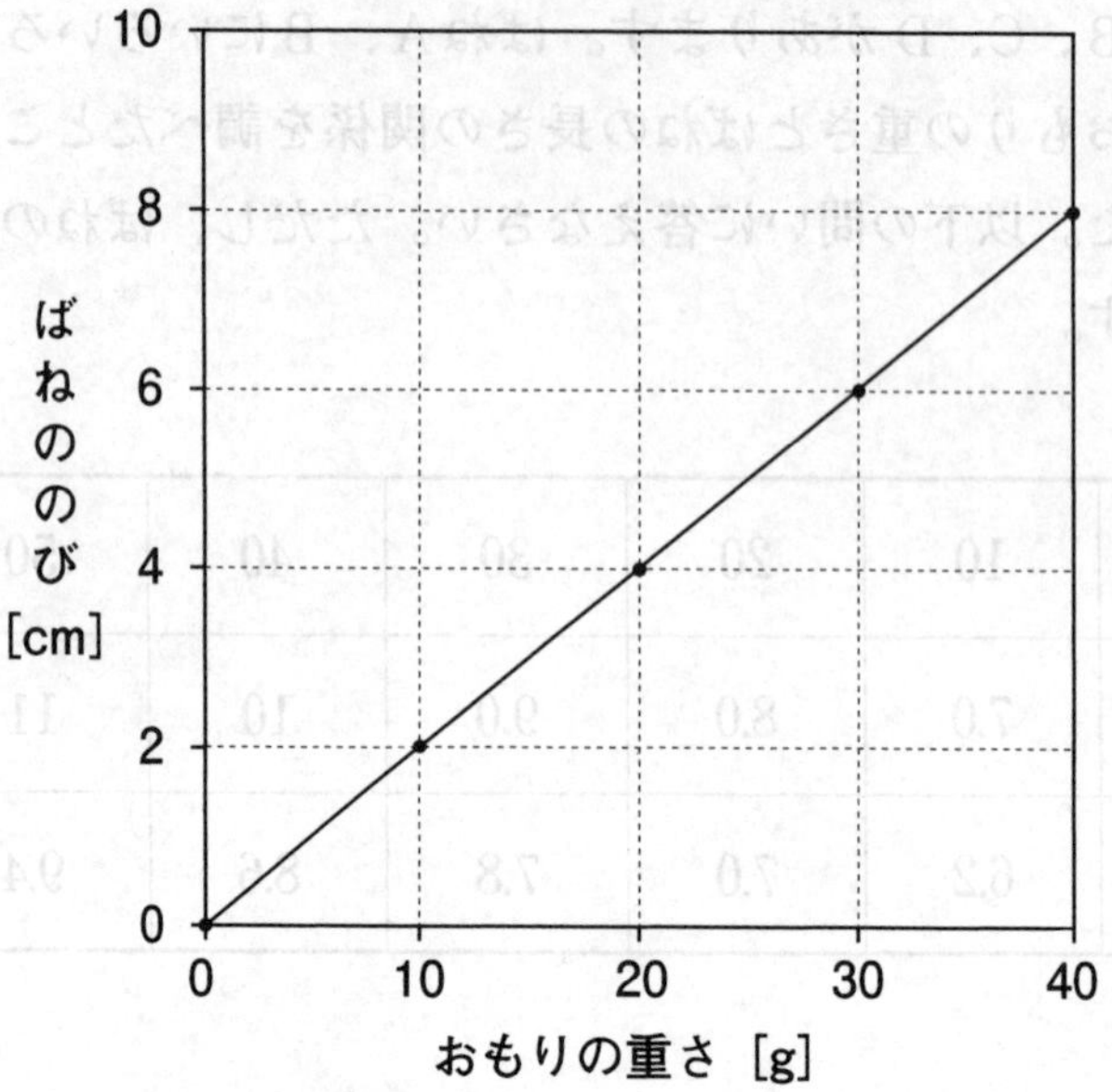

4 次の文を読んで、以下の問いに答えなさい。

　地震《じしん》が発生すると、はじめは小さなゆれを感じるが、しばらくすると大きなゆれを感じるようになります。これは地震のゆれを引き起こす波が２種類あることによって起こる現象です。

　はじめの小さなゆれは「Ｐ波」による「初期微動《びどう》」といい、あとから来る大きなゆれは「Ｓ波」による「主要動」といいます。

　下の図の各地点において、以下のような地震が観測されました。

地震の発生した場所から96 km はなれた観測点Ａでは、初期微動が９時10分26秒に、主要動が９時10分42秒に観測されました。観測点Ｂでは主要動が９時10分30秒に観測されました。なお、Ｐ波の速さは秒速６km でした。

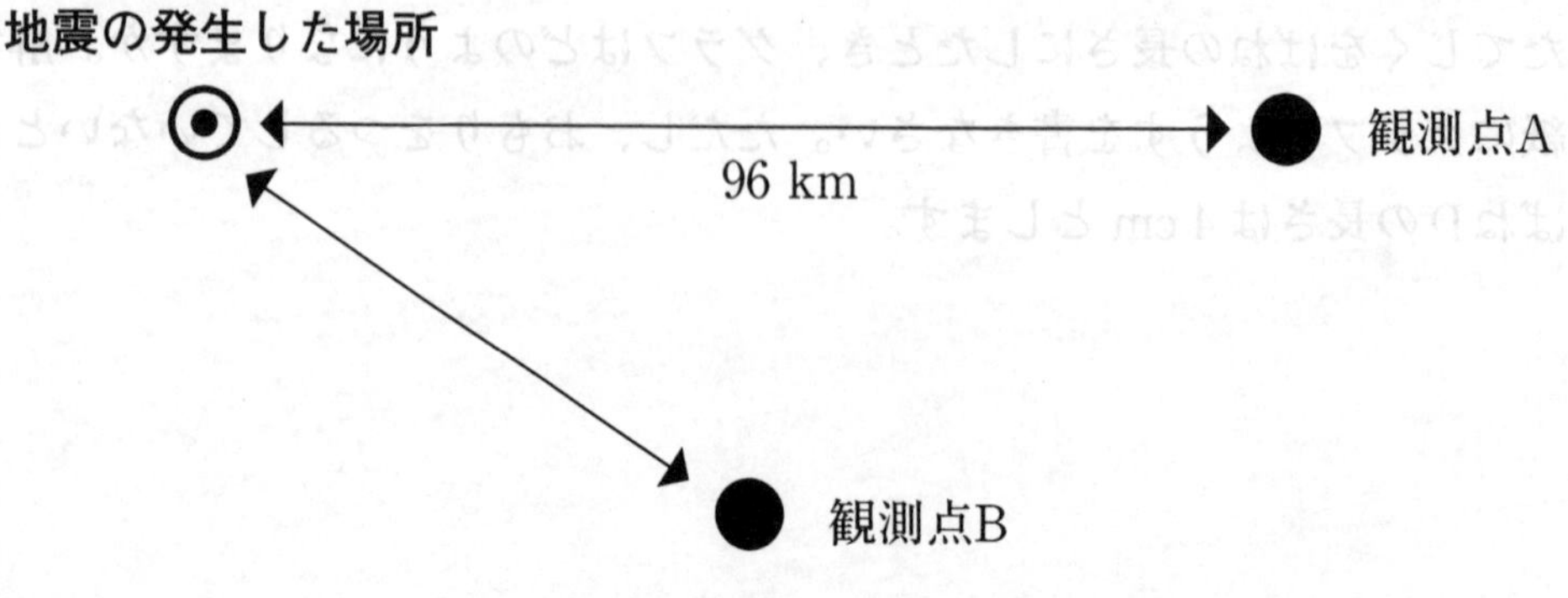

(1) 地震の発生した場所を何というか答えなさい。

(2) 地震の発生した場所から観測点Aに、P波が伝わるまでにかかる時間は何秒ですか。

(3) S波の速さは秒速何 km か答えなさい。

(4) 地震の発生した場所から観測点Bまでの距離《きょり》は何 km か答えなさい。

(5) 次の文の□に当てはまる言葉を答えなさい。

2011年に起きた東北地方太平洋沖《おき》地震では、海で発生した□によって、街や原子力発電所が大きな被害《ひがい》を受けました。

問八 ――線部⑤「ペチュニアとペンタスの原産地って、どこだっけ？」とありますが、なぜ「ぼく」はこのようなことを聞いたのですか。その説明として最も適切なものを次の中から一つ選び、記号で答えなさい。

ア　険悪なムードが残る自分たちの様子を、会話をすることで少しでも和《やわ》らげようと考えたから。
イ　人によってやり方が微妙にちがうように、原産地によっても肥料の割合が変わってくるから。
ウ　原産地の環境によって必要な水の量が変わるため、自分たちの水やりが原因だと思ったから。
エ　思いついた疑問を口にすることで、自分の考えをまとめて、二人を説得しようと試みたから。

問九 ――線部⑥「言い終えたら、手がふるえた」とありますが、なぜ「手がふるえた」のですか。その理由を、「ぼく」の気持ちに注意して六十字以内で説明しなさい。

問十 本文の内容と一致するものを次の中から一つ選び、記号で答えなさい。

ア　正門の花壇のペチュニアとペンタスが枯れていた原因は、香取先輩やヨワキーにも分からなかった。
イ　図書館にある園芸の本の通りにすれば、必ず花を救えると考えていた阪田の判断は正しかった。
ウ　「ぼく」は、単純な水やりでもコツがつかめるまで三年かかるくらい難しいものだと知っておどろいた。
エ　栽培委員としての責任感を持っていなかった主人公たちは、植物について何も知ろうとしなかった。

問六　――線部③「ふっと力を抜いた」とありますが、それはなぜですか。その理由として最も適切なものを次の中から一つ選び、記号で答えなさい。

ア　連休中に水やりをしなかった阪田に腹は立ったが、彼の言葉に納得して、一度冷静になろうと考えたから。

イ　阪田は花壇の花について少しも関心を持っていなかったため、これ以上話をしても仕方がないと考えたから。

ウ　阪田と直接話していてもケンカになるだけで、その場に居合わせた「ぼく」が何とかしてくれると考えたから。

エ　自分たちだけでは花を救う方法が思いつきそうもないので、早く香取先輩に会いに行きたいと考えたから。

問七　――線部④「微生物が活発に動き始めて、いい土ができる」とありますが、それはなぜですか。その理由として最も適切なものを次の中から一つ選び、記号で答えなさい。

ア　微生物が活発に動き始めることで、根にためられている植物のエネルギー源の糖が土の中に溶けだすから。

イ　微生物が活発に動き始めることで、植物に行くはずの栄養が少なくなり、人が肥料で補うようになるから。

ウ　微生物が活発に動き始めることで、地上の動物の行動も活発になり、結果的に地面を耕すことになるから。

エ　微生物が活発に動き始めることで、植物が光合成ではつくりだせない栄養素が土の中にたくさん入るから。

問三 ――線部ｂ「相づちを打（つ）」、ｃ「盲点を突かれた」の語句の文中の意味として、最も適切なものを一つずつ選び、それぞれ記号で答えなさい。

ｂ「相づちを打（つ）」

ア 相手の機嫌《きげん》をとること。
イ 相手に関心を示さないこと。
ウ 相手を強く非難すること。
エ 相手の話に合わせること。

ｃ「盲点を突かれた」

ア 自分の触れてほしくないことをあばかれた。
イ 自分の気が付かなかったことを指摘《してき》された。
ウ 自分の考えていたことを言い当てられた。
エ 自分の苦手としていることを責められた。

問四 本文中の【 Ⅰ 】～【 Ⅳ 】に入る語として、最も適切なものを次の中から一つずつ選び、それぞれ記号で答えなさい。（同じ記号は二度用いないこと）

ア じっとり　イ すっきり　ウ きっと　エ つらつらと

問五 ――線部①「菊池さんは顔をしかめた」、――線部②「菊池さんが、むっとした」とありますが、それぞれ「菊池さん」のどのような気持ちを表していますか。最も適切なものを次の中から一つずつ選び、それぞれ記号で答えなさい。（同じ記号は二度用いないこと）

ア 余計な注意をする安田先生に対して怒る気持ち。
イ 自分に言い返した「ぼく」にイライラする気持ち。
ウ のんきな様子の阪田を不快に思う気持ち。
エ 花壇の花の様子が心配でとまどう気持ち。

注※　ペチュニアとペンタス……正門の花壇に植えられている花の名前。五月の連休前にホームセンターで苗《なえ》を買ってきて、主人公たちが花壇に植えた。

ミニバスケでにらまれた…菊池は、小学生の時に参加していたミニバスケットボールクラブを、上級生との言い争いが原因でやめている。

ヨワキー……栽培委員会の顧問《こもん》である早川先生のあだな。

天地返し……表面の土と深いところの土を入れかえること。花壇の「天地返し」が栽培委員の最初の仕事だった。

問一　〰〰線部A～Eのカタカナは漢字に直し、漢字は読み方をひらがなで書きなさい。

問二　═線部a「背筋が冷える」は「恐怖で体がふるえあがる」という意味の慣用句です。次の(1)～(5)はそれぞれ、「背筋が冷える」のように体の一部を用いた慣用句です。下に書かれた意味を参考にして、□に入る体の一部をそれぞれ答えなさい。

(1) □を落とす　意味：落ち込《こ》む
(2) □が高い　意味：得意である
(3) □を巻く　意味：おどろき感心する
(4) □を洗う　意味：悪い生活や仕事をやめる
(5) □が痛い　意味：自分の欠点を言われてつらい

ぼくは、本から顔を上げた。

「あの、さ、もしかして枯れたのは水やりが原因ってことはないかな？　原産地によって、たくさん水がいるのか、いらないのかがわかるみたいなんだけど……」

⑥言い終えたら、手がふるえた。こぶしをにぎって、ごまかす。

菊池さんが、ページをめくる手を止めた。

「ちょっと待って」

読んでいた本を脇《わき》によけ、テーブルに積んであった『草花図鑑《ずかん》』をめくる。

「えっと、ペチュニアの原産地は南アメリカ中東部の亜熱帯《あねったい》から温帯《おんたい》。雨が続くと、灰色かび病が発生する」

またページをめくる。

「ペンタスの原産地は、熱帯の東アフリカからイエメン。蒸れに弱いので、風通しや水はけが悪いと、灰色かび病や立枯病《たちがれびょう》になる」

菊池さんの声のトーンが下がった。

「今朝、花壇の土、湿《しめ》ってた……」

放課後、ぼくたちは正門の花壇を見に行った。黒褐色《くろかっしょく》の土に触《ふ》れると、【　Ⅳ　】湿っている。水は足りていたんだ。なのに、機械的に毎日水をやっていた。ぼくは水さえやれば、植物は育つと思いこんでいた。「育たなかったら、ぼくたちのせいだ」とか思っていたくせに、植物について知ろうとしなかった。

相手を知らなければ、健康に育てることなんてできないのに――。

ぼくはマスクに手をやった。

（ささきあり『天地ダイアリー』より）

本で解説される土づくりや植えつけ、肥料の扱いはほとんどがヨワキーが言っていたのと同じだったけど、肥料の割合や土にCマゼるタイミングなんかは微妙《びみょう》にちがうので、人によってやり方があるのだろう。

ペチュニアやペンタスが枯れたのは、必要な栄養分が足りないせいだろうか。だとしたら、なにが足りないんだろう。どんな肥料をあげるといいのだろう。

そんなことを考えながらページをめくって、「水やり三年」という見出しに手がとまった。「植物への水やりのコツは、三年かかって、やっとつかめる」とある。

へ？　水やりって、そんなに難しいの？

どの植物にもDコキョウがあり、E乾燥地で自生していたものがあれば、湿地《しっち》で自生していたものもあり、その環境に応じて水を多く欲しがるものと、そうでないものがある。また、植物は生育時期によって、必要とする水の量がちがう。勢いよく伸《の》びる時期とそうでない時期、土の種類や天候、季節によっても状態は変わるから、「植物の顔を見ながら水やりをしなければならない」ということが、【　Ⅲ　】書かれていた。

ぼくははっとした。浮《う》かんだ疑問が口をついて出る。

「⑤ペチュニアとペンタスの原産地って、どこだっけ？」

菊池さんと阪田が、「急になに言ってんの？」という顔をした。

ぼくはふたりの視線をさけて、うつむいた。

「いや……、なんでもない」

なにを言おうとしてんだ。へたなこと言って、空回りしたくないだろ。はっきり、それが原因だと断定できたわけでもないのに、言って人を動かしてちがったら、責任を取れないだろ。だまって聞いていればいいんだ。

そう自分に言い聞かせたものの、抑《おさ》えきれない思いが心の中でくすぶる。

でも、もしもぼくの思う原因が当たっていたら？　枯れた原因を突きとめなければ、正門の花はこのまま死んでしまうかもしれない――。

「そうだね。昼休み、図書室に行ってみる」

ぼくもうなずくと、阪田はほっとしたように口はしを持ちあげた。

昼休み、ぼくたち三人は南棟三階の図書室に行った。壁《かべ》まわりに背の高い本棚《ほんだな》、図書室の中ほどに背の低い本棚が並び、窓のそばや中央の柱まわりに、テーブル席がある。

「こっち」

阪田が慣れた感じで、奥《おく》の本棚に向かった。

壁に近い本棚に、花やきのこなど植物に関する本と並んで『園芸入門』『ガーデンライフ』といった園芸関係の本がある。

ぼくは『園芸入門』を持って、テーブル席についた。となりに菊池さん、向かいに阪田がすわり、それぞれが持ってきた本をめくり始める。

『園芸入門』は植物の基礎《きそ》知識にはじまり、園芸方法の解説につながっていた。

そもそも「植物を元気に育てるには、光合成を行える環境《かんきょう》が必要」とある。植物は二酸化炭素と水を吸収し、太陽の光を使って糖《とう》と酸素をつくりだす。この糖が、植物が生きていくエネルギー源になるという。

正門の花壇は南向きで日あたりはいいし、水やりもしているから、光合成を行う環境としては問題ないはずだ。

また植物は、光合成でつくりだせない成分を土から吸いあげて、葉や花や実といった体をつくるのに使う。微生物《びせいぶつ》が、落ち葉や動物のフンや死骸《しがい》なんかを分解すると、それらに含《ふく》まれていた栄養素が土の中に入る。その栄養素こそ、植物が成長するときに必要な成分なので、人が植物を育てるときは肥料《ひりょう》で補うのだという。

そうか。それで※ヨワキーは、※天地返しをすると「④微生物が活発に動き始めて、いい土ができる」とか言っていたのか。

菊池さんはなにか言い返そうとして、③ふっと力を抜《ぬ》いた。

「……そうだね」

阪田が、つかんでいた菊池さんの腕を放した。安心したのか、はーっと深いため息をついて、メガネを押しあげる。

ああ、そうか。

阪田が菊池さんにきつくあたった裏には、心配する気持ちもあったのだろう。※ミニバスケでにらまれたのは、菊池さんが阪田のお姉さんをかばったのが原因だったようだし、小さいころから菊池さんを見てきて、そんなことしなければ損しないのにとか、思っていたのかもしれない。

阪田がぼくを見た。

「水やり当番、さぼって悪かった。バレーボール部の試合があったんだ」

阪田は菊池さんにはあやまりづらいから、ぼくに言ったんだろう。

「バレーボール部に入ったの？」

ぼくの問いに、阪田がうなずく。

「試合の見学をしてきた」

菊池さんはふうんと気のないｂ相づちを打ちながら、ボブの横髪《よこがみ》を耳にかけた。Ａ組に向かって歩きだす。

阪田が菊池さんの背中に話しかけた。

「図書室に園芸の本があった。あれを見たら、少しは参考になるんじゃないか？」

菊池さんが「え？」と、ふり向いた。阪田が続ける。

「マニュアルどおりにはいかないこともあるだろうけど、手探りでやるよりはマシだと思う」

あっと、ぼくの口から声がもれた。

ｃ盲点《もうてん》を突《つ》かれたような気がした。園芸の本を見るなんて、考えもしなかった。

少し間があいて、菊池さんがうなずいた。

のA違反で、安田先生ににらまれるのは嫌《いや》だった。

②菊池さんが、むっとした。

「そうだけど、委員会の話なんだから、いいでしょ」

「そうかなあ」

煮《に》えきらないぼくのBタイドに腹が立ったらしい。菊池さんの口調がきつくなった。

「いいよ、わたしひとりで行くから！」

すっとa背筋が冷える。どうしよう。おこらせてしまった。

ぼくはうつむいて、マスクを触《さわ》った。

と、阪田の声がした。

「おっ、どっかいくの？」

顔を上げると、階段を上がってきた阪田と、下りようとしていた菊池さんが向かいあっていた。

「どっかって……のんきだな。正門の花が枯《か》れそうなの、見なかった？」

「ああ、しかたがないよな」

「しかたがない？　って、水やりにも来ない人に、言われたくない！　こんなに早く枯れちゃうのは、わたしたちの世話のしかたが悪いからでしょ。香取先輩に相談して、なんとかしなきゃ」

横を通りすぎようとした菊池さんの腕《うで》を、阪田がつかんだ。

「玲奈、なに熱くなってんだよ？」

菊池さんが【　Ⅱ　】、顔を上げる。

「枯らしたくないだけだよ」

「それはわかったけど、少し落ちつけって。勢いで行動する前に、ひと呼吸おけよ。だれかににらまれるようなこと、進んでやることないだろ？　自分を盾《たて》にするような方法も選ぶな。解決策はひとつじゃないんだからさ」

二 次の文章を読んで、あとの問いに答えなさい。（答えに字数制限がある場合には、句読点・記号等も一字として数えなさい。）

> 主人公の木下《きのした》広葉《ひろは》（「ぼく」）は、潮風《しおかぜ》第一中学校の一年生である。
> 同じ一年A組の菊池《きくち》玲奈《れな》、阪田《さかた》寛大《かんだい》とともに、学校内の植物の世話をする栽培《さいばい》委員を務めている。
> 彼《かれ》らは、三年生の香取《かとり》先輩《せんぱい》らとともに正門の花壇《かだん》の世話をすることになった。

連休明けの朝は、起きるのがつらかった。

ぼくの気分とは裏腹に、夕べまで降っていた雨は上がり、空は【 I 】晴れわたっている。だるい体を無理やり押《お》し進めていくと、正門の花壇が見えてきた。

「え……」

花壇の前で、足が止まった。

一部の※ペチュニアとペンタスの葉に、水がしみたような茶色い斑点《はんてん》が出ている。

これ、まずいんじゃない？

ぼくはいつもより早足で、北棟《とう》の四階までのぼった。軽く息が切れる。

ちょうどろうかの向こうから、菊池さんがやってきた。ぼくに気づいて口を開く。

「花壇の花、見た？」

うなずくと、①菊池さんは顔をしかめた。

「わたし、香取先輩のところに行くけど、いっしょに来る？」

「え、ほかの学年の教室に行くのは禁止じゃ……」

連休前、一年の教室に来た二年の先輩が、生活指導の安田《やすだ》先生に注意されているのを見かけた。その程度

問九　――線部⑥「『創発』」とありますが、これはどのような現象のことですか。五十字以内で説明しなさい。

問十　本文の内容と一致するものを次の中から二つ選び、記号で答えなさい。

ア　現代の発達した文明は、西洋哲学と近代科学によるものだが、このままでは地球が崩壊するため、新たな発想が求められている。

イ　「地球の限界」を迎《むか》えないために、０か１かを厳しく判断する西洋発の「排中律」という概念が必要だ。

ウ　デジタル社会やＳＮＳの空間では、どこに属するか、仲間か仲間でないかが大事なため、「容中律」という概念が重要である。

エ　今は英語の時代であるが、同時通訳機が登場したことにより、フランス語やスペイン語の時代に変わりつつある。

オ　小さなアリたちが立派な巣を作ることができるのは、その一匹一匹が優《すぐ》れた脳や神経細胞を持っているからである。

カ　人間の未来は、おとなよりもＡＩを使える頭脳をもった若者たちが、ＡＩを利用してどのような創造をしていくかにかかっている。

問五　――線部③「世界は行き詰まりを見せています」とありますが、その原因となる考え方は何ですか。最も適切なものを次の中から一つ選び、記号で答えなさい。

ア　東洋哲学の中にある、肯定でも否定でもなく、肯定でも否定でもある、とする考え方。
イ　どのような命題も真か偽かのいずれかであり、その中間を許さない西洋発の考え方。
ウ　20世紀前半から西田幾多郎や和辻哲郎らが唱えた、人間と自然を一体化して捉える考え方。
エ　人間以外の生物にも主体性があり、環境と生物は相互に影響を与え合っているという考え方。

問六　[X]には次のア～ウの文が入ります。正しい順番に並べ替えて、解答欄《かいとうらん》に合うように記号で答えなさい。

ア　たった一つの正解に至らなくても、決定的に不正解に陥《おちい》らなければ、戦争も起きないし、命も失われません。
イ　世界は本来、「実は正解がいくつもある」というものに満ちています。
ウ　それが分断につながっています。

問七　――線部④「0か1かという発想」とありますが、これと反対の考え方を示す六字の表現を、文中よりぬき出して答えなさい。

問八　――線部⑤「まだ」は文中のどの部分にかかっていますか。適切なものを次の中から一つ選び、記号で答えなさい。

ア　変換された　　　イ　読んでいるだけですが
ウ　進歩すれば　　　エ　対話までできるようになるかもしれません

アルゴリズム……コンピュータが、ある問題を解決するために行う手続き・手順のこと。
秩序…………社会での望ましい順序や決まりのこと。
ユートピア……理想の社会のこと。

問一 〰〰線部A～Eのカタカナは漢字に直し、漢字は読み方をひらがなで書きなさい。

問二 本文中の【Ⅰ】～【Ⅲ】に入る語として最も適切なものを、次の中から一つずつ選び、それぞれ記号で答えなさい。

ア だから　イ なぜなら　ウ しかし　エ たとえば

問三 ――線部①「主体と客体」とありますが、「主体」と「客体」の文中での内容を、これより前の部分から、それぞれ漢字二字でぬき出して答えなさい。

問四 ――線部②「プラネタリー・バウンダリー」の説明として適切でないものを、次の中から一つ選び、記号で答えなさい。

ア 「地球の限界」といえるもので、今までで九つの項目のうち四つが境界を越えたとされているもの。
イ 「地球の限界」といえるもので、その限界点を越えると取り返しのつかない環境変化が生じるもの。
ウ 「地球の限界」といえるもので、その限界点を越えなかったら、この先も人類を繁栄させ得るもの。
エ 「地球の限界」といえるもので、その限界点を越えなければ、人類の将来の発展が見込めないもの。

ができれば、それが新しい時代を生み出すことになるでしょう。

ぼくたちおとなは、今の自分たちの頭の中にあるものからしか未来を創造できません。今の若者たちは、ぼくたちより※ＡＩを使える頭脳をもっています。人間の頭で考えられること以上のものをつくり出す可能性がある。【　Ⅱ　】、囲碁《いご》も、目的をもって新たな※アルゴリズムをつくる作業を得意とするＡＩのほうがうまいですね。⑥「創発」という言葉を聞いたことがありますか？　たとえば、一匹《いっぴき》一匹のアリがしていることをそれぞれ見ると、とても単純なことをしているように見えます。【　Ⅲ　】、個々の動きが相互に作用することで、立派な巣が出来上がり防衛も子育てもＥブンタンできるという、全体では思いもよらない高度な※秩序《ちつじょ》が生まれる。脳についても一つひとつの神経細胞《さいぼう》がやっていることは単純な電気刺激《しげき》の受け渡《わた》しですが、脳全体で見れば途方《とほう》もない知的な活動をしています。そういう現象を「創発」と呼び、生物学、情報科学、社会学などさまざまな分野で引用されていますが、ＡＩを利用した創造を繰《く》り返していけば、どこかで、思いがけない「創発」が起こるかもしれません。

人間の未来は、とんでもない方向に進む可能性もはらんでいるけれど、※ユートピアに行き着く可能性も大いにある。ぼくはそう思っています。

（山極寿一『スマホを捨てたい子どもたち』より）

注※　概念　……………考え方。
命題　……………お題、テーマ。
西田幾多郎　………哲学者。一八七〇年～一九四五年。
和辻哲郎　…………哲学者。一八八九年～一九六〇年。
ＳＮＳ　……………「ソーシャルネットワーキングサービス」の略。人と人をネットワークでつなぐサービスのこと。
ＡＩ　………………コンピュータがもつ人工知能のこと。

物種は相互《そうご》に影響《えいきょう》を与《あた》え合って「生活の場」をつくっていると主張していました。

「移民か、移民でないのか」「アメリカに利するものかそうでないか」「Bテキか味方か」「お前はどっちか」と迫《せま》るアメリカのトランプ大統領の発想はまさに排中律です。「どちらでもある」ということが言えれば世界は変わるのに、それができずに、③世界は行き詰《づ》まりを見せています。【 Ⅰ 】、それを解決する手段として「容中律」という哲学、科学のあり方が模索《もさく》されているのでしょう。

今、世界はとことん正解しか求めません。

X

考えてみれば、今のデジタル社会も、④0か1かという発想でつくられています。その中間も、「どちらも」という考え方も許されません。それも排中律の概念にC基づくもので、だからデジタル空間には「間」がありません。「仲間なのか、仲間ではないのか」と迫る※SNSの世界がまさにそうでしょう。仲間でありつつ仲間でないという発想がなぜできないのか。どちらにも属するかもしれないし、どちらにも属さないかもしれないという「間」の発想が世間一般《いっぱん》に広がれば、もっといろいろなことが楽になるはずです。ネットワーク社会の特徴《とくちょう》である点と点とのつながりを、弱点ではなく利点として応用すればいいのです。

科学技術と同じく、ネガティブな方向に使われ始めてしまった「言葉」も、人間は変えることができるのではないかと思っています。むしろ、ぼくたちは言葉の壁《かべ》を越える技術をもたなくてはいけない。たとえば、今は⑤まだ同時通訳機は、文字に変換《へんかん》されたものを機械が読んでいるだけですが、技術が進歩すれば、ひょっとしたら対話までできるようになるかもしれません。

今は英語の時代といわれていますが、これからどれくらい続くかわかりません。１００年前までの日本は漢文の時代だったし、世界ではフランス語、スペイン語の時代もありました。同時通訳機が登場して、英語すら学ぶ必要がなくなる可能性もあります。言語が均質化するのではなく、文化や歴史を背負ったまま言語が通じるグローバル化が進むかもしれません。経済はいち早くグローバル化しましたが、文化の壁を乗り越えることはまだできていません。その境界をうまく溶《と》かして世界をDチョウワさせる方策を手に入れること

二〇二二年度 実践学園中学校

【国　語】〈第一回試験〉（四五分）〈満点：一〇〇点〉

一　次の文章を読んで、あとの問いに答えなさい。（答えに字数制限がある場合には、句読点・記号等も一字として数えなさい。）

今、日本でも欧米《おうべい》でも、西洋哲学《てつがく》と近代科学を唯一《ゆいいつ》のよりどころとして文明を推《お》し進めてきたことを反省しようという動きが強まっています。早急《さっきゅう》に新たな発想を取り入れていかないと地球は崩壊《ほうかい》してしまう、と。西洋哲学は、主体性をもっているのは人間だけであるというスタンスです。近代科学にとって、環境《かんきょう》は人間が管理するものです。環境を変えることで人間にA都合のよい世界をつくっていくことが大事であり、技術はそのためにあるという考えです。こうして①主体と客体をはっきり分け、自然を管理してきた結果、今日のような大規模な自然破壊《はかい》が起きました。②プラネタリー・バウンダリーという言葉を聞いたことがあるでしょうか。これは、「地球の限界」ともいえるもので、「それを越《こ》えなければ人類は将来も発展と繁栄《はんえい》を続けられるが、越えると、急激な、あるいは取り返しのつかない環境変化が生じる可能性がある」境界のこと。今すでに九つの項目《こうもく》のうち四つが境界を越えたとされています。

こうした中で注目されているのが、東洋哲学の中にある「容中律《ようちゅうりつ》」（肯定《こうてい》でも否定でもなく、肯定でも否定でもある、とする論理）の※概念《がいねん》なのです。これは、0か1、その間を許さない西洋発の概念「排中律《はいちゅうりつ》」（どのような※命題も真か偽《ぎ》のいずれかであるとする論理）の逆を行くもので、わかりやすくいえば、両方の存在を許すことです。日本には、20世紀の前半から、※西田《にしだ》幾多郎《きたろう》や※和辻《わつじ》哲郎《てつろう》ら、人間と自然を一体化して捉《とら》える学者が登場していました。ぼくの大師匠《だいししょう》の今西さんも、人間以外の生物にも主体性があり、環境と生

2022年度 実践学園中学校 ▶解説と解答

算　数　＜第１回試験＞（45分）＜満点：100点＞

解　答

1 (1) 4343　(2) $\frac{5}{12}$　(3) 1.7　(4) $\frac{13}{14}$　(5) 15.7　(6) 3　(7) 30　(8) 74.2 m^2　(9) 40倍　(10) 1870円　**2** (1) 21　(2) 12個　(3) 6通り　(4) 24枚　(5) 36km　(6) 21.5cm^2　**3** あ 約240枚　い 約46％　う 約190本　え 約210億本　お 約26億本　**4** (1) 86　(2) 34番目　**5** (1) 94cm^2　(2) 52.5cm^3

解　説

1 **四則計算，計算のくふう，逆算，比，単位の計算，割合**

(1) 13235−8892＝4343

(2) $3\frac{1}{6}+2\frac{3}{4}-5\frac{1}{2}=3\frac{2}{12}+2\frac{9}{12}-5\frac{6}{12}=5\frac{11}{12}-5\frac{6}{12}=\frac{5}{12}$

(3) 右の筆算より，5.78÷3.4＝1.7

```
        1.7
3,4 ) 5,7.8
      3 4
      2 3 8
      2 3 8
          0
```

(4) $\frac{5}{7}\times\left(\frac{3}{5}\div\frac{3}{8}-\frac{3}{10}\right)=\frac{5}{7}\times\left(\frac{3}{5}\times\frac{8}{3}-\frac{3}{10}\right)=\frac{5}{7}\times\left(\frac{8}{5}-\frac{3}{10}\right)=\frac{5}{7}\times\left(\frac{16}{10}-\frac{3}{10}\right)=\frac{5}{7}\times\frac{13}{10}=\frac{13}{14}$

(5) $A\times B+A\times C-A\times D=A\times(B+C-D)$となることを利用すると，$3.14\times3.5+0.314\times32-3.14\times1.7=3.14\times3.5+3.14\times\frac{1}{10}\times32-3.14\times1.7=3.14\times3.5+3.14\times3.2-3.14\times1.7=3.14\times(3.5+3.2-1.7)=3.14\times(6.7-1.7)=3.14\times5=15.7$

(6) 7×(45÷□−12)＝21より，45÷□−12＝21÷7＝3，45÷□＝3＋12＝15　よって，□＝45÷15＝3

(7) $A:B=C:D$のとき，$A\times D=B\times C$となるから，$\frac{4}{3}:\frac{5}{8}=64:$□のとき，$\frac{4}{3}\times$□$=\frac{5}{8}\times64=40$になる。よって，□$=40\div\frac{4}{3}=40\times\frac{3}{4}=30$となる。

(8) $1\,m^2=1\,m\times1\,m=100cm\times100cm=10000cm^2$より，$742000cm^2=74.2m^2$である。

(9) 1kg＝1000gより，1.4kg＝1400gなので，1400÷35＝40(倍)になる。

(10) 定価の15％引きの売値は，2200×(1−0.15)＝2200×0.85＝1870(円)となる。

2 **約数，つるかめ算，場合の数，比の性質，速さ，面積**

(1) 右の図1の計算より，63と105の最大公約数は，3×7＝21である。

図1

```
3 ) 63  105
7 ) 21   35
     3    5
```

(2) 1個5gのおもりが20個あるとすると，重さの合計は，5×20＝100(g)となり，実際よりも，100−76＝24(g)重くなる。そこで，1個5gのおもりを減らし，かわりに1個3gのおもりを増やすと，重さの合計は1個あたり，5−3＝2(g)ずつ軽くなる。よって，1個3gのおもりの個数は，24÷2＝12(個)と求められる。

(3) 試合の組み合わせは，(A，B)，(A，C)，(A，D)，(B，C)，(B，D)，(C，D)の6通

りある。

⑷　しょうごさんがかなさんに４枚わたしたあとも，２人の枚数の合計は35枚で変わらないから，４枚わたしたあとのしょうごさんのカードの枚数は，$35\times\frac{4}{4+3}$＝20(枚)である。よって，はじめにしょうごさんが持っていたカードの枚数は，20＋４＝24(枚)である。

⑸　この自動車の速さは分速，9.6÷20＝0.48(km)になる。１時間15分は，60＋15＝75(分)だから，この自動車が１時間15分走ると，0.48×75＝36(km)進む。

図２

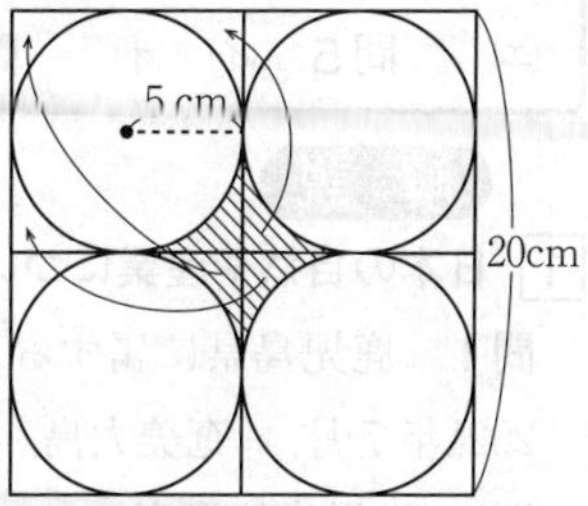

⑹　右の図２のように，斜線《しゃせん》部分を移動すると，１辺が，20÷２＝10(cm)の正方形から，半径が５cmの円を取りのぞいた形になる。したがって，斜線部分の面積は，10×10－５×５×3.14＝100－78.5＝21.5(cm²)とわかる。

3　割合

　レジ袋《ぶくろ》の１人あたりの年間の使用枚数は，300億÷1.25億＝240より，約240枚(…あ)である。次に，プラスチックごみのうち包装・容器類の割合は，415万÷903万×100＝45.9…より，約46％(…い)となる。また，清涼《せいりょう》飲料用ペットボトルの１人あたりの年間の使用本数は，236億÷1.25億＝188.8より，約190本(…う)になる。そして，清涼飲料用ペットボトルの回収された本数は，236億×0.89＝210.04億より，約210億本(…え)であり，未回収のペットボトルの本数は，236億×0.11＝25.96億より，約26億本(…お)とわかる。

4　数列

⑴　200－194＝６，194－188＝６，188－182＝６，…より，200から６ずつ小さくなっているので，左から20番目の数は，200から６を，20－１＝19(回)ひいた数になる。よって，200－６×19＝86となる。

⑵　200÷６＝33あまり２より，一番小さい数の２は，200から６を33回ひいた数なので，左から，33＋１＝34(番目)とわかる。

5　立体図形―表面積，体積

⑴　この立体の表面積は，たて，横，高さがそれぞれ，４cm，３cm，５cmの直方体の表面積と同じになるので，その表面積は，(４×３＋４×５＋３×５)×２＝94(cm²)である。

⑵　切り取った直方体のたて，横，高さはそれぞれ，４÷２＝２(cm)，３÷２＝1.5(cm)，５÷２＝2.5(cm)だから，残った立体の体積は，４×３×５－２×1.5×2.5＝60－7.5＝52.5(cm³)と求められる。

社会　＜第１回試験＞(理科と合わせて50分)＜満点：50点＞

解答

1　**問１**　(ア)　**問２**　(ウ)　**問３**　対馬海流，暖(流)　**問４**　(例)　水はけがよく，栄養分が少ないから。　**問５**　(イ)　**問６**　(例)　せんい工業が減り，機械工業が大きくのびた。　**問７**　(例)　安定した漁獲量をあげることができるため。　**2**　**問１**　(イ)　**問２**　平安京

問３　⑴　寝殿造　⑵　（例）　Ｂは堀や物見やぐらなどを備えた，防衛に適した構造になっている。Ａの貴族の平穏な生活と異なり，Ｂの人々は武芸の訓練も行っている。⑶　（例）　防犯カメラを設置し，オートロックシステムを導入する。　**問４**　長篠の戦い／（例）　大量の鉄砲を利用したため。　**問５**　㈱　**問６**　㈠　[3] **問１**　Ａ　㈠　Ｂ　㈗　Ｃ　㈕
問２　（例）　小学校６年間，中学校３年間の９年間が義務教育になった。　**問３**　㈢　**問４**　㈣　**問５**　㈡，㈤　**問６**　⑴　東京　⑵　1964（年）

解　説

[1] 日本の自然や産業についての問題

問１　鹿児島県に属する奄美《あまみ》大島と徳之島《とくのしま》は，多様な生物が生息・生育していることなどから，2021年７月，「奄美大島，徳之島，沖縄島北部及《およ》び西表《いりおもて》島」としてユネスコ（国連教育科学文化機関）の世界自然遺産に登録された。なお，東京都に属する小笠原《おがさわら》諸島は2011年，鹿児島県に属する屋久島は1993年，北海道の知床《しれとこ》は2005年にそれぞれ世界自然遺産に登録されている。

問２　瀬戸内海沿岸に位置する香川県の高松市は，冬の北西の季節風が中国山地に，夏の南東の季節風が四国山地にさえぎられるため，一年を通して降水量が少ない。また，晴れた日が多く，冬でも比較《ひかく》的温暖でおだやかな気候である。したがって，㈢がふさわしい。なお，年間平均気温が10℃を下回る㈠は北海道稚内《わっかない》市，冬でも月の平均気温が15℃を超《こ》える㈡は沖縄県那覇市，残った㈣は太平洋側に位置する千葉県銚子《ちょうし》市の雨温図。

問３　対馬《つしま》海流は，沖縄付近で黒潮（日本海流）から北へ分かれ，対馬海峡《かいきょう》を通って日本海を日本列島に沿って北上する暖流である。冬の降水量が多い日本海側の気候に影響《えいきょう》を与えている。

問４　九州南部の地層に分布する細かな粒状《つぶじょう》の軽石や火山灰を，シラスという。シラスが積み重なることによってできたシラス台地は，水持ちが悪く栄養分が少ないので，稲作には不向きである。したがって，シラス台地ではこのような土地でも栽培が可能なサツマイモや茶の生産のほか，畜産業がさかんに行われている。

問５　この地形図には方位記号が記されていないので，地図の上が北，右が東，下が南，左が西を示している。地図の中央下のほうに位置する県庁の近くに郵便《ゆうびん》局（〶）はあるが，裁判所（个）はみられない。裁判所は，地図の左上の富田町の北にある。なお，㈠について，鶴見橋の東に交番（Ⅹ），その南に博物館（🏛）がある。㈢について，新鶴見橋から東に進んだ十字路のところに区役所（◯）がある。㈣について，どちらも史跡（∴）の地図記号を使って表されていることから，史跡として登録されていることがわかる。

問６　グラフより，1955年から2012年の間に，製造品出荷額等が40倍以上に増加していることがわかる。また，その内訳を見ると機械の占《し》める割合が14.6％から43.7％に増加し，せんいの占める割合が17.5％から1.4％に減少している。つまり，日本の工業は重工業である機械工業を中心に成長し，その過程で軽工業であるせんい工業が衰退《すいたい》したとわかる。

問７　養殖漁業は，海・河川・湖沼《こしょう》などの区画された水域でイケスの中に入れたり，イカダにつったりして，魚介《ぎょかい》類が大きくなるまで育てて出荷するという漁業である。人の手で管理されていることから，安定して出荷できるという利点がある。

[2] 各時代の歴史的なことがらについての問題

問１　聖徳太子は593年に推古天皇の摂政《せっしょう》となり，蘇我《そがの》馬子と協力して日本を天皇中心の平和な国家にするための政治を行った。その中で，冠位十二階と憲法十七条を定め，中国の政治制度や文化を学ぶために遣隋使《けんずいし》を派遣した。なお，(ア)は仁徳《にんとく》天皇，(ウ)は中大兄《なかのおおえの》皇子，(エ)は聖武天皇について述べた文。

問２　表より，最澄が亡くなったのは平安時代初期にあたる821年あるいは822年のことなので，最澄が活躍《かつやく》したのもこの時期だとわかる。桓武天皇は律令体制のたて直しをはかり，仏教勢力や寺院を奈良に残したまま，794年に京都の平安京に都を移した。

問３　(1)　図版Ａの寝殿《しんでん》造は，平安時代の大貴族が住んだ屋しきの建築様式で，中央の南向きの寝殿を中心にその東・西・北に対屋《たいのや》があり，寝殿と対屋とが渡殿《わたどの》などとよばれる廊下《ろうか》でつながっている。また，東西の対屋から出た南の端《はし》には池にのぞむ釣殿《つりどの》もあった。(2)　図版Ｂは鎌倉時代の武士が住んでいた館である。武家造とよばれる建築様式の館で，館の周りは板塀《いたべい》で囲まれ，門の上には物見やぐらが設けられている。また，武器や訓練場も備えており，このような館に住む武士はふだんから戦いに備えて武芸の訓練を行っていた。一方，図版Ａの寝殿造の屋しきでは，貴族が年中行事や四季の移ろいを楽しみながら，優雅《ゆうが》で平穏《へいおん》な暮らしを送っていた。　(3)　敵からの攻《こう》撃《げき》や敵の侵入《しんにゅう》を防ぐために防犯カメラを設置したり，オートロックシステムを導入したりすることが考えられる。また，訓練を行うためのトレーニングルームや施設が備えられたマンションなども考えられる。

問４　甲斐《かい》国(山梨県)の戦国大名である武田勝頼《かつより》は，当時最強といわれた騎馬《きば》隊をひきいて三河(愛知県東部)の長篠《ながしの》城へ向かい，織田信長と徳川家康の連合軍を攻撃したが，馬を防ぐために築かれた柵《さく》や塀にはばまれ，大量の鉄砲を有効に用いた織田・徳川連合軍に敗れた。1575年に起こったこの戦いを，長篠の戦いという。

問５　江戸幕府の第３代将軍徳川家光は，1635年に武家諸法度《しょはっと》を改定し，大名を統制するために参勤交代を制度化した。これによって，大名は１年おきに江戸と領地に住むことを義務づけられ，大名の妻子は人質として江戸に置かれることになった。なお，(ア)，(イ)は明治政府が日本を欧米諸国のように近代化するためにかかげたスローガンで，明治政府は富国強兵のための政策として，1873年に徴兵《ちょうへい》令や(ウ)の地租改正を実施《じっし》した。

問６　1941年12月８日，日本海軍がハワイの真珠湾にあったアメリカ軍基地を攻撃するとともに，陸軍がイギリス領のマレー半島に上陸を開始し，太平洋戦争が始まった。したがって，(ア)が正しい。なお，(イ)は1931年，(ウ)は1904年，(エ)は1894年に始まった。

3　日本国憲法と戦後の民主化についての問題

問１　Ａ　1945年８月14日に日本がポツダム宣言を受け入れて連合国に無条件降伏《こうふく》し，翌８月15日に天皇がこれを国民に知らせたことで，第二次世界大戦の戦闘《せんとう》は終了《しゅうりょう》した。その後，連合国軍に占領《せんりょう》された日本には，アメリカのマッカーサーを最高司令官とするGHQ(連合国軍最高司令官総司令部)が設置され，日本の民主化が進められた。　Ｂ　日本国憲法第１条は天皇について，「天皇は，日本国の象徴であり日本国民の統合の象徴であって，この地位は主権の存する日本国民の総意に基《もとづ》く」と定めている。　Ｃ　日本国憲法は基本的人権について第11条で，「侵《おか》すことのできない永久の権利」と定めている。また，第13条では，人はみな個人として尊重されることや国民の権利については最大の尊重を必要とすることが定められている。このような考え方は，個人の尊重の原理に基づいている。

問２　第二次世界大戦後，GHQによって政治・経済・社会・教育の分野でさまざまな民主化改革が行われた。教育に関しては，「忠君愛国」を教えた教育勅語《ちょくご》が廃止され，教育基本法と学校教育法が制定された。これによって，小学校６年間と中学校３年間の９年間が義務教育になり，高校３年間，大学４年間を合わせた６・３・３・４制が開始された。

問３　1945年の衆議院議員選挙法の改正により，選挙権を持つ人の年齢が満25歳以上から満20歳以上に引き下げられ，新たに女性にも選挙権が与えられた。また，満25歳以上の女性は選挙に立候補することもできるようになり，翌46年４月に行われた衆議院議員総選挙では，39名の女性国会議員が誕生した。

問４　日本国憲法は天皇について，内閣の助言と承認に基づき，ごく限られた国事に関する行為のみを行うと定めている。国事行為には，憲法改正や法律を公布すること，国会を召集《しょうしゅう》すること，衆議院を解散すること，栄典を授与すること，外国の文書を認めること，外国の大使および公使をもてなすことなどがある。したがって，(エ)がふさわしい。なお，(ア)と(ウ)は内閣総理大臣，(イ)は国会が行うこと。

問５　平和主義がかかげられた日本国憲法第９条１項は，「国権の発動たる戦争と，武力による威《い》嚇又《かくまた》は武力の行使は，国際紛争を解決する手段としては，永久にこれを放棄《ほうき》する」とし，戦争の放棄をかかげている。続く２項は，「陸海空軍その他の戦力は，これを保持しない。国の交戦権は，これを認めない」として，戦力の不保持と交戦権の否認を定めている。非核三原則(「核兵器を，持たず・つくらず・持ちこませず」)は，1967年の国会答弁において佐藤栄作が表明した核兵器に関する日本政府の方針で，憲法には記されていない。また，2014年に安倍晋三内閣は憲法の解釈《かいしゃく》を変《へん》更《こう》し，集団的自衛権の行使を容認する閣議決定を行った。

問６　(1)，(2)　1964年10月，初のアジア開催《かいさい》となるオリンピック夏季大会が東京で開かれた。この大会の開催に間に合わせるために，高速道路や空港，鉄道などの整備が進められ，開会式直前には東京駅—新大阪駅間で東海道新幹線が開業した。

理　科　＜第１回試験＞（社会と合わせて50分）＜満点：50点＞

解　答

1　(1)　**酸素**…イ，エ　**二酸化炭素**…ア，ウ　(2)　①　二酸化炭素　②　酸素　③　呼吸　(3)　心臓　(4)　二酸化炭素　(5)　酸素　(6)　増加する。　**2**　(1)　ア　(2)　②　食塩水　③　水　(3)　**実験番号**…３／**水**…(例)　電流が流れなかった。／**食塩水**…(例)　電流が流れた。　**実験番号**…５／**水**…(例)　ゆでたまごがしずんだ。／**食塩水**…(例)　ゆでたまごが浮かんだ。　**3**　(1)　14.5cm　(2)　5.4cm　(3)　115ｇ　(4)　８ｇ　(5)　解説の図を参照のこと。　**4**　(1)　震源　(2)　16秒　(3)　秒速３km　(4)　60km　(5)　津波

解　説

1　**人体についての問題**

⑴　ヒトが吸う空気には酸素がおよそ21％，二酸化炭素がおよそ0.04％含《ふく》まれているので，アは二酸化炭素，イは酸素の割合を表している。はき出した空気には酸素がおよそ17％，二酸化炭素がおよそ４％含まれていることから，ウは二酸化炭素，エは酸素の割合を表したものである。

⑵　ヒトは肺で空気中の酸素を血液中に取り込《こ》み，血液中の二酸化炭素を体外に排出《はいしゅつ》する呼吸を行っている。呼吸によって，はき出した空気に含まれる二酸化炭素は増加し，酸素は減少する。

⑶　臓器アの心臓は全身に血液を送り出すポンプのはたらきをしている。

⑷　イの方向に流れる血液は，肺で血液中の二酸化炭素を体外に排出する前なので，肺を通った後のウの方向に流れる血液と比べると，二酸化炭素を多く含む。

⑸　心臓から全身へ向かうオの方向に流れる血液は，肺で取り込んだ酸素を全身の細胞《さいぼう》へと運ぶため，全身から心臓に戻ってくるエの方向に流れる血液よりも酸素を多く含んでいる。

⑹　激しい運動をすると，体中の細胞はエネルギーをつくりだし，多くの二酸化炭素と不要物が排出されるので，これらを多く含む血液がエの方向に流れて心臓に戻る。

２　水溶液《すいようえき》の性質についての問題

⑴　物質が水に溶《と》けてとう明になった水溶液では，物質が小さな粒《つぶ》に分かれ，水の粒の間に入り込んで見えなくなっている。

⑵　食塩のような固体の物質が溶けた水溶液を加熱して水を蒸発させると，溶けていた物質が結《けっ》晶《しょう》として出てくる。また，水に食塩などの物質が溶けて水溶液になると水が凍《こお》りにくくなり，凍るときの温度が低下する。

⑶　実験３では，水は電流が流れないが，食塩水は電流が流れる。また，同じ体積で比べると水よりも食塩水の方が溶けた食塩の重さによって重くなるので，液体中に入れた物体にはたらく浮力《ふりょく》が大きくなり，実験５では，水に入れたときにしずんだゆでたまごが，食塩水に入れたときには浮《う》くと考えられる。

３　ばねについての問題

⑴　ばねＡは，おもりの重さが10ｇ増えるごとにばねの長さが1.0cmずつ長くなっている。85ｇのおもりをつるしたときのばねＡの長さは10ｇのときと比べて，$1.0\times\frac{85-10}{10}=7.5$(cm)のびていることになる。よって，85ｇのおもりをつるしたときのばねＡの長さは，7.0＋7.5＝14.5(cm)となる。

⑵　ばねＢは，おもりの重さが10ｇ増えるごとにばねの長さが0.8cmずつ長くなっているので，つるしたおもりが10ｇのときと比べると，おもりをつるしていないとき，すなわちおもりが０ｇのときのばねの長さは，6.2－0.8＝5.4(cm)となる。

⑶　おもりをつるしていないときのばねＢの長さが5.4cmなので，ここではばねＢが，14.6－5.4＝9.2(cm)のびている。ばねＢは10ｇで0.8cmのびるので，9.2cmのびているときにつるしたおもりの重さは，$10\times\frac{9.2}{0.8}=115$(ｇ)と求められる。

⑷　ばねＣはおもりの重さが30ｇのときに16cm，おもりの重さが70ｇのときに21cmになるばねなので，70－30＝40(ｇ)あたりに，21－16＝５(cm)のびることがわかる。したがって，ばねＣを１cmのばすためのおもりの重さは，40÷５＝８(ｇ)となる。

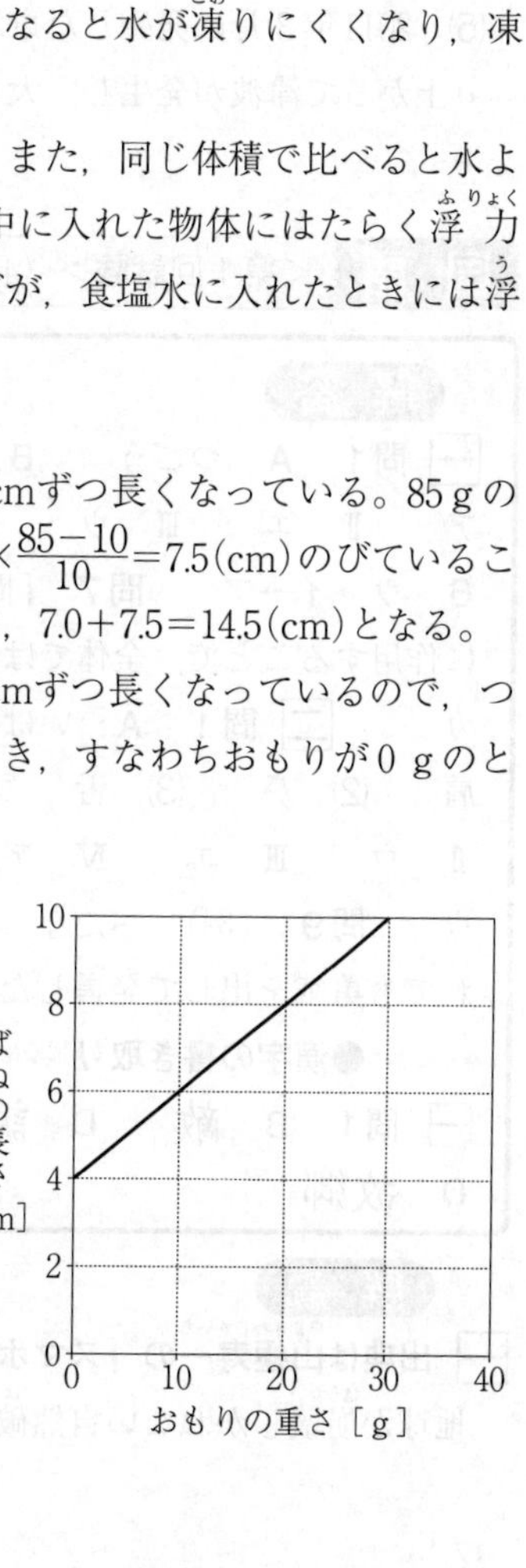

(5) 問題文中のグラフより，ばねＤはおもりの重さが10ｇ増えるごとに２cmのびている。おもりをつるしていないときのばねＤの長さは４cmなので，上のグラフのように，おもり０ｇのときに４cmとなり，おもりの重さが10ｇ増えるごとに２cmずつ長くなっていく直線のグラフをかけばよい。

4 地震《じしん》についての問題

(1) 地震の発生した場所のことを震源という。

(2) Ｐ波の速さは秒速６kmなので，震源から96kmはなれた観測点ＡにＰ波が伝わるまでにかかる時間は，96÷６＝16(秒)となる。

(3) 初期微動《びどう》はＰ波によって引き起こされるゆれなので，地震の発生時刻は観測点Ａで初期微動が観測された９時10分26秒の16秒前の９時10分10秒とわかる。Ｓ波によって引き起こされる主要動は観測点Ａで９時10分42秒に観測されていることから，Ｓ波が震源から96kmはなれた観測点Ａに伝わるまでに，９時10分42秒－９時10分10秒＝32秒かかっている。したがって，Ｓ波の速さは，96÷32＝３より，秒速３kmと求められる。

(4) 観測点Ｂで主要動が観測されたのが９時10分30秒なので，Ｓ波は地震発生から，９時10分30秒－９時10分10秒＝20秒かけて観測点Ｂに伝わったことがわかる。(3)より，Ｓ波は秒速３kmなので，震源から観測点Ｂまでの距離《きょり》は，３×20＝60(km)となる。

(5) 2011年３月に発生した東北地方太平洋沖地震では，海底が大きく動いたことで上部の海水が盛り上がって津波が発生し，大きな被害《ひがい》を出した。

国　語　＜第１回試験＞（45分）＜満点：100点＞

解　答

一 問１　Ａ　つごう　　Ｂ，Ｄ，Ｅ　下記を参照のこと。　　Ｃ　もと(づく)　　問２　Ⅰ　ア　Ⅱ　エ　Ⅲ　ウ　　問３　主体…人間　　客体…環境　　問４　エ　　問５　イ　　問６　ウ→イ→ア　　問７　「間」の発想　　問８　イ　　問９　(例)　個々の単純な動きが相互に作用することで，全体では思いもよらない高度な秩序が生まれる知的な現象。　　問10　ア，カ　　二 問１　Ａ　いはん　　Ｂ～Ｄ　下記を参照のこと。　　Ｅ　かんそう　　問２　(1)　肩　(2)　鼻　(3)　舌　(4)　足　(5)　耳　　問３　ｂ　エ　ｃ　イ　　問４　Ⅰ　イ　Ⅱ　ウ　Ⅲ　エ　Ⅳ　ア　　問５　①　エ　②　イ　　問６　ア　　問７　エ　　問８　ウ　　問９　(例)　へたなことを言って空回りしたくないし，責任が取れるか不安だったが，それでも勇気を出して発言したことで気が張っていたから。　　問10　ウ

●漢字の書き取り

一 問１　Ｂ　敵　　Ｄ　調和　　Ｅ　分担　　二 問１　Ｂ　態度　　Ｃ　混(ぜる)　　Ｄ　故郷

解　説

一 出典は山極寿一《やまぎわじゅいち》の『スマホを捨てたい子どもたち─野生に学ぶ「未知の時代」の生き方』による。

地球が崩壊《ほうかい》しかねない自然破壊《はかい》が起きている現在，「排中律《はいちゅうりつ》」に代わって，「容中律《ようちゅうりつ》」という発想

が注目されていることを紹介《しょうかい》し，「言葉」に関しても，文化の壁《かべ》を溶《と》かして，世界を調和させることが可能かもしれないと主張している。

問１　**A**　事情。　**B**　たたかいの相手。　**C**　音読みは「キ」で，「基本」などの熟語がある。　**D**　物事の全体がつり合っていて，整っていること。　**E**　仕事や費用を分け合って，負担すること。

問２　Ⅰ　前では「どちらでもある」ということが言えずに，世界は行き詰《づ》まりを見せていると述べられている。後には，それを解決する手段として「容中律」というあり方が模索《もさく》されていると続くので，前のことがらを原因・理由として後にその結果をつなげるときに用いる「だから」が合う。
Ⅱ　AIが，「人間の頭で考えられること以上のものをつくり出す可能性がある」ものの例として，「囲碁《いご》」があげられているので，具体的な例をあげるときに用いる「たとえば」がよい。　Ⅲ　「一匹《いっぴき》一匹のアリがしていることをそれぞれ見ると，とても単純なことをしているように見え」るが，「個々の動きが相互《そうご》に作用することで」「全体では思いもよらない高度な秩序《ちつじょ》が生まれる」という文脈なので，前のことがらを受けてそれに反する内容を述べるときに用いる「しかし」が合う。

問３　「西洋哲学《てつがく》は，主体性をもっているのは人間だけであるというスタンス」であり，「近代科学にとって，環境《かんきょう》は人間が管理するもの」と述べられている。「主体」である人間が，「客体」である環境を管理するというのが，西洋的なものの考え方だといえる。

問４　「プラネタリー・バウンダリー」とは，「地球の限界」ともいえるもので，「それを越《こ》えなければ人類は将来も発展と繁栄《はんえい》を続けられるが，越えると，急激な，あるいは取り返しのつかない環境変化が生じる可能性がある」境界だと説明されており，「今すでに九つの項目《こうもく》のうち四つが境界を越えた」とされているため，ア，イ，ウはこの内容に合っている。

問５　ぼう線部③の直前で，世界が「行き詰まりを見せて」いる理由は，「どちらでもある」ということが言えれば世界は変わるのに，それができないことだと述べられている。つまり「０か１」か，「その間を許さない西洋発の概念《がいねん》」である「排中律」の考え方が原因だということができる。

問６　空らんXの直前では「今，世界はとことん正解しか求め」ないと述べているので，「それが分断につながって」いるとするウが続く。さらに，対照的なイの「世界は本来，『実は正解がいくつもある』というものに満ちて」いるという内容を投げかけ，「たった一つの正解に至らなくても，決定的に不正解に陥《おちい》らなければ，戦争も起きないし，命も失われ」ないというアで終わると内容が通る。

問７　「０か１かという発想」の例として，「『仲間なのか，仲間ではないのか』と迫《せま》る」SNSの世界があげられている。これと反対の考え方は，「仲間でありつつ仲間でないという発想」，つまり，「どちらにも属するかもしれないし，どちらにも属さないかもしれないという『間』の発想」になる。

問８　言葉のかかり受けでは，直接つなげてみて意味のまとまる部分が答えになる。「まだ」→「読んでいるだけですが」となる。

問９　筆者はぼう線部⑥について，アリや神経細胞《さいぼう》を例に，たとえ単純なものであっても，「個々の動きが相互に作用すること」で，「全体では思いもよらない高度な秩序が生まれる」現象だと説明している。

問10　これまで人類は，「西洋哲学と近代科学を唯一《ゆいいつ》のよりどころとして文明を推《お》し進めてきた」

が，「早急《さっきゅう》に新たな発想を取り入れていかないと地球は崩壊してしまう」とされているのでアは正しい。「地球の限界」を迎《むか》えないためには，西洋発の「排中律」ではなく，「東洋哲学の中にある『容中律』」に注目する必要があると述べられているのでイは合わない。デジタル社会やSNSの空間は，排中律の概念に基づいているのでウも合わない。「同時通訳機が登場」して，英語を「学ぶ必要がなくなる可能性」もあるとされているが，フランス語やスペイン語の時代に変わりつつあるとは述べられていないのでエも誤り。「一匹一匹のアリ」は，「優《すぐ》れた脳や神経細胞」を持っておらず，「とても単純なこと」しかできないが，「創発」によって立派な巣をつくることができるのでオも合わない。今の若者たちは，大人より「AIを使える頭脳をもって」いて，「人間の頭で考えられること以上のものをつくり出す可能性」がある。「AIを利用した創造を繰《く》り返していけば，どこかで，思いがけない『創発』が起こるかも」しれない。若者のそのような創造によって，人類の未来は左右されると述べられているのでカは正しい。

二　**出典はささきありの『天地ダイアリー』による。**栽培《さいばい》委員である「ぼく」たちは，世話をすることになった花壇《かだん》の花の葉に斑点《はんてん》を見つけ，どこに問題があるか図書室で調べる。

問１　**A**　決まりにしたがわないこと。　**B**　ものの言い方や体の動かし方。ものごとに関する心がまえ。　**C**　音読みは「コン」で，「混合」などの熟語がある。　**D**　生まれ育った土地。ここでは，原産地のこと。　**E**　かわくこと。かわいていること。

問２　(1)「肩《かた》を落とす」は，両肩が下がっていて，しょんぼりしたようす。　(2)「鼻が高い」は，自慢げなようす。　(3)「舌を巻く」は，とてもおどろき，感心すること。　(4)「足を洗う」は，悪事，またはよくない仕事をやめること。　(5)「耳が痛い」は，自分の欠点や失敗を言われて，聞くのがつらいこと。

問３　**b**「相づちを打つ」は，人の話を聞きながら，同意する言葉をはさんだり，うなずいたりすること。　**c**「盲点《もうてん》を突《つ》く」は，見落としていた点を指摘《してき》すること。

問４　Ⅰ「晴れわたって」いる空のようすなので「すっきり」が合う。　Ⅱ　菊池《きくち》さんが阪田《さかた》に腕《うで》をつかまれ，「なに熱くなってんだよ？」と言われて顔を上げる場面なので，かっとなっているようすの「きっと」があてはまる。　Ⅲ「ぼく」が読んでいた本には，植物に対する水やりの難しさが色々と「書かれていた」のだから，「つらつらと」が入る。なお，「つらつらと」は，“よくよく，つくづく”という意味。　Ⅳ　花壇の土の湿《しめ》った感じには「じっとり」が合う。

問５　①「ぼく」は花壇を見て，「一部のペチュニアとペンタスの葉に，水がしみたような茶色い斑点が出ている」ことに気づいた。菊池さんは「ぼく」よりも先にそれを見ており，花が枯《か》れてしまうのではないかと心配している。　②　菊池さんは，香取先輩《かとりせんぱい》のところに行くと言ったが，潮《しお》風《かぜ》第一中学校では，「ほかの学年の教室に行くのは禁止」されていた。「ぼく」がそれを言うと，菊池さんは，じゃまされたように感じて腹を立てたのである。

問６　水やりに来なかった阪田に，花が枯れても「しかたがないよな」と言われて，菊池さんは腹を立てた。しかし，その後の阪田の言葉は筋が通ったものだったので，菊池さんも，意地を張るのをやめ，いったん落ち着こうと気持ちを切りかえたと考えられる。

問７　ぼう線部④の前の段落から読み取る。「微生物《びせいぶつ》が，落ち葉や動物のフンや死骸《しがい》」を分解すると，「それらに含《ふく》まれていた栄養素が土の中に入る」が，その栄養素こそ植物の成長に必要なものだと述べられている。微生物が活発に動き始めると，植物が光合成ではつくりだせない栄養素が土の中に入るので，いい土ができるのである。

問８　「ぼく」は園芸の本の水やりの項目に手を止め，原産地の環境《かんきょう》や生育時期によって必要な水の量がちがうことを読んで「はっと」している。植物が枯れそうになった原因は水やりではないかと思いあたり，ぼう線部⑤のように疑問を口にしたと考えられる。

問９　「ぼく」は，「へたなこと言って，空回りしたくない」し，水やりが「原因だと断定できたわけでもないのに，言って人を動かしてちがったら，責任を取れない」という不安からだまっていようと思った。それでも「抑《おさ》えきれない思い」に突き動かされて，花が枯れたのは水やりが原因だったのではないかと発言した。思い切って自分の意見を言ったために，「ぼく」は緊張《きんちょう》して，「手がふるえた」ものと考えられる。

問10　ペチュニアとペンタスはまだ枯れていないし，「ぼく」たちは香取先輩やヨワキーに，そのことを相談していないため，アは合わない。阪田は，図書室の園芸の本を読めば，少しは参考になると言っただけで，「必ず花を救える」とは言っていないので，イも誤り。「植物への水やりのコツは，三年かかって，やっとつかめる」と本に書かれていたのを読んで，「ぼく」はおどろいたため，ウが合う。「ぼく」たちは，植物についての知識はあまり持っていなかったが，「栽培委員としての責任感」は持っている。だからこそ，花壇の花が枯れそうになっているのを見て心配になったので，エも合わない。

Dr.福井の
入試に勝つ! 脳とからだのウルトラ科学

復習のタイミングに秘密あり！

算数の公式や漢字，歴史の年号や星座の名前……。勉強は覚えることだらけだが，脳は一発ですべてを記憶することができないので，一度がんばって覚えても，しばらく放っておくとすっかり忘れてしまう。したがって，覚えたことをしっかり頭の中に焼きつけるには，ときどき復習をしなければならない。

ここで問題なのは，復習をするタイミング。これは早すぎても遅すぎてもダメだ。たとえば，ほとんど忘れてしまってから復習しても，最初に勉強したときと同じくらい時間がかかってしまう。これはとっても時間のムダだ。かといって，よく覚えている時期に復習しても何の意味もない。

そもそも復習とは，忘れそうになっていることを見直し，記憶の定着をはかる作業であるから，忘れかかったころに復習するのがベストだ。そうすれば，復習にかかる時間が一番少なくてすむし，記憶の続く時間も最長になる。

では，どのタイミングがよいか？　さまざまな研究・発表を総合して考えると，１回目の復習は最初に覚えてから１週間後，２回目の復習は１か月後，３回目の復習は３か月後――これが医学的に正しい復習時期だ。復習をくり返すたびに知識が海馬《かいば》(脳の，知識をためる倉庫みたいな部分)にだんだん強くくっついていくので，復習する間かくものびていく。

この計画どおりに勉強するには，テキストに初めて勉強した日付と，その１週間後・１か月後・３か月後の日付を書いておくとよい。あるいは，復習用のスケジュール帳をつくってもよいだろう。もちろん，計画を立てたら，それをきちんと実行することが大切だ。

ちなみに，記憶量と時間の関係を初めて発表したのがドイツのエビングハウスという学者で，「エビングハウスの忘《ぼう》却《きゃく》曲線」として知られている。

えーと
あ，そうだった！
あ，思い出した！
もう，覚えてるよ

Dr.福井(福《ふく》井《い》一成《かずしげ》)…医学博士。開成中・高から東大・文Ⅱに入学後，再受験して翌年東大・理Ⅲに合格。同大医学部卒。さまざまな勉強法や脳科学に関する著書多数。

2022年度　実践学園中学校

〔電　話〕　(03) 3371－5268
〔所在地〕　〒164－0011　東京都中野区中央２－34－２
〔交　通〕　丸ノ内線・都営大江戸線 ― 中野坂上駅より徒歩５分
JR総武線 ― 東中野駅より徒歩10分

【算　数】〈第１回特待生選抜試験〉（45分）〈満点：100点〉

1　次の□に適当な数字を入れなさい。

(1)　$76176-6480=$ □

(2)　$3\frac{2}{3}-7\frac{1}{4}+4\frac{1}{2}=$ □

(3)　$1.95\div0.375=$ □

(4)　$1\frac{1}{4}-\left(\frac{3}{8}+\frac{5}{12}\right)\times\frac{9}{19}=$ □

(5)　$6.28\times4+18.84\times2-15.7\times2=$ □

(6)　$3\times(49\div$ □ $+4)-31=2$

(7)　$\frac{15}{7}:$ □ $=3.75:\frac{21}{4}$

(8)　$53.7\ \mathrm{km}^2$は、□ aです。

(9)　$\frac{7}{2}$ dLの□割は、245 mLです。

(10)　秒速６ｍで１時間25分50秒移動したときの距離《きょり》は□kmです。

2　次の問いに答えなさい。

(1)　最大公約数が14で、最小公倍数が420である２つの整数の組の中で、２つの数の和が最も小さいのはどの組ですか。

(2) 右の図は、長方形を４つ組み合わせた図形である。長方形 ABCD と長方形 CEFG の面積の和が39 cm^2 であり、長方形 HIEC と長方形 DCJK の面積の和が24 cm^2 のとき、DE の長さは何 cm ですか。

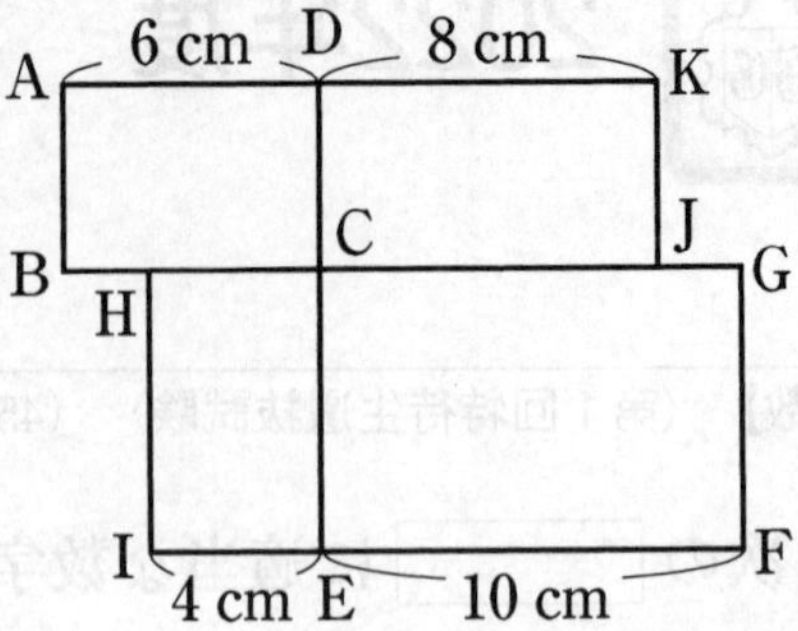

(3) $\boxed{1}$ のカードが３枚、$\boxed{2}$ のカードが２枚、$\boxed{3}$ のカードが１枚あります。このカードの中から３枚を使って３けたの整数を作るとき、整数は何通り作れますか。

(4) イベント会場の入場口に300人の列が出来ています。イベントの開場後も同じ割合で人が来ます。入場口が１か所のときは１時間40分、３か所のときは20分で列がなくなります。入場口が２か所のときは、何分何秒で列がなくなりますか。ただし、どの入場口でも同じ割合で人が通過するものとします。

(5) ある日の午前８時の時報のとき、しょうごさんの家の時計は午前８時２分を指していました。同じ日の午前11時の時報のとき、しょうごさんの家の時計は午前10時58分を指していました。同じ日の午後５時の時報のとき、しょうごさんの家の時計は午後何時何分を指していますか。ただし、時計は一定の割合で遅《おく》れていくものとします。

(6) 右の図は対角線の長さが６cm の正方形を、頂点Aを中心に矢印の方向に45度回転させたものです。
このとき、斜線《しゃせん》部分の面積は何 cm^2 ですか。
ただし、円周率は3.14とします。

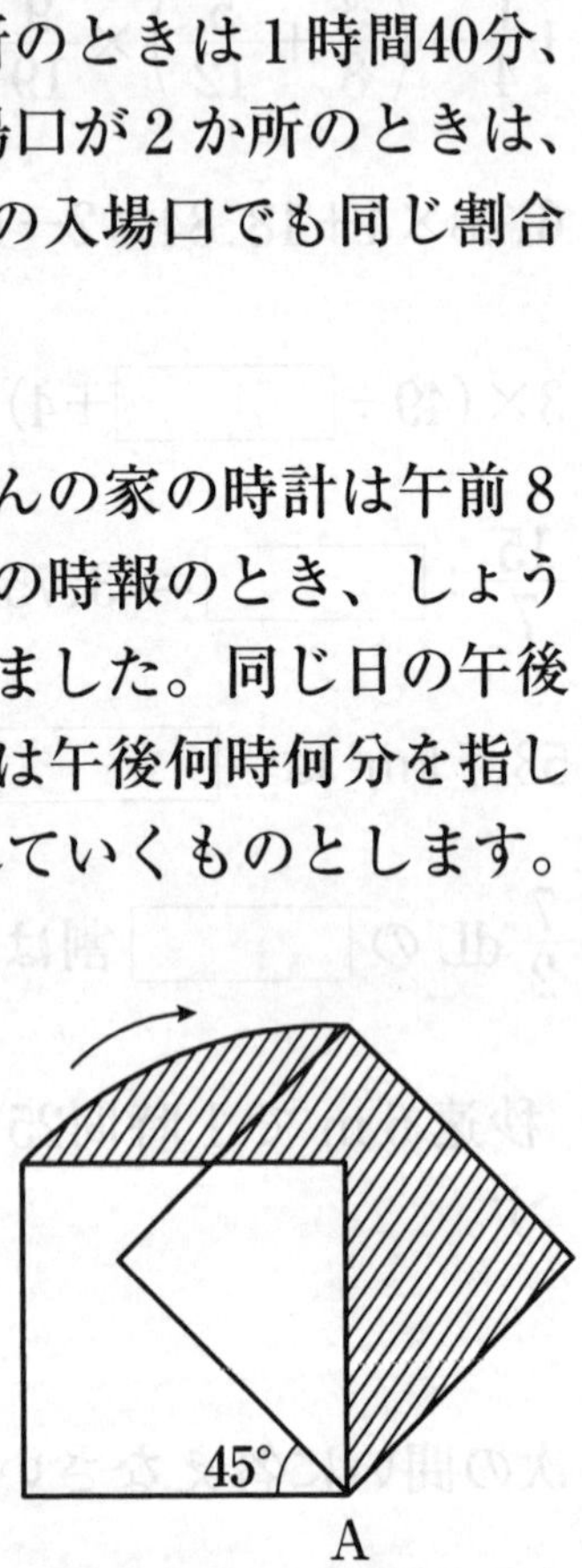

3 しょうごさんの家から、頼むことができる宅配ピザ屋が３つあります。ピザ屋によって、ピザを作る時間や家からの距離、通ってくる道が違《ちが》うので、頼んでから届くまでの時間が違います。下の表１、表２とその説明を見て、以下の［ア］～［シ］に当てはまる数字を答えなさい。ただし、［ケ］はA、B、Cのいずれかで答えなさい。

表１

	ピザ屋A	ピザ屋B	ピザ屋C
注文を受けてからピザを作り出発するまでにかかる時間	13分	11分	10分
しょうごさんの家までに通る道順と距離	S道路（3000 m） ↓ T道路（600 m） ↓ 家	R道路（2850 m） ↓ T道路（300 m） ↓ 家	E道路（2500 m） ↓ S道路（1200 m） ↓ T道路（600 m） ↓ 家

表１は、注文を受けてからピザを作りお店を出発するまでにかかる時間とそのピザ屋からしょうごさんの家に着くまでに通る道順とその距離である。例えばS道路（3000 m）とは、S道路を3000 m走る必要があるということである。

表２

	S道路	T道路	R道路	E道路
12時～17時	時速36 km	時速12 km	時速18 km	時速30 km
17時～18時	時速18 km	時速12 km	時速22.8 km	時速30 km
18時～20時	時速24 km	時速12 km	時速25 km	時速30 km

表２は、道路を走る際の平均速度である。時間帯によって、道の混み具合が変わるので、速度が違う。表にある道路を走っているときは、常に平均速度で走っているものとする。

(1) 16時に注文した場合、どのピザ屋が一番早く届くか考えてみよう。
ピザ屋Ａに16時に注文した場合、13分で出発ができるので16時13分にピザ屋Ａを出発することになる。Ｓ道路は3000 m を時速36 km で進む。時速36 km ＝分速 [ア] m なので、Ｓ道路を進むのにかかる時間は、3000÷ [ア] ＝ [イ] 分となる。次に、Ｔ道路は600 m を時速12 km で進む。時速12 km ＝分速 [ウ] m なので、Ｔ道路を進むのにかかる時間は、600÷ [ウ] ＝ [エ] 分となる。よって、ピザ屋Ａは、16時 [オ] 分に届くことになる。同様に調べると、ピザ屋Ｂは、16時 [カ] 分、ピザ屋Ｃは、16時 [キ] 分に届くことになるので、ピザ屋 [ク] が一番早く届くことがわかった。

(2) ピザ屋Ａで注文をしたらＳ道路を９分かけて進みピザが届いた。届いた時刻は18時～20時の間であった。このことから、何時何分にピザが届いたのか求めてみよう。
Ｓ道路は、18時～20時の間では、時速24 km ＝分速400 m で進めるので、3000÷400 ＝ [ケ] 分かかるはずである。

このことから、Ｓ道路を走っている間に18時をまたいでしまい、進む速度が途中《とちゅう》で変わったことがわかる。最初は、時速18 km（分速300 m）で走り、途中から時速24 km（分速400 m）で走ったので、3000 m 走るのに９分かかったということである。よって、時速18 km で走った時間は、 [コ] 分であることがわかる。ゆえに、Ｓ道路を走り終えたのが、18時 [サ] 分であり、その後Ｔ道路を(1)と同じ時間かけて進むことになるので、ピザは18時 [シ] 分に到着《とうちゃく》することがわかる。

4 下のように、ある規則にしたがって数が並んでいます。次の問いに答えなさい。

$\frac{1}{2}$, $\frac{1}{3}$, $\frac{2}{3}$, $\frac{1}{4}$, $\frac{2}{4}$, $\frac{3}{4}$, $\frac{1}{5}$, $\frac{2}{5}$, $\frac{3}{5}$, $\frac{4}{5}$, ……

(1) 左から50番目の数はいくつですか。

(2) 左から50番目までの数を順に足したときの数はいくつですか。

5 下の図１と図２のように立方体を並べた立体があります。
それぞれＡからＢへの最短の行き方は何通りありますか。
図２は小さな立方体の辺に沿って行けば、立体の中を通ってもかまいません。

(1)

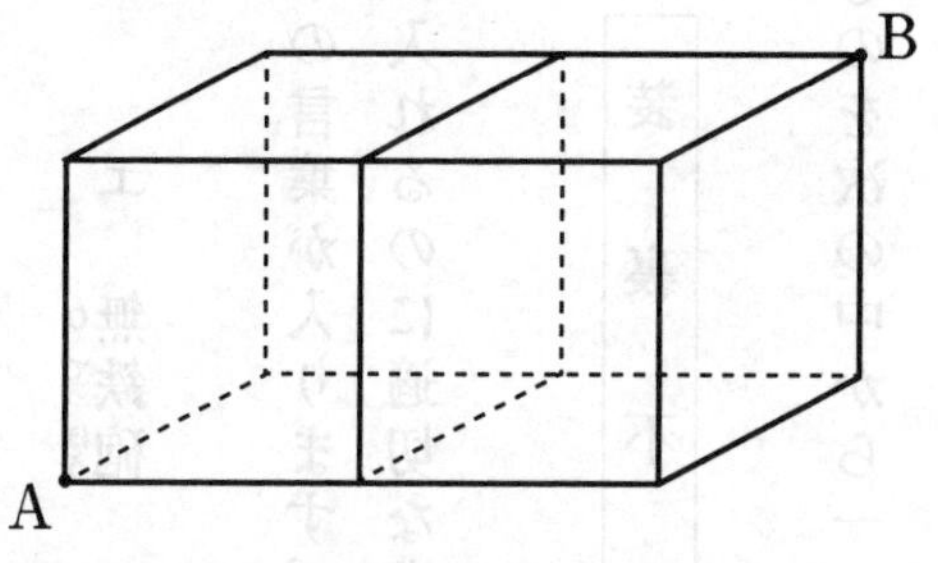

図１

(2)

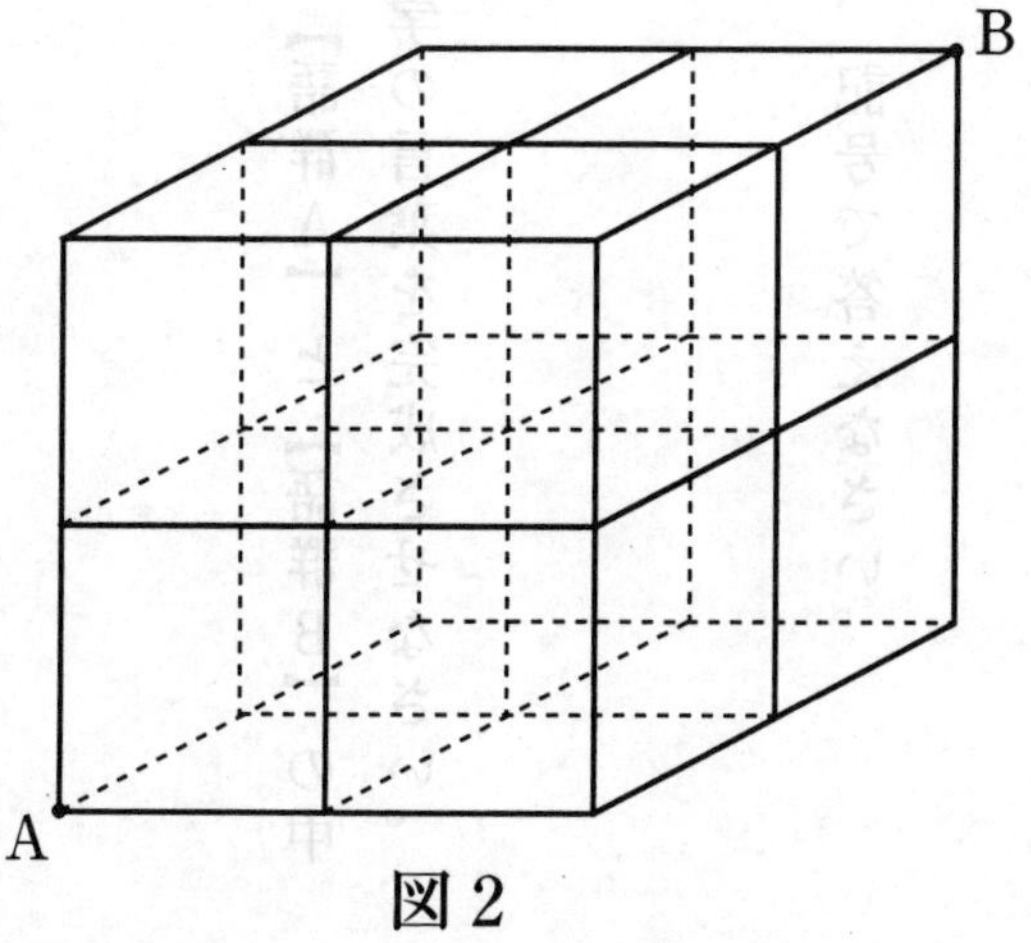

図２

問六　[X] には性格を表す三字の言葉が入ります。その言葉として最も適切なものを次の中から一つ選び、記号で答えなさい。

ア　高飛車《たかびしゃ》　イ　几帳面《きちょうめん》　ウ　筆不精《ふでぶしょう》　エ　無鉄砲《むてっぽう》

問七　[Y] には「正反対・逆」という意味の二字の言葉が入ります。次の【語群A】と【語群B】の中からそれぞれ一語ずつ言葉を選び、[Y] に入れるのに適切な漢字二字の言葉を完成させなさい。（ただしA・Bの順序は問わない。）

【語群A】 [手　背　腹　足]　【語群B】 [装　裏　不　離]

問八　[④] に当てはまる言葉として最も適切なものを次の中から一つ選び、記号で答えなさい。

ア　苦笑　イ　失笑　ウ　微笑　エ　爆笑

問九　――線部⑤「更に力一杯ペダルを踏んだ」とありますが、この時の小父さんの心情として最も適切なものを次の中から一つ選び、記号で答えなさい。

ア　兄の死で気持ちが沈んでいた状態であったが、司書の言葉により、何かしら前向きな気持ちになっている。

イ　兄の死を忘れたい一心で鳥の本を借りまぎらわせていたが、司書の言葉により兄を思う気持ちが増している。

ウ　兄の死にずっと大きな悲しみを感じていたが、司書の何気ない一言で全てが救われた気持ちになっている。

エ　兄の死をこれまで受け入れられなかったが、司書の言葉の調子によって、兄の死を現実として実感している。

問一 〜〜〜線部ａ〜ｅのカタカナは漢字に直し、漢字は読み方をひらがなで書きなさい。

問二 本文中の［Ａ］〜［Ｄ］に当てはまる言葉の組み合わせとして最も適切なものを次の中から一つ選び、記号で答えなさい。

ア　Ａ―わずかでも　Ｂ―しばしば　Ｃ―案外　Ｄ―平凡
イ　Ａ―案外　Ｂ―しばしば　Ｃ―わずかでも　Ｄ―平凡
ウ　Ａ―しばしば　Ｂ―わずかでも　Ｃ―案外　Ｄ―多彩
エ　Ａ―わずかでも　Ｂ―案外　Ｃ―しばしば　Ｄ―多彩

問三 ――線部①「『やれやれ』といった様子」とありますが、この表現には鳥たちのどのような「様子」が表れていますか。最も適切なものを次の中から一つ選び、記号で答えなさい。

ア　自分たちを見つけられる者がいることに、ひどく驚きあきれて物が言えない様子
イ　自分たちにとって居心地がよい場所から出なければならないことにおびえている様子
ウ　自分たちを解放してくれる者に出会うことが出来て、ほっと安心している様子
エ　自分たちにとって安心できる空間であったのに、邪魔をされていら立っている様子

問四 ――線部②「小父さんの動揺《どうよう》」とありますが、この時なぜ小父さんは「動揺」していたのですか。五十字以内で書きなさい。

問五 ――線部③「鳥の法則」とはどういうことですか。四十字以内で書きなさい。

と、司書は言った。あなたは小鳥の小父さんなのだから、そう呼んだまでです、とでもいうような素直な［ ④ ］が口元からこぼれていた。思わず小父さんは「えっ」と短い声を上げた。

「幼稚園の子供たちは皆、そう呼んでいますものね」

小さくうなずいたあと、小父さんはズボンのポケットにカードを突っ込み、本を脇に挟んだ。

「返却は二週間後です」

そう言う司書の声を背中に聞きつつ、小父さんは分館を後にした。

(中略)

小父さんは再び自転車にまたがり、e家路を急いだ。納棺《のうかん》の際、レモンイエローの※ポーポーをバスケットに納め、金具を閉じた時のパチンという音がよみがえってきた。言語学者の研究室へ向う汽車の中、終わりなく何度もその金具を開け閉めしていたお兄さんの震える指と、それを黙って見つめていた母親の横顔を思い出した。金具の音は、棺《ひつぎ》の蓋《ふた》を閉める音よりもずっと正しく、お兄さんの死を証明していた。

「返却は二週間後です」

自転車の籠《かご》の中で、借りてきたばかりの本がカタカタ鳴っていた。

司書の言葉を、小父さんは声に出して言った。

「返却は二週間後です」

ペダルを踏む足に力を込め、もう一度繰り返した。本の立てる音と風の音に自分の声が紛《まぎ》れ、代わりに司書の声が耳元でよみがえってくるのを小父さんは感じた。彼女の声をもっとよく聞きたくて、⑤更に力一杯ペダルを踏んだ。

(小川洋子『ことり』より)

注※　ヨウム………オウムのこと。
　　　ポーポー……キャンディーのこと。

残り、首はか細く、化粧気《けしょうけ》のない唇《くちびる》は潤《うる》んでつやつやしていた。短く切り揃《そろ》えられた髪は襟元《えりもと》で跳ね、無造作にめくり上げた事務服の袖口《そでぐち》からは、白い手首がのぞいていた。

「ここに座っているとどうしても、誰がどんな本を借りるのかつい気に掛けてしまうんです。立派な老紳士が『不思議の国のアリス　お菓子大事典』をリクエストしたり、小学生の男の子がギリシャ哲学のシリーズを読破したり……。新着図書が到着すると、この本は誰の好みか、誰に相応《ふさわ》しいか、勝手に思い浮かべます。たまにその予想がぴったり命中すると、自分が善い行いをしたみたいな気分になるんです。そしてある時気がつきました。この人は鳥に関わりのある本しか借りない、って」

まるでそれが素晴らしい発見であるかのような口調で、彼女は言った。小父さんはただあいまいに、「ええ、まあ……」と応じるしかなかった。

「一体どこまで③鳥の法則は続くのだろうかと、ずっとどきどきしていました」

そう話しながら司書は、小父さんの手から貸し出しカードを受け取り、ノートに書名と分類記号と利用者番号を記入した。［X］で綺麗《きれい》な字だった。

「一見、鳥と無関係な本だと、ちょっと心配になるんです。だから返却された時、そっとページをめくって、鳥を探します。見つけられた時は、なぜかほっとするんです」

外見の幼さとは［Y］に、彼女の声にはあたりの静けさを乱さない落ち着きがあった。絵本コーナーの子供たちはいつの間にかいなくなり、他の人たちは皆書棚の間に隠れて姿が見えなかった。彼女がなかなか『空に描く暗号』を手渡してくれないせいで、小父さんはカウンターの前に立っているよりほか、どうしようもなかった。

「でも、今日は心配ありませんね。渡り鳥の本だって、はっきりしていますから」

ようやく彼女は本の上にカードを載せ、小父さんに差し出した。どう反応していいか分からないまま、彼は黙ってそれを受け取った。

「ね、小鳥の小父さん」

かいないかだけだった。たとえそこに『鳥』の一文字がなかろうと、鳥とはどんなにかけ離れたタイトルであろうと、小父さんの目は誤魔化《ごまか》せなかった。本の奥深くに潜《ひそ》むさえずりがページの隙間《すきま》から染み出してくるのを、小父さんの耳は漏《も》らさず捕《と》らえた。その一冊を抜き取り、ページをめくると、案の定そこには鳥の姿があった。分館に収蔵されて以来まだ誰の目にも触れていないページに、長く身を隠していた鳥たちは、①「やれやれ」といった様子で、小父さんの手の中でようやく翼を広げるのだった。

「いつも、小鳥の本ばかり、お借りになるんですね」

ある日、新しく借りる本をカウンターに置いた時、突然司書から声を掛けられ、小父さんは狼狽《ろうばい》した。貸し出しカードを手にしたまま、しばらく声の主に視線を向けられなかった。

「ほら、今日の本もそう。『空に描く暗号』」

司書は本を受け取り、タイトルを読み上げた。

「渡り鳥についての本でしょう？」

その時初めて小父さんは司書の顔を見た。幾度《いくど》となく分館に来ていながら、司書を意識したことなどなく、目の前の彼女とこれまでに何度くらい顔を合わせているのか、見当もつかなかった。しかし少なくとも彼女が、小父さんの読書の傾向を正しく把握《はあく》しているのは間違いなかった。

「はい……」

仕方なく小父さんはうなずいた。自分が選ぶ本に気を配っている人間がいようとは思いもせず、不意打ちをかけられたようで気後《おく》れがした。

「ごめんなさい。別に利用者の方の借り出し状況をいちいちチェックしているわけじゃないんです」

②小父さんの動揺《どうよう》を見透かすように彼女は言った。

「ただ、ここまで一貫している方はそういらっしゃらないので、何と言うか、とても圧倒されているんです」

彼女は『空に描く暗号』の表紙を撫《な》で、それから上目遣いにはにかんだ笑みを浮かべた。

思いがけず若い娘だった。若すぎると言ってもいいほどだった。ふっくらとした頬《ほほ》にはまだあどけなさが

［二］　次の文章を読んで、あとの問いに答えなさい。なお、問題作成の都合上、一部省略あるいは改変したところがあります。(答えに字数制限がある場合には、句読点・記号等も一字として数えなさい。)

> 小鳥のさえずりを理解することができる兄と兄の言葉を唯一《ゆいいつ》わかる弟。
> 二人はひっそりと長い間支えあって生きていたが、やがて兄は五十二歳で亡くなる。弟はそれ以降心を閉ざしがちである。ある日から近くの幼稚園にある鳥小屋の掃除をするようになり、周囲の人々には「小鳥の小父《おじ》さん」と呼ばれるようになる。以降はそれに続く文章である。

鳥小屋の掃除に幼稚園へ通う以外の時間、小父さんは［A］図書館で過ごした。公民館の二階にある、こぢんまりした分館だった。借りるのは例外なく鳥にまつわる本で、図鑑や写真集や科学書はもちろん、［B］鳥に関わりのあるものを探しては順番に読んでいった。［C］、借りるべき本は尽きなかった。野鳥の写真を撮影する方法を解説した指南書もあれば、色変わりしたコキンチョウの交配に生涯をかけたある小学校教師の伝記もある。※ヨウムに言葉を理解させる研究レポートもあれば、白鳥に乗って旅をする少年のおとぎ話もある。孔雀《くじゃく》公園の飼育員、独房《どくぼう》で文鳥《ぶんちょう》を友とした死刑囚《しゅう》、密猟《みつりょう》者、鳩《はと》料理専門店のシェフ、登場人物は［D］だった。鳥の鳴きaマネを得意とする口笛bエンソウカ……。

小父さんが立ち寄る時間帯、分館は空いていた。カウンターの向こう側に司書が一人、絵本コーナーの丸いテーブルに子供が二、三人、あとは書棚《しょだな》の陰《かげ》に幾人《いくにん》かが見え隠れしているだけだった。c天井は高く、蛍光灯の光は弱々しく、床は所々軋《きし》んで切ない音を立てた。南向きの窓には用水路にdソって延びる遊歩道の緑が映っていた。掲示《けいじ》板に張られた新着図書到着の案内も、本の背表紙の分類シールもどことなく黄ばんでいた。

いつしか小父さんは書棚の前に立ち、背表紙に目を走らせるだけで、求める本をパッと見つけることができるようになっていた。それを読みたいか読みたくないかは問題ではなく、大事なのはただ一点、鳥がいる

(い)「引き金」

ア　目標

イ　原因

ウ　現実

エ　必然

問八　本文中の Ⅰ ～ Ⅳ に入る語として適切なものを次の中から一つずつ選び、それぞれ記号で答えなさい。

ア　あるいは　イ　つまり　ウ　さて　エ　たとえば

問九　――線部⑦「少子化圧力要因」とは具体的にはどのようなことを指しますか。その内容を文中の語句を用いて四十字以内で答えなさい。

問十　――線部⑧「生き物が死ななければいけないもう一つの理由は、『多様性』のためです」とありますが、筆者はなぜ「生き物」には「多様性」が必要だと考えているのですか。その理由を文中より一文でぬき出し、はじめの五字を書きなさい。

問四　本文中の［③］・［④］に入る語として、最も適切なものを次の中から一つずつ選び、それぞれ記号で答えなさい。

［③］……ア　必然的　イ　悲劇的　ウ　楽観的　エ　奇跡《きせき》的

［④］……ア　常識的　イ　日常的　ウ　直接的　エ　仮説的

問五　――線部⑤「ヒトの場合は少し複雑です」とありますが、それはどういうことですか。その内容として正しくないものを次の中から一つ選び、記号で答えなさい。

ア　ヒトは死に対する恐れがあり身内の死に大変なショックを受けるということ。

イ　ヒトにとって配偶者やキンシン者の死は最大級のストレスになるということ。

ウ　ヒトには同情心や徳といった感情が他の生物よりも発達しているということ。

エ　ヒトは死だけではなく老化からも逃れる方法を考えなくてはならないということ。

問六　――線部⑥「それ」の指す内容を文中よりぬき出して答えなさい。

問七　――線部㋐、㋑の語句の文中での意味として、最も適切なものを次の中から一つずつ選び、それぞれ記号で答えなさい。

㋐「利己的」

ア　自分の利益だけを求めて他人の立場を考えないで行動すること

イ　自分の利益と他人の利益を常に比べて行動すること

ウ　他人の利益になることはなるべくしないように行動すること

エ　自分と他人の利益を顧《かえり》みず本能のままに行動すること

き残りの仕組みは「変化と選択」です。変化は文字通り、変わりやすいこと、つまり多様性を確保するように、プログラムされた「もの」であることです。その性質のおかげで、現在の私たちも含めた多種多様な生物にたどり着いたわけです。

具体的には遺伝情報（ゲノム）が激しく変化し、多様な「試作品」を作る戦略です。変わりゆく環境下で生きられる個体や種が必ずいて、それらのおかげで「生命の連続性」が途絶《とだ》えることなく繋がってきたのです。

そのたくさんの「試作品を作る」ためにもっとも重要となるのは、材料の確保と多様性を生み出す仕組みです。材料の確保については手っ取り早いのは、古いタイプを壊《こわ》してその材料を再利用することです。つまり、本書で繰り返しお話ししてきた「ターンオーバー」です。ここにも「死」の理由があります。

（小林武彦『生物はなぜ死ぬのか』より）

問一 〰〰線部a～eのカタカナは漢字に直し、漢字は読み方をひらがなで書きなさい。

問二 ――線部①「なんの問題もありませんでした」とありますが、なぜそのように言えるのですか。その理由を文中の語句を用いて五十字以内で答えなさい。

問三 ――線部②「『命の総量』はあまり変わっていません」とありますが、どのような意味ですか。最も適切なものを次の中から一つ選び、記号で答えなさい。

ア　寿命で死んだ生物の数と捕食された生物の数の差はあまり変わっていないということ。
イ　子孫を残してきた生物の数はあまり変わっていないということ。
ウ　死んだ生物の数と誕生した生物の数の差はあまり変わっていないということ。
エ　自分の分身として生まれた子孫の数はあまり変わっていないということ。

ですが、食料や生活空間などの不足です。天敵が少ない、［Ⅰ］「食われない」環境《かんきょう》で生きている生物でも、逆に数が増えすぎて「食えなくなる」ことはあるでしょう。この場合、絶滅《ぜつめつ》するくらいの勢いで個体数の減少が起こり、その後、bシュウキ的に増えたり減ったりを繰り返すか、あるいは少子化が進み、個体数としては少ない状態で安定し、やがてバランスが取れていきます。

少し脱線《だっせん》しますが、この生物学をヒトに当てはめてみます。［Ⅱ］現在の日本人は、食料や生活空間の不足はほとんどないのですが、保育所や教育環境、親の労働環境など、いくつかの子育てに必要な要素が不足しています。それにより、子供を作れなくなる少子化圧力が強まり、出生数は減り続けています。死亡率が上がるのも、c出生率が下がるのも、人口が減るという意味では同じです。

この減少が、日本人の絶滅的な減少に繋《つな》がるか、［Ⅲ］出生数が低い状態で安定するのかは、今後これらの⑦少子化圧力要因がどのくらい改善されるかにかかっています。不足はd衣食住の物質面だけでなく、精神面においてもあります。子供を作りたくなくなるという将来の不安要素は、当たり前ですが確実に少子化を誘導《ゆうどう》します。私は、何も対策を取らなければ、残念ですが日本などの先進国の人口減少が(い)引き金となり、人類は今から100年ももたないと思っています。非常に近い将来、絶滅的な危機を迎《むか》える可能性はあると思います。未来へのeトウシは簡単ではありませんが、手遅れにならないうちに真剣《しんけん》に取り組むべきです。

［Ⅳ］話を元に戻します。⑧生き物が死ななければいけないもう一つの理由は、「多様性」のためです。こちらのほうが、生物学的には大きな理由です。というのは、先に述べた「食料や生活空間の不足」は結果論で、しかも限られた空間で生活している生き物の話であって、一般《いっぱん》的な「死ななければならない理由」ではありません。不足が生じた場合、どこか新しい場所に移動したり、新しく食べられるものを探し出したりすればいいのです。本当の死ななければならない理由は、これよりも、もっと根本的なことです。

生物は、激しく変化する環境の中で存在し続けられる「もの」として、誕生し進化してきました。その生となり、巡《めぐ》り巡って稚《ち》魚の餌となります。もっと［④］な例ではクモの一種であるムレイワガネグモの母グモは、生きているときに自らの内臓を吐《は》き出し、生まれたばかりの子に与え、それがなくなると自らの体そのものを餌として与えます。まさに、「死」と引き換えに「生」が存在しているのです。

一方、⑤ヒトの場合は少し複雑です。死に対する恐れは非常に強く、特に身内の死には大変なショックを受けます。私事で恐縮《きょうしゅく》ですが、私の母は、夫（つまり私の父）が突然《とつぜん》心不全で亡《な》くなったときに、あまりのショックで「自分が違う世界にきてしまったように、全てのものが以前とは違って感じられる」と言っていました。配偶《はいぐう》者やａキンシン者の死は、間違いなくヒトが受ける最大級のストレスです。

このように、死に対してショックを受けるのは、言うまでもなく、ヒトが強い感情を持つ生き物であるためです。喜んだり悲しんだりもそうですが、特に相手に同情したり共感する感情は、霊長《れいちょう》類や大型哺乳《ほにゅう》類、鳥の一部にも見られますが、ヒトの⑥それは他の生き物より抜《ぬ》きん出て強いです。

この同情・共感する感情は「優《やさ》しさ」と言ってもいいのかもしれません。死を怖《こわ》がる気持ちは、自分が死んだら周りの人が悲しむだろうな、苦労するだろうなという想像からもきています。この同情心（人に対する優しさ）、徳（全体に対する優しさ）などの人間らしい感情・行動は、やはり変化と選択《せんたく》の進化の過程で獲得《かくとく》したものです。つまり、自分だけが生き残ればいいという（あ）利己的な能力よりも、集団や全体を考える能力のほうが重要であり、選択されてきたのです。そこから来る死に対する悲しみや恐れは、もっとも人間らしい感情と言ってもいいかもしれません。

このような感情豊かに発達した脳とは裏腹に、体の構造は他の動物とあまり変わりません。容赦《ようしゃ》なく死は訪《おとず》れます。発達したヒトの脳は、当然それから逃《のが》れる方法はないかなどと考えます。なんとか老化を免《まぬか》れる方法はないだろうか——つまりアンチエイジングという考えが生まれます。

アンチエイジングの話に入る前に、復習も兼《か》ねて、生物の多様性と死について整理しておきましょう。生き物が死ななければいけないのは、主に2つの理由が考えられます。その一つは、すぐに思いつくこと

二〇二二年度 実践学園中学校

【国語】〈第一回特待生選抜試験〉（四五分）〈満点：一〇〇点〉

一 次の文章を読んで、あとの問いに答えなさい。なお、問題作成の都合上、一部省略あるいは改変したところがあります。（答えに字数制限がある場合には、句読点・記号等も一字として数えなさい。）

私たちは「死」をどのように捉《とら》えるべきなのか、生物学的見地から考えてみたいと思います。私たち人間にとって死は恐れるべき存在ですが、現代では、老化に抗《あらが》い、死を遠ざけるための医療《いりょう》技術も進歩しています。果たして、それは今後どのように進歩していくのでしょうか。そして、私たちは、なぜ死ななければならないのでしょうか――。

少し残酷《ざんこく》な感じがしますが、多くの生き物は、食われるか、食えなくなって餓死《がし》します。これをずっと自然のこととして繰《く》り返しており、①なんの問題もありませんでした。つまりざっくり言うと、個々の生物は死んではいますが、たとえ食べられて死んだ場合でも、自分が食べられることで捕食《ほしょく》者の命を長らえさせ、生き物全体としては、地球上で繁栄《はんえい》してきました。

寿命《じゅみょう》で死ぬ場合も基本的には同じで、子孫を残していれば自分の分身が生きていることになり、やはり②「命の総量」はあまり変わっていません。食う、食われる、そして世代交代による生と死の繰り返しは、生物の多様化を促《うなが》し、生物界のロバストネス（頑強性《がんきょうせい》、安定性）を増しています。つまり生き物にとっての「死」は、子供を産むことと同じくらい自然な、しかも［③］なものなのです。

事実、自身の命と引き換《か》えに子孫を残す生き物、例えばサケは産卵《さんらん》とともに死に、死骸《しがい》は他の生き物の餌《えさ》

2022年度 実践学園中学校 ▶解　答

※　編集上の都合により，第１回特待生選抜試験の解説は省略させていただきました。

算　数　＜第１回特待生選抜試験＞（45分）＜満点：100点＞

解　答

[1] (1) 69696　(2) $\frac{11}{12}$　(3) 5.2　(4) $\frac{7}{8}$　(5) 31.4　(6) 7　(7) 3　(8) 537000 a　(9) 7割　(10) 30.9km　[2] (1) 70と84　(2) 4.5cm　(3) 19通り　(4) 33分20秒　(5) 午後４時50分　(6) 14.13cm^2　[3] **ア**　分速600m　**イ**　5分　**ウ**　分速200m　**エ**　3分　**オ**　21分　**カ**　22分　**キ**　20分　**ク**　C　**ケ**　7.5分　**コ**　6分　**サ**　3分　**シ**　6分　[4] (1) $\frac{5}{11}$　(2) $23\frac{19}{22}$　[5] (1) 12通り　(2) 90通り

国　語　＜第１回特待生選抜試験＞（45分）＜満点：100点＞

解　答

[一] **問１**　a，b，e　下記を参照のこと。　c　しゅっしょうりつ(しゅっせいりつ)　d　いしょくじゅう　**問２**（例）　自分が食べられることで捕食者の命を長らえさせ生き物全体としては地球上で繁栄してきたから。　**問３**　ウ　**問４**　③　ア　④　ウ　**問５**　エ　**問６**　(相手に)同情したり共感する感情　**問７**　(あ)　ア　(い)　イ　**問８**　Ⅰ　イ　Ⅱ　エ　Ⅲ　ア　Ⅳ　ウ　**問９**（例）　保育所や教育環境，親の労働環境などに子育てに必要な要素が不足していること。　**問10**　変わりゆく　[二] **問１**　a，b，d　下記を参照のこと。　c　てんじょう　e　いえじ　**問２**　ウ　**問３**　ウ　**問４**（例）　今まで全く意識していなかった司書が自分に対して関心を持ち，自分の読書の傾向まで理解していたから。　**問５**（例）　小父さんがどんな本であってもその中から埋もれている鳥を見つけ出すこと。　**問６**　イ　**問７**　裏腹　**問８**　ウ　**問９**　ア

●漢字の書き取り

[一] **問１**　a　近親　b　周期　e　投資　[二] **問１**　a　真似　b　演奏家　d　沿(って)

2022年度　実践学園中学校

〔電　話〕　(03) 3371－5268
〔所在地〕　〒164－0011　東京都中野区中央２－34－２
〔交　通〕　丸ノ内線・都営大江戸線 ― 中野坂上駅より徒歩５分
JR総武線 ― 東中野駅より徒歩10分

※【適性検査Ⅰ】は国語ですので、最後に掲載してあります。

【適性検査Ⅱ】　〈適性検査型試験〉（45分）〈満点：100点〉

1　**けんじ**さんは自由研究の題材を算数のパズル問題に決めて、色々な問題について調べています。

先生と**けんじ**さんは江戸《えど》時代の算術書『塵劫記《じんこうき》』（吉田光由著《よしだみつよしちょ》）にある「油分け算」と呼《よ》ばれる問題について話し合っています。

先　生：江戸時代では、量の単位が小さい方から　1合《いちごう》、1升《いっしょう》、1斗《いっと》、1石《いっせき》　となっていました。

けんじ：それぞれどのくらいの量になるのでしょうか。

先　生：１合は約１８０.３９ｍＬで、１升は約１.８Ｌになります。

けんじ：では、１升＝１０合ですね。他の単位も小さい方と大きい方は、１：１０の関係ですか。

先　生：その通りです。では、これから油分け算の問題を考えてみましょう。

【油分け算】　１斗の油がおけに満たされています。この油を７升ますと３升ますをそれぞれ１つずつ使って、５升と５升に分けるにはどうすればよいでしょうか。

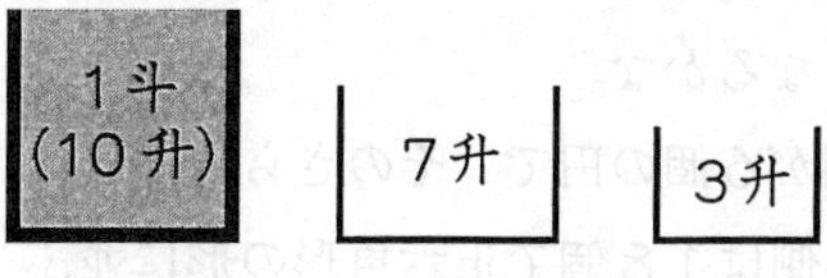

けんじ：１斗のおけと７升ます・３升ますだけで、１斗の半分の５升と５升に分ける問題ですか。

先　生：容器は３つしか使えません。最終的には、７升ますに５升と１斗おけに５升になるようにするという問題ですね。

けんじ：１斗のおけから３升ますで油を７升ますに入れるしかないですよね。

先　生：その通りです。まず、１斗のおけから３升ますで３回くんで、７升ますがいっぱいになるように油を入れると、３升ますには２升の油が残ります。

けんじ：なるほど、いっぱいになった７升ますの油を、１斗のおけにもどして、３升ますの残った油を７升ますに入れると、７升ますには２升の油が入って、１斗のおけには８升の油が残っているんですね。

先　生：そうです。あとはもう簡単《かんたん》ですよね。

けんじ：はい。最後に、１斗のおけから３升ますで１回くんで、７升ますに入れると７升ますに５升と１斗のおけに５升と分けられます。

先　生：正解です。

〔問題１〕　江戸時代の算術の油分け算のように、１０Ｌ入っている牛乳《ぎゅうにゅう》の容器と、直方体の７Ｌと４Ｌの容器をそれぞれ１つ使って、１０Ｌの牛乳を５Ｌと５Ｌに分けるにはどうすればよいかを言葉で説明しなさい。

次に、**けんじ**さんは、**よしこ**さんと図形のきまりを使った問題について、話し合っています。

けんじ：１個の円の周りに、重ならずくっつくように同じ大きさの円を並《なら》べると、外側には何個の円が並ぶか知ってる。

よしこ：**図１**のように１個の円の周りには６個の円が並ぶよね。

図１

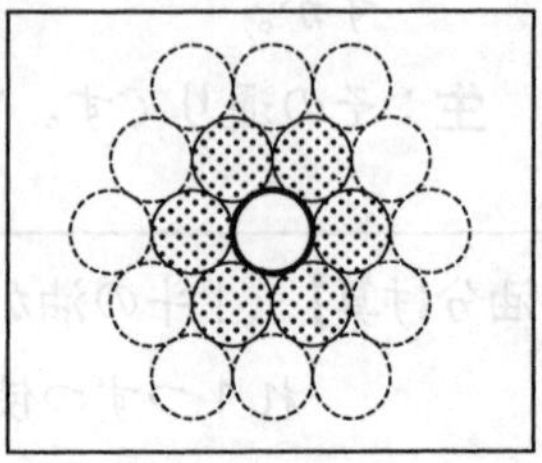

けんじ：それなら３個の円の周りに、同じように並べると外側には何個の円が並ぶかな。

よしこ：難《むずか》しいね。実際に並べて確かめてみようよ。

けんじ：そうだね。並べると。

よしこ：**図２**のように３個の円だと周りには９個の円が並ぶんだね。

図２

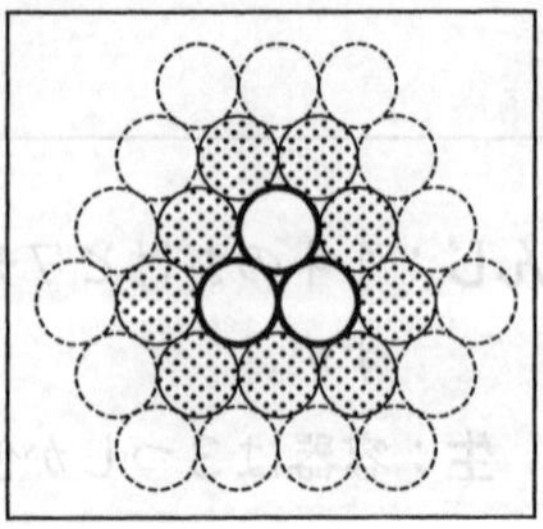

けんじ：これをくり返すとどうなるかな。

よしこ：１個の円だとその外側が６個の円で、そのさらに外側は１２個、さらにその外側は１８個で正六角形の形に並ぶんだね。

けんじ：正六角形の形に注目すると、一辺に並ぶ円の数は最初の正六角形が２個、次の正六角形が３個、その次の正六角形が４個だから、あとは簡単《かんたん》に調べられるね。でも、３個の円だと出来上がるのは少し違《ちが》う形だね。

よしこ：確かに少し変わった形だけど、並べた円の個数全部なら簡単に調べられそうだよ。

〔問題２〕 ３個の円の周りに円を並べさらにその外側に円を並べる作業を５回くり返すとき、円は全部で何個並んでいるか求めなさい。ただし、３個の円の周りに最初に並べた９個の円を１回目と数えるものとします。また、求め方を言葉と計算式を使って説明しなさい。

けんじさんは、次に、**先生**と大学入試で出題されたパズルゲームの問題について、話し合っています。

先　生：これから考えるのは、ポリオミノとよばれる、ソロモン・ゴロムという学者により１９５３年に考案されたパズルです。複数の正方形を辺でつなげ、それを長方形など指定の形にすきまなく並べていきます。最初に、テトロミノについて考えます。

けんじ：テトロミノは４個の正方形を使うポリオミノなんですね。

先　生：４個の正方形を辺に沿《そ》ってつなげた形は、回転して重なるものは同じと考えると、全部で７種類あります。

けんじ：回転して重なるものはないけど、裏《うら》返したりすれば、重なるものがありますよ。

先　生：そうです。裏返したり、回転したりして重なるものを同じと考える場合は、全部で５種類となります。

けんじ：なるほど、**図①**と**図②**、**図③**と**図④**は裏返したら重なるからですね。

図①　**図②**

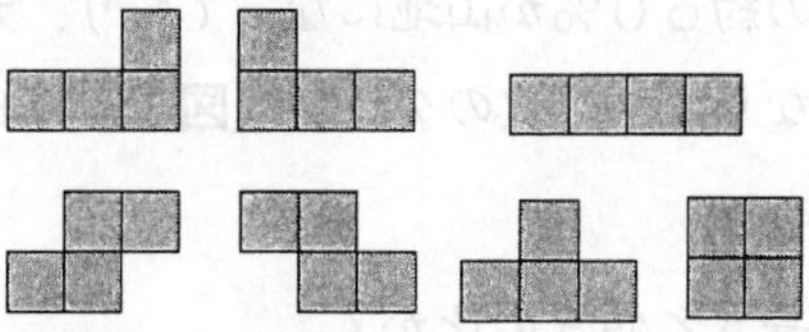

図③　**図④**

先　生：では、正方形の数が５個の場合のポリオミノについて考えてみましょう。この場合はペントミノとよばれています。５個の正方形を辺に沿ってつなげた形は、裏返したり、回転したりして重なるものを同じと考える場合は、全部で１２種類あります。

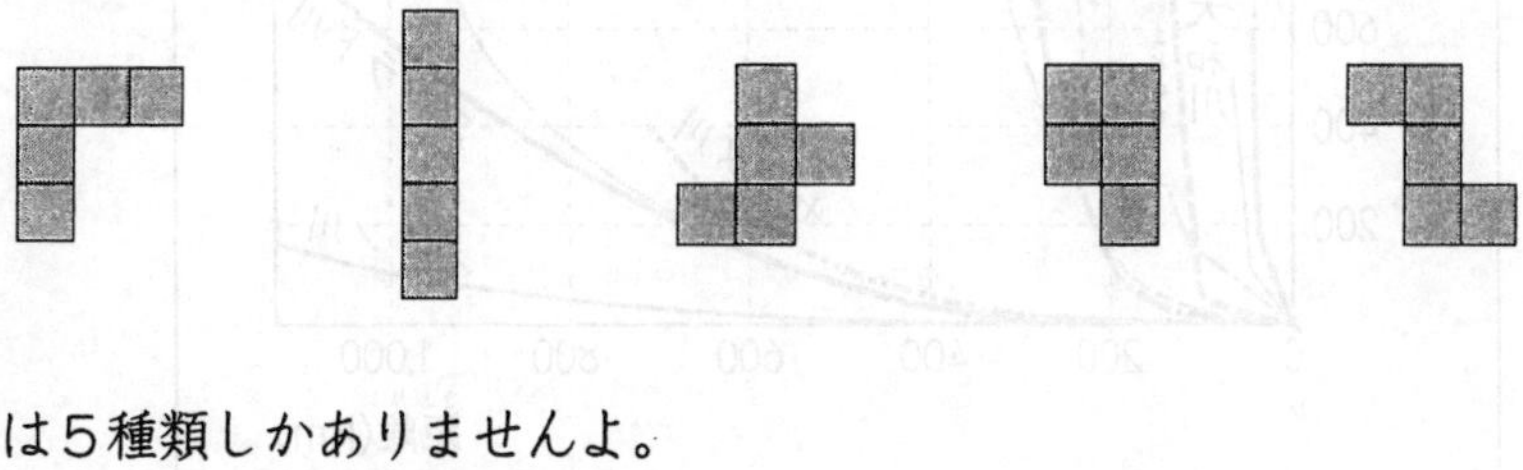

けんじ：例には５種類しかありませんよ。

先　生：残りは、どんな形か考えてみましょう。

〔問題3〕 図で示された５種類以外の７種類はどのような図になると考えられますか。次の記入例にならって、７種類のうち２種類の図をかきなさい。また、回転して重なるものだけを同じと考えて、**【例】**のように裏返したら重なるものを同じと考えない場合は、全部で何種類できるか答えなさい。

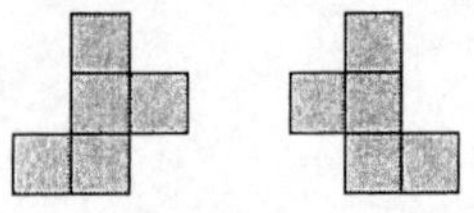

【例】

<解答らんの記入例>

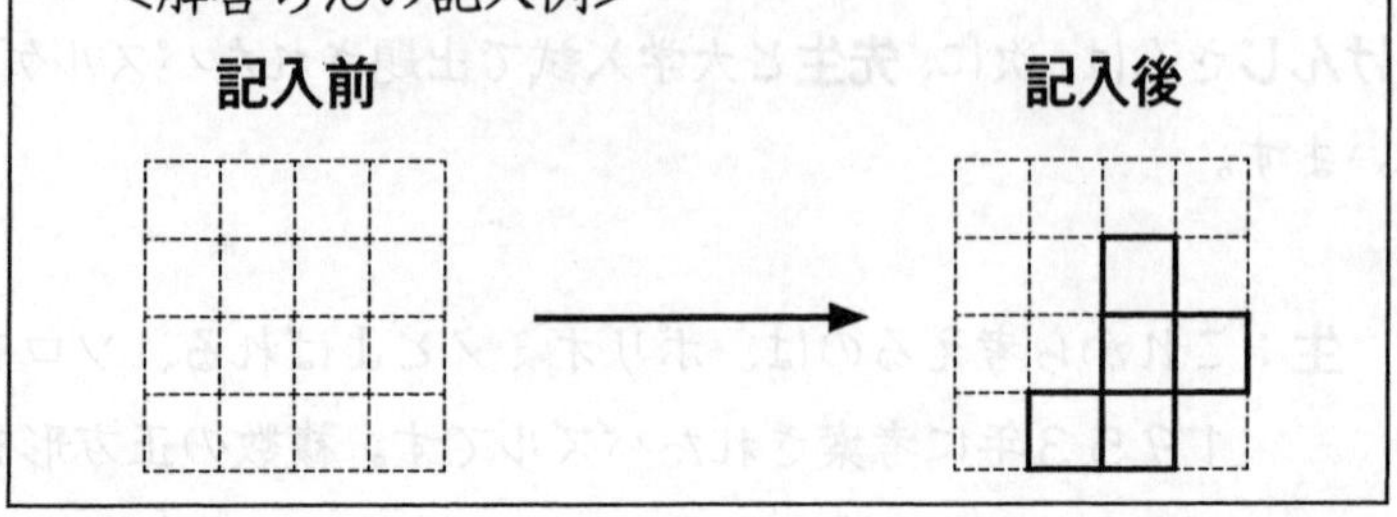

2 　**実**《みのる》さんと**園子**《そのこ》さんは、防災をテーマにした調べ学習をする中で、**先生**と話をしています。

実　：社会科の授業で、災害の種類について学んだね。

園　子：地震《じしん》、津波《つなみ》、台風、洪水《こうずい》、浸水《しんすい》、土砂《どしゃ》災害、雪の被害《ひがい》や噴火《ふんか》について学んだね。

実　：調べてみると、日本では毎年のように自然災害にみまわれていることが分かりました。特に、夏から秋にかけて、大雨による自然災害の被害をよく目にします。

先　生：日本は山が多く、国土の約６０％が山地になっており、大雨が降《ふ》るとさまざまな自然災害が発生しやすくなります。次のグラフ（**図１**）は日本と世界の河川《かせん》の長さと傾《かたむ》きを比べたものです。

図１　河川の長さと傾きの比かく

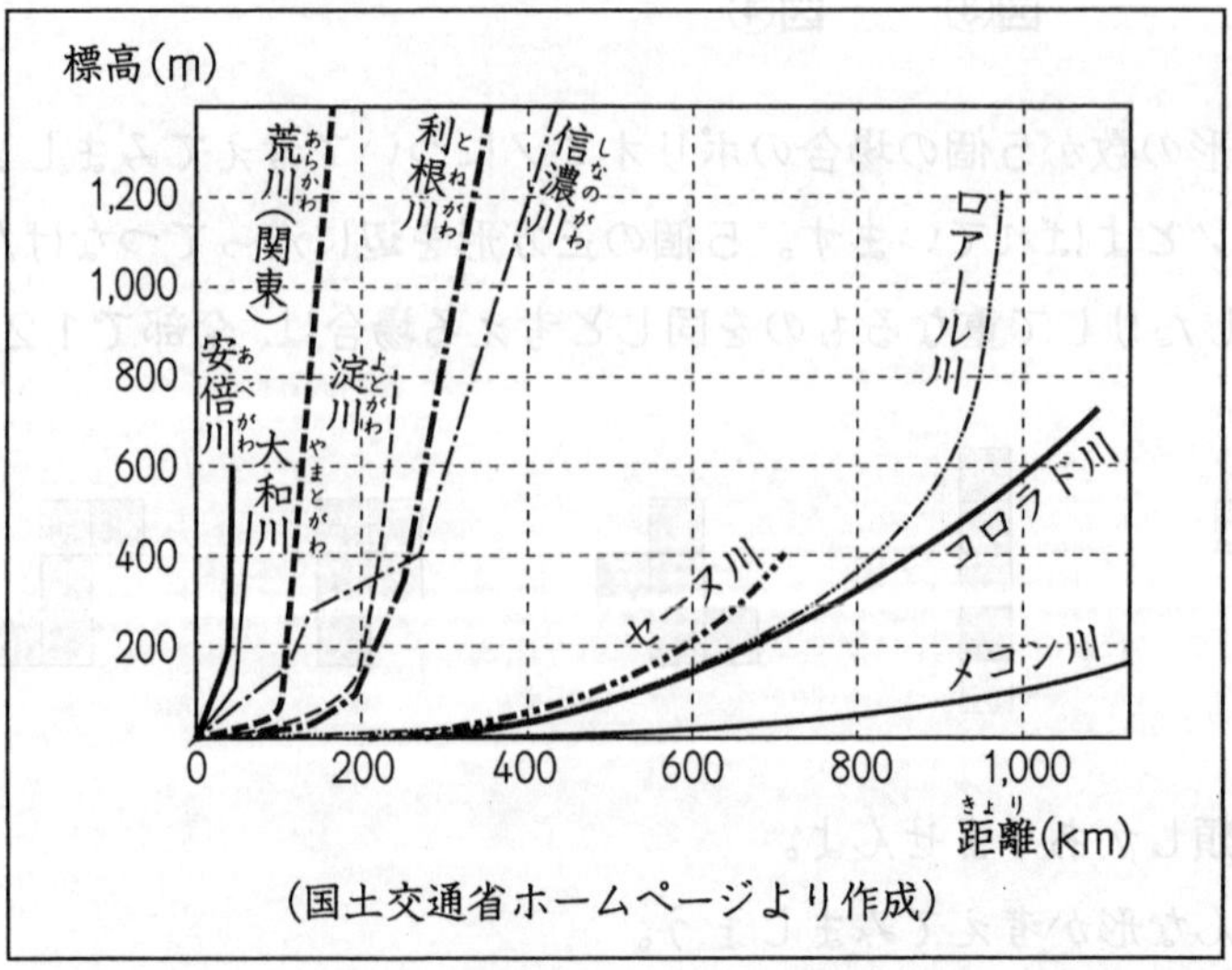

(国土交通省ホームページより作成)

実　　：このグラフ（**図1**）を見ると、日本の河川は世界の河川に比べて勾配《こうばい》が急だと分かります。

先　生：日本の河川は大雨が降ると、一気に水量が増し、洪水や浸水、土砂災害がおこりやすくなります。

実　　：それでは、大雨による災害を防ぐにはどのような方法があるのでしょうか。

先　生：さまざまな方法がありますね。たとえば群馬県の矢木沢《やぎさわ》ダム、栃木県の日向砂防《ひなたさぼう》ダム（**図2**）のように、官庁《かんちょう》である国土交通省《こくどこうつうしょう》が貯水ダムや砂防ダムをつくることがあげられます。

図2　貯水ダムと砂防ダム

群馬県の矢木沢ダム（貯水ダム）

（水資源機構《みずしげんきこう》　沼田《ぬまた》総合管理所ホームページより）

栃木県の日向砂防ダム

（日光砂防事務所ホームページより）

園　子：貯水ダムや砂防ダムは河川の上流で災害を防ぐ役割《やくわり》を担《にな》っていますね。

先　生：また、雨水がゆっくり地下にしみこんでたくわえられる棚田《たなだ》は天然のダムといわれ、同じく河川の上流で災害を防ぐ役割を担っていますね。**図3**は農家が取り組む棚田と都市住民が取り組む棚田オーナー制度について書かれている資料です。

図3　棚田と棚田オーナー制度

千葉県の大山千枚田

（関東農政《のうせい》局ホームページより）

棚田オーナー制度

都市住民に直接耕作に関わってもらいながら棚田を保全していく方法をとる制度です。オーナーになると会費を払《はら》って、一定区画の水田を割《わ》り当てられます。
オーナーは年に数回来訪《らいほう》して、地元農家たちの指導を受けながら、田植え、草かり、稲《いね》かりなどの作業を行います。

（農林水産省農村振興《しんこう》局地域《ちいき》振興課ホームページより）

実　　： 水田は食料を届《とど》けてくれるだけでなく、防災にも役立つんですね。

先　生： さらに河川の下流にあたる都市部では大雨によって排水路《はいすいろ》から水があふれてしまう内水氾濫《ないすいはんらん》にも気をつけなければなりません。首都圏《しゅとけん》では内水氾濫を防ぐため、官庁の国土交通省が次の写真（**図4**）のような、地下に水を貯める施設《しせつ》をつくり対策《たいさく》をしています。

図4　首都圏外郭《がいかく》放水路

立坑《たてこう》

調圧《ちょうあつ》水そう

（国土交通省　関東地方整備局　江戸川《えどがわ》河川事務所ホームページより）

園　子： 地域の特ちょうによって大雨による災害を防ぐ取り組みは変わってくるということですね。

先　生： そうですね。さらに、これらの資料を見てみると、防災についての見方が広がり、それぞれの対策が関連し合っていることが分かります。

実　：大雨による災害を防ぐためには、さまざまな立場から取り組むことが大切だと思いました。

〔問題１〕　実さんは「大雨による災害を防ぐためには、さまざまな立場から取り組むことが大切だと思いました。」と言っています。「**図２**　貯水ダムと砂防ダム」、「**図３**　棚田と棚田オーナー制度」、「**図４**　首都圏外郭放水路」の３つから２つの図を選択《せんたく》した上で、選択した図がそれぞれどのような立場の取り組みで、その２つの取り組みがどのように関連して、大雨による災害を防ぐことにつながるのかを説明しなさい。

園　子：さまざまな取り組みが行われているなかで、大雨による被害はどのように変化しているのでしょうか。

先　生：そうですね。まず、**図５**を見てください。こちらは日本の国土利用状況《じょうきょう》を示しています。

図５　日本の国土利用状況

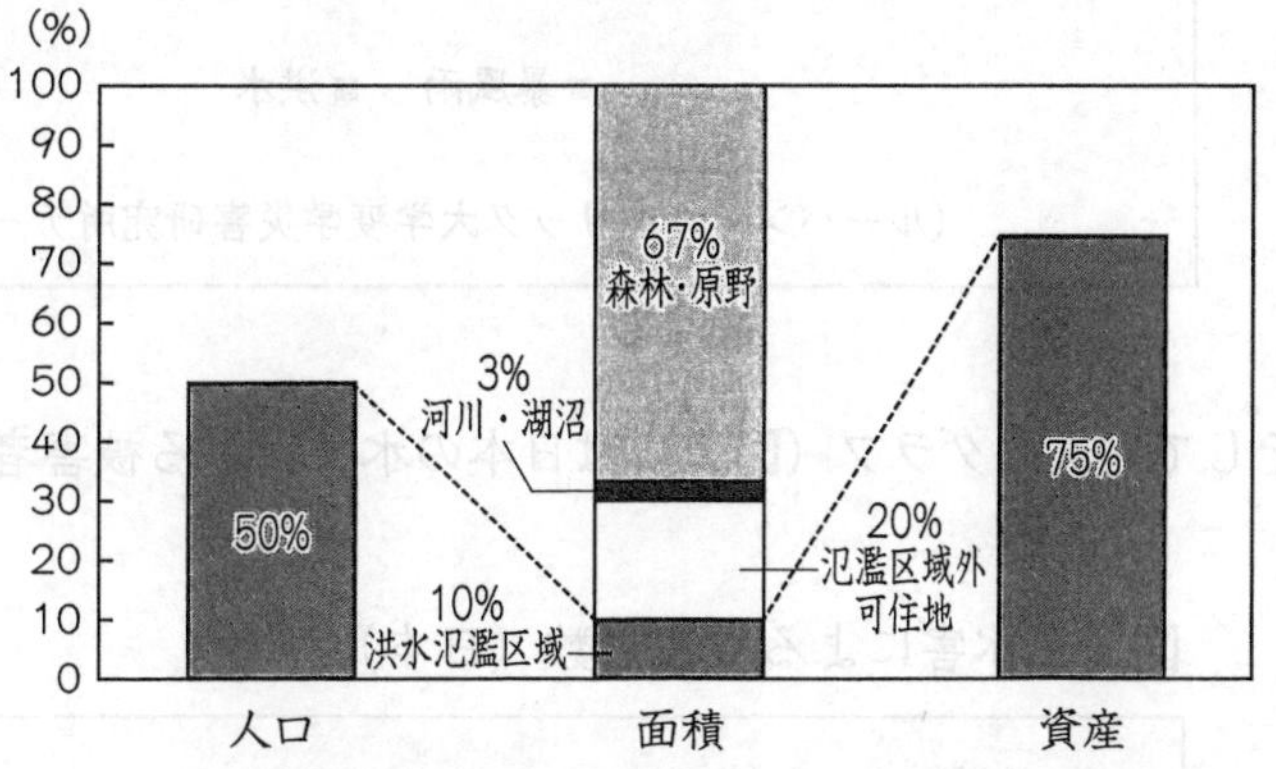

（国土交通省ホームページより作成）

実　：国土面積の１０％の洪水氾濫《こうずいはんらん》区域《くいき》に、日本の総《そう》人口の５０％の人口と総資産の７５％の資産が集中していることが分かります。

園　子：社会の授業でハザードマップを確認《かくにん》したとき、洪水浸水想定区域に私《わたし》の住んでいる地域がふくまれていました。

先　生：人口の多い地域では、河川のそばに住宅が建っていることがあり、園子さんのようなケースがみられます。

園　子：短時間で大雨が降ると、河川の水かさが急に増すのでおどろきます。

先　生：大雨が降る回数は昔に比べて増えています。１時間に５０mmをこえる大雨が発生した回数は１９７６年から１９８５年の１０年間と２００８年から２０１７年の１０年間で比べると、年間の発生回数が1.4倍に増えています。

園　子：大雨の回数が増えれば災害の発生回数も増えるから、被害の規模《きぼ》も大きくなりますよね。

先　生：そうですね。**図６**は暴風雨と洪水による日本の被害額を示しています。

図6　暴風雨・洪水被害額（日本）

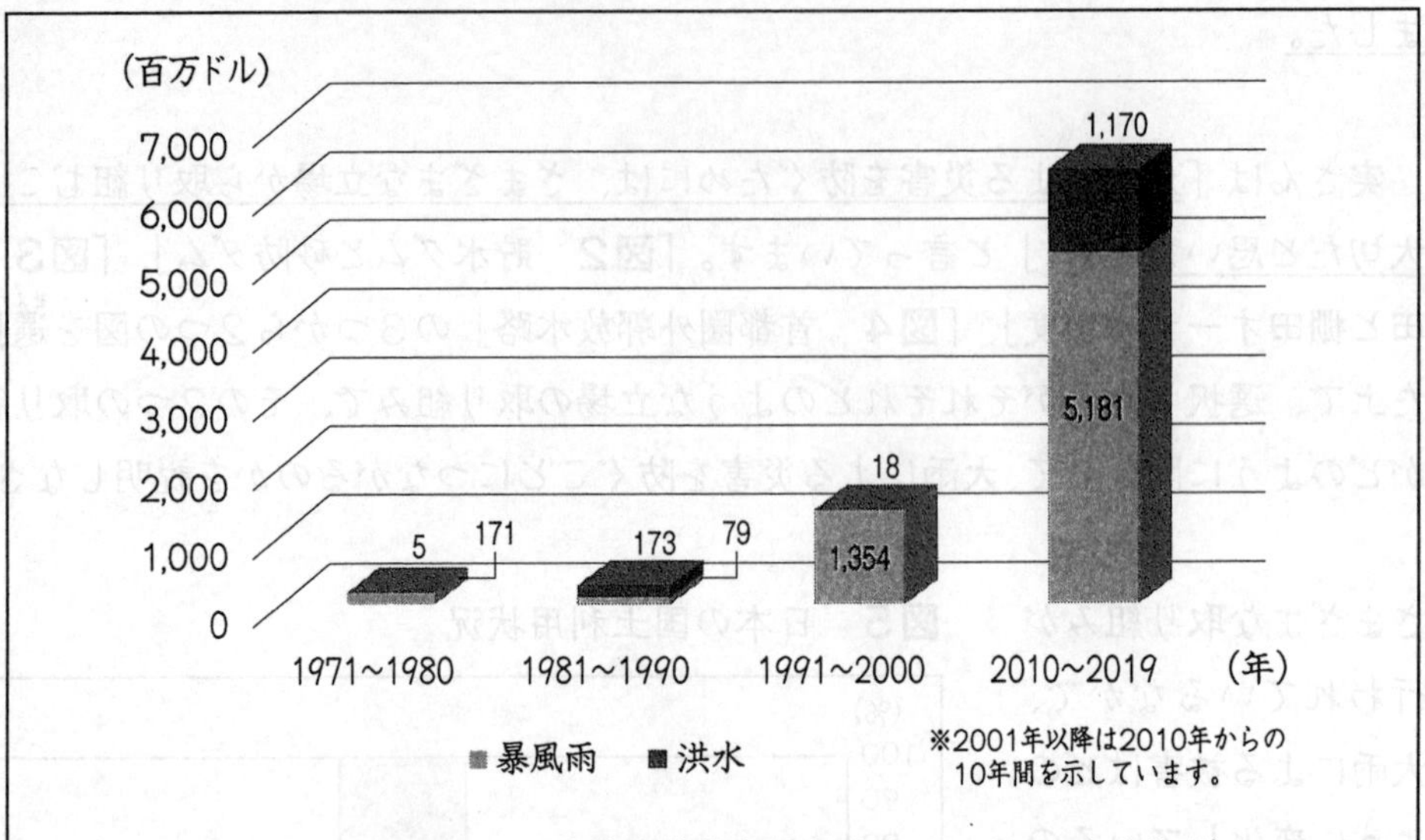

（ルーバン・カトリック大学疫学災害研究所データベースより作成）

そして、次のグラフ（**図7**）は日本の水害による被害者数を示しています。

図7　水害による被害者数（日本）

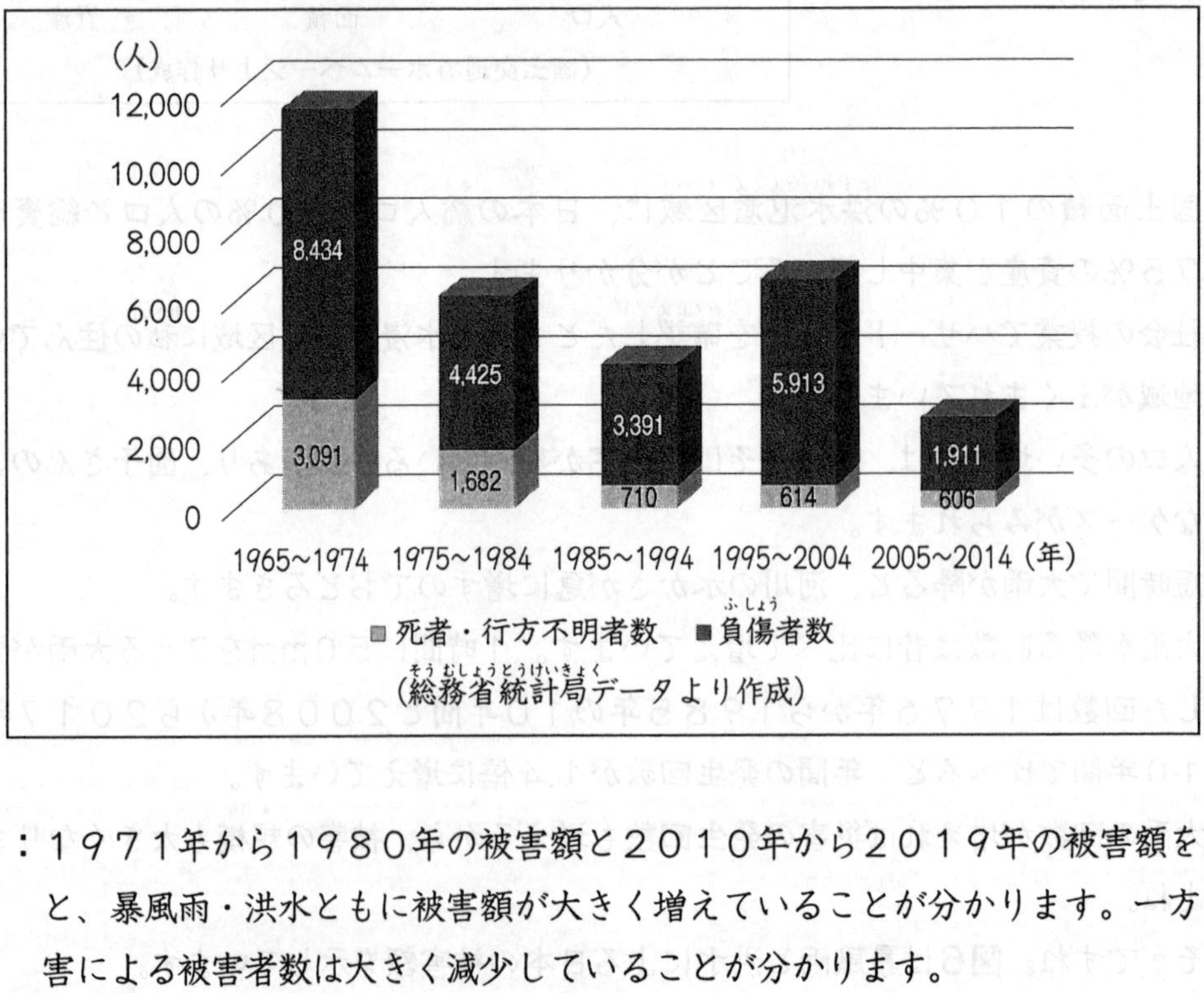

（総務省統計局《そうむしょうとうけいきょく》データより作成）

実　：１９７１年から１９８０年の被害額と２０１０年から２０１９年の被害額を比べると、暴風雨・洪水ともに被害額が大きく増えていることが分かります。一方で、水害による被害者数は大きく減少していることが分かります。

園　子：被害額が増えた要因には大雨の発生回数が増えたこと以外に何かあるのかしら。

先　生：時代が進むにつれて人々の居住地域が洪水氾濫区域に広がっているのかもしれないですね。次のグラフ（**図8**）は人が住める土地である可住地《かじゅうち》の面積割合《わりあい》と住宅地である宅地《たくち》の面積割合の移り変わりを示しています。

図8　可住地面積割合と宅地面積割合の移り変わり

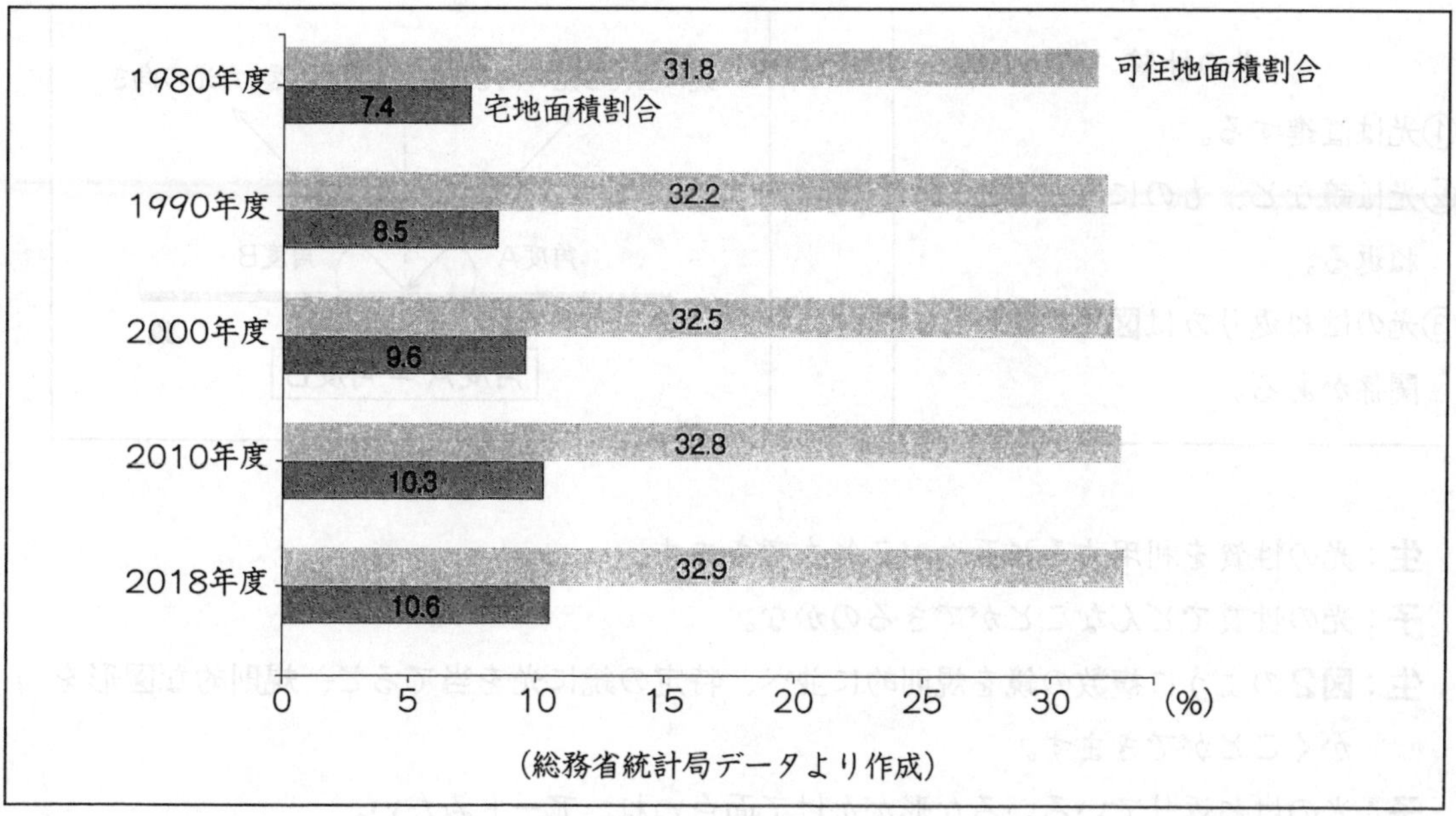

実　　：可住地面積の割合はあまり増えていませんが、宅地面積の割合は増えています。

園　子：これは、共同住宅の数が増えたことが影響《えいきょう》しているのではないでしょうか。私の住んでいる地域でも共同住宅が建設されています。

先　生：では、これまでの会話文や資料から、２０年後、４０年後といった先を予想し、大雨による被害がどのように変化していくか一緒《いっしょ》に考えてみましょう。

〔問題２〕　先生は「２０年後、４０年後といった先を予想し、大雨による被害がどのように変化していくか一緒に考えてみましょう。」と言っています。これまでの会話文や**図5**〜**図8**に着目し、大雨による被害が今後どのように変化をしていくのか、予想されることを書きなさい。

3　**太郎《たろう》**さん、**花子**さん、**先生**が光について話をしています。

太　郎：光の授業で光の進む向きと光のはね返りについて実験をしたね。確か、光には次のような性質があったね。

光の性質

①光は直進する。

②光は鏡など、ものに当たるとはね返る。

③光のはね返り方は**図１**のような関係がある。

図１　光のはね返り方

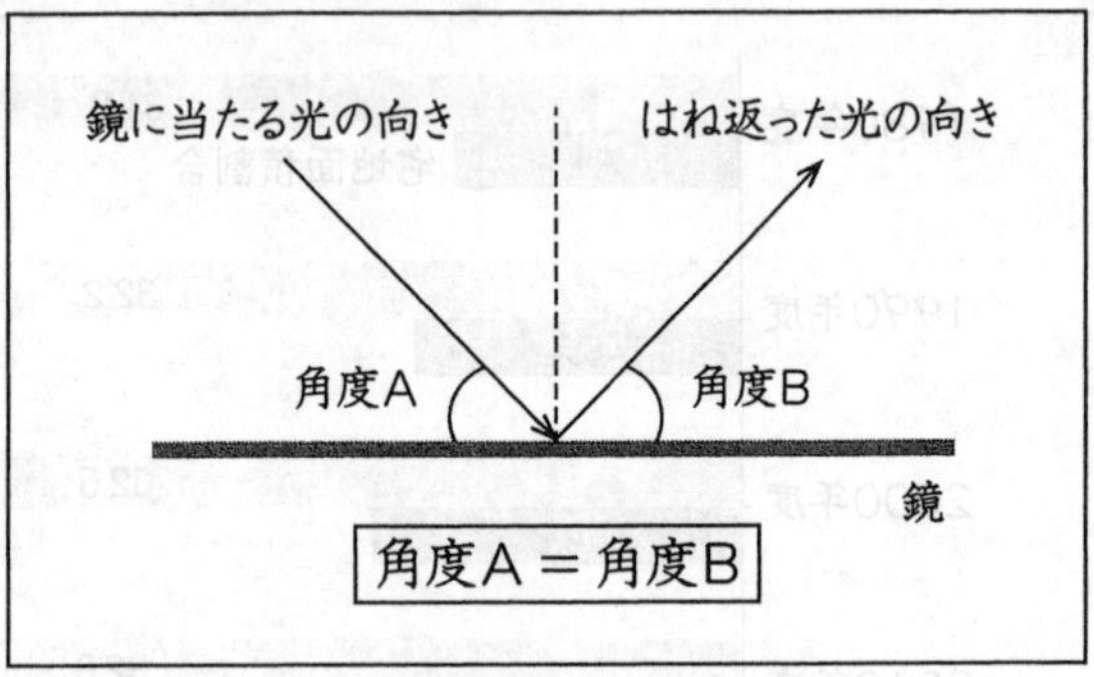

先　生：光の性質を利用すると面白いこともできます。

花　子：光の性質でどんなことができるのかな。

先　生：**図２**のように複数の鏡を規則的に並べ、特定の鏡に光を当てると、規則的な図形をかくことができます。

花　子：光のはね返りでいろいろな形がかけて面白いね。アートみたい。

太　郎：どのようにすれば図形がかけるのか、実際に実験してみたいね。

太郎さんと**花子**さんは**先生**のアドバイスをもとにそれぞれ**実験１**を行いました。

実験１

手順１　**図３**のように円をかき、時計と同じように等間かくに１～１２まで番号をつける。

手順２　１番～１１番の位置に鏡を立てる。このとき、鏡は円の中心から引かれた線に対して鏡の面がすい直になるように立てる。

手順３　レーザーの道《みち》すじが見えるように、少量のドライアイスを用意して、そう置の内側に霧を作り出す。このとき、安全のために窓をあけておくこと。

手順４　１２番の位置から好きな番号の鏡にレーザーを当て、光がどのようにはね返るか道すじと、かける形を確認《かくにん》する。このとき、レーザーは鏡の中心に当たるように工夫する。

図2　鏡のはね返りでかく模様《もよう》

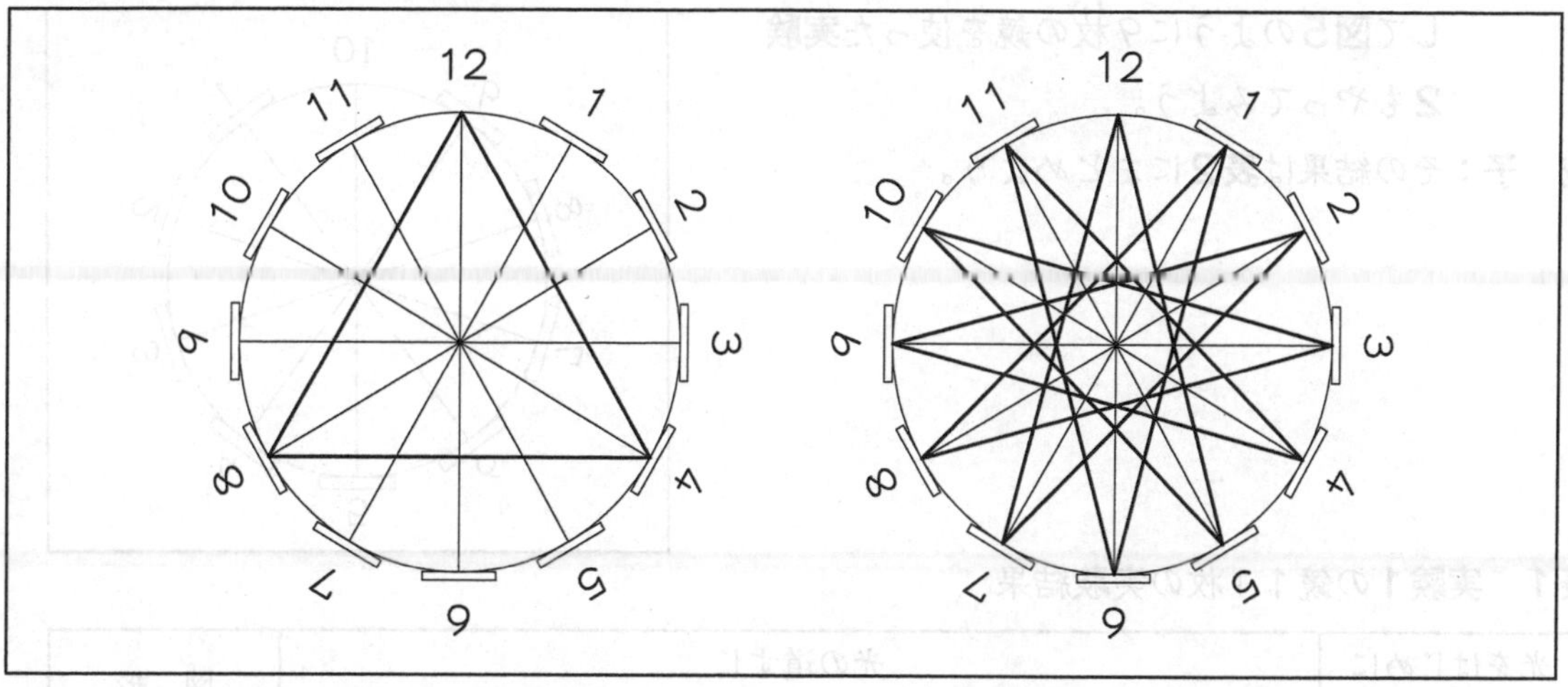

図3　**実験1**の実験そう置

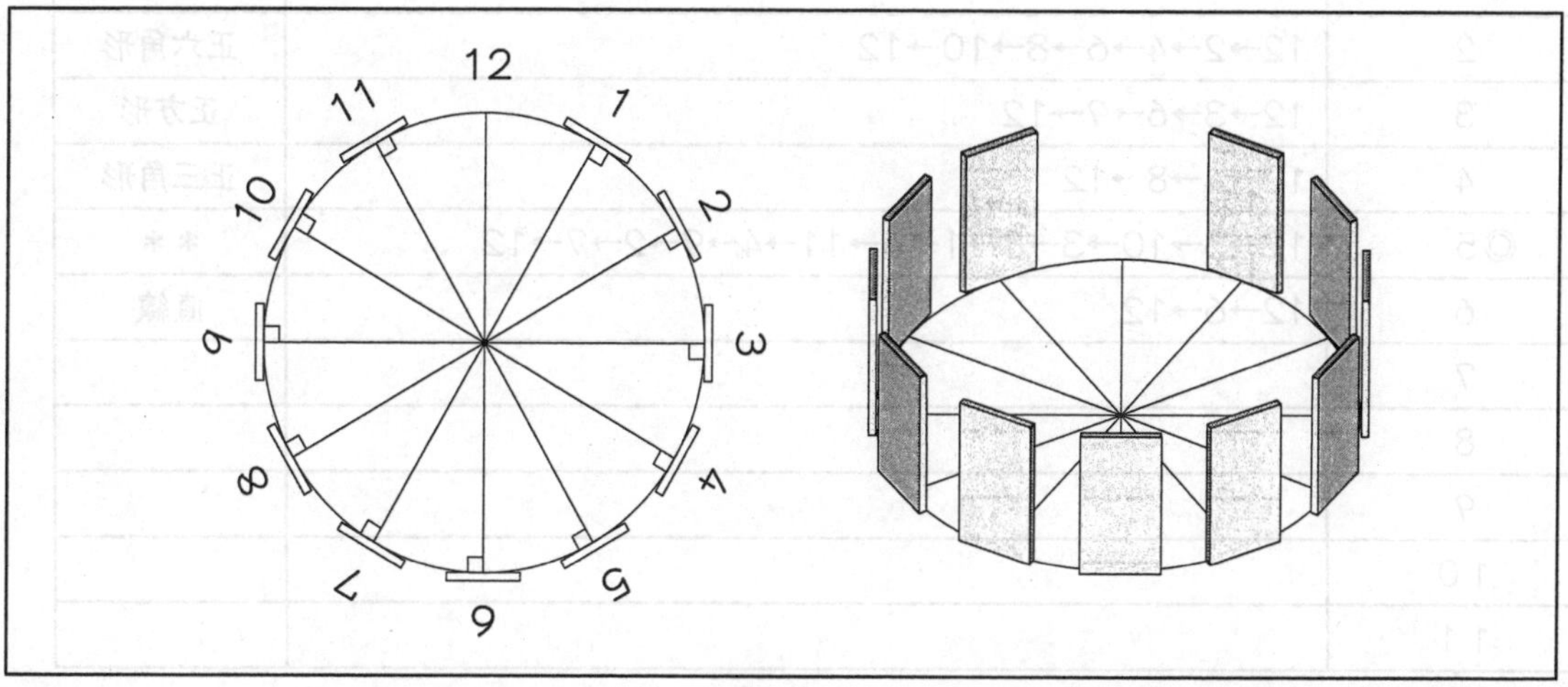

花　子： はじめに２番の鏡にレーザーを当てたときは、**図4**のように光がいくつかの鏡ではね返り進んで１２番に戻《もど》ってきたね。

太　郎： 光が当たった鏡はすべて同じはね返り方をしているようだね。

花　子： 他にもいろいろな位置の鏡に光を当てたときの結果を**表1**にまとめよう。

図4　２番の鏡に当てたときの実験の様子

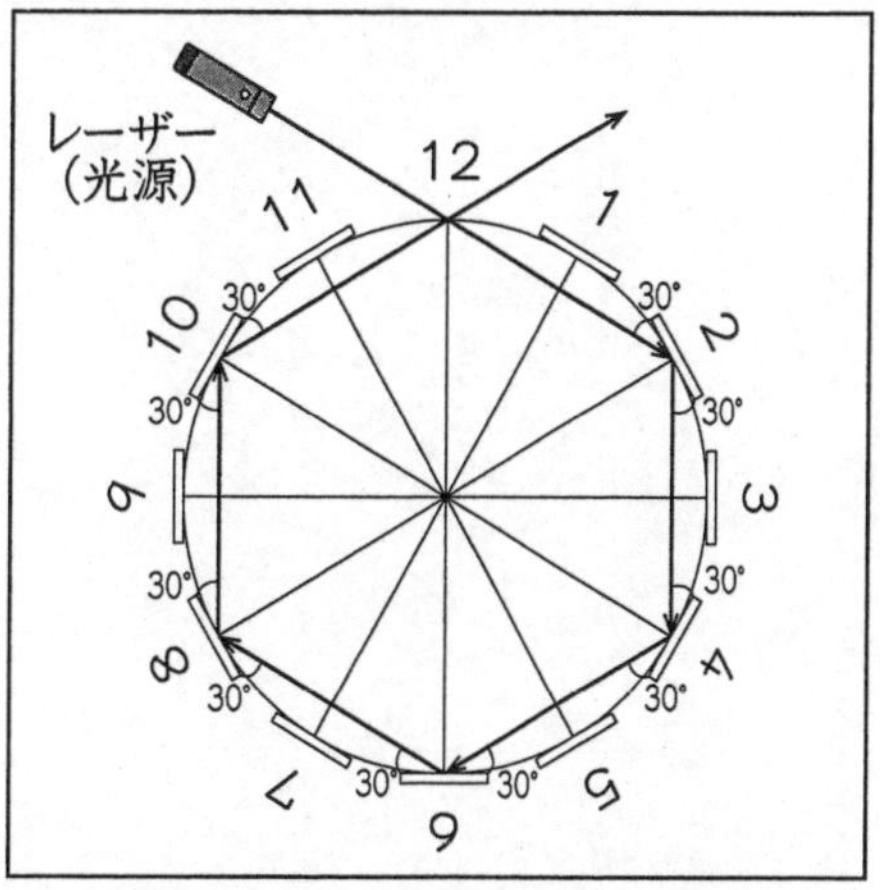

太　郎：何かきまりがありそうだね。別の実験として**図5**のように9枚《まい》の鏡を使った**実験2**もやってみよう。

花　子：その結果は**表2**にまとめよう。

図5　実験2の鏡9枚の実験そう置

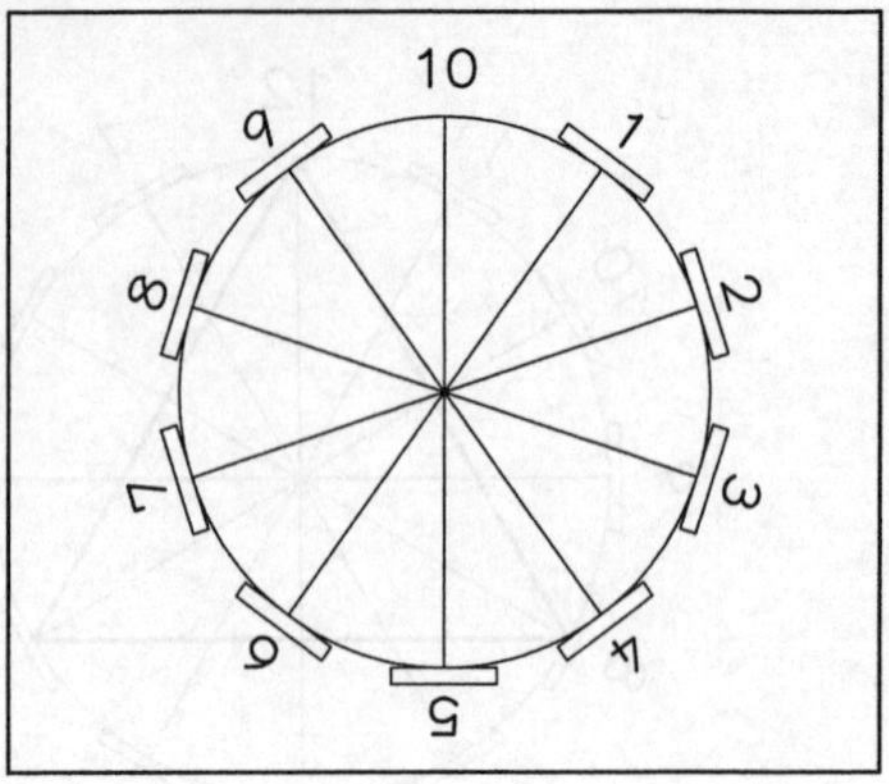

表1　実験1の鏡11枚の実験結果

光をはじめに当てる鏡＊	光の道すじ (光がはね返ることで光が向かう順番)	図　形
◎1	12→1→2→3→4→5→6→7→8→9→10→11→12	正十二角形
2	12→2→4→6→8→10→12	正六角形
3	12→3→6→9→12	正方形
4	12→4→8→12	正三角形
◎5	12→5→10→3→8→1→6→11→4→9→2→7→12	＊＊
6	12→6→12	直線
7		
8		
9		
10		
11		

＊　◎は、すべての鏡に光が当たった実験。　＊＊　**図2**の右側の形になる。

表2　実験2の鏡9枚の実験結果

光をはじめに当てる鏡＊	光の道すじ	図形
◎1	10→1→2→3→4→5→6→7→8→9→10	正十角形
2	10→2→4→6→8→10	正五角形
◎3	10→3→6→9→2→5→8→1→4→7→10	＊＊
4	10→4→8→2→6→10	星型
5	10→5→10	直線
6	10→6→2→8→4→10	星型
◎7	10→7→4→1→8→5→2→9→6→3→10	＊＊
8	10→8→6→4→2→10	正五角形
◎9	10→9→8→7→6→5→4→3→2→1→10	正十角形

＊　◎は、すべての鏡に光が当たった実験。　＊＊　**図6**の形になる。

図6　実験2の3番の鏡に当てたときの図形

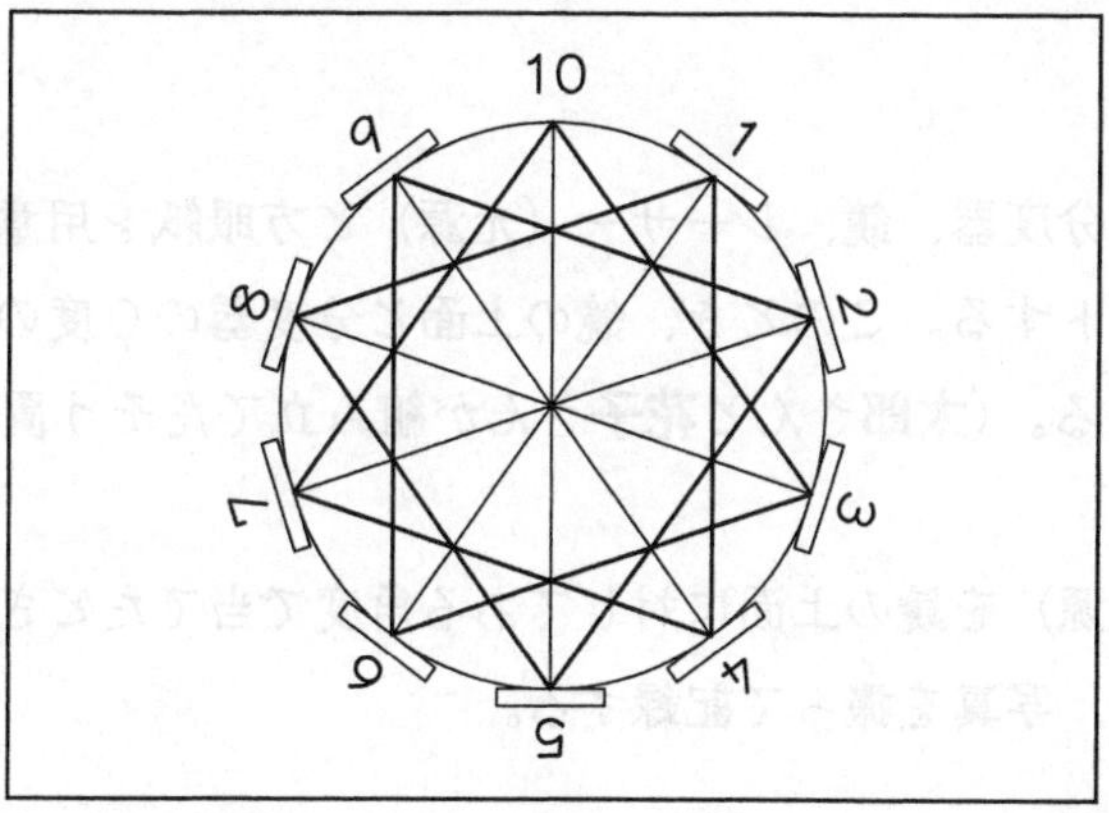

〔問題1〕（1）　**実験1**では、光をはじめに当てる鏡が1番と5番のとき、光がすべての鏡ではね返り12番に戻ってきます。**表1**、**表2**の結果を参考にしながら**表1**の空白部分の結果を考え、「光をはじめに当てる鏡」の7番～11番の中から、すべての鏡に当たる場合を1つ選び、光が当たる順番を**表1**、**表2**の「光の道すじ」にならって答えなさい。

（2）　11枚の鏡と9枚の鏡を使った実験結果から、すべての鏡に光が当たる場合と一部の鏡のみに当たる場合で、どのような違《ちが》いがあるかを考え、すべての鏡に当たる条件を答えなさい。

太　郎：光を使った図形をかく実験は楽しかったね。
花　子：光のはね返り方を詳《くわ》しく調べたらもっといろいろな図形がかけそうだね。

太　郎：光がはね返る角度について、もう少し具体的に調べてみたいね。

花　子：光の授業で、**図7**のような、ななめ４５°に置かれた２枚の鏡に光を当て光の進み方を調べる実験をしたね。

太　郎：**図7**のような実験だと、光は９０°に曲がったね。

図7　光の進み方

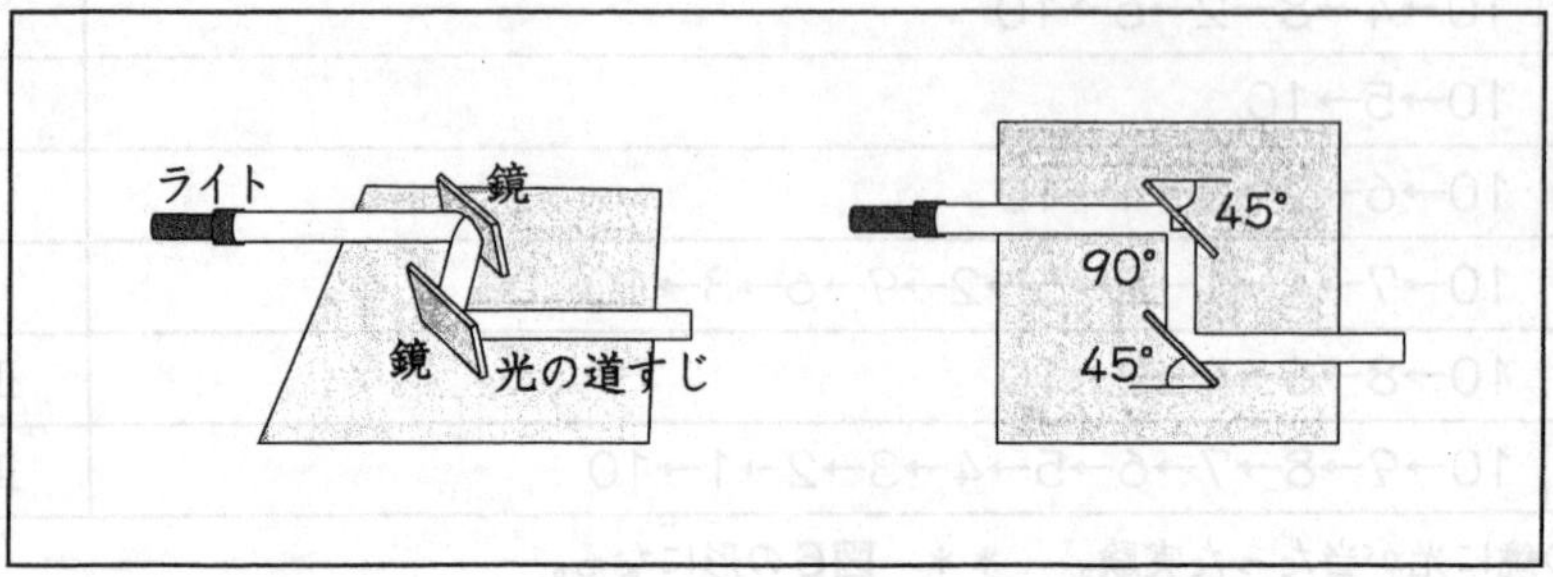

太郎さんと**花子**さんは**先生**のアドバイスをもとに**実験3**を行いました。

実験3

手順１　**図8**のような分度器、鏡、レーザー（光源）と方眼紙を用意する。それらの道具を机の上にセットする。このとき、鏡の上面と分度器の０度の位置が水平に一致するようセットする。（**太郎**さんと**花子**さんが組み立てたそう置は**図9**のようになっています。）

手順２　レーザー（光源）を鏡の上面に対してある角度で当てたとき、どのように光がはね返るかを調べ、写真を撮《と》って記録する。

図8　**実験3**の実験道具

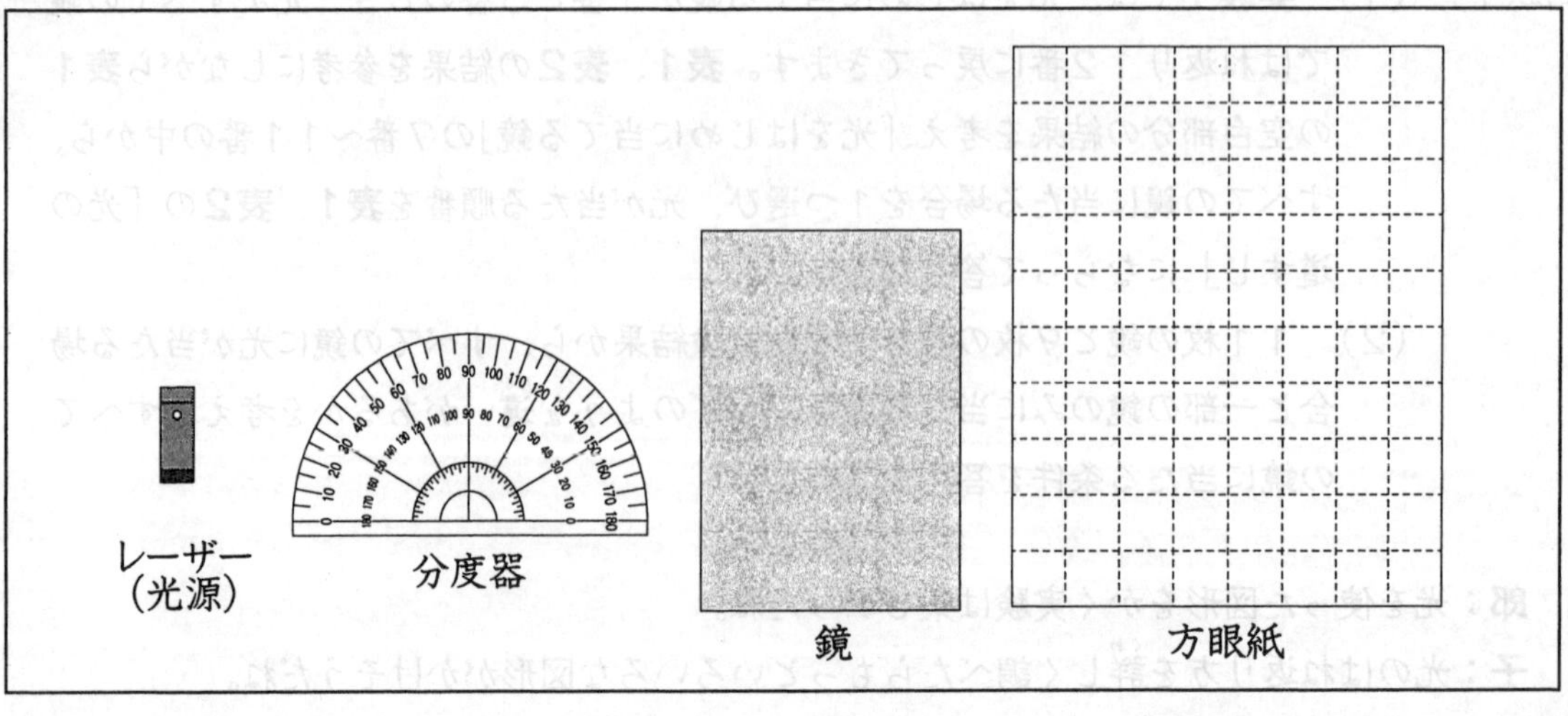

図9　実験3の上から見た実験そう置

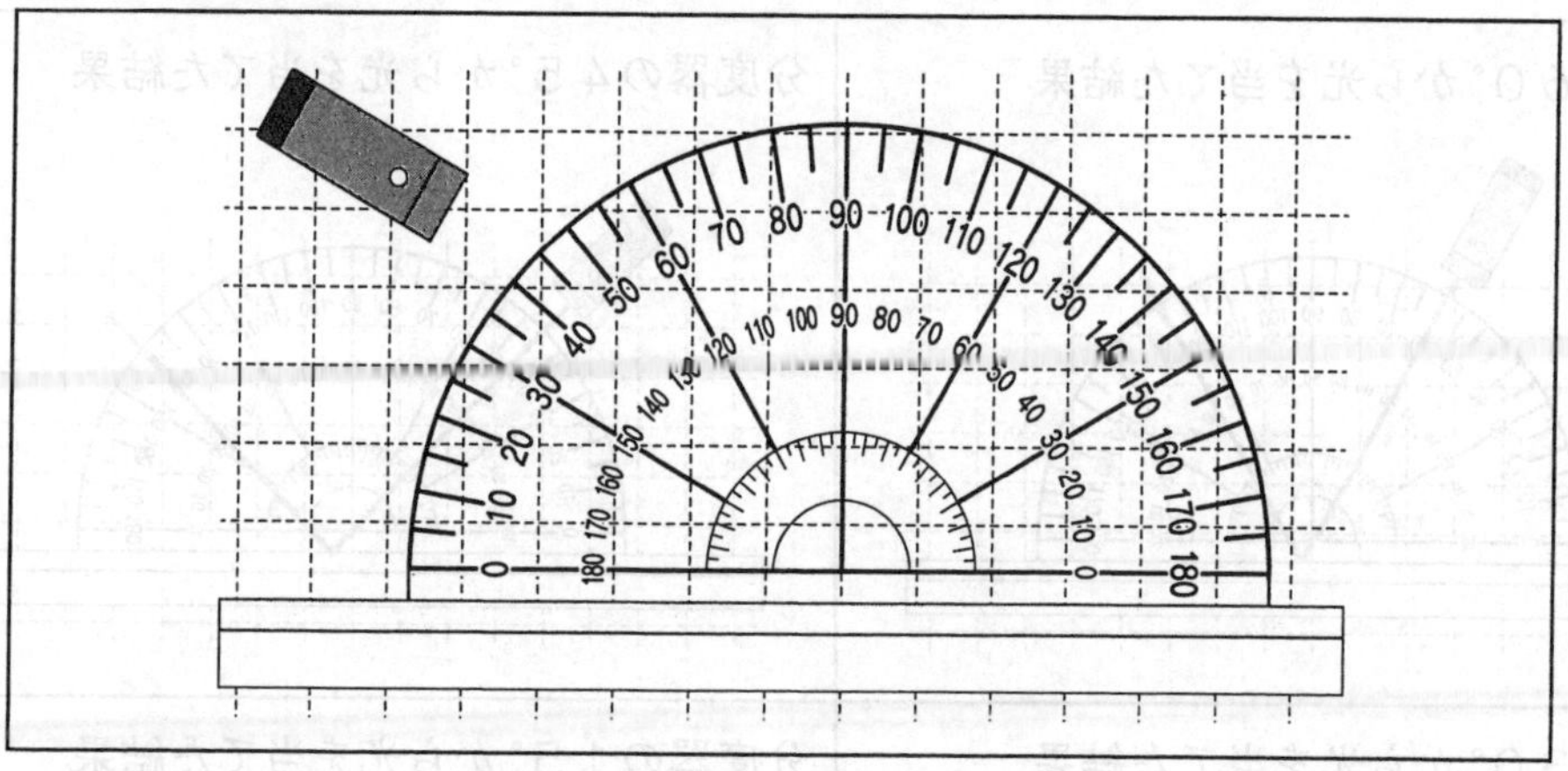

花　子：まず実験結果について予想を立てよう。

太　郎：図1の鏡の性質を思い出すと**表3**のようになるはずだね。

表3　光のはね返り方の予想

光を当てた角度（A）	はね返った角度（B）	(B)−(A)
60°	120°	60°
45°	135°	90°
30°	150°	120°
15°	X	Y

花　子：実際に実験をして**表4**にまとめよう。

太　郎：表3と**表4**を見くらべると、すこし予想と違う結果になったね。

花　子：撮影《さつえい》した写真（**図10**）もよく見て、レーザーの当て方や、角度の読み取り方など実験を見直してみよう。

表4　実験3の実験結果

光を当てた角度（A）	はね返った角度（B）	(B)−(A)
60°	124°	64°
45°	140°	95°
30°	157°	127°
15°	173°	158°

図10　実験3の様子を撮った写真

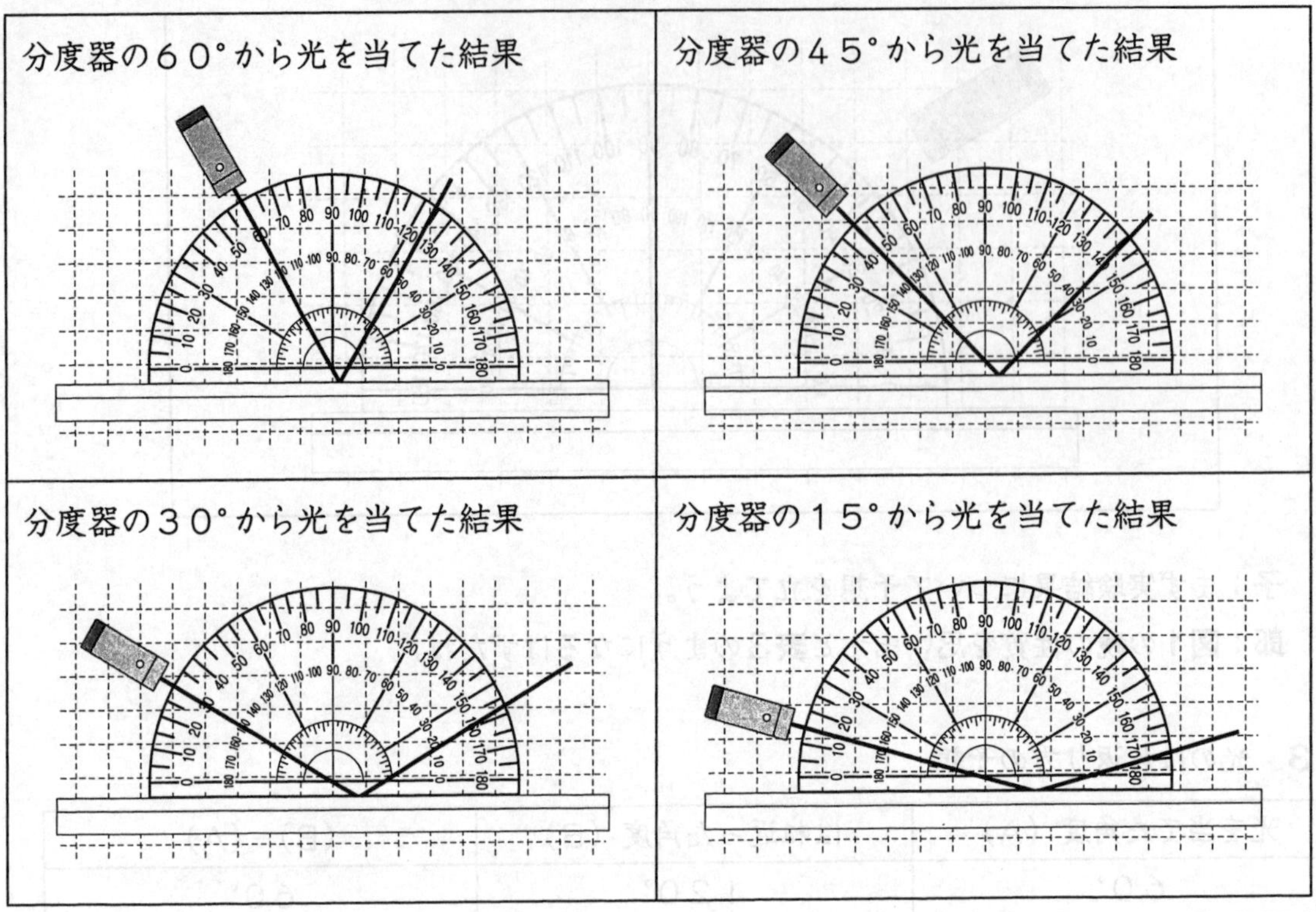

太　郎：光の当たり方がばらばらだね。はね返った光をよく見ると、正しく角度が測れているか不安になってきたね。

花　子：**先生**が「実際の実験では、正しく実験ができたとしても、多少のズレが出ることもある」と言っていたけど、正しく実験ができたかもう一度考えてみよう。

太　郎：そうだね。

先　生：実験が正しく行えたかを再確認するのは大切ですね。そのうえで、実験のズレなのか、実験のやり方そのものが間違っていたかを判断《はんだん》しましょう。

〔問題2〕（1）**表3**の**X**に当てはまる角度は何度になるかを答えなさい。

（2）**表4**や**図10**の結果から**実験3**が正しく行われているか、間違っているか、解答の選択肢《せんたくし》に○をつけて答えなさい。

また、正しいと考えた場合は、正しい理由と、予測と実験結果が少し違う理由を答えなさい。間違っていると考えた場合は、どの点が間違っているか説明し、どのように修正すればよいか修正案を答えなさい。

日の光のなかに降《ふ》ってくる
黄金の埃《ほこり》のようにうつくしいもの。
音のない音楽のように、
手に掴《つか》むことのできないもの。
けれども、あざやかに感覚されるもの。
あるいは、澄《す》んだ夜空の
※アンタレスのように、確かなもの。
人の一日に必要なものは、
意義であって、
意味ではない。

（長《おさ》田《だ》弘《ひろし》「世界はうつくしいと」による）

〔注〕

※アンタレス――星座であるさそり座をつくる星の一つ。さそり座のなかで最も明るい星。

〔問題１〕文章において、――線部①「言葉こそが現実を作っている」と筆者が考えているのは、なぜですか。三〇字以内で分かりやすく説明しなさい。

〔問題２〕詩において、「思いだせない」とはどういうことか。詩の中の語句を用いて三〇字以内で分かりやすく説明しなさい。

〔問題３〕言葉を使うことや言葉で表現することの、難しさと大切さを、あなたの経験をふまえながら、三〇〇字以上三六〇字以内で説明しなさい。

〈きまり〉

○題名は書きません。
○最初の行から書き始めます。
○段落《だんらく》を設けず、一ますめから書きなさい。
○「、」や「。」や「」」などもそれぞれ字数に数えます。これらの記号が行の先頭に来るときには、前の行の最後の字と同じますめに書きます。
○「。」と「」」が続く場合には、同じますめに書きます。この場合、「。」」で一字と数えます。

二〇二二年度
実践学園中学校

【適性検査Ⅰ】〈適性検査型試験〉（四五分）〈満点：一〇〇点〉

次の**〔文章〕**と**〔詩〕**を読み、あとの問題に答えなさい。

（※印の付いている言葉には本文のあとに**〔注〕**があります。）

〔文章〕

〈編集部注：課題文は著作権上の問題により掲載しておりません。作品の該当箇所につきましては次の書籍を参考にしてください〉

・池田晶子著『14歳からの哲学　考えるための教科書』（トランスビュー　二〇〇三年三月初版発行）

三四ページ一四行目～三六ページ一四行目

〔詩〕

どうしても思いだせない。
確かにわかっていて、はっきりと
感じられていて、思いだせない。
思いだせないのは、どうしても
ことばでは言えないためだ。
細部まで覚えている。
感触《かんしょく》までよみがえってくる。
ことばで言えなければ、ないのではない。
それはそこにある。
ちゃんとわかっている。
だが、それが何か
それがどこか言うことができない。
言うことのできないおおくのもので
できているのが、人の
人生という小さな時間なのだと思う。
思いだすことのできない空白を
埋《う》めているものは、
たとえば、
静かな夏の昼下がり、

2022年度
実践学園中学校 ▶解　答

※　編集上の都合により，適性検査型試験の解説は省略させていただきました。

適性検査Ⅰ ＜適性検査型試験＞（45分）＜満点：100点＞

解　答

問題１　（例）　すべての物は，言葉が持つ意味があることで存在しているから。　**問題２**　（例）　言葉では言えないけれども，そこにあるとわかっていること。　**問題３**　（例）　小学校五年生のとき，友だちが良くないことをしていたのを注意して，それが原因でケンカになってしまいました。家族にそのことを話したときに，相手の悪い所ばかり見て，自分は悪くないと思っていたけれど，自分が注意した言い方も良くなかったことに気がつきました。もっとちがう言い方をしていれば，ケンカにはならなかったと思い，友だちにそのことをあやまることにしました。次の日に，ケンカをした友だちと話し合いをして，二人とも良くなかった所がある，と仲直りすることができました。それまでは言葉の使い方についてあまり気にしていませんでしたが，自分の言いたいことを相手に伝わるように表現するには，工夫が必要だとわかりました。表現の工夫はむずかしいけれど，相手とわかり合うためにも大切なので，これからも言葉の使い方をよく考えていきたいです。

適性検査Ⅱ ＜適性検査型試験＞（45分）＜満点：100点＞

解　答

1　**問題１**　（例）　最初に，10Ｌの容器から４Ｌの容器で２回くんで，７Ｌの容器がいっぱいになるように牛乳を入れる。次に，４Ｌの容器に１Ｌの牛乳が残るので，いっぱいになった７Ｌの容器の牛乳を，10Ｌの容器にもどして，４Ｌの容器に残った牛乳１Ｌを７Ｌの容器に入れる。最後に，10Ｌの容器から４Ｌの容器で１回くんで，くんだ４Ｌの牛乳を７Ｌの容器に入れると，７Ｌの容器に５Ｌ，10Ｌの容器に５Ｌと分けられる。　**問題２**　108個／**説明**…（例）　１回目の作業で，２＋３＋４＋３＝12となる。２回目の作業で，３＋４＋５＋６＋５＋４＝27となる。３回目の作業で，４＋５＋６＋７＋８＋７＋６＋５＝48となる。４回目の作業で，５＋６＋７＋８＋９＋10＋９＋８＋７＋６＝75となる。５回目の作業で，６＋７＋８＋９＋10＋11＋12＋11＋10＋９＋８＋７＝108となる。　**問題３**　**図**…下の図を参照のこと。／全部で18種類できる。

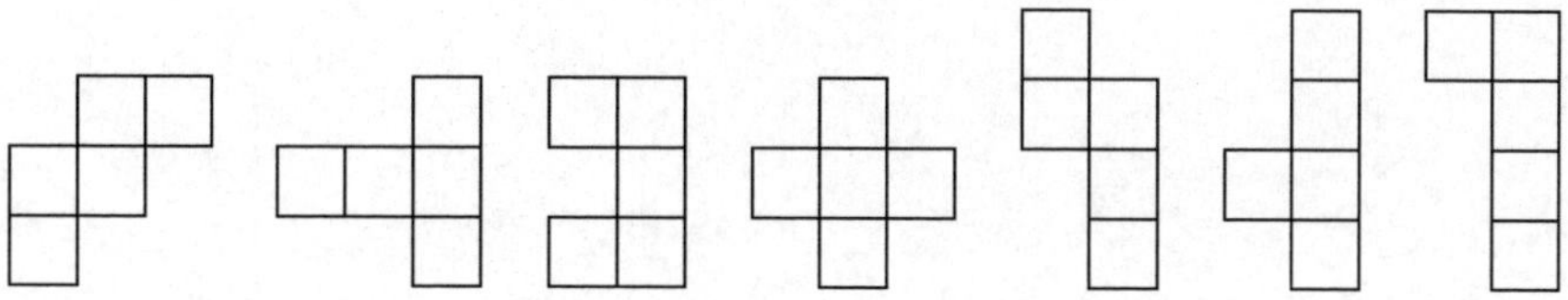

[2] **問題１**　(例)　図３，図４／図３のように河川の上流において都市住民が棚田オーナー制度を活用して個人の立場で棚田の保全に取り組むことが，図４のように河川の下流において官庁の国土交通省が取り組む放水路の負担軽減につながっていく。　**問題２**　(例)　会話文より，今後も降水量の増加がみこまれるため，洪水や浸水，土砂災害の発生件数が増えると予想される。さらに，図５と図８より，洪水氾濫区域に人口と資産の集中が進んでいることから，図６をふまえると暴風雨や洪水による被害額が増えると考えられる。一方，これまでの会話文から，官民による防災対策の充実が進むと想定されるので，図７からわかるように水害による被害者数は減少，もしくは横ばいに推移していくと思われる。

[3] **問題１**　(1)　(例)　11番／12→11→10→9→8→7→6→5→4→3→2→1→12　(2)　(例)　２つの実験から，はじめに光を当てる鏡は奇数番号で，１番の鏡でも光がはね返るとき，すべての鏡で光ははね返る。　**問題２**　(1)　165度　(2)　間違っている／(例)　この実験では鏡と分度器の置き方が間違っている。手順１に書かれているように，鏡の上面と分度器の０度の位置が水平に一致するように装置を直せばよい。

Memo

Memo

出題ベスト10シリーズ

①国語読解ベスト10

②漢字合格の2790題

③計算合格の820題

④図形問題ベスト10

■過去の入試問題から出題例の多い問題を選んで編集・構成。受験関係者の間でも好評です！

有名中学入試問題集

●男子校編

●女子校編

■中学入試の全容をさぐる!!
■首都圏の中学を中心に、全国有名中学の最新入試問題を収録!!

※表紙は昨年度のものです。

算数の過去問25年分

■筑波大学附属駒場
■麻布
■開成

○名門３校に絶対合格したいという気持ちに応えるため過去問実績No.1の声の教育社が出した答えです。

都立中高一貫校 適性検査問題集

■都立一貫校と同じ検査形式で学べる！

●自己採点のしにくい作文には「採点ガイド」を掲載。
●保護者向けのページも充実。
●私立中学の適性検査型・思考力試験対策にもおすすめ！

当社発行物の無断使用は固くお断りいたします。御使用の前はまずご相談ください。

当社発行物には500点余の首都圏中・高過去問をはじめ、６点の学校案内、そのほかいくつかの情報誌などがございます。その多くが年度版で、限られたスタッフが来るべき受験シーズン前に余裕を持って受験生へ届けられるよう、日夜作業にあたり出版を重ねております。

その中で、最近、多くの印刷物やネット上において当社発行物からの無断使用が見受けられ、一部で係争化しているところもございます。事例といたしましては、当社の新刊発行を待ち、それを流用して毎年ネット上に新改訂として掲載していたＡ社、当社過去問から三百箇所をはぎ合わせ「自社制作につき無断転載禁止」とし、集客材としてホームページに掲載していたＢ社、当社版誌面を無断スキャンし、記述式解答は一部殆ど丸取りして動画を制作していた家庭教師グループＣ社、当社発行物の表紙を差し替え、内容を複製し配布していた塾のＤ社などほか数社がございます。

当社発行物の全部もしくは一部を無断使用することは固くお断りいたします。

当社コンテンツの中にはリーズナブルな設定でご提供している事例もたくさんございますので、ご利用されたい方はまずは、お気軽にご相談くださいますようお願いします。同時に、当社発行物を無断で使用している媒体などにつきましての情報もお寄せいただければ幸いです（呈薄謝）。

株式会社 声の教育社

スーパー過去問の **解説執筆・解答作成スタッフ（在宅）募集！**

※募集要項の詳細は、10月に弊社ホームページ上に掲載します。

2025年度用
中学スーパー過去問

■編集人 声の教育社・編集部
■発行所 株式会社 声の教育社
〒162-0814 東京都新宿区新小川町8-15
☎03-5261-5061㈹ FAX03-5261-5062
https://www.koenokyoikusha.co.jp

※本書の内容についての一切の責任は当社にあります。内容・解説・解答・その他は当社ホームページよりお問い合わせ下さい。

〒162-0814　東京都新宿区新小川町8-15
TEL.03-5261-5061　FAX.03-5261-5062
https://www.koenokyoikusha.co.jp

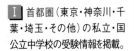

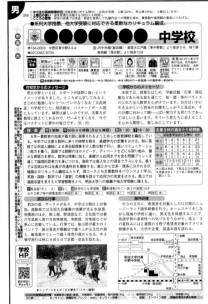

よくある解答用紙のご質問

01

実物のサイズにできない

拡大率にしたがってコピーすると，「解答欄」が実物大になります。配点などを含むため，用紙は実物よりも大きくなることがあります。

02

A3用紙に収まらない

拡大率164％以上の解答用紙は実物のサイズ（「出題傾向＆対策」をご覧ください）が大きいために，Ａ３に収まらない場合があります。

03

拡大率が書かれていない

複数ページにわたる解答用紙は，いずれかのページに拡大率を記載しています。どこにも表記がない場合は，正確な拡大率が不明です。

04

１ページに２つある

１ページに２つ解答用紙が掲載されている場合は，正確な拡大率が不明です。ほかの試験回の同じ教科をご参考になさってください。

実践学園中学校

【別冊】入試問題解答用紙編

解答用紙は本体からていねいに抜きとり、別冊としてご使用ください。

※　実際の解答欄の大きさで練習するには、指定の倍率で拡大コピーしてください。なお、ページの上下に小社作成の見出しや配点を記載しているため、コピー後の用紙サイズが実物の解答用紙と異なる場合があります。

●入試結果表

— は非公表

年度	回	項目	国語	算数	社会	理科	２科合計	４科合計	２科合格	４科合格
2024	第１回	配点(満点)	100	100	50	50	200	300	最高点	最高点
		合格者平均点	48.4	59.7	31.1	28.7	108.1	167.9	157	223
		受験者平均点	43.8	52.0	26.0	25.1	95.8	146.9	最低点	最低点
		キミの得点							96	146
	第１回特待生選抜	配点(満点)	100	100			200		最高点	
		合格者平均点	68.8	66.8			135.6		—	
		受験者平均点	49.3	29.9			79.2		最低点	
		キミの得点							—	
	参考：2024 年度適性検査型の満点は 200、合格者最低点は 55 です。									
2023	第１回	配点(満点)	100	100	50	50	200	300	最高点	最高点
		合格者平均点	47.9	70.0	25.0	20.7	117.9	163.6	164	245
		受験者平均点	44.8	65.8	23.3	19.3	110.6	153.2	最低点	最低点
		キミの得点							85	127
	第１回特待生選抜	配点(満点)	100	100			200		最高点	
		合格者平均点	—	—			136.4*		141	
		受験者平均点	—	—			78.5*		最低点	
		キミの得点							132	
	参考：2023 年度適性検査型の満点は 200、合格者最低点は非公表です。									
2022	第１回	配点(満点)	100	100	50	50	200	300	最高点	最高点
		合格者平均点	—	—	—	—	—	—	173	—
		受験者平均点	49.9	59.9	—	—	109.8	—	最低点	最低点
		キミの得点							—	—
	第１回特待生選抜	配点(満点)	100	100			200		最高点	
		合格者平均点	84.3	51.3			135.6		160	
		受験者平均点	56.3	38.3			94.6		最低点	
		キミの得点							130	
	参考：2022 年度適性検査型の満点は 200、合格者最低点は非公表です。									

※　表中のデータは学校公表のものです。ただし、２科・４科合計は各教科の平均点を合計したものなので、目安としてご覧ください(*は学校公表のもの)。

声の教育社

２０２４年度　　実践学園中学校

算数解答用紙　第１回

番号		氏名		評点	／100

1	(1)	
	(2)	
	(3)	
	(4)	
	(5)	
	(6)	
	(7)	
	(8)	mm^2
	(9)	倍
	(10)	円

2	(1)	
	(2)	円
	(3)	通り
	(4)	m^2
	(5)	分　秒
	(6)	cm^2

3	ア	回
	イ	回
	ウ	回
	エ	回
	オ	《　》
	カ	《　》

4	(1)	
	(2)	

5	(1)	：
	(2)	cm^3

（注）この解答用紙は実物を縮小してあります。Ｂ５→Ｂ４(141%)に拡大コピーすると、ほぼ実物大の解答欄になります。

〔算　数〕100点（学校配点）

1, 2　各４点×16　3　ア～エ　各２点×４　オ，カ　各４点×２　4, 5　各５点×４

2024年度　実践学園中学校

社会解答用紙　第1回

番号		氏名		評点	/50

（注）この解答用紙は実物を縮小してあります。189%拡大コピーをすると、ほぼ実物大の解答欄になります。

1
問1　問2　問3　問4　問5　問6　問7　問8 (1) (2) (3)　問9

2
問1　問2　問3　問4　問5　問6　問7　問8　問9　問10

3
問1 A B C D　問2　問3　問4　問5　問6

〔社　会〕50点(学校配点)

1　問1～問4　各2点×4　問5　1点　問6　2点　問7　1点　問8　(1)，(2)　各1点×2　(3)　2点　問9　1点　2　問1，問2　各2点×2　問3，問4　各1点×2　問5　2点　問6　1点　問7～問10　各2点×4　3　問1　各1点×4　問2～問4　各2点×3　問5，問6　各3点×2

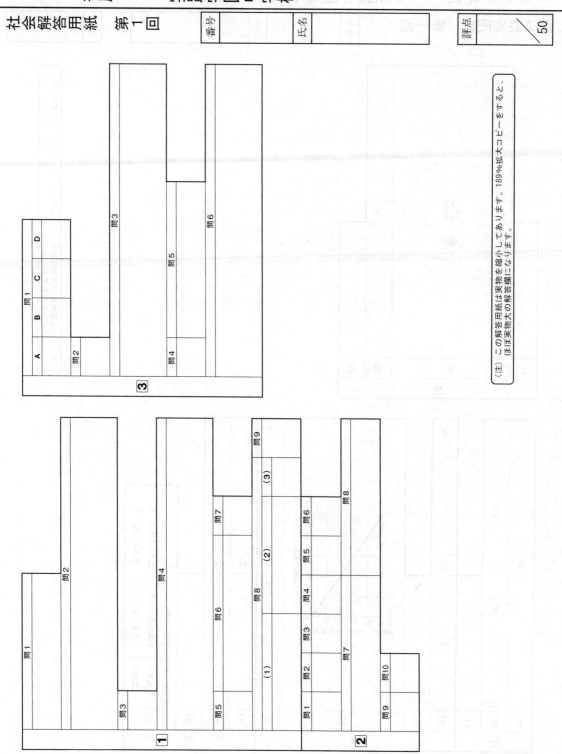

２０２４年度　実践学園中学校

理科解答用紙　第１回

番号		氏名		評点	／50

1

(1)		(2)	
(3)	①	②	③
(4)			

2

(1)	と	(2)	cm^3
(3)	cm^3		
(4)			
(5)	g	(6)	g

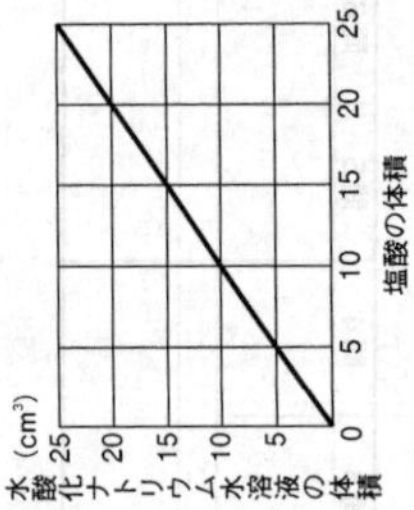

3

(1)		(2)	
(3)		(4)	
(5)			
(6)	正しい方をマルで囲みなさい。 電流の【　距離が長くなり　・　道すじが増え　】 電流が【　大きくなる　・　小さくなる　】		

4

(1)			
(2)			
(3)		(4)	
(5)			

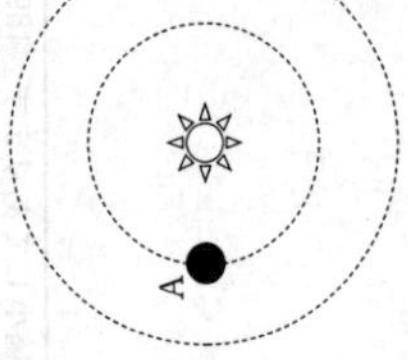

（注）この解答用紙は実物を縮小してあります。189％拡大コピーをすると、ほぼ実物大の解答欄になります。

〔理　科〕50点(学校配点)

1　各２点×６　2　(1)～(3)　各２点×３＜(1)は完答＞　(4)　３点　(5)，(6)　各２点×２　3　(1)～(3)　各２点×３　(4)　３点＜完答＞　(5)，(6)　各２点×２＜(6)は完答＞　4　(1)～(3)　各２点×３　(4)，(5)　各３点×２

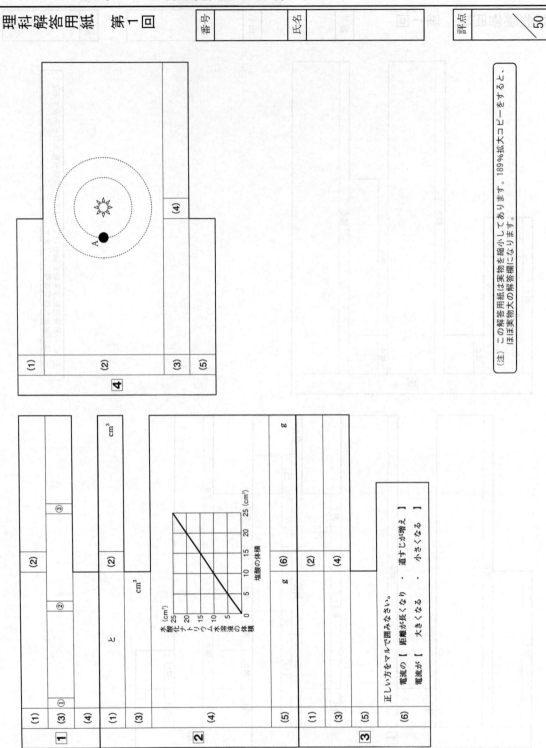

２０２４年度　実践学園中学校

国語解答用紙　第一回

番号		氏名		評点	／100

一

問一　a　って　b　c　d　e

問二

問三　Ⅰ　Ⅱ　Ⅲ

問四

問五　という意味。

問六

問七　X　Y　Z

問八

問九

問十

問十一　ア　イ　ウ　エ　オ

二

問一　a　れた　b　れない　c　d　e　った

問二　A　B

問三　Ⅰ　Ⅱ　Ⅲ

問四

問五

問六

問七

問八

問九

問十　ア　イ　ウ　エ　オ

（注）この解答用紙は実物を縮小してあります。B５→A３（163%）に拡大コピーすると、ほぼ実物大の解答欄になります。

〔国　語〕100点(学校配点)

一 問１　各１点×５　問２　３点　問３　各２点×３　問４　３点　問５，問６　各４点×２　問７　各２点×３　問８　８点　問９，問10　各３点×２　問11　各１点×５　二 問１　各１点×５　問２，問３　各２点×５　問４　３点　問５　５点　問６　６点　問７　３点　問８　５点　問９　８点　問10　各１点×５

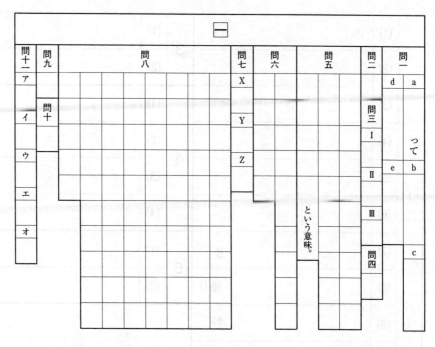

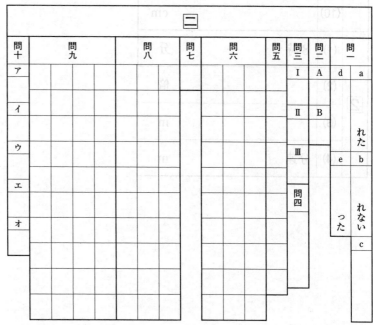

2024年度　実践学園中学校　第1回特待生選抜

算数解答用紙

番号		氏名		評点	／100

1	(1)		
	(2)		
	(3)		
	(4)		
	(5)		
	(6)		
	(7)		g
	(8)		通り
	(9)		秒
	(10)		cm^2
2	(1)	8時	分
	(2)		倍
	(3)		m
	(4)	分速	m

3	(1)		個
	(2)		cm^2
4	(1)	：	
	(2)	：	
	(3)	：	
	(4)		cm^2
5	(1)		cm
	(2)		cm

（注）この解答用紙は実物を縮小してあります。B５→B４(141%)に拡大コピーすると、ほぼ実物大の解答欄になります。

〔算　数〕100点(学校配点)

1　各４点×10　2～5　各５点×12

2024年度　実践学園中学校　第一回特待生選抜

国語解答用紙

番号		氏名		評点	／100

一

問一　a　b　c　d　（　）ける　e

問二　X　Y

問三　①　③

問四

問五

問六

問七　はじめ　終わり

問八　Ⅰ　Ⅱ

問九

二

問一　a　（　）えて　b　c　d　e

問二

問三

問四

問五　④　⑤

問六

問七

問八

問九　A　B

問十

問十一　Ⅰ　Ⅱ　Ⅲ　Ⅳ

（注）この解答用紙は実物を縮小してあります。B5→A3（163%）に拡大コピーすると、ほぼ実物大の解答欄になります。

〔国　語〕100点(学校配点)

一　問1　各1点×5　問2　各3点×2　問3　各2点×2　問4　6点　問5　8点　問6　6点　問7　5点　問8　各2点×2　問9　6点　二　問1　各1点×5　問2　6点　問3　3点　問4　6点　問5　各2点×2　問6　4点　問7, 問8　各3点×2　問9　各2点×2　問10　4点　問11　各2点×4

2024年度 実践学園中学校 適性検査型

適性検査Ⅱ解答用紙 No. 1

番号

氏名

評点 ／100

1

〔問題１〕

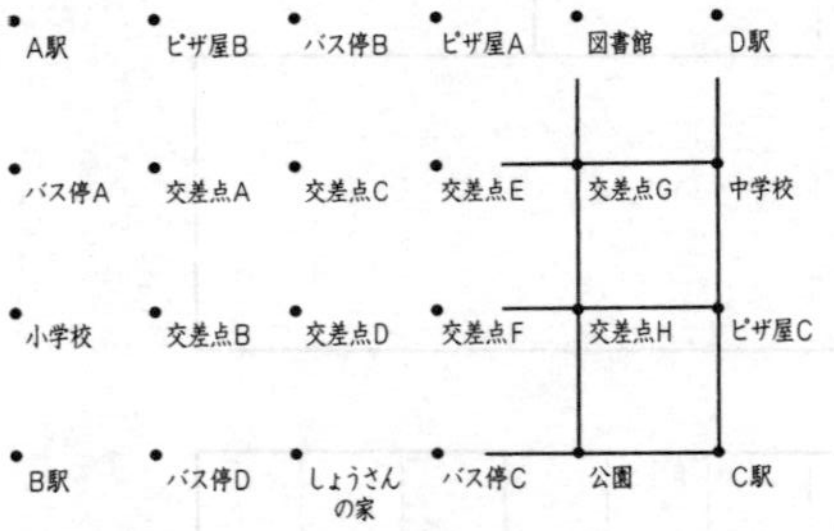

A駅から交差点Ｅを通って公園まで移動するルートは［　　　　　　］通り

〔問題２〕

ピザを注文してから小学校に届くまでの時間が最も早いピザ屋は［　　　　　］

〔説明〕

〔問題３〕

移動手段［　　　　　　　　　　　　　］

〔説明〕

2

〔問題１〕

（選んだ一つを○で囲みなさい。）

機械工業　　　　せんい工業

〔説明〕

〔問題２〕

販売側の立場［　　　　　］［　　　　　］

〔利点〕

購入側の立場［　　　　　］［　　　　　］

〔利点〕

２０２４年度　実践学園中学校　適性検査型

適性検査Ⅱ解答用紙　No. 2

（注）この解答用紙は実物を縮小してあります。169％拡大コピーをすると、ほぼ実物大の解答欄になります。

3

〔問題１〕

（1）

［　　　　　］g

（2）

〔問題２〕

（1）

［　　　　　］mL

（2）

〔適性検査Ⅱ〕100点(学校配点)

1　問題１　８点　問題２　12点　問題３　20点　2　問題１　14点　問題２　各８点×２　3　問題１　(1)　計算した過程…４点，答え…４点　(2)　７点　問題２　(1)　計算した過程…４点，答え…４点　(2)　７点

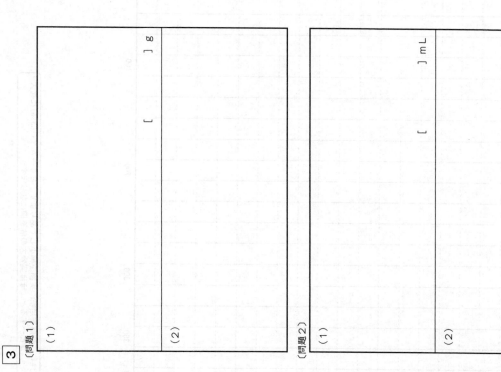

2024年度　実践学園中学校　適性検査型

適性検査Ⅰ解答用紙

番号　　氏名　　評点　／100

〔問題1〕

15　20

〔問題2〕

20　25　30

〔問題3〕

20　100　200　300　360　400

（注）この解答用紙は実物を縮小してあります。B5→A3（163%）に拡大コピーすると、ほぼ実物大の解答欄になります。

〔適性検査Ⅰ〕100点（学校配点）

問題1　15点　問題2　25点　問題3　60点

2023年度　実践学園中学校

算数解答用紙　第1回

番号		氏名		評点	／100

大問	小問	解答欄
1	(1)	
	(2)	
	(3)	
	(4)	
	(5)	
	(6)	
	(7)	
	(8)	m
	(9)	mL
	(10)	人
2	(1)	
	(2)	個
	(3)	通り
	(4)	mL
	(5)	分
	(6)	cm^2

大問	小問	解答欄
3	①	
	②	
	③	
	④	
	⑤	
	⑥	
	⑦	
	⑧	
4	(1)	
	(2)	番目
5	(1)	cm^3
	(2)	個

（注）この解答用紙は実物を縮小してあります。Ｂ５→Ｂ４（141%）に拡大コピーすると、ほぼ実物大の解答欄になります。

〔算　数〕100点（学校配点）

1，2　各４点×16　3　各２点×８　4，5　各５点×４

2023年度　実践学園中学校

社会解答用紙　第1回

番号		氏名		評点	/50

（注）この解答用紙は実物を縮小してあります。189%拡大コピーをすると、ほぼ実物大の解答欄になります。

3

問1　A　B

問2　C　D

問3

問4　A　B

問5

問6

1

問1　問2　問3　問4　問5

問6　《判断した理由》

問7

問8

2

問1

問2

問3　(ア)　(イ)　(ウ)　(エ)

問4

問5

問6　(1)　(2)　(3)

問7

〔社　会〕50点(学校配点)

1　問1　1点　問2～問5　各2点×4　問6　3点＜完答＞　問7　2点　問8　3点　2　問1　1点　問2　3点　問3　各1点×4　問4　2点　問5　1点　問6　(1)　1点　(2)　3点　(3)　1点　問7　1点

3　問1，問2　各1点×7　問3，問4　各2点×3　問5　1点　問6　2点

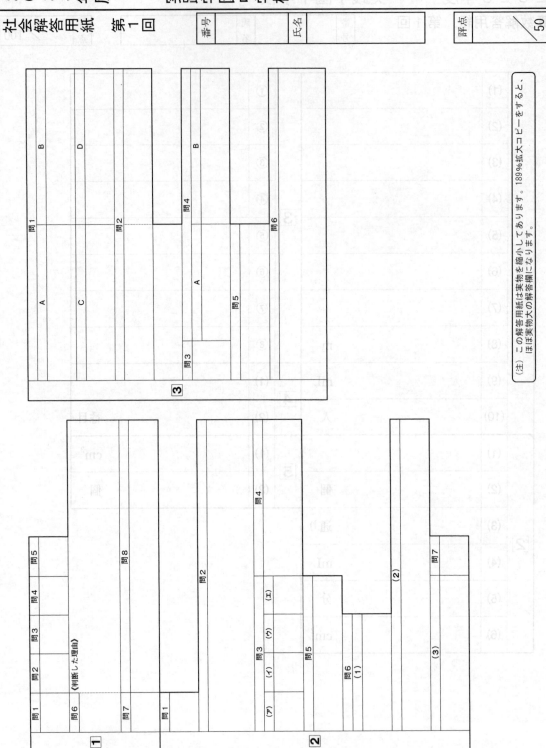

2023年度　実践学園中学校

理科解答用紙　第1回

番号		氏名		評点	/50

（注）この解答用紙は実物を縮小してあります。B5→B4（141%）に拡大コピーすると，ほぼ実物大の解答欄になります。

1

(1)	
(2)	
(3)	①
	②
(4)	
(5)	

2

(1)	℃
(2)	g
(3)	g
(4)	g
(5)	g

3

(1)	①
	②
	③
(2)	①
	②
(3)	

4

(1)	
(2)	
(3)	
(4)	

〔理　科〕50点(学校配点)

1　(1)～(4)　各２点×5＜(2)は完答＞　(5)　３点　2　(1)，(2)　各２点×2　(3)～(5)　各３点×3

3　(1)，(2)　各２点×5　(3)　３点　4　(1)　２点　(2)～(4)　各３点×3＜(4)は完答＞

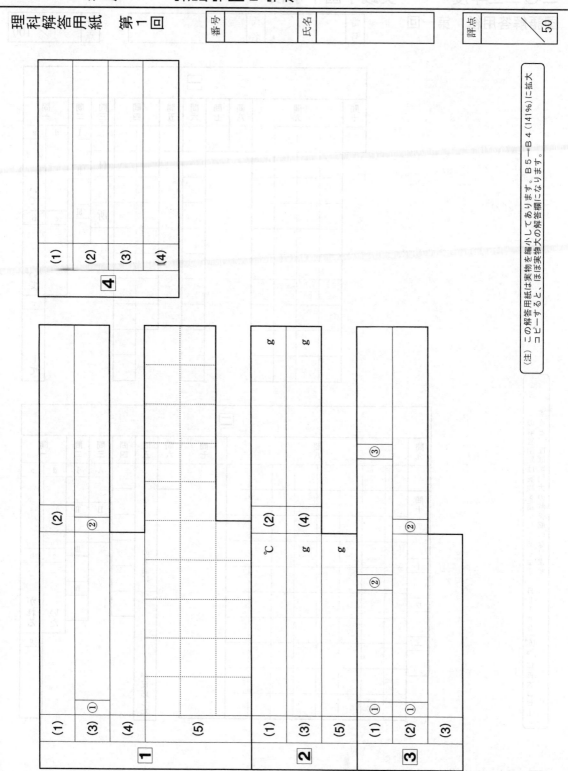

二〇二三年度　実践学園中学校

国語解答用紙　第一回

番号　　氏名　　評点 ／100

一

問一　a　　いて　b　　c　　して　d　　e　　いて

問二　Ⅰ　Ⅱ　Ⅲ

問三　材　　所

問四

問五

問六

問七

問八

問九

問十

二

問一　a　　b　　がれる　c　　d　　e　　いた

問二　Ⅰ　Ⅱ　Ⅲ　Ⅳ

問三　A　B

問四

問五　　の名前に　　が反応した

問六

問七

問八

問九

問十　ア　イ　ウ　エ

（注）この解答用紙は実物を縮小してあります。B5→A3（163%）に拡大コピーすると、ほぼ実物大の解答欄になります。

〔国　語〕100点（学校配点）

一　問1　各1点×5　問2　各2点×3　問3　4点　問4　5点　問5，問6　各4点×2　問7，問8　各3点×2　問9　10点　問10　6点　二　問1　各1点×5　問2，問3　各2点×6　問4～問7　各3点×4　問8　10点　問9　3点　問10　各2点×4

２０２３年度　実践学園中学校　第１回特待生選抜

算数解答用紙

番号		氏名		評点	／100

大問	小問	解答	単位
1	(1)		
	(2)		
	(3)		
	(4)		
	(5)		
	(6)		
	(7)		%
	(8)		円
	(9)		通り
	(10)		cm^2
2	(1)	時速	km
	(2)	時速	km
	(3)	時速	km
	(4)		km
3	(1)		本
	(2)		個
4	(1)		cm
	(2)		cm^2
	(3)		cm
	(4)		cm^2
5	(1)		cm
	(2)		cm^2

（注）この解答用紙は実物を縮小してあります。Ｂ５→Ｂ４（141%）に拡大コピーすると、ほぼ実物大の解答欄になります。

〔算　数〕100点（学校配点）

1　各４点×10　2〜5　各５点×12

二〇二三年度　実践学園中学校　第一回特待生選抜

国語解答用紙

番号		氏名		評点	／100

一

問一　a　b　c　d　e　（らずも）（てて）（り）

問二　Ⅰ　Ⅱ　Ⅲ

問三

問四　Ⅰ　はじめ　終わり　Ⅱ　はじめ　終わり

問五

問六

問七

問八

問九

二

問一　a　b　c　d　e　（まった）（み）

問二

問三

問四　ア　イ　ウ

問五

問六

問七

問八

問九

問十

（注）この解答用紙は実物を縮小してあります。B5→A3（163%）に拡大コピーすると、ほぼ実物大の解答欄になります。

〔国　語〕100点（学校配点）

一　問1　各1点×5　問2，問3　各2点×4　問4　各4点×2　問5　10点　問6　3点　問7　8点　問8　2点　問9　各3点×2　二　問1　各1点×5　問2～問4　各3点×5　問5　8点　問6，問7　各3点×2　問8，問9　各4点×2　問10　8点

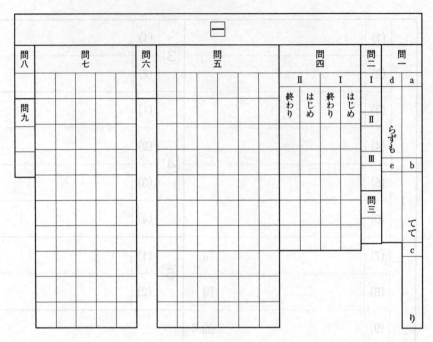

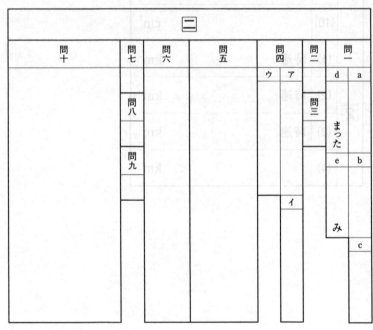

2023年度 実践学園中学校 適性検査型

適性検査Ⅱ解答用紙 No.1

番号		氏名		評点	/100

1

〔問題１〕

〔　　　　　〕通り

〔説明〕

〔問題２〕

〔部屋の見取り図〕

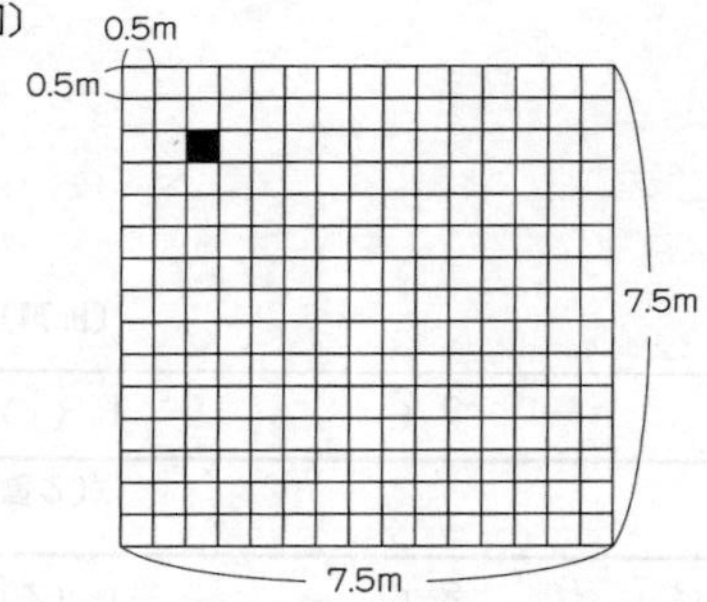

最大〔　　　　　〕脚

〔問題３〕

高校生〔　　　　〕人、中学生〔　　　　〕人、小学生〔　　　　〕人

〔説明〕

2

〔問題１〕

〔沖縄の伝統的な家〕

〔北海道の家〕

〔問題２〕

（選んだ二つを○で囲みなさい。）

木材　　　葉　　　日干しレンガ

〔説明〕

2023年度　実践学園中学校　適性検査型

適性検査Ⅱ解答用紙　No. 2

（注）この解答用紙は実物を縮小してあります。169%拡大コピーをすると、ほぼ実物大の解答欄になります。

3

〔問題1〕

(1)

(2) （　　　）g

〔問題2〕

(1) （　　　）g

〔説明〕

(2)

〔説明〕

〔適性検査Ⅱ〕100点(推定配点)

1　問題1，問題2　各11点×2　問題3　13点　2　問題1　16点　問題2　14点　3　問題1　(1)　9点　(2)　8点　問題2　各9点×2

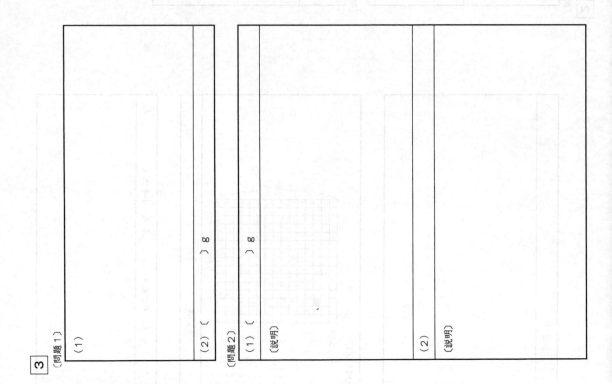

二〇二三年度　実践学園中学校　適性検査型

適性検査Ⅰ解答用紙

番号		氏名		評点	/100

〔問題1〕

（詩）

25

40

〔問題2〕

（文章）

20

〔問題3〕

25

100

200

300

350

375

400

（注）この解答用紙は実物を縮小してあります。Ｂ５→Ａ３（163%）に拡大コピーすると、ほぼ実物大の解答欄になります。

〔適性検査Ⅰ〕100点(学校配点)

問題1　15点　問題2　25点　問題3　60点

2022年度　実践学園中学校

算数解答用紙　第1回

番号		氏名		評点	／100

1	(1)		
	(2)		
	(3)		
	(4)		
	(5)		
	(6)		
	(7)		
	(8)		m^2
	(9)		倍
	(10)		円
2	(1)		
	(2)		個
	(3)		通り
	(4)		枚
	(5)		km
	(6)		cm^2

3	あ	約	枚
	い	約	%
	う	約	本
	え	約	億本
	お	約	億本
4	(1)		
	(2)		番目
5	(1)		cm^2
	(2)		cm^3

（注）この解答用紙は実物を縮小してあります。Ｂ５→Ｂ４(141%)に拡大コピーすると、ほぼ実物大の解答欄になります。

〔算　数〕100点(学校配点)

1, 2　各４点×16　3　あ〜え　各３点×４　お　４点　4, 5　各５点×４

2022年度 実践学園中学校

社会解答用紙 第1回

番号 　氏名 　評点 /50

1
問1
問2 (海流名) 流
問3
問4
問5
問6
問7

2
問1
問2
問3 (1) (2) (3)
問4 《名称》 《理由》
問5
問6

3
問1 A B C
問2
問3
問4
問5
問6 (1) (2) 年

(注) この解答用紙は実物を縮小してあります。189%拡大コピーをすると、ほぼ実物大の解答欄になります。

〔社　会〕50点(学校配点)

1 問1～問6　各2点×7　問7　3点　2 問1　1点　問2　2点　問3　(1)　2点　(2), (3)　各3点×2　問4　各2点×2　問5, 問6　各1点×2　3 問1　各1点×3　問2　5点　問3～問5　各2点×3＜問5は完答＞　問6　各1点×2

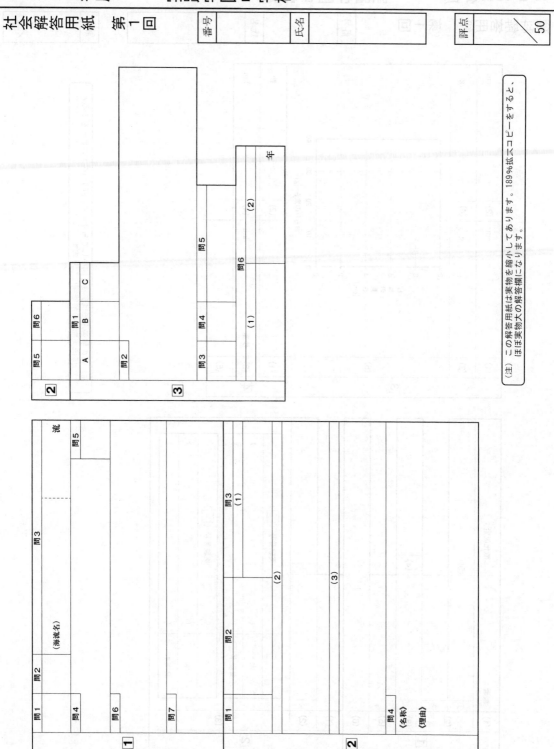

２０２２年度 実践学園中学校

理科解答用紙 第１回

番号		氏名		評点	/50

1

(1)	酸素：	二酸化炭素：	
(2)	①	②	
	③		
(3)		(4)	
(5)			
(6)			

2

(1)			
(2)	②	③	

(3)

	実験番号（ ）
水	（ ）
食塩水	（ ）

	実験番号（ ）
水	（ ）
食塩水	（ ）

3

(1)	cm	(2)	cm
(3)	g	(4)	g

(5)

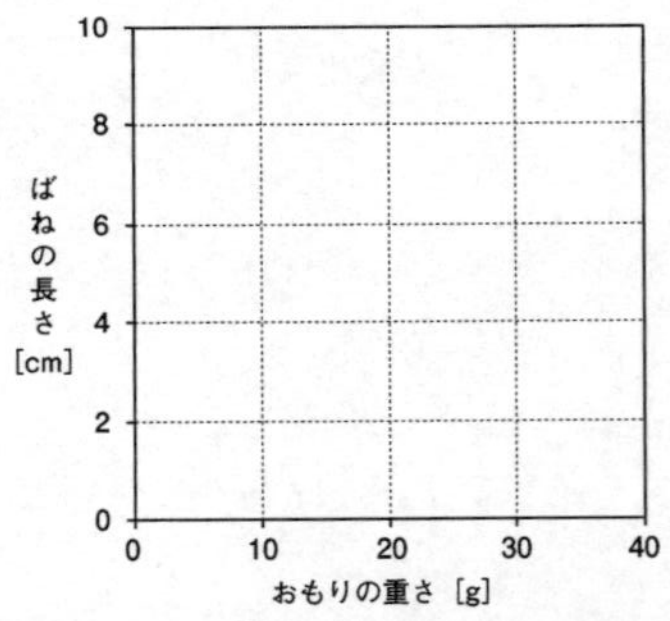

4

(1)		(2)	秒
(3)	秒速　km	(4)	km
(5)			

（注）この解答用紙は実物を縮小してあります。189％拡大コピーをすると、ほぼ実物大の解答欄になります。

〔理　科〕50点(学校配点)

1 (1) 各１点×2＜各々完答＞　(2) 各２点×3　(3)～(6) 各１点×4　2 (1)，(2) 各１点×3　(3) 実験番号…各１点×2，水…各２点×2，食塩水…各２点×2　3 (1)～(4) 各３点×4　(5) 1点　4 (1)，(2) 各２点×2　(3)，(4) 各３点×2　(5) ２点

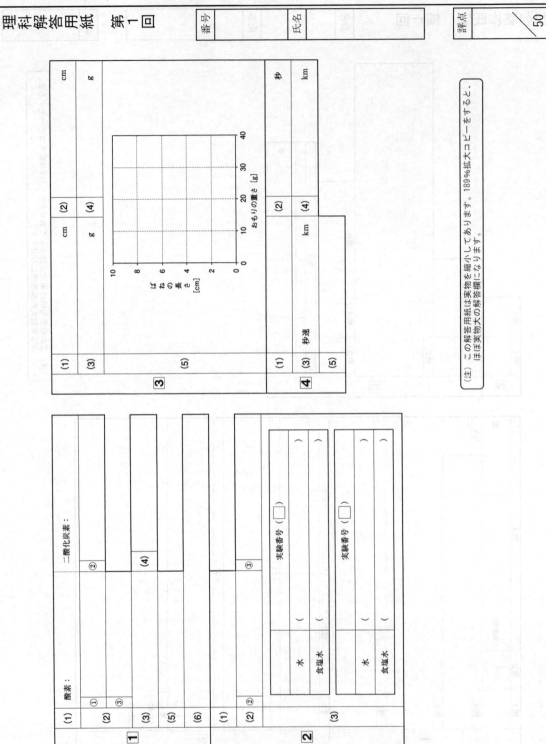

二〇二二年度　実践学園中学校

国語解答用紙　第一回

番号		氏名		評点	／100

一

問一　A　B　C　づく　D　E

問二　Ⅰ　Ⅱ　Ⅲ

問三　主体　客体

問四

問五

問六　→　→

問七

問八

問九

問十

二

問一　A　B　C　ぜる　D　E

問二　(1)　(2)　(3)　(4)　(5)

問三　b　c

問四　Ⅰ　Ⅱ　Ⅲ　Ⅳ

問五　①　②

問六

問七

問八

問九

問十

（注）この解答用紙は実物を縮小してあります。B5→A3（163%）に拡大コピーすると、ほぼ実物大の解答欄になります。

〔国　語〕100点（学校配点）

一　問1　各1点×5　問2　各2点×3　問3～問8　各3点×7＜問6は完答＞　問9　10点　問10　各4点×2　二　問1，問2　各1点×10　問3，問4　各2点×6　問5～問8　各3点×5　問9　10点　問10　3点

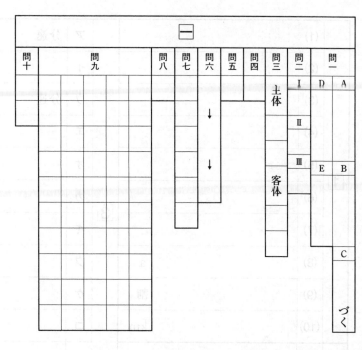

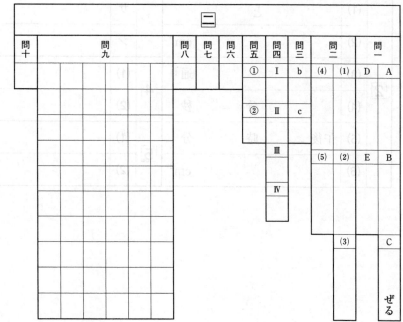

2022年度　実践学園中学校　第1回特待生選抜

算数解答用紙

番号		氏名		評点	／100

1	(1)		3	ア	分速	m
	(2)			イ		分
	(3)			ウ	分速	m
	(4)			エ		分
	(5)			オ		分
	(6)			カ		分
	(7)			キ		分
	(8)	a		ク		
	(9)	割		ケ		分
	(10)	km		コ		分
2	(1)	と		サ		分
	(2)	cm		シ		分
	(3)	通り	4	(1)		
	(4)	分　秒		(2)		
	(5)	午後　時　分	5	(1)		通り
	(6)	cm^2		(2)		通り

（注）この解答用紙は実物を縮小してあります。Ｂ５→Ｂ４（141%）に拡大コピーすると、ほぼ実物大の解答欄になります。

〔算　数〕100点（学校配点）

1, 2　各４点×16　3　ア～ク　各１点×８　ケ～シ　各２点×４　4, 5　各５点×４

二〇二二年度　　実践学園中学校　第一回特待生選抜

国語解答用紙

番号		氏名		評点	／100

一

問一　a　b　c　d　e
問二
問三
問四　③　④
問五
問六
問七　(あ)　(い)
問八　Ⅰ　Ⅱ　Ⅲ　Ⅳ
問九
問十

二

問一　a　b　c　d　って　e
問二
問三
問四
問五
問六
問七
問八
問九

（注）この解答用紙は実物を縮小してあります。B5→A3（163%）に拡大コピーすると、ほぼ実物大の解答欄になります。

〔国　語〕100点（学校配点）

一　問1　各1点×5　問2　10点　問3　3点　問4　各2点×2　問5　3点　問6～問8　各2点×7　問9　8点　問10　3点　二　問1　各1点×5　問2，問3　各5点×2　問4　10点　問5　8点　問6　2点　問7～問9　各5点×3

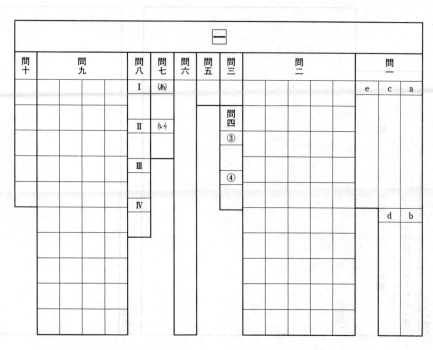

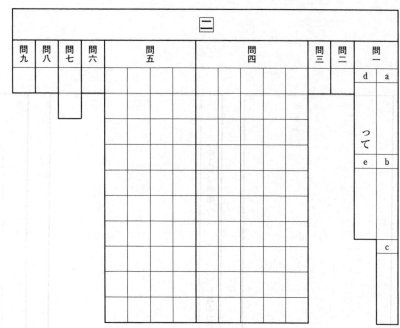

2022年度　実践学園中学校　適性検査型

適性検査Ⅱ解答用紙　No.1

番号		氏名	

評点	/100

1

〔問題1〕

〔問題2〕

5回くり返すとき、円は全部で〔　　　　〕個並んでいる。

〔説明〕

〔問題3〕

全部で〔　　　　〕種類できる。

2

〔問題1〕

（選んだ2つを○で囲みなさい。）

図2　　図3　　図4

〔説明〕

〔問題2〕

2022年度　実践学園中学校　適性検査型

適性検査Ⅱ解答用紙　No. 2

（注）この解答用紙は実物を縮小してあります。172%拡大コピーをすると、ほぼ実物大の解答欄になります。

3

（問題1）

（1）〔　　　〕番

〔光が当たる順番〕

（2）

（問題2）

（1）〔　　　〕度

（2）正しい　　間違っている

〔適性検査Ⅱ〕100点(学校配点)

1　問題1　8点　問題2　12点　問題3　20点　2　問題1　10点　問題2　15点　3　問題1　18点　問題2　17点

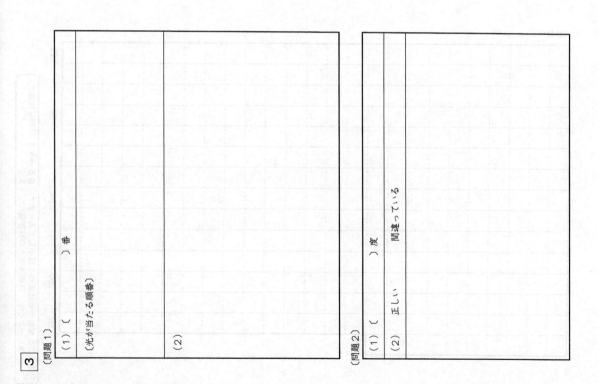

二〇二二年度　実践学園中学校　適性検査型

適性検査Ⅰ解答用紙

番号		氏名		評点	/100

〔問題1〕（文章）

〔問題2〕（詩）

〔問題3〕

（注）この解答用紙は実物を縮小してあります。B５→A３（163％）に拡大コピーすると、ほぼ実物大の解答欄になります。

〔適性検査Ⅰ〕100点(学校配点)

問題1，問題2　各20点×2　問題3　60点